21世纪高等学校系列教材 | 信息管理与信息系统

管理信息系统教程
（第3版）

张 凯 主编

清华大学出版社
北京

内容简介

本书内容共分10章,包括管理信息系统的基本概念、管理信息系统概述、管理信息系统的技术基础、管理信息系统规划、管理信息系统的开发、管理信息系统的应用、管理信息系统采购、管理信息系统的典型形式、管理信息系统与管理创新以及经济管理信息系统。

本书可作为高等院校经济和管理专业,特别是财经商贸院校的"管理信息系统"课程的教材或教学参考书,也可作为管理信息系统学者和爱好者的参考书。

本书封面贴有清华大学出版社防伪标签,无标签者不得销售。
版权所有,侵权必究。举报:010-62782989,beiqinquan@tup.tsinghua.edu.cn。

图书在版编目(CIP)数据

管理信息系统教程/张凯主编. —3版. —北京:清华大学出版社,2023.5(2024.8重印)
21世纪高等学校系列教材・信息管理与信息系统
ISBN 978-7-302-63389-1

Ⅰ.①管… Ⅱ.①张… Ⅲ.①管理信息系统-高等学校-教材 Ⅳ.①C931.6

中国国家版本馆CIP数据核字(2023)第066828号

责任编辑:闫红梅 张爱华
封面设计:傅瑞学
责任校对:李建庄
责任印制:沈 露

出版发行:清华大学出版社
    网 址:https://www.tup.com.cn,https://www.wqxuetang.com
    地 址:北京清华大学学研大厦A座 邮 编:100084
    社 总 机:010-83470000 邮 购:010-62786544
    投稿与读者服务:010-62776969,c-service@tup.tsinghua.edu.cn
    质量反馈:010-62772015,zhiliang@tup.tsinghua.edu.cn
    课件下载:https://www.tup.com.cn,010-83470236
印 装 者:三河市龙大印装有限公司
经 销:全国新华书店
开 本:185mm×260mm 印 张:21 字 数:513千字
版 次:2011年8月第1版 2023年6月第3版 印 次:2024年8月第2次印刷
印 数:1501~2500
定 价:59.00元

产品编号:098694-01

前　言

新一代信息技术的快速发展带动了传统产业的升级改造。党的二十大报告强调"必须坚持科技是第一生产力、人才是第一资源、创新是第一动力，深入实施科教兴国战略、人才强国战略、创新驱动发展战略，开辟发展新领域新赛道，不断塑造发展新动能新优势。"建设高质量高等教育体系是摆在高等教育面前的重大历史使命和政治责任。高等教育要坚持国家战略引领，聚焦重大需求布局，推进新工科、新医科、新农科、新文科建设，加快培养紧缺型人才。

"管理信息系统"作为信息技术的一门课程，在完善科技创新、加快实施创新驱动发展和深入实施人才强国战略方面都有非常重要的作用，这是本书改版的动因之一。另外，本书第2版于2015年发行后得到了广大师生的认可，发行量不断增加。鉴于以上原因，现决定修订改版。这次改版在保持原有特色的基础上，总体结构不变，微调局部结构，适度增补新内容。这次全书的修改工作由主编张凯独立完成，其他人员未参加。

本次修改的内容涉及以下章节。

第2章　删除了2.4节管理信息系统的发展趋势。

第3章　3.1节增加了3.1.4节无线网、3.1.5节云计算和3.1.6节区块链；3.2节增加了3.2.7节大数据技术和3.2.8节可视化；增加了3.6节人工智能，其中包括3.6.1节人工智能概述、3.6.2节人工智能相关学科和3.6.3节人工智能应用；对3.2.5节典型的数据库软件进行了修改。

第4章　删除了4.6节我国信息化进程与对策，以及本章的案例。

第6章　修改了6.5.1节信息系统审计的产生与发展，删除了本章的案例。

第8章　修改了8.6节电子政务。

第9章　删除了本章的案例。

本书面世后，敬请读者提出宝贵意见。

本书的教学课件、详细的参考文献可以从清华大学出版社网站（www.tup.tsinghua.edu.cn）下载。

编　者

2023年2月

第2版前言

弹指间,本书第1版已经推出三年多的时间,这迫使我们不得不做出再版的决定。其理由有三:一是信息技术发展飞速,书中很多内容必须更新;二是读者的要求不断提高,使我们倍感肩上的压力巨大;三是清华大学出版社正在进行全方位、多层次的品牌建设,其中一项重要内容就是数字化教学资源平台,它包括主教材、教师参考书、学习指导书、电子教案素材、CAI课件、数字课程资源等方面的内容。老实说,目前我们在许多方面距离清华大学出版社的要求甚远。

本次改版主要由张凯教授和余小高教授完成。改版的内容包括两个方面:一是部分章节内容的修改,将原第4章"管理信息系统的技术基础"与原第3章"管理信息系统规划"对调。原第3章"管理信息系统规划"中,将"3.5节信息系统发展的阶段模型"移到"4.2节信息系统发展的阶段模型"。原书第10章"10.4节企业资源计划系统"整节删除。另外对文字错误进行了校改。二是增加了大量练习题参考答案,以及6套期末考试模拟题。

由于时间有限,书中难免存在欠妥之处,请读者对本书提出宝贵意见。

另外,为不断适应读者和清华大学出版社的要求,我们将在第2版后及时地更新清华大学出版社数字化教学资源平台的内容。如果读者还有什么特殊需要(包括课件、资料、有关信息和教学体会等),请直接与我们联系,我们将尽量满足您的愿望。

编　者

2015 年 3 月

第1版前言

"管理信息系统"课程可以作为非计算机专业本科生的第三门计算机课程,而我国现有财经商贸类高等院校大约180多所,应该修学该课程的人数约90万。作为"管理信息系统"课程多年的任教教师,我们深感市面上的教材与实际教育目标存在一定的差距。主要表现在:第一,目前的教材中,信息系统开发的内容比较多;第二,学生未来工作中比较实用的相关内容较少;第三,对文科学生工程思维培养的内容需要加强;第四,财经方面管理信息系统的内容偏少。

基于以上原因,2010年秋,清华大学出版社希望出版一套面向财经商贸类院校"管理信息系统"课程的本科生教材,这种想法与作者不谋而合。在与清华大学出版社编辑的沟通中,编者介绍了这本书在构思方面的三大特色,第一,减少信息系统开发的内容,增加管理信息系统应用的内容;第二,面向经济和管理方面的本科生,介绍一些经济管理信息系统的内容;第三,加强文科学生工程思维培养的内容。编者的想法得到清华大学出版社的认同。

根据以上想法,这本书的内容共分10章。第1章,管理信息系统的基本概念;第2章,管理信息系统概述;第3章,管理信息系统规划;第4章,管理信息系统的技术基础;第5章,管理信息系统的开发;第6章,管理信息系统的应用;第7章,管理信息系统采购;第8章,管理信息系统的典型形式;第9章,管理信息系统与管理创新;第10章,经济管理信息系统。

本书在编写中,由中南财经政法大学张凯教授提出全书的大纲,湖北经济学院余小高和刘行军副教授、博士等也参加了全书的策划。本书是全体编写人员集体智慧的结晶。本书由张凯、余小高、刘行军主编。各章的分工如下:张凯编写第1章和第10章;余小高编写第2章和第9章;李金阳编写第3章;刘行军编写第4章和第5章;靳延安编写第6章;王有天编写第7章;李刚编写第8章。最后,张凯和余小高对全书进行了审核、修改和定稿。本课程和教案在中南财经政法大学和湖北经济学院实施多年,中南财经政法大学及其武汉学院三个年级600名本科生和湖北经济学院的部分本科生参加本书的试读,并提出一些宝贵意见。研究生李立双做了大量的资料整理工作。在此,对所有参加本书工作的人员和关心本书的学者表示衷心的感谢。

本书在编写过程中,参考和引用了大量国内外的著作、论文、研究报告和网站文献。由于篇幅有限,本书仅仅列举了主要参考文献。我们向所有被参考和引用论著的作者表示由衷的感谢,他们的辛勤劳动成果为本书提供了丰富的资料。

本书是对"管理信息系统"课程和教材的一种新的探索,包括教学内容和工程教学法。由于时间紧迫,对于本书的不足,望读者提出宝贵意见。

目前,清华大学出版社的数字化教学平台已经运行,本书的课件将在出版时上传,届时读者可以从中下载。另外,如果其他院校授课教师有什么要求,包括考试题,背景资料,本课程湖北省教学研究项目成果等,请直接与我们联系,我们将尽量满足您的愿望。

编　者

2011 年 5 月

目 录

第1章 管理信息系统的基本概念 ... 1

1.1 信息与知识工程 ... 1
1.1.1 信息概述 ... 1
1.1.2 知识工程 ... 6

1.2 系统与复杂性 ... 9
1.2.1 系统 ... 9
1.2.2 复杂性 ... 13

1.3 管理与决策 ... 15
1.3.1 管理 ... 15
1.3.2 决策 ... 16
1.3.3 管理学中的决策 ... 17

1.4 信息处理的过程 ... 18
1.4.1 信息采集 ... 18
1.4.2 信息组织加工 ... 19
1.4.3 信息存储与检索 ... 19
1.4.4 信息服务 ... 22

1.5 信息系统 ... 23
1.5.1 信息系统的概念 ... 24
1.5.2 信息系统结构 ... 24

习题 ... 26

第2章 管理信息系统概述 ... 28

2.1 管理信息系统的定义和特点 ... 28
2.1.1 管理信息系统的定义 ... 28
2.1.2 管理信息系统的特点 ... 29

2.2 管理信息系统的结构和功能 ... 30
2.2.1 基于管理任务的系统层次结构 ... 30
2.2.2 基于管理职能的系统结构 ... 31
2.2.3 管理信息系统结构的综合 ... 34

2.3 管理信息系统的发展历史 ... 35
2.3.1 电子数据处理系统 ... 35
2.3.2 管理信息系统 ... 35

  2.3.3 决策支持系统 ·· 36
习题 ·· 36

第 3 章　管理信息系统的技术基础 ·· 38

3.1　网络技术基础 ·· 38
  3.1.1 网络的基本概念 ··· 38
  3.1.2 互联网的基本概念 ·· 42
  3.1.3 企业网络 ·· 43
  3.1.4 无线网 ··· 46
  3.1.5 云计算 ··· 48
  3.1.6 区块链 ··· 49

3.2　数据库技术 ··· 52
  3.2.1 数据库的基本概念 ·· 52
  3.2.2 数据描述 ·· 53
  3.2.3 数据库组织 ··· 54
  3.2.4 关系数据库系统 ··· 56
  3.2.5 典型的数据库软件 ·· 58
  3.2.6 数据库技术的新发展 ··· 60
  3.2.7 大数据技术 ··· 61
  3.2.8 可视化 ··· 63

3.3　多媒体技术 ··· 66
  3.3.1 多媒体技术的基本概念 ·· 66
  3.3.2 多媒体技术介绍 ··· 67
  3.3.3 多媒体系统 ··· 70

3.4　软件工程技术 ·· 72
  3.4.1 软件工程的定义 ··· 72
  3.4.2 软件工程的目标 ··· 72
  3.4.3 软件工程的过程 ··· 73
  3.4.4 新的软件开发技术 ·· 73

3.5　信息安全技术基础 ·· 77
  3.5.1 信息安全概述 ·· 78
  3.5.2 信息安全威胁 ·· 78
  3.5.3 信息安全的目标和原则 ·· 79
  3.5.4 信息安全策略 ·· 80
  3.5.5 信息安全的相关技术 ··· 80

3.6　人工智能 ·· 82
  3.6.1 人工智能概述 ·· 82
  3.6.2 人工智能相关学科 ·· 85
  3.6.3 人工智能应用 ·· 87

习题 ··· 90

第4章 管理信息系统规划 ·· 91

4.1 信息系统规划概述 ··· 91
4.1.1 组织战略与信息系统战略 ··· 91
4.1.2 信息系统规划的概念 ··· 92
4.1.3 信息系统规划的特点 ··· 93
4.1.4 信息系统规划的内容 ··· 93
4.1.5 信息系统规划过程 ·· 94

4.2 信息系统发展的阶段模型 ··· 95
4.2.1 诺兰模型 ·· 95
4.2.2 米歇模型 ·· 97

4.3 系统调查 ··· 98
4.3.1 系统调查的内容 ··· 98
4.3.2 系统调查的方法 ··· 99
4.3.3 系统调查的原则 ··· 100
4.3.4 组织机构与业务功能调查 ·· 101
4.3.5 业务流程调查 ·· 102
4.3.6 数据流程调查 ·· 103
4.3.7 数据字典 ·· 106

4.4 可行性研究 ·· 109
4.4.1 可行性研究报告工作程序 ·· 109
4.4.2 可行性研究内容 ··· 110
4.4.3 可行性研究报告 ··· 111

4.5 系统规划的方法与策略 ·· 113
4.5.1 关键成功因素法 ··· 113
4.5.2 战略目标集转化法 ·· 115
4.5.3 企业系统规划法 ··· 115
4.5.4 信息系统规划的策略 ·· 119

习题 ··· 121

第5章 管理信息系统的开发 ··· 122

5.1 管理信息系统开发过程 ·· 122
5.1.1 系统开发的总体规划 ·· 122
5.1.2 系统开发的阶段划分 ·· 123

5.2 管理信息系统的开发方法 ··· 123
5.2.1 生命周期法 ··· 123
5.2.2 原型法 ··· 125
5.2.3 面向对象的开发方法 ·· 126

　　　　5.2.4　CASE 开发方法 …………………………………………………… 126
　　5.3　管理信息系统的开发方式 ……………………………………………………… 127
　　　　5.3.1　联合开发策略 …………………………………………………………… 127
　　　　5.3.2　应用软件包策略 ………………………………………………………… 128
　　　　5.3.3　外包策略 ………………………………………………………………… 128
　　5.4　管理信息系统开发工具 ………………………………………………………… 129
　　　　5.4.1　基于组件技术的信息系统开发 ………………………………………… 129
　　　　5.4.2　组件模型 ………………………………………………………………… 131
　　5.5　管理信息系统开发管理 ………………………………………………………… 134
　　　　5.5.1　管理信息系统开发项目管理的流程 …………………………………… 134
　　　　5.5.2　企业信息系统开发项目管理的组织机构 ……………………………… 135
　　　　5.5.3　管理信息系统开发项目管理的基本内容与步骤 ……………………… 136
　　习题 …………………………………………………………………………………… 141

第 6 章　管理信息系统的应用 ……………………………………………………… 142

　　6.1　管理信息系统的切换和运行 …………………………………………………… 142
　　　　6.1.1　系统切换的方案选择 …………………………………………………… 142
　　　　6.1.2　系统切换的准备工作 …………………………………………………… 143
　　6.2　管理信息系统的人员培训 ……………………………………………………… 144
　　　　6.2.1　培训对象 ………………………………………………………………… 144
　　　　6.2.2　培训内容 ………………………………………………………………… 145
　　　　6.2.3　培训方式 ………………………………………………………………… 146
　　　　6.2.4　培训时间 ………………………………………………………………… 146
　　6.3　管理信息系统的维护 …………………………………………………………… 146
　　　　6.3.1　系统维护的必要性和目的 ……………………………………………… 147
　　　　6.3.2　系统维护的类型 ………………………………………………………… 147
　　　　6.3.3　系统维护的内容 ………………………………………………………… 147
　　　　6.3.4　系统维护的管理 ………………………………………………………… 148
　　　　6.3.5　系统使用与维护说明书 ………………………………………………… 149
　　6.4　管理信息系统的评价 …………………………………………………………… 149
　　　　6.4.1　管理信息系统的评价体系 ……………………………………………… 149
　　　　6.4.2　管理信息系统的评价方法 ……………………………………………… 150
　　　　6.4.3　管理信息系统评价的内容 ……………………………………………… 151
　　6.5　管理信息系统的审计 …………………………………………………………… 152
　　　　6.5.1　信息系统审计的产生与发展 …………………………………………… 153
　　　　6.5.2　信息系统审计的概念与特点 …………………………………………… 154
　　　　6.5.3　信息系统审计的内容 …………………………………………………… 155
　　　　6.5.4　信息系统审计的工作流程 ……………………………………………… 156
　　　　6.5.5　信息系统审计的风险以及策略 ………………………………………… 157

习题 ··· 159

第7章 管理信息系统采购 ·· 160

7.1 管理信息系统的投资与效益 ·· 160
7.1.1 信息化的效益 ·· 160
7.1.2 管理信息系统效益评价的重要意义 ······························· 161
7.1.3 管理信息系统经济评价的主要内容 ······························· 161

7.2 管理信息系统的招标投标 ·· 162
7.2.1 招标投标的理论基础 ·· 162
7.2.2 招标投标的法律基础 ·· 163
7.2.3 招标中需注意的问题 ·· 165

7.3 管理信息系统的采购 ··· 166
7.3.1 管理信息系统采购的基本过程 ······································ 166
7.3.2 采用过程 ··· 167
7.3.3 评价与选择 ·· 169
7.3.4 采购中要注意的问题 ·· 171

7.4 管理信息系统监理 ·· 172
7.4.1 信息系统监理的概念 ·· 172
7.4.2 监理的必要性 ··· 172
7.4.3 信息系统监理的产生 ·· 173
7.4.4 信息系统监理的工作内容 ··· 174
7.4.5 信息系统监理师资格认证 ··· 176

习题 ··· 176

第8章 管理信息系统的典型形式 ·· 178

8.1 决策支持系统 ··· 178
8.1.1 人机交互界面 ··· 178
8.1.2 数据库 ·· 178
8.1.3 模型库 ·· 179
8.1.4 知识库 ·· 179
8.1.5 推理机 ·· 179

8.2 企业资源计划系统 ·· 179
8.2.1 ERP 系统的功能和特点 ·· 180
8.2.2 ERP 系统的管理思想 ··· 181
8.2.3 ERP 系统的应用 ··· 182
8.2.4 ERP 系统存在的风险 ··· 183
8.2.5 ERP 系统成功的标志 ··· 183

8.3 客户关系管理 ··· 184
8.3.1 CRM 的发展 ·· 184

　　　　8.3.2　CRM 的含义 ……………………………………………………………… 185
　　　　8.3.3　CRM 的功能 ……………………………………………………………… 186
　　　　8.3.4　CRM 的实施流程 …………………………………………………………… 186
　8.4　供应链管理 ………………………………………………………………………… 187
　　　　8.4.1　供应链及供应链管理的基本概念 ………………………………………… 187
　　　　8.4.2　供应链管理的组成 ………………………………………………………… 188
　　　　8.4.3　供应链管理与传统管理模式的区别 ……………………………………… 188
　　　　8.4.4　供应链管理的运营机制 …………………………………………………… 188
　　　　8.4.5　我国企业如何实施供应链管理 …………………………………………… 190
　8.5　电子商务 …………………………………………………………………………… 191
　　　　8.5.1　电子商务的发展 …………………………………………………………… 191
　　　　8.5.2　电子商务的功能和特点 …………………………………………………… 193
　　　　8.5.3　电子商务的竞争优势 ……………………………………………………… 194
　　　　8.5.4　电子商务发展对社会经济的影响 ………………………………………… 195
　8.6　电子政务 …………………………………………………………………………… 196
　　　　8.6.1　我国电子政务发展概况 …………………………………………………… 197
　　　　8.6.2　我国电子政务存在问题及应用发展建议 ………………………………… 198
　　　　8.6.3　我国电子政务发展方向展望 ……………………………………………… 199
　8.7　办公自动化 ………………………………………………………………………… 200
　　　　8.7.1　传统办公模式 ……………………………………………………………… 200
　　　　8.7.2　现代办公模式 ……………………………………………………………… 200
　　　　8.7.3　办公自动化的发展趋势 …………………………………………………… 201
　　　　8.7.4　办公自动化的组织实施 …………………………………………………… 201
　　　　8.7.5　办公自动化的维护 ………………………………………………………… 202
　8.8　战略信息系统 ……………………………………………………………………… 203
　　　　8.8.1　战略信息系统的战略意义 ………………………………………………… 203
　　　　8.8.2　战略信息系统的开发特点 ………………………………………………… 204
　　　　8.8.3　战略信息系统开发过程中的信息分析 …………………………………… 204
　　　　8.8.4　战略信息系统中战略的制定与实施 ……………………………………… 206
　8.9　信息系统集成与演化 ……………………………………………………………… 207
　　　　8.9.1　企业信息系统的阶段划分及其特点 ……………………………………… 207
　　　　8.9.2　现代企业信息系统集成模式 ……………………………………………… 209
　　　　8.9.3　企业信息系统集成的实现 ………………………………………………… 210
　　　　8.9.4　信息系统演化 ……………………………………………………………… 211
　习题 ………………………………………………………………………………………… 212

第9章　管理信息系统与管理创新 …………………………………………………… 214

　9.1　管理信息系统对企业的影响 ……………………………………………………… 214
　　　　9.1.1　对企业经济的影响 ………………………………………………………… 214

9.1.2　对组织行为的影响 ………………………………………………………… 215
　　　9.1.3　对决策的影响 …………………………………………………………… 217
　9.2　企业信息化组织 …………………………………………………………………… 219
　　　9.2.1　企业信息化管理的内容 …………………………………………………… 219
　　　9.2.2　企业信息化管理的组织机构 ……………………………………………… 220
　　　9.3.3　企业信息资源管理的人员 ………………………………………………… 220
　9.3　管理信息系统与组织结构调整 …………………………………………………… 222
　　　9.3.1　组织结构 …………………………………………………………………… 222
　　　9.3.2　信息系统对企业组织内部结构的影响 …………………………………… 225
　9.4　管理信息系统与业务流程重组 …………………………………………………… 227
　　　9.4.1　BPR的概念 ………………………………………………………………… 227
　　　9.4.2　BPR的特征 ………………………………………………………………… 228
　　　9.4.3　BPR的实施技术 …………………………………………………………… 228
　　　9.4.4　BPR的应用 ………………………………………………………………… 229
　　　9.4.5　企业信息化与企业业务流程重组之间的关系 …………………………… 231
　9.5　管理信息系统与管理模式变革 …………………………………………………… 234
　　　9.5.1　电子商务的影响 …………………………………………………………… 234
　　　9.5.2　企业资源计划的影响 ……………………………………………………… 237
　　　9.5.3　供应链管理 ………………………………………………………………… 238
　习题 ……………………………………………………………………………………… 238

第10章　经济管理信息系统 …………………………………………………………… 239

　10.1　人力资源管理信息系统 ………………………………………………………… 239
　　　10.1.1　人力资源管理系统概述 ………………………………………………… 239
　　　10.1.2　人力资源管理系统的功能模块 ………………………………………… 239
　10.2　财务管理信息系统 ……………………………………………………………… 242
　　　10.2.1　财务管理系统的发展历程 ……………………………………………… 242
　　　10.2.2　财务管理系统的功能模块 ……………………………………………… 243
　10.3　商业企业管理信息系统 ………………………………………………………… 251
　　　10.3.1　商业企业管理信息系统概述 …………………………………………… 251
　　　10.3.2　商业企业管理信息系统的结构 ………………………………………… 255
　10.4　商业银行管理信息系统 ………………………………………………………… 258
　　　10.4.1　商业银行管理信息系统概述 …………………………………………… 258
　　　10.4.2　商业银行管理信息系统的功能 ………………………………………… 260
　10.5　税收管理信息系统 ……………………………………………………………… 262
　　　10.5.1　电子缴税入库建设目标 ………………………………………………… 262
　　　10.5.2　电子缴税入库系统功能模块 …………………………………………… 263
　10.6　国家经济信息系统 ……………………………………………………………… 264
　　　10.6.1　国家经济信息系统概述 ………………………………………………… 264

    10.6.2 国库预算管理系统 …………………………………………… 265
 习题 ……………………………………………………………………………… 268

期末考试模拟题 ……………………………………………………………… 270

习题参考答案 ………………………………………………………………… 281

期末考试模拟题参考答案 …………………………………………………… 302

参考文献 ……………………………………………………………………… 318

第1章 管理信息系统的基本概念

本章主要从信息与知识工程、系统与复杂性、管理与决策、信息处理的过程、信息系统等方面详细讲述管理信息系统的基本概念。

1.1 信息与知识工程

本节包括信息概述和知识工程两部分，介绍信息的定义、特征、类型、功能，以及知识工程的概念、三要素、工程方法等。

1.1.1 信息概述

人们每天早上一睁眼，眼中看到的、耳边听到的、口中说的都是来自报纸、电视、电台、因特网等形形色色的信息。无怪乎，人们称当今时代是信息时代。那么，什么是信息呢？

1. 信息的定义

在当今的一切社会活动中，人们首先想到的是如何利用信息。生活中需要信息，科学研究中需要信息，一切金融和工商业活动中更离不开信息。信息起着关键性、决定性的作用。物质、能源与信息成为人类社会的三大资源，是推进人类社会发展的三大要素。其中，物质为社会提供所需的物质基础；能源为社会提供能量和动力；而信息则为社会提供思维、知识和决策。三者的有机结合和相辅相成，才使人类社会如江河奔腾，不断地向前发展。然而，目前学术界对信息仍无统一的定义。

1928年，哈特莱(L. R. V. Hartley)在《贝尔系统电话》杂志上发表一篇题为"信息传输"(Transmission of Information)的论文，区分了消息和信息。他认为"信息是指有新内容、新知识的消息"，将信息理解为选择通信符号的方式，并用选择的自由度来计算这种信息的大小。

1975年，意大利学者郎高(G. Longo)出版了专著《信息论：新的趋势与未决问题》，并在序言中指出"信息是反映事物的形成、关系和差别的东西，它包含在事物的差别之中，而不是在事物本身"。

1996年，中国学者钟义信在《信息科学原理》中详尽阐述了信息的概念。他指出，在信息概念的诸多层次中，最重要的有两个层次：一个是没有任何约束条件的本体论层次；另一个是受主体约束的认识论层次。从本体论的层次上考察，信息可被定义为"事物运动的状态以及它的状态改变的方式"。在此,"事物"泛指一切可能的研究对象,包括外部世界的物质客体和主观世界的精神现象;"运动"泛指一切意义上的变化,包括机械运动、物理运动、化学运动、生物运动、思维运动和社会运动等;"运动方式"是指事物运动在时间上所呈现的过程和规律;"运动状态"则是事物运动在空间上所展示的性状与态势。由于宇宙间一切事物都在运动,都有一定的运动状态和状态改变的方式,因而一切事物都在产生信息。从认识论的角度考察,信息是主体所感知或者主体所描述的事物运动状态及其状态变化的方式。认识论层次的信息概念涵盖:

(1) 语法信息。由于主体具有观察力,能够感知事物运动状态及其变化方式的外在形式,由此获得的信息可称为语法信息。

(2) 语义信息。由于主体只有理解力,能够领悟事物运动状态及其变化方式的逻辑含义,由此获得的信息可称为语义信息。

(3) 语用信息。由于主体具有明确的目的性,能够判断事物运动状态及其变化方式,由此获得的信息可称为语用信息。

语法信息、语义信息、语用信息三者综合在一起构成认识论层次上的全部信息,即全信息。钟义信的信息定义与概念体系为信息研究和信息科学的发展提供了一个新的基点。

国际标准化组织(International Organization for Standardization,ISO)对信息的定义:信息是对人有用的数据,这些数据将可能影响到人们的行为与决策。

2. 信息的特性

所谓信息的特性是指信息区别于其他事物的本质属性。信息的基本特性主要有普遍性、时效性、相对性、与物质不可分割性、可传递与干扰性、可加工性和可共享性等。

1) 普遍性

信息是事物运动的状态和方式。只要有事物存在,就会有其运动的状态和方式,就存在着信息。因此,信息是普遍存在的。

2) 时效性

客观事物本身都在不停地运动变化,信息是事物运动的状态和方式,信息也在不断地发展更新。因此,信息的存在有一定的时效性,在获取与利用信息时必须树立时效观念。

3) 相对性

客观上信息是无限的,但相对于认知主体来说,人们实际获得的信息总是有限的。由于不同认知主体有着不同的感知能力,对同一事物获得的信息是因人而异的。

4) 与物质不可分割性

信息本身是看不见、摸不着的,它必须依附于一定的物质形式(如纸张、声波、电磁波、化学材料、磁性材料等),不可能脱离物质单独存在。我们把这些以承载信息为主要任务的物质形式称为信息的载体。信息没有语言、文字、图形图像、符号等记录手段便不能表述,没有物质载体便不能存储和传播,但其内容并不因记录手段或物质载体的改变而发生变化。

5) 可传递与干扰性

信息能够通过多种渠道、采用多种方式进行传递。信息从时间或空间上的某一点向其他点移动的过程称为信息传递。信息传递要借助于一定的物质载体。一个完整的信息传递过程必须具备信源(信息发送方)、信宿(信息接收方)、信道(信息媒介,实现信息传递功能的载体)和信息四个基本要素。信道对信息传递有干扰和阻碍作用。可以把任何不属于信源原意而加之于其信号上的附加物都称为信息干扰。例如,噪声就是一种典型的干扰。产生噪声的因素很多,有传输设备发热引起的热噪声、不同频率的信号相干扰产生的调制间噪声等。

6) 可加工性

信息可以被分析或综合,扩充或浓缩,也就是说,人们可以对信息进行加工处理。所谓信息加工,是把信息从一种形式变换成另一种形式。如果在信息加工过程中没有任何信息量的增加或损失,并且信息内容保持不变,那么意味着这个信息加工过程是可逆的,反之则是不可逆的。实际上,由于人的因素信息加工是鲜有内容保持不变的,因此都是不可逆的过程。

7) 可共享性

信息区别于物质、能源的一个重要特征是它可以被共同占有,共同享用,也就是说信息在传递过程中不但可以被信源和信宿共同拥有,而且还可以被众多的信宿同时接收利用。根据物能转化定理和物与物交换原则,得到一物或一种形式的能源,必失去另一物或另一种形式的能源;信息交换的双方不仅不会失去原有信息,而且还会增加新的信息;信息还可以广泛地传播扩散,供全体接收者共享。

3. 信息的类型

信息存在的范围极其广泛,内容非常丰富。为了科学研究活动的需要,不同科学领域的研究人员往往依据不同的分类标准,对信息进行不同的划分。

1) 按照产生和作用机制分类

按照信息的产生和作用机制,可将信息分为自然信息和社会信息。自然信息指自然界中的各种信息以及人类生产的物质所产生的信息,包括生命信息、非生命物质存在与运动信息、生命物质和非生命物质之间的作用信息等。根据运动主体的特征,自然信息分为生物信息与非生物信息。生物信息是指生命世界的信息。有关实验研究表明,植物能够感知到信息传递给其他植物个体。各类动物都有自己交换信息的"语言",如肢体语言与动物的叫声。非生物信息是指无生命世界的信息。形形色色的天气变化、地壳运动、天体演化、物质的物理运动和物质的化学变化等都是物理信息。社会信息是指人类各种活动所产生、传递与利用的信息,包括一切人类运动变化状态的描述。按照人类活动领域的不同,社会信息又可分为科技信息、经济信息、政治信息、军事信息、文化艺术信息和生活信息等。社会信息是人类社会活动的重要资源,是社会中构成要素和演化动力的重要部分。因此,社会信息是信息管理的主要对象。

2) 按照表现形式分类

按照信息的表现形式,可将信息划分为消息、资料和知识。消息是关于客观事物发展变化情况的最新报道。因此,强调的是事物当前的动态信息,有较强的时间性,主要用于了解情况。资料是客观事物的静态描述与社会现象的原始记录。因此,强调的是客观现实的真实记载,有较强的累积性,主要用作论证的依据。知识是人类社会实践经验的总结,是人类发现、发明与创造的成果。因此,强调的是人类对客观事物的普遍认识和科学评价。

3）按照主体的认识层次分类

按照主体的认识层次，可将信息划分为语法信息、语义信息和语用信息。

前面已经介绍，全信息是语法信息、语义信息和语用信息三位一体的总和，它们共同构成认识论层次上的全部信息。

4）按信息的加工处理程度分类

按信息的加工处理程度，可将信息划分为一次信息、二次信息和三次信息。一次信息是指未经加工或略微加工的原始信息，如会议记录、论文、专著、统计报表等。二次信息是指在原始信息的基础上加工整理而成的供检索用的信息，如文摘、书目、索引等。三次信息是指根据二次信息提供的线索，查找和使用一次信息以及其他材料，进行浓缩、整合后产生的信息，如研究报告、综述、述评等。

5）按事物的发展过程分类

按事物从产生、成长直至结束的发展过程进行划分，可将信息分为预测性信息、动态性信息和反馈信息。预测性信息是指事物的酝酿、萌芽等阶段产生的信息，它对管理人员把握事物的发展、及时采取有效决策至关重要。动态性信息一般是指在事物的发展、成长阶段产生的信息，为决策者及时掌握决策实施情况起到及时修正决策的作用。反馈信息是在事物结束阶段或者某一阶段完成后产生的信息。

6）按动静状态分类

按动静状态划分，可将信息分为动态信息和静态信息。动态信息是指时间性较强、瞬息万变的新闻和情报（如军事情报、新闻信息、市场信息、股票信息、金融信息等）信息。静态信息是指历史文献、档案资料等相对稳定、固化的信息。

7）按传递的范围分类

按传递的范围划分，可将信息分为公开信息、内部信息和机密信息。公开信息是指传递和使用的范围没有限制、可在国内外公开发表的信息。以各种形式公开发表的一次信息、二次信息和三次信息都属于公开信息。内部信息是指不能公开传播、只供内部掌握和使用的信息。机密信息是指必须严格限定使用范围的信息。

8）按信息反映的事物状态分类

按信息反映的事物状态划分，可将信息分为常规性信息和偶然性信息。常规性信息是指反映在正常条件下的常规事件的信息，如统计月报信息、天气预报信息等都属于常规性信息。偶然性信息是指反映偶然的非常规事件的信息，如某地发生地震、飞机失事、火车出轨、大面积森林火灾等都属于偶然性信息。

9）按信息的稳定程度分类

按信息的稳定程度划分，可将信息分为固定信息和流动信息。固定信息是指通过对不断变化的大量信息进行长期观察和分析，揭示客观事物发展过程的内在联系和必然趋势所形成的各项原则、制度、标准、定额、系数等内容。流动信息是指反映事物发展过程中每一时刻变化的信息，如市场价格信息、商品供求信息等都属于流动信息。

10）按信息发布的渠道分类

按信息发布的渠道划分，可将信息分为正式渠道信息和非正式渠道信息。正式渠道信息是指由正式组织发布并通过正式组织向外传播的各类信息，如官方新闻发布会、正式报告、国家统计部门发布的统计信息等。非正式渠道信息是指从正式渠道以外获取的各类信息。

11) 按信息的范围分类

按信息的范围划分,可将信息分为内部信息和外部信息。内部信息是指反映事物内部状态的信息。外部信息是指与特定系统有关联的信息。

正如对其他事物的认识一样,对信息的认识从不同角度、以不同标准、按不同方式来进行分类,是符合辩证法原理的。在不同研究领域,人们可以对信息做出更恰当、更具体、更详细的分类。

4. 信息的功能

根据信息在社会中的利用过程和发挥作用的特点,可以把信息的主要功能归纳如下。

1) 经济功能

信息作为重要的经济资源,本身就具有经济功能。信息的经济功能表现在多个方面,其中最重要的是它对社会生产力的作用功能。

现代理论认为,除了劳动者、劳动工具和劳动对象这三要素外,信息也是社会生产力的重要构成要素。信息的生产力功能是在信息要素和信息技术要素有机结合的条件下实现的。在信息技术支持下,信息可以有效改善其对生产力各个要素施加影响的条件。因此,信息资源开发利用的程度是衡量现代国家信息化和社会生产力水平高低的重要标志。一般来说,一个国家信息资源开发和利用的水平越高,生产力水平就越高;反之亦然。

信息还具有直接创造财富、实现经济效益放大的功能。信息不但本身就是财富的象征,而且可以通过流通和利用直接创造财富。其主要途径可以归纳为:运用信息可以使非资源转化为资源创造财富;使用信息取代劳动力、资金、材料等资源创造财富,实现经济效益倍增;直接让信息作为商品在市场流通中创造财富;通过信息进行科学决策,减少失误,创造财富。

2) 管理与协调功能

在人类社会中,物质和能源不断从生产者"流"向消费者,这种客观存在的物质流和能源流的运动表现为相应的信息的运动,即信息流的运动。信息流反映物质和能源的运动,社会正是借助信息流来控制和管理物质能源流的运动,左右其运动方向,进行合理配置,发挥其最大效益。

具体到一个企业,信息的管理与协调功能主要表现为协调和控制企业的五种基本资源以实现企业的目标。这五种资源包括人、财、物、设备和管理方法(即所谓的5M),它们都是通过有关这些资源的信息(如记录在图纸、账单、订货单、统计表上的数据等)来协调和控制的。例如,在企业活动中,伴随着物质和能源的输入,反映上述5M资源的信息流就会以相互联系的方式扩散和活动,最终作用于物质流和能源流的协调并控制其活动,从而导致优质、高产的产品或服务输出。由此可见,信息的管理与协调功能在企业活动中的作用主要体现在:传递整个企业系统的运行目的,有效管理5M资源;调节和控制物质流和能源流的数量、方向和速度;传递外界对系统的作用,保持企业系统的内部环境稳定。

3) 选择与决策功能

选择与决策是人类最基本、最普遍的活动。信息的这种功能广泛作用于人类选择与决策活动的各个环节,并优化其选择与决策行为,实现预期目标。信息的选择与决策功能体现在两方面:没有信息就无任何选择和决策可言;没有信息的反馈,选择和决策就无优化可言。一个典型的选择(或决策)遵循这样的程序：针对某一目标，考虑所受的条件限制和其他约束，从几种可能的方案中做出一种选择。选择单元中的目标、限制条件、多种方案都必须依赖信息的支持。而当一次选择成功之后，还必须依赖反馈信息不断修正，才能达到选择和决策结果的优化。

4) 研究与开发功能

信息的这种功能实际上是信息的科学功能的具体体现，即在人类科学研究和技术创新活动中，信息具有激活知识、生产知识的功能。

科学研究和技术开发是在前人已经取得的成果的基础上进行的，因此，在人类从事科学研究和技术开发的各个阶段，都需要获取和利用相关信息，掌握方向，开阔视野，启迪思维，生产出新知识、新技术和新产品。发挥这一功能的信息基本上是科学技术信息。

以上只是在一般意义上讨论了信息的基本功能。在不同的场合，这些功能有不同的表现形式和实现方式，并发挥不同的作用，因此信息给人的印象是其功能千差万别、变化无常。其实，它们都是信息的基本功能在不同情况下的具体表现形式，致使人们从不同角度采用了不同的提法而已。

1.1.2 知识工程

1. 知识工程的概念

1) 知识工程概述

1977年，美国斯坦福大学计算机科学家费根鲍姆教授(E. A. Feigenbaum)在第五届国际人工智能会议中提出知识工程的概念。他认为，"知识工程是人工智能的原理和方法，对那些需要专家知识才能解决的应用难题提供求解的手段。恰当运用专家知识的获取、表达和推理过程的构成与解释，是设计基于知识的系统的重要技术问题。"这类以知识为基础的系统，就是通过智能软件而建立的专家系统。由于在建立专家系统时所要处理的主要是专家的或书本上的知识，正像在数据处理中数据是处理对象一样，因此它又称为知识处理学。其研究内容主要包括知识的获取、知识的表示及知识的运用和处理三大方面。

人们对知识工程的理解，一般局限于专家系统范围内。费根鲍姆在其著作《第五代计算机：人工智能和日本计算机对世界的挑战》(1983年9月)中提到，"知识工程"一词在日本人那里很吃香，因为在日本，工程技术人员有很高的地位；但是在英国，工程技术人员不享受这样的荣誉，人们主张使用"专家系统"这个词。我们认为，知识工程是一门以知识为研究对象的新兴学科，它将具体智能系统研究中那些共同的基本问题抽出来，作为知识工程的核心内容，使之成为指导具体研制各类智能系统的一般方法和基本工具，成为一门具有方法论意义的科学。在1984年8月全国第五代计算机专家讨论会上，史忠植提出："知识工程是研究知识信息处理的学科，提供开发智能系统的技术，是人工智能、数据库技术、数理逻辑、认知科学、心理学等学科交叉发展的结果。"

知识工程可以看成是人工智能在知识信息处理方面的发展，研究如何由计算机表示知识，进行问题的自动求解。知识工程的研究使人工智能的研究从理论转向应用，从基于推理的模型转向基于知识的模型，包括了整个知识信息处理的研究，知识工程已成为一门新兴的边缘学科。

2) 问题解决的思路

费根鲍姆及其研究小组在20世纪70年代中期研究了人类专家们解决其专门领域问题时的方式和方法,注意到专家解题的四个特点,具体如下。

(1) 为了解决特定领域的一个具体问题,除了需要一些公共的知识,例如哲学思想、思维方法和一般的数学知识等之外,更需要应用大量与所解问题领域密切相关的知识,即所谓的领域知识。

(2) 采用启发式的解题方法或称试探性的解题方法。为了求解一个问题,特别是一些本身就很难用严格的数学方法描述的问题,往往不可能借助一种预先设计好的固定程序或算法来解决它们,而必须采用一种不确定的试探性解题方法。

(3) 解题中除了运用演绎方法外,必须求助于归纳的方法和抽象的方法。因为只有运用归纳和抽象才能创立新概念,推出新知识,并使知识逐步深化。

(4) 必须处理问题的模糊性、不确定性和不完全性。因为现实世界就是充满模糊性、不确定性和不完全性的,所以决定解决这些问题的方式和方法也必须是模糊的和不确定的,并应能处理不完全的知识。

总之,人们在解题的过程中,首先运用已有的知识开始进行启发式的解题,并在解题中不断修正旧知识,获取新知识,从而丰富和深化已有的知识,然后再在一个更高的层次上运用这些知识求解问题,如此循环往复、螺旋式上升,直到把问题解决为止。由上面的分析可见,在这种解题的过程中,人们所运用和操作的对象主要是各种知识,因此也就是一个知识处理的过程。

2. 知识工程三要素

人工智能与计算机技术的结合产生了所谓"知识处理"的新课题。即要用计算机来模拟人脑的部分功能,或解决各种问题,或回答各种询问,或从已有的知识推出新知识等。为了进行知识处理,当然首先必须获取知识,并能把知识表示在计算机中,能运用它们来解题。因此,知识的获取、知识的表示及知识的运用和处理也就成了知识工程的三大要素或主要研究内容。

1) 知识的获取

在建立一个具体的专家系统时,人们往往要花很多人力和财力在知识获取上,它被公认为是知识处理的一个"瓶颈"。知识获取要研究的主要问题包括:对专家或书本知识的理解、认识、选择、抽取、汇集、分类和组织的方法;从已有的知识和实例中产生新知识,包括从外界学习新知识的机理和方法;检查或保持已获取知识集合的一致性和完全性约束的方法;尽量保证已获取的知识集合无冗余的方法。

知识获取分主动式和被动式两大类。主动式知识获取是指知识处理系统根据领域专家给出的数据与资料利用诸如归纳程序之类的软件工具直接自动获取或产生知识,并装入知识库中,所以也称为知识的直接获取;而被动式知识获取往往是间接通过一个中间人(知识工程师或用户)并采用知识编辑器之类的工具,把知识传授给知识处理系统,所以也称为知识的间接获取。

按知识处理系统获取知识的工作方式,可以分成交互式和自主式两种。交互式知识获取在获取过程中要不断与人进行交互,或提供解释,或要求输入信息,或提问求答,或请求验证等。交互式知识获取对用户或知识工程师有较大的透明度和控制能力,比较适合于从专家大脑中获取知识。自主式知识获取则在获取过程中完全由知识处理系统自主完成，例如输入的是一段讲话、一本书或资料，输出的便是从中抽取出来的知识。这里即便不考虑诸如语声识别、文字识别、自然语言理解和认知科学等方面的许多难题，解决起来仍是十分困难的。

按知识获取的策略或机理，可分为死记硬背式知识获取、条件反射式知识获取、教学式（或传授式）知识获取、演绎式知识获取、归纳式知识获取、解释式知识获取、猜想证实式知识获取、反馈修正式知识获取、类比和联想式知识获取、外延式知识获取等。

2）知识的表示

要将知识告诉计算机或在其间进行传递，必须将知识以某种形式逻辑地表示出来，并最终编码到计算机中去，这就是所谓的知识的表示问题。不同的知识需要用不同的形式和方法来表示。它既应能表示事物间结构关系的静态知识，又应能表示如何对事物进行各种处理的动态知识；它既要能表示各种各样的客观存在着的事实，又要能表示各种客观规律和处理规则；它既要能表示各种精确的、确定的和完全的知识，还应能表示更加复杂的、模糊的、不确定的和不完全的知识。因此，一个问题能否有合适的知识表示方法往往成为知识处理成败的关键。而且知识表示的好坏对知识处理的效率和应用范围影响很大，对知识获取和学习机制的研究也有直接的影响。知识表示的方法很多，如谓词逻辑表示、关系表示（或称特性表表示）、框架表示、产生式表示、规则表示、语义网表示、与或图表示、过程表示、Petri 网表示、H 网表示、面向对象表示，以及包含以上多种方法的混合或集成表示等。这些表示方法各适用于表示各种不同的知识，从而被用于各种应用领域。对于"知识面"很窄的专家系统一类的应用，往往可以根据领域知识的特点，从中选择一种或若干种表示方法就可以解决问题。但是为了开发具有较宽领域知识的系统，如多专家系统的聚合系统和分布式多功能知识处理系统等，仅用互不相干的知识表示方法便难以适应要求。

3）知识的运用和处理

为了让已有的知识产生各种效益（包括社会、经济、政治、军事和科学等方面的效益），使它对外部世界产生影响和作用，必须研究如何运用知识的问题。运用知识来设计机器、建造水坝、推断未来、探索未知、管理社会，乃至运用知识来作曲、绘画或写文章等都是用知识来解决问题和改造世界的活动。显然，知识处理学不能研究这些具体运用知识的过程或方法，而是要研究在上述各种具体的知识运用中都可能用到的一些方法（或模式）。它们主要包括推理、搜索、知识的管理及维护、匹配和识别。推理指各种推理的方法与模式的研究，研究前提与结论之间的各种逻辑关系及真度或置信度的传递规则等。搜索指各种搜索方式与方法的研究，研究如何从一个浩瀚的对象（包括知识本身）空间中搜索（或探索）满足给定条件或要求的特定对象。知识的管理及维护包括对知识库的各种操作（如检索、增加、修改或删除），以保证知识库中知识的一致性和完整性约束等的方法和技术。匹配和识别指在数据库或其他对象集合中，找出一个或多个与给定"模板"匹配的数据或对象的原理和方法，以及在仅有不完全的信息或知识的环境下，识别各种对象的原理与方法。

3. 工程方法

工业工程的产生可以追溯到泰勒的科学管理（原理和技术）。以泰勒的思想为代表的科学管理的技术后来被发展并系统化而成为现在的工业工程，工业工程把人、设备、材料、能源、技术作为综合系统进行优化，促进制造方法、加工方法、作业方法的改进。

工程方法(Engineering Method)就是把工程中的技巧和思维方法加以总结和归纳,把成功与失败的经验理性化,使工程人员遵循某一方式,从而减少一些人为因素所带来的失误,提高开发的质量和效率。工程化方法主要体现在以下几方面。

(1) 在项目定义、开发和维护的每个阶段都进行验证是行之有效的方法。一个重要因素是,寻找和遵循一些"标准化"的规程,对开发人员给以指导和约束,使他们遵照规定的方法来理解和处理问题。

(2) 在工程实施的每一阶段,都必须做复审,尽量减少工作中的失误,确保工程的质量。

(3) 每一阶段都必须产生相应的文档、规范、合同,保证工程技术人员之间的交流和以后的维护工作的顺利进行。

(4) 强化工具的使用,以提高工程实施的速度,提高生产效率。

(5) 提供从原始产品概念到最终产品制造的一个可追溯的途径。

1.2 系统与复杂性

本节主要介绍系统的定义、分类、特征,系统复杂性,软件系统复杂性及分类等。

1.2.1 系统

系统(System)的概念最早可以追溯到 20 世纪 30 年代,不过,直到第二次世界大战前不久,一般系统概念和一般系统理论才被提出,并逐渐被人们接受和认同。1957 年"系统工程"的概念被提出。如今,系统工程的概念方法在航天、水利、电力、交通、通信等方面得到了广泛的应用。目前系统工程的方法已渗入各个领域,甚至包括人们的生活。系统的概念是管理信息系统三大基础概念之一,因此,有必要对此做一些介绍。

1. 系统的定义

什么是系统? 系统是由一些部件组成的,这些部件间存在着密切的联系,通过这些联系达到某种目的。从数学的角度讲,系统也可以说是为了达到某种目的相互联系的事物的集合。从生物的角度讲,系统又是一些部件为了某种目标而有机地结合的一个整体。从机电的角度讲,系统可以看作设备单元有规律地连接在一起的整体。从软件的角度讲,系统也可以看成是计算机软件、硬件等各个子系统有机组合的整体。

1) 系统的特点

根据系统的定义,它应该有以下特点。

(1) 系统是由较小的部件组成的,且各部件处于不断变化和运动状态中。

(2) 系统中的部件是按照一定规则进行组合的,即只要系统一定,结构就确定。

(3) 各个部件之间存在着有机和密切的联系。

(4) 系统输出是系统目标的必然结果,系统各组成部分组合后的能力大于各组成部分能力之和。

(5) 系统的状态是可以变化的。由于外界条件不同,或输入不同,其输出结果也可能不同。换句话说,系统的状态是可以控制的。

2) 如何理解系统

为了对系统的定义和概念有更深的了解,先理解以下几个基本观点。

(1) 系统必须实现某一特定的目标。因为系统各个部分是为了某个或某些目标而集中起来的,否则系统构建将失去任何意义。例如,建立工厂的目的是生产市场上需要的产品;创办学校的目的是培养学生等,这就是创建它们的最初目的。管理信息系统也一样,其目的就是企业、政府等单位的信息管理,如图 1-1 所示。

(2) 系统有明确的边界,并通过边界与外界进行物质或信息的交流。例如一个工厂企业,它会有一个明确的内外之分。而且,这个企业为了生存,它必须与外界交流,购买原材料,生产出成品卖出。系统正是通过这种不断地输入、输出来实现它的完善发展。也可以把它称为"新陈代谢,吐故纳新",如图 1-2 所示。

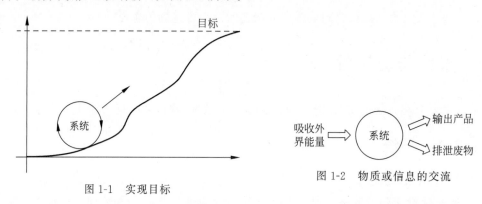

图 1-1　实现目标　　　　　图 1-2　物质或信息的交流

(3) 系统可划分成若干相互联系的部分,且这些部分可以分层。系统是可分解的,即使是最简单的系统。例如,太阳系由九大行星组成;最小的分子也是由原子组成的,原子又由更小的粒子组成;一个大学由若干二级学院组成,二级学院又由若干系组成,如图 1-3 所示。

(4) 系统内部的各个部分之间存在着物质流或信息流。人们称这种物质流或信息流为系统的"血液"。系统通过"血液"将能量带到系统的各个组成部分,然后将废弃物带走,实现各种物质或信息的交换。正是通过这些流,各个组成部分的功能才能充分发挥,并与其他部分互相配合,共同完成整个系统的功能。物质或信息流的状况反映了系统的运行情况。如果这些流的运转发生问题,那么即使各个部分自运转正常,整个系统也可能处于非正常状态。例如,二级学院的若干系之间会进行必要的交流,即使是一个大学若干二级学院,它们之间也会有交流,如不同课程的配合,如图 1-4 所示。

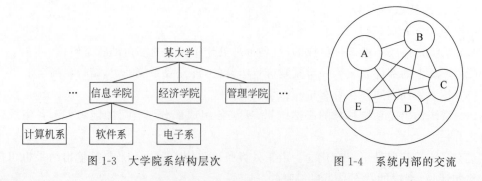

图 1-3　大学院系结构层次　　　　　图 1-4　系统内部的交流

(5) 系统是动态的、变化的和发展的。系统与外界环境进行物质或信息交换时,它的状态会随时发生变化,从一种状态变到另一种状态。不过,这种变化有两种可能:一是系统可能向好的方向发展,最后实现自己既定的目标;二是向不利的方向发展,最后可能无法实现既定的目标,这时就需要通过外部干扰,使系统调整到正常的轨道上来。系统的目标是驱动该系统变化发展的内部动力。世界上的任何一个事物在不同的时刻呈现的状态是不同的。从图1-5中可以看出,尽管状态1与状态2几乎是差不多的,但是,仔细观察后可以发现,两个状态有很多的差异。

图1-5 系统不断变化

2. 系统的分类

系统的分类方法很多,从不同的角度看问题,就可能产生很多不同的分类方法。

1) 按复杂程度分类

按系统复杂程度可把系统分成物理系统、生物系统和人类社会。物理系统属最低层,中间是生物系统,人类社会属于最高一层。当然,它们还可以细分。信息系统是社会技术系统,属于最复杂的人类社会范畴,如图1-6所示。

2) 按产生的方式分类

按系统的产生方式不同,可把系统分为自然系统和人造系统。自然系统也叫天然系统,是大自然在其发展进化的过程中靠自然力量形成的,是宇宙巨系统中亿万年来天然形成的各种自循环系统。例如生物系统、生态系统、大气系统、天体系统、地球系统、海洋系统等都是自然系统,它的组成部分是自然物质,其特点是自然形成的。人造系统也称为人工系统,或人为系统,它是为达到人类的某种目的,由人所建立起来的系统,通常指存在于自然系统中通过人类劳动人为地设计制造出来的系统,包括生产系统、交通系统、人造卫星系统、机械设备系统、运输系统等。管理信息系统是人造系统。

3) 按抽象程度分类

按系统的抽象程度分类,可以把系统分为实体系统、概念系统和逻辑系统,如图1-7所示。实体系统又称为物理系统,是最具体的系统,其组成部分是完全确定的存在物,如矿物、生物、能量、机械、人类等实体。实体系统是已经存在或完全能实现的,所以又称为实在系统。概念系统是最抽象的系统,它是人们根据系统目标和以往的知识构思出来的系统雏形。虽然不是很完善,也有可能不能实现,但它表述了系统的主要特征,描绘了系统的大致轮廓。逻辑系统介于实体系统与概念系统之间。

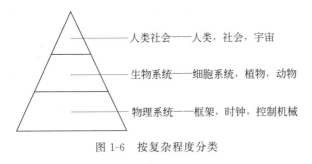

图1-6 按复杂程度分类

图1-7 按抽象程度分类

4）按环境的关系分类

按系统与环境间的相互关系,可将系统分为开放系统和封闭系统。开放系统是指与其环境之间有物质、能量或信息交换的系统。例如,一个工厂作为一个系统,它是一个开放系统,从外界吸收能量,生产产品。封闭系统是与环境没有物质、能量和信息交换的系统。实际上,绝对封闭的系统是不存在的,它只是在某一段时间内,与周围的环境暂时没有物质、能量或信息交换。开放系统与封闭系统是一个相对的概念,因此,对系统的开放性和封闭性理解不能绝对化。一般来说,人们在谈论开放与封闭时,似乎比较注意系统的边界,例如,封闭系统具有不可贯穿的边界,而开放系统的边界具有可渗透性。如习惯性地称没有围墙的大学为开放式的大学,当然,大学的开放程度不仅仅由是否有围墙来判断,还要取决于其办学理念的开放程度。如果一个大学或一个企业,思想僵化,闭门造车,不太爱与外界交往,有时也称它是一个自我封闭的系统。开放与封闭系统如图1-8所示。

图1-8　开放与封闭系统

3．系统的特征

根据系统的含义可以得出如下特征。

1）目的性

系统具有目的性(Intention)任何一个系统都是为了完成某一特定目标而构造的。在进行系统的构思、设计、分析与控制、运转时,必须事先弄清其目的性,否则是无法构成一个良好和有序的现实系统的。例如,学校的目标是培养经济建设人才和出科研成果；工厂的目标是生产出高质量、适销对路的产品,提高企业的经济效益。因此在建设系统的过程中,首先要明确系统的目标,然后再考虑运用什么功能来达到这个目标,而功能是通过组织机构来实现的。

2）整体性

系统具有整体性(Integrality)系统应由两个以上的要素或部分组成,各要素或部分之间存在着联系,从而构成一个有机的整体,以实现其目的和功能。从系统的含义中可以看出,系统内部的各个部分是为实现某一特定目标而联系在一起的。因此,组成系统的各个组成部分不是简单地组合在一起,而是有机地组成一个整体,每个部分都要服从整体,追求整体最优,而不是局部最优,这就是所谓全局的观点。一个系统中即使每个部分并非最完善,但通过综合、协调,仍然可使整个系统具有较好的功能；反之,如果每个部分都追求最好的结果而不考虑整体利益也会使整个系统成为最差的系统。系统科学家贝塔朗菲指出：系统整体能力大于其各部分能力之和。

3）层次性

一个系统可以分解成若干组成部分,如果将这些组成部分看成是一个一个的子系统,那么还可以进一步将这些子系统划分成更小的部分,以此类推,可以将一个系统逐层(Layer)分解,体现出系统的层次性。例如,可以把一个企业看成一个系统,它可以分解为财务子系统、生产管理子系统、供销子系统、库存管理子系统、办公管理子系统等。正是由于系统的层次性,才使得人们在实现一个系统时可以采用系统分解的方法,先将系统分解成若干功能相对独立的子系统,然后给予分别实施。

4）相关性

科学已经证明了现实世界普遍联系的观点。系统中相互关联的要素或部件形成了整体，各部件或要素的特性和行为有相互制约与相互影响的关系，正是这种相关性（Relativity）确定了系统特有的整体形态与功能。由于系统是由内部各个互相依存的组成部分按照某种规则组合在一起的，因此，各个组成部分尽管在功能上相对独立，但彼此之间是有联系的，即具有相关性。例如，教育系统中的学生与老师之间，有联系也有相互作用。系统的相关性告诉人们在实现一个系统的过程中不仅要考虑如何将系统分解成若干子系统，而且要考虑这些子系统之间的相互制约关系。

5) 适应性

系统具有适应性（Adaptability）任何一个系统都不是孤立存在于社会环境之中的，它与社会环境有着千丝万缕的联系。无论是学校还是工厂，不仅要受到国家计划、政策法规的制约，而且还要受到地方和有关单位（系统）的影响，这就是环境影响的问题。如果它要生存，就必须适应环境，否则就要被淘汰，这就是达尔文的适者生存的理论。谁能够快速适应千变万化的社会环境，谁就能在社会中求得生存。其道理非常简单，系统与周围环境之间通常都有物质、能量和信息的交换，即从环境中获取资源，吐故纳新。环境的变化要求系统特性随之改变，系统内部各要素或部分之间的相互关系与功能也发生变化。因此，一般结构良好的系统必须具有反馈系统、自适应和自学习系统，以保持对客观环境的适应能力。

6) 复杂性

系统具有复杂性（Complexity）现代系统一般是多结构、多目标、多功能、多参数、多层次、多输入、多变化的系统。系统通常处在一个多变的环境约束之中，其输入具有多个参数，且表现在时间、空间或数值上的随机性和不确定性，系统本身往往具有多结构层次演变，只有进行一系列运算分析和比较，才能权衡出较优的方案。

7) 动态性

系统的动态性（Dynamic）是指其状态与时间的关系。由于物质与运动的不可分离性，而各种物质的特性、结构、形态、功能及其规律都是通过运动表现出来的，要认识系统必须要研究系统的运动。开放系统因与外界的物质能量和信息交换，而系统内部结构也可随时变化，系统的发展是一个有方向性、周期性的动态反馈过程。

1.2.2 复杂性

1. 系统复杂性

周光召指出：对处于一种非稳定的、非平衡的状态，进行快速演化或者不断调整的复杂系统的研究，成为21世纪科学研究的重点。有很多科学家对这个做出了贡献。简单和复杂、必然性和偶然性、有序和无序、稳定和发展、量变和突变、竞争和协同、适应和淘汰、遗传和进化这些相互矛盾的概念的对立和统一，在复杂性的研究中都得到了进一步的发展。

复杂性科学已被一些科学家誉为"21世纪的科学"，目前它还处于萌芽状态。它包括控制论、信息论、系统论（简称"老三论"）和耗散结构论、突变论、协同论（简称"新三论"），以及相变论、混沌论、超循环论等其他新的复杂性科学理论。这些理论主要是研究和揭示复杂系统的有关特性，如非线性、混沌、突现、自组织、非还原性等。复杂性科学的特点是：研究对象是复杂系统，如植物、动物、人体、生命、生态、企业、市场、经济、社会、政治等系统；研究方法是定性判断与定量计算相结合、微观分析与宏观综合相结合、还原论与整体论相结合、科学推理与哲学思辨相结合,其所用的工具包括数学、计算机模拟、形式逻辑、后现代主义分析、语义学、符号学等;研究深度不限于对客观事物的简单描述,而更着重于揭示客观事物构成的原因及其演化的历程,并力图尽可能准确地预测其未来发展。虽然至今人们还没有对复杂性概念有一个统一的界定,复杂性科学理论的构建也尚未完成,但是复杂性科学的出现,不仅重新构建了现代科学的研究体系,而且改变了人们的思维方式,为现代科学技术的发展提供了新思路、新方法,对各类学科包括教育科学具有普遍的方法论意义。

2. 软件系统复杂性分类

简单性研究的问题,其形式是单一的,但复杂性面对的却是多种类型。目前,复杂性面对的类型大致有三类:多体系统(Many Body System)、有机系统(Organic System)和人脑神经控制系统(Cybernetic System)。

"多体系统"这个名称来自于物理学。它是由少数几类彼此之间仅由几种关系耦合在一起的大量组分组成的系统。一个多体系统不是一堆沙子,其组分之间存在相互的关系,这样就有足够的整体性使之成为一个更大系统中的个体,就如一根铁架成为建筑物的一部分。多体系统很有意义,因为它们无处不在,而且易于进行理论上的处理。多体理论可能是复杂系统和大尺度结构形成的非常高深的理论。

有机系统是由许多高度特化的、相互联系紧密的、不同种类的组分组成的系统。有机系统易于进行功能描述,在这里,组分的定义和刻画是通过在维持系统处于所想状态中的功能作用来进行的。这样,这些组分从整体上就从属于这个系统了。有机系统的范式是生物体,生物体将主要被当作进化中的物种的组分来处理,这样,它们是高度简化了的,它们各部分的功能仅仅在最优化模型中予以表述。本书将不讨论有机系统。

控制系统是把多体系统和有机系统的复杂性结合起来。人脑神经控制系统就是这样一个系统,它是如此复杂和统一,因此,许多人都不愿意称它为组合系统。对于这样一个高度复杂的系统,也不在本书讨论的范围。

尽管本书不讨论有机系统和人脑神经控制系统,但是,在进行多体系统的讨论时,还会用到研究有机系统和人脑神经控制系统的方法。例如,进化论、克隆、基因、生物、生态、人脑神经控制系统、心理学等概念和方法。

3. 软件系统复杂性

1)多体系统的复杂性

实际上,多体系统的组分本身是复杂的,两组分之间的基本关系也可能是紊乱的。在大多数理论中,组分及其基本关系都是高度理想化的,这样就使得组合问题变得容易处理。

假设组分及其基本关系非常简单,以至于人们能很好地理解组分数量少的系统的行为。在一个多体系统中,每一组分很可能与许多组分耦合,这种多边的相互关系会形成一个关系网,使系统变得高度复杂。

同一层次上的实体与不同层次上的实体相比,它们更容易相互作用,在某一层次内部因果规则性也很明显。因此,许多科学理论就将注意力放在单个层次中的实体和现象的描述上,而不考虑与其他层次的相关性。

多体理论在考虑并联和关联两个不同尺度上的实体方面有其特点,因为巨大数量的组分把多体系统推向了一个不同的层次。它们在单个模型中既包含"宏观"个体,又包含"微观"个体。通过清晰地处理组分及其相互作用,多体理论与将组合系统看成多个单位而不考虑其组分特性的理论是不同的。包含两种尺度以上实体的理论具有一个特殊的困难,即在不同尺度上刻画实体所使用的概念往往不一致。多体理论对同一个大组合系统,可以在几个不同的层次上,进行概念化和刻画。

多体理论综合分析的宽泛框架构架了这些理论的概念统一性。由于组合呈现指数增长,一个多体系统的许多侧面特征,在不同时空尺度上掩盖。用一个"统一"理论将它们大包大揽是不可能的。为了研究多体系统,科学家们构造了简化的模型,从不同视角来捕捉一个大场景的各个重要方面。

2) 软件复杂性

进入20世纪,随着生物进化、热寂说、耗散结构、自组织结构、协同学、突变论、超循环理论、混沌分形理论等非线性科学的发展,经典科学受到很大冲击。人们认识到,非线性是一切动力学复杂性之源,自然界和现实生活中所有系统都是非线性的。正是由于非线性作用,人们所面临的才是一个复杂的、不可逆的、随机性的、千变万化的现实世界。

软件复杂性问题的讨论很自然提上了桌面。软件系统的复杂性、软件过程的复杂性、开发管理的复杂性、软件缺陷系统的复杂性等,都将是人们关注的内容。

本书讨论的基础是多体系统,关注的内容是组分组成的系统内部的耦合关系。例如,由软件消费者和软件生产者形成的组织链;由多人组成的开发团队;由模块或子系统组成的软件系统等。

多体理论在经济学、进化生物学和统计物理学方面已经得到了广泛的应用,现在,人们把它用于软件领域,特别是软件质量方面,希望在这个领域内找到多体系统,并对它们进行研究。例如,一个开发团队,如果把每个成员作为个体看待,那么,它就形成一个多体系统;又如,一个软件系统,如果把每个模块或子系统作为个体看待,那么,它也形成一个多体系统。

将相同类型的组分通过相同类型关系耦合在一起的多体系统,并不意味着所有的组分都是一样的,相互关系也是一样的。正如同样都是人,但每个人都是独特的,以独特的方式与其他人发生关联。组分有其个体特征和关系,这些特征和关系可以很强烈地变化。进化取决于某一软件开发团队中个体的变异,用户需要软件的繁荣与多样化,个体的偏差和变异是满足用户多样化的源泉。组分的变异对系统构型的多样性有很大的贡献,更多的多样性来自个体关系中的变异。

1.3 管理与决策

本节主要探讨管理和决策的概念及其相互之间的关系。

1.3.1 管理

1. 管理的基本概念

从词义上,管理通常被解释为主持或负责某项工作。人们在日常生活中对管理的理解是这样的,平常人们也是在这个意义上去应用管理这个词。但自从管理进入人类的观念形态以来,几乎每个从人类的共同劳动中思考管理问题的人,都会对管理现象做出一番描述和概括,并且顽固地维护这种描述和概括的正确性甚至唯一性,人类从来就不曾取得对于管理定义的一致理解。

由于管理概念本身具有多义性,因此它不仅有广义和狭义之分,而且还因时代、社会制度和专业的不同,产生不同的解释和理解。随着生产社会化程度的提高和人类认识领域的拓展,人们对管理现象的认识和理解的差别还会更为明显。

长期以来,许多中外学者从不同的研究角度出发,对管理做出了不同的解释,然而,不同学者在研究管理时出发点不同,因此,他们对管理一词所下的定义也就不同。直到目前为止,管理还没有一个统一的定义。特别是 21 世纪以来,各种不同的管理学派,由于理论观点不同,对管理概念的解释更是众说纷纭。这里挑选几位学者的观点以供参考。

美国学者泰勒认为,管理是确切知道要别人去干什么,并注意他们用最好、最经济的方法去干。法国学者约尔认为,管理是所有的人类组织(不论是家庭、企业或政府)都有的一种活动,这种活动由五项要素组成:计划、组织、指挥、协调和控制。管理就是实行计划、组织、指挥、协调和控制。孔茨认为,管理就是设计和保持一种良好环境,使人在群体里高效率地完成既定目标。小詹姆斯·唐纳利认为,管理就是由一个或更多的人来协调他人活动,以便收到个人单独活动所不能收到的效果而进行的各种活动。彼得·德鲁克认为,归根到底,管理是一种实践,其本质不在于"知"而在于"行",其验证不在于逻辑而在于成果,其唯一权威就是成就。

管理的定义可以列举很多,以上几种具有一定的代表性,综合分析上述各种不同观点,总的来说,各有真知灼见,也各有不足之处,但这些定义都着重从管理的现象来描述管理本身,而未揭示出管理的本质。那么,如何对管理这一复杂的概念进行比较全面和一般的概括呢?

管理是一种行为,作为行为,首先应当有行为的发出者和承受者,即谁对谁做;其次,还应有行为的目的,即为什么做。因此,形成一种管理活动,首先要有管理主体,即说明由谁来进行管理;其次要有管理客体,即说明管理的对象或管理什么的;最后要有管理目的,即说明为何而进行管理。

有了以上三个要素,就具备了形成管理活动的基本条件。同时,还应想到,任何管理活动都不是孤立的活动,它必须在一定的组织、环境和条件下进行。

2. 管理的基本原则和目的

管理的基本原则是"用力少,见功多",以较少的资源投入和耗费,取得较大的业绩和效果。细分为四种情况:产出不变,支出减少;支出不变,产出增多;支出减少,产出增多;支出增多,产出增加更多。这里的支出包括资金、人力、时间、物料、能源等的消耗。

管理的目的,就是使所有的工作都能制度化、系统化,所有部门(员工)都能按照"低支出,高收入"的原则进行运作,进而为企业创造更多的经济效益和更大的利润空间。

1.3.2 决策

1. 基本概念

时至今日,对决策概念的界定有上百种,决策的复杂性决定了对它不可能有统一的看法。诸多界定归纳起来,基本有以下三种理解:一是把决策看作一个包括提出问题、确立目标、设计和选择方案的过程,这是广义的理解。二是把决策看作从几种备选的行动方案中做出最终抉择,是决策者的拍板定案,这是狭义的理解。三是认为决策是对不确定条件下发生的偶发事件所做的处理决定,这类事件既无先例,又没有可遵循的规律,做出选择要冒一定的风险。也就是说,只有冒一定的风险的选择才是决策。这是对决策概念最狭义的理解。以上对决策概念的解释是从不同的角度做出的,要科学地理解决策概念,有必要考察决策专家西蒙在决策理论中对决策内涵的看法。

决策是指组织或个人为了实现某种目标而对未来一定时期内有关活动的方向、内容及方式的选择或调整过程。主体可以是组织也可以是个人。

2. 决策类型

由于企业活动非常复杂,因此,管理者的决策也多种多样。不同的分类方法,具有不同的决策类型。

1) 按决策的作用分类

(1) 战略决策。是指有关企业的发展方向的重大全局决策,由高层管理人员做出。

(2) 管理决策。为保证企业总体战略目标的实现而解决局部问题的重要决策,由中层管理人员做出。

(3) 业务决策。是指基层管理人员为解决日常工作和作业任务中的问题所做的决策。

2) 按决策的性质分类

(1) 程序化决策。即有关常规的、反复发生的问题的决策。

(2) 非程序化决策。针对那些不常发生的或例外的非结构化问题而进行的决策。

3) 按决策的条件确定性分类

(1) 确定性决策。是指可供选择的方案中只有一种自然状态时的决策,即决策的条件是确定的。

(2) 风险性决策。是指可供选择的方案中存在两种或两种以上的自然状态,但每种自然状态所发生概率的大小是可以估计的。

(3) 不确定性决策。是指可供选择的方案中存在两种或两种以上的自然状态,而且,这些自然状态所发生的概率是无法估计的。

4) 按决策的问题分类

(1) 结构化决策。是指对某一决策过程的环境及规则,能用确定的模型或语言描述,以适当的算法产生决策方案,并能从多种方案中选择最优解的决策。

(2) 非结构化决策。是指决策过程复杂,不可能用确定的模型和语言来描述其决策过程,更无所谓最优解的决策。

(3) 半结构化决策。是介于以上二者之间的决策,这类决策可以建立适当的算法产生决策方案,使决策方案能得到较优的解。

1.3.3 管理学中的决策

决策是管理的核心,它贯穿整个管理活动。决策是决定管理工作成败的关键。决策是任何有目的的活动发生之前必不可少的一步。不同层次的决策有大小不同的影响。科学决策程序一般包括以下四方面。

1. 发现问题，确定目标

提出问题，确定目标是整个决策过程的基础，是科学决策的前提条件。决策是为了解决问题而准备采取的行动，从而做出的决定。问题是决策的逻辑起点。在问题中已经包含了决策过程中各种因素的萌芽。只有找准了问题和问题发生的原因，才能有针对性地确定决策目标，提出解决问题、实现决策目标的措施或办法。

2. 拟订方案，充分论证

制订决策方案就是寻找实现决策目标的手段，因此，制订可供选择的各种方案，是决策的关键步骤。决策中十分强调拟订多种备选方案，备选方案越多，可供选择的余地就越大，决策就越科学。

3. 分析评估，方案择优

方案的分析评估和方案择优是决策全过程的关键。方案评估是方案选优的前提，方案选优是方案评估的结果。分析评估即采用一定的方式、方法，对已经拟定的可行方案进行效益、危害、敏感度及风险度等方面的分析评估，以进一步认识各方案的利弊及其可行性。方案择优的过程就是决策者"拍板定案"的过程，方案的选优必须由决策者亲自完成。在方案选优的过程中，决策者应坚持以下标准：目标总体最优；代价小收益大；风险小；副作用小。

4. 慎重实施，反馈调节

实施是对决策方案正确与否的检验。实施是目标实现的关键阶段，一般应注意以下几个环节：第一步是试验证实。当方案选定后，先进行局部试验，以验证其可靠性。同时，通过局部试验，也可以发现事先没有估计到的新问题、新情况，及时地在规模实施方案之前，对原定的决策方案进行修正。第二步是制订实施计划。制订计划的总要求是把决策具体化，做到周密、细致、具体、灵活。第三步是反馈调节。决策是一个动态过程，由于问题的复杂性和决策者的局限性，其决策不一定符合客观实际的情况，这就要求决策者根据反馈的情况对决策不断地进行调节。

1.4 信息处理的过程

信息处理的过程包括信息采集、信息组织加工、信息存储与检索和信息服务等。

1.4.1 信息采集

信息不仅呈爆炸式增长，而且种类繁多，分布复杂，给信息的利用带来了极大困难。信息采集正是根据用户的特定需求或管理工作规划的需要，用科学方法收集、检索和获取特定信息的活动过程。信息采集是信息资源管理的首要环节，是开展信息服务的物质基础和保障。

信息采集的任务是根据信息服务的需要,有计划地广泛搜集一定数量的相关的信息。信息采集是一项耗费人力、物力、财力和时间的工作。为了提高信息采集的效率,在采集信息时,必须注意掌握以下几个原则:针对性、系统性、预见性、科学性、计划性和及时性。

在进行信息收集和加工之前,先弄清楚收集的对象——信息源。人们在科研活动、生产经营活动、文化活动和其他一切活动中所产生的成果和各种原始记录,以及对这些成果和原始记录加工整理所得的成品都是信息源。信息源种类繁多、形势复杂,可以从不同的角度进行分类。这里主要从便于对信息进行收集的角度将信息源划分为记录型、智力型、实物型和零次型。

信息采集的过程一般可以分为需求分析、确定采集途径和策略、采集实施、结果评价、整理数据和编写报告等几个步骤。这几个步骤不是一成不变的,在实际生活中,根据实际情况可以有所取舍。

1.4.2 信息组织加工

由于现代信息技术的发展,特别是因特网的迅速发展,信息的生产和传输空前便捷,出现信息海量、信息更新快、信息严重冗余、信息质量参差不齐等特点。这一现象给人们提出了相当尖锐的问题:一是信息的海量性、无限性和人的精力、时间的有限性形成了尖锐的矛盾;二是信息的无序性、严重污染性与人类使用的选择性形成尖锐的对立。解决这些矛盾的根本途径是对信息进行组织加工。从各种渠道收集到的信息需要经过筛选、描述揭示、加工、序化、存储,才能够形成信息供人们使用。

所谓信息加工,是指将采集来的大量原始信息进行筛选和判别、分类和排序、计算和研究、著录和标引、编目和组织而使之成为二次信息的活动。

1.4.3 信息存储与检索

1. 信息存储

1) 存储的意义与作用

信息存储是指将经过科学加工处理后的信息资源(包括文件、图像、数据、报表、档案等),按照一定的规则记录在相应的信息载体上,并将这些载体按照一定特征和内容性质组织成系统化的检索体系。

信息资源存储对以后信息的开发和利用有着重要意义。其重要意义主要体现在以下几方面:有利于增大信息资源的拥有量;有利于集中管理信息资源;有利于开发高层次的信息资源;有利于充分利用信息资源,提高管理工作效率。

此外,信息资源存储的作用也很重要,主要表现在以下四方面。

(1) 方便检索。将加工处理后的信息资源存储起来,形成信息资源库,就为用户从中检索所需信息提供了极大的方便。

(2) 利于共享。将信息资源集中存储到信息资源库中,为用户共享使用其中的信息内容提供了便利,人们还可以反复使用,提高了信息资源的利用率。

(3) 延长寿命。信息资源存储还可以有效地延长信息资源的使用寿命，提高信息资源的使用效益。

(4) 方便管理。将信息资源集中存储到信息资源库中，就可以采用先进的数据库管理技术定期对其中的信息内容进行更新和删除，剔除其中已经失效老化的信息内容。

2) 信息存储的类型

为研究的需要，科学研究人员将信息存储根据不同的角度分成不同的类型。

信息存储按载体的形式划分为以下七种类型。

(1) 人脑载体存储。在文字产生之前，人类只能依靠人脑的记忆功能来存储信息，所以说人脑是一种初始的载体存储形式，但人的记忆力毕竟有限，时间一长就会忘记。

(2) 语言载体存储。语言是人们交流思想的工具，也是人类最早的信息资源存储形式之一，人们将自己的思想加载到语言中，并通过语言的方式表达出来，传递给对方，以实现信息交流、沟通思想的预期目的。

(3) 文字载体存储。文字既是一种信息表现方式，也起着存储信息资源的作用，记录文字信息的材料由最初的石头、甲骨发展到后来的简牍、丝帛、纸张等。

(4) 书刊载体存储。书刊的出现要晚于文字，但它是一种更有效的信息资源存储方式，其特点是信息存储容量大，并且高度集中。

(5) 电磁波载体存储。电磁波是一种通信的手段，也是一种信息的载体，其形式包括电报、电话、电传等。

(6) 计算机载体存储。计算机载体存储的特点是传递速度快，存储容量大，联网后处理信息的范围极大。

(7) 新材料载体存储。随着科学技术的发展，人类发明了许多可以用作信息字眼载体的新兴材料载体，包括磁性载体（如磁带、磁盘等）、晶体载体（如集成电路等）、光电载体（如光盘）、生物载体（如蛋白质等）。这些新兴材料载体的共同特点是体积小、容量大、效率高，可以更有效地用来存储各种信息资源。

3) 信息存储的原则与存储技术

信息资源的存储形式多种多样。而信息资源的存储是待以后信息利用的，选择合适的存储形式很重要。因此，信息资源的存储形式应该在全国甚至全世界范围内保持一致，以方便用户检索为前提，尽量采用计算机以及其他新兴材料作为信息资源存储的载体，且信息资源存储时要按一定规律进行排列，以方便用户检索。

传统的信息资源存储技术主要是纸张印刷存储技术；现代信息资源存储技术主要包括缩微存储技术、声像存储技术、计算机存储技术及光盘存储技术，它们具有存储容量大、密度高、成本低、存取迅速等优点，所以获得广泛应用。

2. 信息检索

信息检索是指信息按一定的方式组织起来，并根据用户需要找出有关信息的过程和技术。

1) 信息筛选

信息筛选是指对原始信息有无作用的检查和挑选。信息筛选的基本程序包括信息整理、浏览审阅、再次审核三个步骤。

（1）信息整理。信息整理是信息筛选的前提，信息整理要求将杂乱的信息进行有规则的放置，以方便今后进一步开展工作。

（2）浏览审阅。浏览审阅的目的是将错误明显或者无用的信息清除掉，而保留真正有用的信息，对一时无法确定其去留的信息则暂时放置一边，留待进一步处理。

（3）再次审核。对于一时拿不准的信息必须采取会诊或者其他科学方法，再一次对其分析研究，以便确定其取舍，提高信息筛选的准确性。

信息筛选时，如何判断信息的可信度，并最终筛选有用的信息呢？主要通过一些基本方法来进行信息筛选，如感官判断法、分析比较法、现场核实法等，这里简单介绍几种信息筛选的基本方法。

（1）感官判断法。感官判断法是指信息加工人员在浏览、审阅原始信息过程中依靠自己的学识和经验，凭直觉判断信息的真伪和可信度。该方法的优点是简单可行，费用低廉，节约时间；其缺点是对某些信息难以做出准确判断，而且与信息加工人员的素质有着较密切的联系。

（2）分析比较法。分析比较法是指信息加工人员在筛选信息过程中，采用前后信息、左右信息对不同渠道收集的同一信息进行对比分析，以便确定信息的真伪和可信度。该方法准确性较高，但较费时费力。

（3）集体讨论法。集体讨论法是指对某些个人无法下结论的信息采用集体会诊方法来确定其取舍。该方法充分发挥了集体的智慧，获得的信息准确性较高。

（4）专家裁决法。专家裁决法是指对一时无法确定取舍的信息交由专家裁决的方法。该方法的科学性取决于专家的个人素质。

（5）数学核算法。数学核算法是指对原始信息有疑虑而由信息加工人员重新予以核算的方法。该方法可以及时纠正那些因信息采集、计算错误、笔误或者传递错误等造成的信息失真现象。

（6）现场核实法。现场核实法是指对有疑虑的信息，再责成信息采集人员或加工人员深入现场核实真伪。该方法准确性较高，但较费时费力。

2）信息分类

信息分类是指根据选定的分类表，对杂乱无章的原始信息进行分门别类。信息分类有助于对信息的科学研究。

信息分类的基本程序和方法包括：

（1）确定分类方法。确定信息分类方法是实施信息分拣的基础或者前提。信息分类的主要方法有地区分类法、时间分类法、内容分类法、主题分类法及综合分类法等。其中，地区分类法是指依据地区的不同而进行的信息划分方法；时间分类法是指依据时间顺序对信息进行划分的方法；内容分类法是指依据信息内容划分信息类别的一种方法；主题分类法是指以主题作为划分信息的一种方法；综合分类法是指以时间、地区、内容、主题为依据综合划分信息的一种方法，也就是对上述四种分类法的综合应用。综合分类法还可以进一步细分为时间地区分类法、内容地区分类法等。

（2）实施信息分拣。根据确定信息分类方法的要求对信息资料进行分拣。

（3）进行信息排序。通过信息排序可以使之成为井然有序的信息体系。

1.4.4 信息服务

信息服务是信息机构向用户按一定方式提供信息的过程。信息服务以用户为中心,与信息需求和信息提问有密切的关系。

1. 信息服务原则

由于用户的信息需求千差万别,并且随时间的变化而动态变化,因此要向用户提供满意的信息服务是一件很不容易的事。为此,在信息服务活动中需要遵循以下原则。

1) 针对性原则

满足特定用户在特定时间的特定需求是信息服务的基本出发点。信息服务机构要认真研究用户的信息需求和需求的变化,掌握用户利用信息的习惯和特征,选择符合用户需求的信息内容、信息载体和信息渠道,向用户提供针对性很强的信息服务。

2) 及时性原则

信息具有时效性,即在特定的时间范围内才能发挥其效用。这个时间一般是在用户做出决策和选择需求信息之前。信息提供过早,用户没有需求,信息效用不能实现;信息提供过晚,信息毫无价值。

3) 易用性原则

实践表明,用户利用信息受到可获得性和易用性的影响。在决定是否选择和利用信息时,可获得性和易用性往往超过信息本身的价值。因此,信息服务机构应为用户获取利用信息提供最大的便利条件。

4) 成本/效益原则

信息服务既要讲究社会效益,又要讲究经济效益。虽然信息服务的效益具有潜在性和延迟性,很难做出确定的评价,但无论是对信息服务机构还是用户都需要花费一定的成本(时间成本和资金成本),应当确保以最小的花费来获得信息服务的最大效益。

2. 信息服务类型

从信息用户和社会信息源与信息流的综合利用角度看,社会化信息服务包括信息资源开发服务、信息传递与交流服务、信息加工与发布服务、信息提供与利用服务、用户信息活动组织与信息保障服务等。

信息服务是一种基本的社会服务。为了更好地实现信息服务,下面对信息服务按多种方式进行分类。

1) 按信息服务传递、处理和提供信息客体类型分类

信息服务分为实物信息服务(包括材料、样品和样机信息服务)、交往信息服务(包括信息发布服务等)、文献信息服务(包括传统文献服务和电子文献服务)和数据服务。

2) 按信息加工深度分类

信息服务分为:

(1) 一次服务。提供具体的一次信息,传统的信息是书刊类出版物和收录原始信息的文本全文、数值信息和全文-数值混合信息的源数据库。

(2) 二次服务。提供获取信息的线索,如题录、索引和文摘服务等。

(3) 三次服务。在原始信息基础上的研究、综述与评价服务等,提供软件开发和系统技术服务。

3) 按信息的内容和所属领域分类

信息服务分为科技信息服务、经济信息服务、技术经济信息服务、法律信息服务、流通信息服务、军事信息服务等。

4) 按信息服务的业务形式分类

信息服务分为信息传输服务(通信服务)、宣传报道服务、信息发布服务、新闻出版服务、信息提供服务、信息检索服务、信息资源开发服务、信息分析与预测服务、信息咨询服务、信息系统开发服务、信息代理服务等。

5) 按服务手段分类

信息服务分为传统信息服务、电子信息服务等。

6) 按信息服务的指向范围分类

信息服务分为单向信息服务(指向单一用户的服务)和多向信息服务(指向众多用户的服务)。

7) 按信息服务对象的范围分类

信息服务分为内部服务(面向内部用户的服务)和外部服务(面向外部用户的服务)。

8) 按服务的主动性分类

信息服务分为被动信息服务(由用户先提出服务要求,然后按需组织的信息服务)和主动信息服务(主动面向用户的信息服务)。

9) 按信息服务是否收费分类

信息服务分为有偿信息服务和无偿信息服务。

对于信息服务,还有着其他一些划分方法。

3. 信息服务对象

信息服务是以提供信息为内容的服务业务,其服务对象是对服务具有客观需求的社会主体(包括社会组织和社会成员)。在服务中,这些主体称为用户,也称为信息用户。

信息用户是指在科研、生产、管理、商业、贸易、军事、外交及日常生活中需要利用信息的个人或团体,前者称为个人用户,后者称为团体用户。

4. 信息服务质量

信息服务质量是指信息服务能够满足信息用户明确和隐含需求的能力的特性的总和。评价信息服务质量优劣的标准也必须建立在读者认知的基础上,它依据可以观察到的或用户可以感受到的要求做出定量的或定性的规定。在对某一信息服务机构进行综合评价时,可以从用户满意度、吸引用户率、信息利用率、主观努力度四方面综合考虑,这四方面不一定是等值的,建议根据实际情况给出一定比重权数。

1.5 信息系统

本节主要包括信息系统的概念和信息系统结构两部分。

1.5.1 信息系统的概念

信息系统(Information System,IS)是一个应用计算机硬件和软件,各类分析、计划、控制和决策模型,以及数据库技术的系统。它能提供信息支持企业或组织的运行、管理和决策功能,是一个能进行信息的收集、传递、存储、加工、维护和使用的计算机系统。它能实测企业的各种运行情况;利用过去的数据预测未来,从企业全局出发辅助企业进行决策;利用信息控制企业的行为;帮助企业实现其规划目标。

从技术角度看,信息系统是收集、处理、存储和传递来自组织环境和内部经营信息,通过输入、处理、输出、反馈等基本活动以支持组织决策和管理的相互关联的组成部分。从更广的角度看,信息系统不仅是一个技术系统,而且是一个管理系统,一个社会技术系统。计算机知识只是信息系统知识中一个非常重要的组成部分,但不是全部。信息系统是一门综合了管理科学、系统科学、运筹学、统计学、计算机科学和现代通信技术研究成果而形成的综合性、系统性、边缘性的学科。它是这些学科思想、方法和技术的综合应用。信息系统是一套有组织的程序,其特点在于输出信息,是为决策所需要的信息而建立起来的系统。简单地说,输入是资料,经过处理,输出的是信息的系统,就是信息系统。信息系统必须建立在管理系统之中,它是以企业各种管理的功能(计划、生产、财会、供应、销售、人事工资、技术、设备等)为基础而建立起来的系统。信息系统的主要部分是了生产决策信息所制定的一套有组织的应用程序。

综合以上观点可以看出,信息系统就是从系统的观点出发,以计算机和通信技术为手段,运用数学的方法,为管理决策提供服务的计算机系统。

1.5.2 信息系统结构

信息系统结构(IS Structure)是指信息系统内部的各个组成部分所构成的框架结构。

信息系统从概念上来看是由信息源、信息处理器、信息渊几大部分组成,它们之间的关系如图1-9所示。

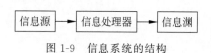

图1-9 信息系统的结构

在组织内部和外界环境中对信息进行识别和收集产生信息源,通过信息处理器的传输、加工、存储,为各类管理人员即信息用户提供信息服务。信息系统可以分为信息流通系统和信息处理系统。信息流通系统指系统在运行过程中,不改变信息本身的结构和形态,系统的功能是不变的,它随时间变换而变换,只是把信息从一处传到另外一处。信息处理系统是将原始数据进行处理,使它获得新的结构与形态,也可以产生新的数据及资料,虽然它们和输入的原始数据一样,但输出的信息就与输入数据不同。因此,可以说,信息是对数据的解释。数据被处理后尽管仍是数据,但是,它们更便于解释及理解,数据被解释后才能成为信息。

信息系统是对输入的数据,经过处理,然后以信息进行输出。管理信息由信息的采集、信息的传递、信息的存储、信息的加工、信息的维护和信息的使用五方面组成。信息在系统内管理的结构分为横向和纵向。管理信息的过程如图1-10所示。

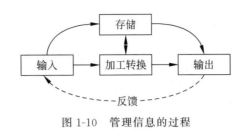

图 1-10 管理信息的过程

1. 纵向的信息管理遵循 Anthony 模型

各管理层的活动内容不同,其相应的工作特性也不同。在 Anthony 模型中,组织管理活动分为战略层、管理层和作业层,如图 1-11 所示。

图 1-11 Anthony 模型

战略层由组织的高层领导者和资深管理者构成,他们主要负责组织目标和长远发展政策的制定。管理层由组织的中层领导构成,他们主要负责实施组织目标的具体实现,对组织内部各种资源进行有效调度和利用,对组织的活动进行计划和控制,制定组织的预算并对工作进度进行检查和评估。作业层由底层的普通员工构成,他们需在一定的条件下有效地完成预定的工作。三个层次的活动相互关联。

由于信息系统是为管理决策服务的,每个子系统要支持从作业处理到高层战略计划的不同层次的管理需求,一般来说,作业层所处理的数据量很大、加工方法固定,而高层的战略计划处理量较小、加工方法灵活,但比较复杂,因此,信息系统实际上是一个金字塔结构。

2. 横向的信息管理遵循树状模型

管理是可以分层的,因此信息系统也可以分解为若干子系统,如销售市场子系统(S1)、生产子系统(S2)、财务子系统(S3)、其他子系统(S4)等,如图 1-12 所示。

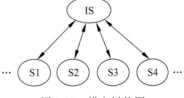

图 1-12 横向树状图

在企业的信息系统中,信息系统和"物流"是相互结合的,信息系统驱动物流合理、科学地流动。在信息系统中,信息的流动主要在系统内部进行,它是系统的"血液",没有"血液"的信息系统是不可思议的。信息系统中的"血液"传送交换主要是通过物理介质和电子方式来进行的。"血液"将信息系统中的各个部分有机地联系在一起。战略层的指令,通过信息系统下传到管理层和作业层,作业层的信息经过加工处理提炼,通过管理层上传,供战略层决策。

3. 信息系统将纵横结构融为一体

将信息系统的纵横结构模型结合起来,融为一体,可以使其同时具有纵横结构模型的结构和功能特点,如图 1-13 所示。

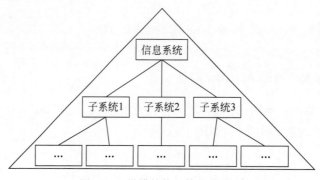

图 1-13　纵横结构一体化管理图

一、名称解释

1. 信息
2. 知识工程
3. 系统
4. 决策
5. 信息存储
6. 信息系统

二、判断改错题

1. 信息的特性有普遍性、时效性、绝对性、与物质不可分性、可传递与干扰性、可加工性和可共享性。
2. 系统是由较小的部件组成的,且各部件处于不断变化和运动状态中。
3. 系统按产生方式可分为实体系统、概念系统和逻辑系统。
4. 三次信息是指在原始信息的基础上加工整理而成的供检索用的信息,如文摘、书目、索引等。
5. 信息系统是一门综合了管理科学、系统科学、运筹学、统计学、计算机科学和现代通信技术研究成果而形成的综合性、系统性、边缘性的学科。

三、简答题

1. 简述信息的功能。
2. 什么是知识工程?
3. 简述软件系统复杂性分类。
4. 简述管理的基本原则和目的。

5. 决策按作用分为哪几类？各自的含义是什么？
6. 信息处理的过程有哪些？
7. 信息采集过程的步骤有哪些？
8. 简述信息存储的意义与作用。

四、论述题
1. 试述软件系统复杂性的特性。
2. 试述管理信息系统的特点。

第 2 章 管理信息系统概述

本章包括管理信息系统的定义和特点、管理信息系统的结构和功能以及管理信息系统的发展历史。

2.1 管理信息系统的定义和特点

管理信息系统同其他学科一样,都有一个不断发展和完善的过程。20 世纪 60 年代,美国经营管理协会及其事业部第一次提出了建立管理信息系统的设想,即建立一个有效的管理信息系统,使各级管理部门都能了解本单位的一切有关的经营活动,为各级决策人员提供所需要的信息。但由于当时软硬件水平的限制和开发方法的落后,效果并不明显。进入 20 世纪 80 年代以后,随着各种技术特别是信息技术的迅速发展,管理信息系统也得到了进一步的发展,管理信息系统的概念逐步充实和完善。

2.1.1 管理信息系统的定义

管理信息系统是 20 世纪 80 年代才逐渐形成的一个学科,其概念至今尚无统一的定义。这也反映了管理信息系统作为一个学科的特点,那就是其理论基础尚不完善,其概念方法尚未明确统一。但从国内外学者给管理信息系统所下的定义来看,人们对管理信息系统的认识在逐步加深,管理信息系统的定义也在逐渐发展成熟。管理信息系统的定义有很多种,研究者们从各自的角度出发给出了不同的定义,最具代表性的几种定义如下。

定义 1 就其功能来说,管理信息系统是组织理论、会计学、统计学、数学模型及经济学的混合物,这些方面都同时展示在先进的计算机硬件和软件系统中。这个领域的中心问题是扩展视野,综合政府部门和民间组织的决策,这些组织必须控制其内部活动以及由这些组织的规模与复杂程度所引起的种种功能要求。

定义 2 一个管理信息系统是能够提供过去、现在和将来预期信息的一种有条理的方法,这些信息涉及内部业务和外部情报。它按适当的时间间隔供给格式相同的信息,支持一个组织的计划、控制和操作功能,以便辅助决策制定过程。

定义 3 管理信息系统是一个具有高度复杂性、多元性和综合性的人机系统,它全面使用现代计算机技术、网络通信技术、数据库技术及管理科学、运筹学、统计学、模型论和各种最优化技术,为经营管理和决策服务。

定义 4 管理信息系统是一个由人、计算机等组成的能进行管理信息收集、传递、存储、加工、维护和使用的系统。管理信息系统能监测企业的各种运行情况,利用过去的数据预测未来,从全局出发辅助企业进行决策,利用信息控制企业的行为,帮助企业实现其规划目标。

定义 5 管理信息系统是为决策科学化提供应用技术和基本工具、为管理决策服务的信息系统。

定义 6 不仅仅把信息系统看作一个能对管理者提供帮助的基于计算机的人机系统,而且把它看作一个社会技术系统,将信息系统放在组织与社会这个大背景去考察,并把考察的重点从科学理论转向社会实践,从技术方法转向使用这些技术的组织与人,从系统本身转向系统与组织、环境的交互作用。

人们对管理信息系统的认识是一个不断提高和完善的过程,把定义 4 和定义 6 结合起来,可以比较全面地认识管理信息系统。

2.1.2 管理信息系统的特点

由上述管理信息系统的定义,可以看出管理信息系统具有如下特点。

1. 面向管理决策

管理信息系统是继管理学的思想方法、管理与决策的行为理论之后的一个重要发展,它是一个为管理决策服务的信息系统,它必须能够根据管理的需要,及时提供所需要的信息,帮助决策者做出决策。

2. 综合性

从广义上说,管理信息系统是一个对组织进行全面管理的综合系统。一个组织在建设管理信息系统时,可根据需要逐步应用个别领域的子系统,然后进行综合,最终达到应用管理信息系统进行综合管理的目标。管理信息系统综合的意义在于产生更高层次的管理信息,为管理决策服务。

3. 人机系统

管理信息系统的目的在于辅助决策,而决策只能由人来做,因而管理信息系统必然是一个人机结合的系统。在管理信息系统中,各级管理人员既是系统的使用者,又是系统的组成部分,因而,在管理信息系统开发过程中,要根据这一特点,正确界定人和计算机在系统中的地位和作用,充分发挥人和计算机各自的长处,使系统整体性能达到最优。

4. 现代管理方法和手段相结合的系统

人们在管理信息系统应用的实践中发现,如果管理信息系统的应用只简单地采用计算机技术提高处理速度,而不采用先进的管理方法。仅仅是用计算机系统仿真原手工管理系统,那么最多只减轻了管理人员的劳动,其作用的发挥十分有限。管理信息系统要发挥其在管理中的作用,就必须与先进的管理手段和方法结合起来,在开发管理信息系统时,融入现代化的管理思想和方法。

5. 多学科交叉的边缘学科

管理信息系统作为一个新的学科,产生较晚,其理论体系尚处于发展和完善的过程中。

早期的研究者从计算机科学与技术、应用数学、管理理论、决策理论、运筹学等相关学科中抽取相应的理论,构成管理信息系统的理论基础,从而形成一个有着鲜明特色的边缘学科。

2.2 管理信息系统的结构和功能

目前,对管理信息系统的结构描述尚无统一的模式。管理信息系统并不是与一个组织的其他信息系统相分离的特殊实体,它是企业信息系统的核心,贯穿于企业管理的全过程,同时又覆盖了管理业务的各个层面,因而其结构也必然是一个包含各种子系统的广泛结构。下面着重从广义概念上阐述管理信息系统的结构。

图 2-1 是管理信息系统的结构矩阵。纵向概括了基于管理任务的系统层次结构,横向从管理的组织和职能上概括了管理信息系统的组成。下面分别进行阐述。

图 2-1 管理信息系统的结构矩阵

2.2.1 基于管理任务的系统层次结构

管理信息系统的任务在于支持管理业务,因而管理信息系统可以按照管理任务的层次进行分层。管理任务的层次如表 2-1 所示。

表 2-1 管理任务的层次

层次	内容
战略管理	企业的目标、政策和总方针;企业的组织层次;企业的任务
管理控制(战术管理)	资源的获取与组织、人员的招聘与训练、资金的监控等
运行控制	有效地利用现有设备和资源,在预算限制内活动
业务处理	涉及企业的每一项生产经营和管理活动

战略管理是企业的长远计划,处理中、长期事件,如制定市场战略、确定产品品种等;管理控制(战术管理)属于中期计划范围,包括资源的获取与组织、人员的招聘与训练、资金监控等方面;运行控制涉及作业的控制,如作业计划和调度等;业务处理是企业的最基本活动,它涉及企业的每一项生产经营和管理活动。其他组织的管理与企业管理一样,存在类似的层次关系。

在实际的工作中,有时同一问题可以属于不同的管理层次,只是每个层次考虑问题的角度不同而已。如库存控制问题,在运行控制层最关心的是日常业务处理的准确无误;在管理控制层考虑的是如何根据运行控制数据,确定安全库存量和订货次数;而在战略管理层关心的是如何根据运行控制和管理控制的结果及战略目标、竞争者行为等因素,做出正确的库存战略决策。

由此可见,不同的管理层次对信息的需求是不同的。在战略管理层与运行控制层所需信息的特性有很大差别,而管理控制层所需信息则介于二者之间。表2-2描述了不同管理层次之间信息特性的差别。由这些差别可以看出,管理信息系统的不同层次具有不同的信息处理方法。

表2-2 不同管理层次的信息特性

信息特性	运行控制	管理控制	战略管理
来源	系统内部	系统内部	系统外部
范围	确定	有一定确定性	很宽
概括性	详细	较概括	概括
时间性	历史	综合	未来
流通性	经常变化	定期变化	相对稳定
精确性要求	高	较高	低
使用频率	高	较高	低

从管理决策问题的性质来看,在运行控制层上的决策大多数属于结构化决策的问题,而在战略管理层,大多数决策属于非结构化决策问题,管理控制层所做决策问题的性质,介于结构化和非结构化之间。

战略管理层的决策内容,如确定和调整组织目标,以及制定关于获取、使用各种资源的政策等,一般属于非结构化决策问题。决策者是企业或组织的最高管理层。管理控制层所做决策是针对各种资源的获取和使用进行有效的计划和控制等方面的问题。它受战略管理层所做的目标和策略的限制,一般属半结构化或结构化的决策,决策者为组织的中层领导。运行控制层的决策是为了保证有效地完成具体任务或操作,有一定的周期性,问题的性质一般属于结构化决策,决策者通常是组织的基层管理人员。

从信息处理的工作量来看,信息处理所需资源的数量随管理任务的层次而变化。一般业务处理的信息处理量较大,层次越高,信息量越小,形成如图2-2所示的金字塔形系统结构,塔的底部表示结构明确的管理过程和决策,而顶部则为非结构化的处理工作和决策。

2.2.2 基于管理职能的系统结构

管理信息系统的结构也可以按照使用信息的组织职能加以描述。系统所涉及的各职能部门都有着自己特殊的信息需求,需要专门设计相应的功能子系统,以支持其管理决策活动,同时各职能部门之间存在着各种信息联系,从而使各个功能子系统构成一个有机结合的整体,管理信息系统正是完成信息处理的各功能子系统的综合。

例如,对于制造企业,典型的功能组成包括生产、销售和市场、物资供应、财务和会计、人事等。顶层管理也可以看作分离出来的功能。每一个功能子系统用来完成有关功能的全部信息处理,包括业务处理、运行控制、管理控制和战略管理,因而,按管理职能划分,管理信息系统可由下列子系统构成。

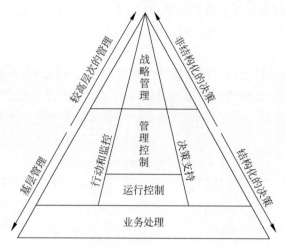

图 2-2　管理信息系统的金字塔形结构

1. 生产子系统

生产子系统的功能包括产品的设计与制造、生产设备计划、作业的调度与运行、生产工人的录用与培训、质量的控制与检验等。在生产子系统中，典型的业务处理是生产指令、装配单、成品单、废品单和工时单等的处理。运行控制要求把实际进度和计划相比较，找出瓶颈环节。管理控制需要概括性报告，反映进度计划、单位成本、所用工时等项目在整个计划中的绩效变动情况。战略管理包括制造方法及各种自动化方案的选择。

2. 销售与市场子系统

销售与市场子系统的功能通常包括产品的销售和推广及售后服务的全部活动。其中业务处理有销售订单、推销订单的处理。运行控制活动包括雇用和培训销售人员、编制销售计划和推销工作的各项目，以及按区域、产品、顾客的销售量定期分析。管理控制涉及总的成果与市场计划的比较，它要用到有关客户、竞争者、竞争产品和销售力量等方面的数据。战略管理方面包括新市场的开拓和新市场的战略，它使用的信息有顾客分析、竞争者分析、顾客调查信息、收入预测和技术预测等。

3. 物资供应子系统

物资供应子系统包括采购、收货、库存控制、发放等管理活动。业务处理数据为购货申请、购货订单、加工单、收货报告、库存票、提货单等；运行控制要求把物资供应情况与计划进行比较，产生库存水平、采购成本、出库项目和库存营业额等分析报告。管理控制信息包括计划库存与实际库存的比较、外购项目的成本、缺货情况及库存周转率等。战略管理主要涉及新的物资供应战略、对供应商的新政策及"自制与外购"的比较分析等，此外，可能还有新供应方案、新技术等信息。

4. 财务和会计子系统

财务和会计有着不同的目标和工作内容，但它们之间有着密切的联系。财务的职责是在尽可能低的成本下，保证企业的资金运转，包括托收管理、现金管理和资金筹措等。会计则是把财务工作分类、绘制标准财务报表、制定预算及对成本数据的分类与分析。对管理控制报告来说，预算和成本是输入数据，也就是说，会计为管理控制各种功能提供输入信息。与财务有关的业务处理有赊欠申请、销售、开单据、收账凭证、支付凭证、支票、转账传票、分类账和股份转让等。运行控制使用日报表、例外情况报告、延误处理记录、未处理事项报告等。管理控制利用财务资源成本、会计数据处理成本及差错率等信息。战略管理包括保证足够资金的长期战略计划、为减少税收冲击的长期税收会计政策及对成本会计和预算系统的计划等。

5．人事子系统

人事子系统包括人员的录用、培训、考核、工资和终止聘用等。其业务处理要产生有关聘用条件、培训说明、人员的基本情况数据、工资变化、工时、福利及终止聘用通知等内容。运行控制层要完成聘用、培训、终止聘用、改变工资和发放福利等；管理控制主要进行实际情况与计划比较，产生各种报告和分析结果，用以说明在岗工人的数量、招工费用、技术专长的构成、应付工资、工资率分配及是否符合政府就业政策等。人事战略计划包括对招工、工资、培训、福利等各种策略方案的评价，这些策略将确保企业能获得完成战略目标所需的人力资源。战略管理还包括对就业制度、教育情况、地区工资率的变化及对聘用和留用人员的分析。

6．高层管理子系统

每个组织都有一个最高领导层，如公司总经理和各职能领域的副总经理组成的委员会。高层管理子系统为高层领导服务，它的业务处理活动主要是信息的查询和决策的支持，处理的文件常常是信函和备忘录，以及高层领导向各职能部门发送的指示等。运行控制层主要进行会议安排、信函管理和会晤记录文档。管理控制层要求各功能子系统执行计划的当前综合报告情况。最高层的战略管理活动包括组织的经营方针和必要的资源计划等，它要求综合外部和内部的信息。这里的外部信息可能包括竞争者信息、区域经济指数、顾客偏好、提供服务的质量等。

7．信息处理子系统

信息处理子系统的作用是保证各职能部门获得必要的信息资源和信息处理服务。该子系统典型的业务处理有工作请求、采集数据、改变数据的请求，软硬件情况的报告以及设计方面的建议。信息处理子系统的运行控制包括日常任务的调度、差错率和设备故障信息等。对于新项目的开发，还需要程序员的工作进展情况和调试时间的安排。管理控制层对计划情况和实际情况进行比较，如设备费用、程序员的能力、项目开发的实施计划等情况的比较。战略管理层则主要关心功能的组织，如采用集中式还是分散式、信息系统的总体规划、硬件和软件的总体结构等。

管理信息系统的应用离不开办公自动化技术，其主要作用是支持知识工作和文书工作，如字符处理、电子邮件、电子文件等。办公自动化可以看作与信息处理子系统合一的子系统，也可以作为一个独立的子系统。

2.2.3 管理信息系统结构的综合

以上从管理任务和组织职能两方面对管理信息系统的结构进行了描述。由上述系统的组成和决策支持的要求,可以综合出管理信息系统的概念结构。综合的原则如下。

1. 横向综合

横向综合就是把同一管理层次的各种职能综合在一起,如运行控制层的人事、工资等子系统可以综合在一起,使基层的业务处理一体化。横向综合正向资源综合的方向发展,如按人把人员的信息综合到一个系统,按物料把采购、进货、库存控制综合到一起。

2. 纵向综合

纵向综合即把不同层次的管理业务按职能综合起来。这种综合沟通了上下级之间的关系,便于决策者掌握情况,进行正确分析。如各部门和总公司的各级财务系统可以综合起来,构成综合财务子系统。

3. 纵横综合

纵横综合又叫总的综合,可形成一种完全一体化的系统结构,能够做到信息集中统一,程序模块共享,各子系统功能无缝集成。

管理信息系统是由各功能子系统组成的,每个子系统又可以分为四个主要信息处理部分,即业务处理、运行控制、管理控制(战术管理)和战略管理。管理信息系统的每个功能子系统都有自己的文件,还有由各子系统公用的数据组成的数据库,由数据库系统进行管理。在系统中,除了有为每个子系统专门设计的应用程序外,也有为多个职能部门服务的公用程序,有关的子系统都与这些公用程序连接。此外,还有为多个应用程序公用的分析与决策模型,这些公用软件构成了管理信息系统的模型库。

图 2-3 表示综合形成的管理信息系统概念结构。这种结构实质上是一个概念上的框架,人们可以用它来描述现有的或进化中的管理信息系统。

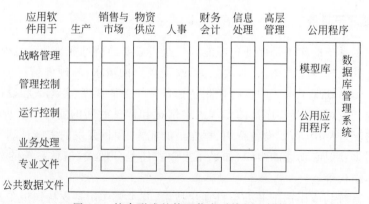

图 2-3 综合形成的管理信息系统概念结构

2.3 管理信息系统的发展历史

计算机在管理中应用的发展与计算机技术、通信技术和管理科学的发展紧密相关。虽然信息系统和信息处理在人类文明开始就已存在,但直到电子计算机问世,随着信息技术的飞跃以及现代社会对信息需求的增长,才迅速发展起来。第一台电子计算机创始于1946年,70多年来,信息系统经历了由单机到网络,由低级到高级,由电子数据处理到管理信息系统、再到决策支持系统,由数据处理到智能处理的过程。这个发展过程大致经历了以下几个阶段。

2.3.1 电子数据处理系统

电子数据处理系统(Electronic Data Processing System,EDPS)的特点是数据处理的计算机化,目的是提高数据处理的效率。从发展阶段来看,它可分为单项数据处理和综合数据处理两个阶段。

1. 单项数据处理阶段(20世纪50年代中期到60年代中期)

这一阶段是电子数据处理的初级阶段。主要是用计算机部分地代替手工劳动,进行一些简单的单项数据处理工作,如工资计算、产量统计等。

2. 综合数据处理阶段(20世纪60年代中期到70年代初期)

这一阶段的计算机技术有了很大发展,出现了大容量直接存取的外存储器。此外一台计算机能够带动若干终端,可以对多个过程的有关业务数据进行综合处理。这时各类信息报告系统应运而生。

信息报告系统是管理信息系统的雏形,其特点是按事先的规定要求提供各类状态报告。

(1) 生产状态报告。如IBM公司生产计算机时,由状态报告系统监视每个元件生产的进度,它大大加快了计划调度的速度,减少了库存。

(2) 服务状态报告。如能反映库存数量的库存状态报告。

(3) 研究状态报告。如美国的国家技术信息服务系统(NTIS)能提供技术问题简介、有关研究人员和著作出版等情况。

2.3.2 管理信息系统

20世纪70年代初随着数据库技术、网络技术和科学管理方法的发展,计算机在管理上的应用日益广泛,管理信息系统逐渐成熟起来。

管理信息系统(MIS)最大的特点是高度集中,能将组织中的数据和信息集中起来,进行快速处理、统一使用。有一个中心数据库和计算机网络系统是管理信息系统的重要标志。管理信息系统的处理方式是在数据库和网络基础上的分布式处理。随着计算机网络和通信技术的发展,不仅能把组织内部的各级管理联结起来,而且能够克服地理界限,把分布在不同地区的计算机网互联,形成跨地区的各种业务信息系统和管理信息系统。

管理信息系统的另一个特点是利用定量化的科学管理方法,通过预测、计划优化、管理、调节和控制等手段来支持决策。

2.3.3 决策支持系统

20 世纪 70 年代国际上展开了 MIS 为什么失败的讨论。人们认为,早期 MIS 的失败并非由于系统不能提供信息。实际上 MIS 能够提供大量报告,但管理者很少去看,大部分被丢进废纸堆,原因是这些信息并非管理者决策所需。当时,美国的 Michael S. Scott Marton 在《管理决策系统》一书中首次提出了"决策支持系统"(Decision Support System,DSS)的概念。决策支持系统不同于传统的管理信息系统。早期的 MIS 主要为管理者提供预定的报告,而 DSS 则是在人和计算机交互的过程中帮助决策者探索可能的方案,为管理者提供决策所需的信息。

由于支持决策是 MIS 的一项重要内容,DSS 无疑是 MIS 的重要组成部分;同时,DSS 以 MIS 管理的信息为基础,是 MIS 功能上的延伸。从这个意义上,可以认为 DSS 是 MIS 发展的新阶段,而 DSS 是把数据库处理与经济管理数学模型的优化计算结合起来,具有管理、辅助决策和预测功能的管理信息系统。

综上所述,EDPS、MIS 和 DSS 各自代表了信息系统发展过程中的某一阶段,但至今它们仍各自不断地发展着,而且是相互交叉的关系。EDPS 是面向业务的信息系统,MIS 是面向管理的信息系统,DSS 则是面向决策的信息系统。DSS 在组织中可能是一个独立的系统,也可能作为 MIS 的一个高层子系统而存在。

管理信息系统是一个不断发展的概念。20 世纪 90 年代以来,DSS 与人工智能、计算机网络技术等结合形成了智能决策支持系统(Intelligent Decision Support Systems,IDSS)和群体决策支持系统(Group Decision Support Systems,GDSS)。又如,EDPS、MIS 和 OA(Office Automation,办公自动化)技术在商贸中的应用已发展成为电子商贸系统(Electronic Business Processing System,EBPS)。这种系统以通信网络上的电子数据交换(Electronic Data Interchange,EDI)标准为基础,实现了集订货、发货、运输、报关、保险、商检和银行结算为一体,大大方便了商贸业务和进出口贸易。此外还出现了不少新的概念,如总裁信息系统、战略信息系统、计算机集成制造系统和其他基于知识的信息系统等。

习题

一、名词解释

管理信息系统

二、填空题

1. 管理信息系统的结构中,基于管理任务的系统层次结构可分为_____、_____、_____和_____四层次结构。

2. 工业企业按其劳动对象来分可分为_____、_____和_____三大类。

3. 根据我国管理信息系统应用的实际情况和管理信息系统服务对象的不同,可将管理信息系统分为_____、_____、_____、_____和_____五种。

三、简答题

1. 简述综合形成的管理信息系统概念结构。
2. 管理信息系统的层次结构是什么?
3. 管理信息系统的学科特点是什么?
4. 简述管理信息系统的分类。
5. 简述管理信息系统和信息系统的区别。

第3章 管理信息系统的技术基础

本章包括网络技术基础、数据库技术、多媒体技术、软件工程技术、信息安全技术基础和人工智能等内容。

3.1 网络技术基础

本节从网络的基本概念入手,介绍互联网的基本概念及企业网络的几种模式。

3.1.1 网络的基本概念

计算机网络是计算机及其应用技术与通信技术结合的产物,它经历了由简单到复杂、由低级到高级的发展历程。计算机网络发展历史经历了四个阶段:第一代计算机网络——远程终端联机阶段;第二代计算机网络——计算机网络形成阶段;第三代计算机网络——计算机网络互联阶段;第四代计算机网络——国际互联网与信息高速公路阶段。

1.基本概念

1)计算机网络

计算机网络是指将地理位置不同的具有独立功能的多台计算机及其外部设备,通过通信线路连接起来,在网络操作系统、网络管理软件及网络通信协议的管理和协调下,实现资源共享和信息传递的计算机系统。

2)协议

协议是用来描述进程之间信息交换数据时的规则术语。在计算机网络中,为了使不同结构、不同型号的计算机之间能够正确地传送信息,必须有一套关于信息传输顺序、信息格式和信息内容等的约定,这一整套约定称为协议。在计算机网络中,两个相互通信的实体处在不同的地理位置,其上的两个进程相互通信,需要通过交换信息来协调它们的动作,达到同步,而信息的交换必须按照预先共同约定好的过程进行。网络协议一般是由网络系统决定的。网络系统不同,网络协议也就不同。例如,NetWare系统的协议是IPX/SPX,Windows 2000系统则支持TCP/IP等多种协议。

3)计算机网络的功能

计算机网络的功能主要是硬件资源共享、软件资源共享和用户间信息交换三方面。

(1)硬件资源共享。可以在全网范围内提供对处理资源、存储资源、输入输出资源等昂贵设备的共享,使用户节省投资,也便于集中管理和均衡分担负荷。

(2) 软件资源共享。允许互联网上的用户远程访问各类大型数据库,可以得到网络文件传送服务、远程进程管理服务和远程文件访问服务,从而避免软件研制上的重复劳动及数据资源的重复存储,也便于集中管理。

(3) 用户间信息交换。计算机网络为分布在各地的用户提供了强有力的通信手段。用户可以通过计算机网络传送电子邮件、发布新闻消息和进行电子商务活动。

2. OSI 网络模型

OSI(Open System Interconnection,开放系统互连)参考模型称为开放系统互连参考模型,是一个逻辑上的定义、一个规范,它把网络从逻辑上分为了七层。每一层都有相关、相对应的物理设备,如路由器、交换机。OSI 参考模型是一种框架性的设计方法,建立七层模型的主要目的是为解决异种网络互联时所遇到的兼容性问题,其最主要的功能就是帮助不同类型的主机实现数据传输。它的最大优点是将服务、接口和协议这三个概念明确地区分开来,通过层次化的结构模型使不同的系统、不同的网络之间实现可靠的通信。OSI 参考模型如图 3-1 所示。

1) 物理层

物理层(Physical Layer)位于 OSI 参考模型的最低层或第一层,该层包括物理联网媒介,如电缆连线连接器。物理层的协议产生并检测电压以便发送和接收携带数据的信号。物理层的任务就是为它的上一层提供一个物理连接,以及它们的机械、电气、功能和过程特性,如规定使用电缆和接头的类型、传送信号的电压等。在这一层,数据还没有被组织,仅作为原始的位流或电气电压处理,单位是比特(b)。

2) 数据链路层

数据链路层(Datalink Layer)位于 OSI 参考模型的第二层,它控制网络层与物理层之间的通信。它的主要功能是如

图 3-1 OSI 参考模型

何在不可靠的物理线路上进行数据的可靠传递。为了保证传输,从网络层接收到的数据被分割成特定的可被物理层传输的帧(Frame)。帧是用来移动数据的结构包,它不仅包括原始数据,还包括发送方和接收方的物理地址及纠错和控制信息。其中的地址确定了帧将发送到何处,而纠错和控制信息则确保帧无差错地传输。如果在传送数据时,接收点检测到所传数据中有差错,就要通知发送方重发这一帧。数据链路层在物理层提供比特流服务的基础上,建立相邻节点之间的数据链路,通过差错控制提供数据帧在信道上无差错地传输,并进行各电路上的动作系列。数据链路层在不可靠的物理介质上提供可靠的传输。该层的作用包括物理地址寻址、数据的成帧、流量控制、数据的检错、重发等。数据链路层协议的代表包括 SDLC(同步数据链路控制)、HDLC(高级数据链路控制)、PPP(点对点协议)、STP(生成树协议)、帧中继等。

3) 网络层

网络层(Network Layer)位于 OSI 参考模型的第三层,其主要功能是将网络地址翻译成对应的物理地址,并决定如何将数据从发送方路由到接收方。网络层通过综合考虑发送优先权、网络拥塞程度、服务质量及可选路由的花费来决定从一个网络节点 A 到另一个网络节点 B 的最佳路径。网络层的主要功能是处理路由,而路由器其作用是连接网络各段,

并智能化引导数据传送,属于网络层。在网络中,"路由"是基于编址方案、使用模式及可达性来指引数据的传送。网络层负责在源机器和目标机器之间建立它们所使用的路由。这一层本身没有任何错误检测和修正机制,因此,网络层必须依赖于端端之间的由 DLL(动态链接库)提供的可靠传输服务。

4) 传输层

传输层(Transport Layer)是 OSI 参考模型中最重要的一层。传输协议同时进行流量控制或基于接收方可接收数据的快慢程度规定适当的发送速率。除此之外,传输层按照网络能处理的最大尺寸将较长的数据包进行强制分割。例如,以太网无法接收大于 1500 字节的数据包。发送方节点的传输层将数据分割成较小的数据片,同时对每个数据片安排一个序列号,以便数据到达接收方节点的传输层时,能以正确的顺序重组,该过程被称为排序。工作在传输层的一种服务是 TCP/IP 协议簇中的 TCP(传输控制协议),另一项传输层服务是 IPX/SPX 协议集的 SPX(序列包交换)。

5) 会话层

会话层(Session Layer)负责在网络中的两节点之间建立、维持和终止通信。会话层的功能包括:建立通信链接,保持会话过程通信链接的畅通,同步两个节点之间的对话,决定通信是否被中断及通信中断时决定从何处重新发送。当通过拨号向 ISP(因特网服务提供方)请求连接到因特网时,ISP 服务器上的会话层向用户与用户 PC 上的会话层进行协商连接。若电话线偶然从墙上插孔脱落,则终端机上的会话层将检测到连接中断并重新发起连接。会话层通过决定节点通信的优先级和通信时间的长短来设置通信期限。

6) 表示层

表示层(Presentation Layer)是应用程序和网络之间的"翻译官"。在表示层,数据将按照网络能理解的方案进行格式化,这种格式化也因所使用网络的类型不同而不同。表示层管理数据的解密与加密,如系统口令的处理。例如,在 Internet 查询银行账户,使用的是一种安全连接。账户数据在发送前被加密,在网络的另一端,表示层将对接收到的数据解密。除此之外,表示层协议还对图片和文件格式信息进行编码和解码。

7) 应用层

应用层(Application Layer)负责对软件提供接口以使程序能使用网络服务。术语"应用层"并不是指运行在网络上的某个特别应用程序。应用层提供的服务包括文件传输、文件管理及电子邮件的信息处理。

3. 网络拓扑结构

网络拓扑结构指的是网络上的通信链路及各个计算机之间的相互连接的几何排列或物理布局形式。网络拓扑就是指网络形状,即网络中各个节点相互连接的方法和形式。拓扑结构通常有五种主要类型,即星型、环型、总线型、树型和网状,如图 3-2 所示。

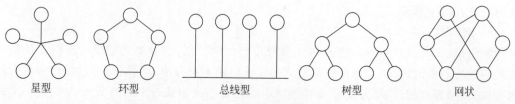

图 3-2 网络拓扑结构

1) 星型拓扑结构

星型拓扑结构的中央节点到其余各节点之间呈辐射状连接,由中央节点完成集中式通信控制。星型拓扑结构的节点有两类,即中心节点和外围节点。中心节点只有一个,每个外围节点都通过独立的通信线路与中心节点相连,外围节点之间没有连线。星型拓扑结构的优点是结构简单,访问协议简单,单个故障不影响整个网络;缺点是可靠性较低,如果中央节点有故障,整个网络就无法工作,全网将瘫痪,且系统扩展较困难。

2) 环型拓扑结构

环型拓扑结构中每个节点连接形成一个闭合回路,数据可以沿环单向传输,也可以设置两个环路实现双向通信。环型拓扑结构扩充方便,传输率较高,但网络中一旦某个节点发生故障,则可能导致整个网络停止工作。

3) 总线型拓扑结构

在总线型拓扑结构中,所有工作节点都连在一条总线上,通过这条总线实现通信。总线结构是目前局域网采用最多的一种拓扑结构。它连接简单,易于扩充节点和删除节点,节点的故障不会引起系统的瘫痪,但是,总线出问题会使整个网络停止工作,故障检测困难。

4) 树型拓扑结构

在树型拓扑结构中,有一个根节点和若干枝节点,最末端是叶节点。其形状像倒立的树"根"。它与总线型比较,总线型没有"根"。根节点的功能较强,常常是高档微机,或中小型机,叶节点可以是微型机。这种结构的优点是扩展容易,易分离故障节点,易维护,特别适合等级严格的行业或部门;缺点是整个网络对根节点的依赖性较大,这对整个网络系统的安全性是一个障碍,若根节点发生故障,整个网络的工作就会受到致命影响。

5) 网状拓扑结构

网状拓扑结构实际是由上述四种拓扑结构中的两种或多种简单组合而成,形状像网一样;网状拓扑结构中计算机之间的通信有多条线路可供选择。它继承了各种结构的优点,但是,其结构复杂,维护难度加大。

4. 几种主要网络结构

虽然网络类型的划分标准各种各样,但是从地理范围划分是一种大家都认可的通用网络划分标准。按这种标准可以把各种网络类型划分为局域网、城域网和广域网。

1) 局域网

所谓局域网(Local Area Network,LAN),就是在局部地区范围内的网络,它所覆盖的地区范围较小。局域网在计算机数量配置上没有太多的限制,少的可以只有两台,多的可达几百台。一般来说,在企业局域网中,工作站的数量在几十到两百台。在网络所涉及的地理距离上一般来说可以是几米至 10km。局域网一般位于一个建筑物或一个单位内,不存在寻径问题,不包括网络层的应用。

2) 城域网

城域网(Metropolitan Area Network,MAN)一般来说是在一个城市,但不在同一地理小区范围内的计算机互联。这种网络的连接距离可以为 10~100km,它采用的是 IEEE 802.6 标准。MAN 与 LAN 相比扩展的距离更长,连接的计算机数量更多,在地理范围上可以说是 LAN 网络的延伸。在一个大型城市或都市地区,一个 MAN 通常连接着多个 LAN。如连接政府机构的 LAN、医院的 LAN、电信的 LAN、公司企业的 LAN 等。由于光纤连接的引入,使 MAN 中高速的 LAN 互联成为可能。

3) 广域网

广域网(Wide Area Network,WAN)也称为远程网,所覆盖的范围比城域网(MAN)更广,它一般是在不同城市之间的 LAN 或者 MAN 之间互联,地理范围可从几百千米到几千千米。因为距离较远,信息衰减比较严重,所以这种网络一般是租用专线,通过 IMP(接口信息处理)协议和线路连接起来,构成网状结构,解决寻径问题。这种城域网因为所连接的用户多,总出口带宽有限,所以用户的终端连接速率一般较低,通常为 9.6kb/s~45Mb/s。

3.1.2 互联网的基本概念

1. 互联网

互联网,即广域网、局域网及单机按照一定的通信协议组成的国际计算机网络。互联网是指将两台计算机或者是两台以上的计算机终端、客户端、服务端通过计算机信息技术的手段互相联系起来的结果,人们可以与远在千里之外的朋友相互发送邮件、共同完成一项工作、共同娱乐。

1995 年 10 月的 24 日,联合网络委员会(The Federal Networking Council,FNC)通过了一项关于"互联网定义"的决议:联合网络委员会认为,下述语言反映了对"互联网"这个词的定义。

(1) 通过全球唯一的网络逻辑地址在网络媒介基础之上逻辑地链接在一起。这个地址是建立在"互联网协议"(IP)基础之上的。

(2) 可以通过"传输控制协议"和"互联网协议"(TCP/IP),或者今后其他接替的协议或与"互联网协议"(IP)兼容的协议来进行通信。

(3) 以让公共用户或者私人用户享受现代计算机信息技术带来的高水平、全方位的服务。这种服务是建立在上述通信及相关的基础设施之上的。

这是从技术的角度来定义互联网。这个定义至少揭示了三方面的内容:首先,互联网是全球性的;其次,互联网上的每一台主机都需要有"地址";最后,这些主机必须按照共同的规则(协议)连接在一起。

2. 互联网、因特网、万维网的关系

互联网、因特网、万维网三者的关系是:互联网包含因特网;因特网包含万维网。

凡是能彼此通信的设备组成的网络就叫互联网。所以,即使仅有两台机器,不论用何种技术使其彼此通信,也叫互联网。国际标准的互联网写法是 internet,字母 i 要小写。

因特网是互联网的一种,它是由成千上万台设备组成的互联网。因特网使用 TCP/IP 让不同的设备可以彼此通信。但使用 TCP/IP 的网络并不一定是因特网,一个局域网也可以使用 TCP/IP。判断自己是否接入的是因特网,首先是看自己的计算机是否安装了 TCP/IP,其次看是否拥有一个公网地址(所谓公网地址,就是所有私网地址以外的地址)。国际标准的因特网写法是 Internet,字母 I 要大写。

因特网是基于 TCP/IP 实现的,TCP/IP 由很多协议组成,不同类型的协议又被放在不

同的层,其中,位于应用层的协议就有很多,如 FTP、SMTP、HTTP。只要应用层使用的是 HTTP,就称为万维网(World Wide Web,WWW)。之所以在浏览器里输入百度网址时,能看见百度网提供的网页,就是因为浏览器和百度网的服务器之间使用的是 HTTP 在交流。

3. TCP/IP

TCP/IP(Transfer Control Protocol/Internet Protocol)叫作传输控制协议/网际协议,又叫网络通信协议,它包括上百个各种功能的协议,如远程登录、文件传输和电子邮件等,而 TCP 和 IP 是保证数据完整传输的两个基本的重要协议。通常说 TCP/IP 是 Internet 协议族,而不单单是 TCP 和 IP。TCP/IP 的基本传输单位是数据包(Datagram)。

TCP 负责把数据分成若干数据包,并给每个数据包加上包头;IP 在每个包头上再加上接收端主机地址,这样数据就可以找到自己要去的地方。如果传输过程中出现数据丢失、数据失真等情况,TCP 会自动要求数据重新传输,并重新组包。总之,IP 保证数据的传输,TCP 保证数据传输的质量。

TCP/IP 是一组用于实现网络互联的通信协议。Internet 网络体系结构以 TCP/IP 为核心。基于 TCP/IP 的参考模型将协议分成四个层次,分别是网络访问层、网际互联层、传输层(主机到主机)和应用层。

1) 应用层

应用层对应于 OSI 参考模型的高层,为用户提供所需要的各种服务,如 FTP、Telnet、DNS、SMTP 等。

2) 传输层

传输层对应于 OSI 参考模型的传输层,为应用层实体提供端到端的通信功能。该层定义了两个主要的协议:传输控制协议(TCP)和用户数据报协议(UDP)。TCP 提供的是一种可靠的、面向连接的数据传输服务;而 UDP 提供的是不可靠的、无连接的数据传输服务。

3) 网际互联层

网际互联层对应于 OSI 参考模型的网络层,主要解决主机到主机的通信问题。该层有四个主要协议:网际协议(IP)、地址解析协议(ARP)、互联网组管理协议(IGMP)和互联网控制报文协议(ICMP)。IP 是网际互联层最重要的协议,它提供的是一个不可靠、无连接的数据报传递服务。

4) 网络访问层

网络访问层与 OSI 参考模型中的物理层和数据链路层相对应。事实上,TCP/IP 本身并未定义该层的协议,而由参与互联的各网络使用自己的物理层和数据链路层协议,然后与 TCP/IP 的网络访问层进行连接。

3.1.3 企业网络

1. 以太网

以太网(Ethernet)最早是由 Xerox(施乐)公司创建的,在 1980 年由 DEC、Intel 和 Xerox 三家公司联合开发为一个标准。以太网是应用最为广泛的局域网,包括标准以太网

（10Mb/s）、快速以太网（100Mb/s）、千兆以太网（1000Mb/s）和10Gb/s以太网。

1）标准以太网

最开始以太网只有10Mb/s的吞吐量，它所使用的是CSMA/CD（带有冲突检测的载波侦听多路访问）的访问控制方法，通常把这种最早期的10Mb/s以太网称为标准以太网。以太网主要有两种传输介质，那就是双绞线和同轴电缆。所有的以太网都遵循IEEE 802.3标准。

2）快速以太网

随着网络的发展，传统标准的以太网技术已难以满足日益增长的网络数据流量速度需求。在1993年10月以前，对于要求10Mb/s以上数据流量的LAN应用，只有光纤分布式数据接口（FDDI）可供选择，但它是一种价格非常昂贵的、基于100Mb/s光缆的LAN。1993年10月，Grand Junction公司推出了世界上第一台快速以太网集线器FastSwitch10/100和网络接口卡FastNIC100，快速以太网技术正式得以应用。随后Intel、SynOptics、3COM、BayNetworks等公司也相继推出自己的快速以太网装置。与此同时，IEEE 802工作组也对100Mb/s以太网的各种标准，如100Base-TX、100Base-T4、MII、中继器、全双工等标准进行了研究。1995年3月，IEEE宣布了IEEE 802.3u 100Base-T快速以太网标准（Fast Ethernet），网络进入快速以太网的时代。

3）千兆以太网

随着以太网技术的深入应用和发展，企业用户对网络连接速度的要求越来越高，1995年11月，IEEE 802.3工作组委任了一个高速研究组（Higher Speed Study Group），研究将快速以太网速度增至更高。该研究组研究了将快速以太网速度增至1000Mb/s的可行性和方法。1996年6月，IEEE标准委员会批准了千兆以太网方案授权申请（Gigabit Ethernet Project Authorization Request）。随后IEEE 802.3工作组成立了IEEE 802.3z工作委员会。IEEE 802.3z委员会的目的是建立千兆以太网标准：包括在1000Mb/s通信速率的情况下的全双工和半双工操作、802.3以太网帧格式、载波侦听多路访问和冲突检测（CSMA/CD）技术、在一个冲突域中支持一个中继器（Repeater）、10Base-T和100Base-T向下兼容技术。千兆以太网具有以太网的易移植、易管理特性。千兆以太网在处理新应用和新数据类型方面具有灵活性，它是在赢得了巨大成功的10Mb/s和100Mb/s IEEE 802.3以太网标准的基础上的延伸，提供了1000Mb/s的数据带宽。这使得千兆以太网成为高速、宽带网络应用的战略性选择。

4）10Gb/s以太网

现在10Gb/s的以太网标准已经由IEEE 802.3工作组于2000年正式制定，10Gb/s以太网仍使用与以往10Mb/s和100Mb/s以太网相同的形式，它允许直接升级到高速网络。同样使用IEEE 802.3标准的帧格式、全双工业务和流量控制方式。在半双工方式下，10Gb/s以太网使用基本的CSMA/CD访问方式来解决共享介质的冲突问题。此外，10Gb/s以太网使用由IEEE 802.3工作组定义的和以太网相同的管理对象。总之，10Gb/s以太网仍然是以太网，只不过更快。

5）全光网

随着Internet业务和多媒体应用的快速发展，网络的业务量正在以指数级的速度迅速膨胀，这就要求网络必须具有高比特率数据传输能力和大吞吐量的交叉能力。光纤通信技术出现以后,特别是在提出信息高速公路以来,光技术开始渗透于整个通信网,光纤通信有向全光网推进的趋势。

所谓全光网,是指信号只是在进出网络时才进行电-光和光-电转换,而在网络中传输和交换的过程信号始终以光的形式存在,不需要经过光-电、电-光转换。

为此,网络的交换功能应当直接在光层中完成,这样的网络称为全光网。它需要新型的全光交换器件,如光交叉连接(OXC)、光分插复用(OADM)和光保护倒换等。全光网是以光节点取代现有网络的电节点,并用光线将光节点互联成网,采用光波完成信号的传输、交换等功能,克服了现有网络在传输和交换时的瓶颈,减少信息传输的拥塞、延时,提高网络的吞吐量。全光网已被认为是未来通信网向宽带、大容量发展的优选方案。

2. 网络设备

1) 网桥

网桥这种设备看上去有点像中继器。它具有单个的输入端口和输出端口。它与中继器的不同之处就在于它能够解析它收发的数据。网桥属于 OSI 参考模型的数据链路层;数据链路层能够进行流控制、纠错处理及地址分配。网桥能够解析它所接受的帧,并能指导如何把数据传送到目的地。特别是它能够读取目标地址信息(MAC),并决定是否向网络的其他段转发(重发)数据包,而且,如果数据包的目标地址与源地址位于同一段,就可以把它过滤掉。当节点通过网桥传输数据时,网桥就会根据已知的 MAC 地址和它们在网络中的位置建立过滤数据库(也就是人们熟知的转发表)。网桥利用过滤数据库来决定是转发数据包还是把它过滤掉。

2) 网关

网关不能完全归为一种网络硬件。用概括性的术语来讲,它们应该是能够连接不同网络的软件和硬件的结合产品。特别地,它们可以使用不同的格式、通信协议或结构连接起两个系统。和本章前面讨论的不一样,网关实际上通过重新封装信息以使它们能被另一个系统读取。为了完成这项任务,网关必须能运行在 OSI 参考模型的几个层上。网关必须同应用通信,建立和管理会话,传输已经编码的数据,并解析逻辑和物理地址数据。

3) 交换机

交换(Switching)是按照通信两端传输信息的需要,用人工或设备自动完成的方法,把要传输的信息送到符合要求的相应路由上的技术的统称。交换机是一种用于电信号转发的网络设备。它可以为接入交换机的任意两个网络节点提供独享的电信号通路。最常见的交换机是以太网交换机。其他常见的还有电话语音交换机、光纤交换机等。

4) 路由器

路由器是一种多端口设备,它可以连接不同传输速率并运行于各种环境的局域网和广域网,也可以采用不同的协议。路由器属于 OSI 参考模型的第三层。网络层指导从一个网段到另一个网段的数据传输,也能指导从一种网络向另一种网络的数据传输。过去,由于过多地注意第三层或更高层的数据,如协议或逻辑地址,路由器曾经比交换机和网桥的速度慢。因此,不像网桥和第二层交换机,路由器是依赖于协议的。在它们使用某种协议转发数据前,它们必须要被设计或配置成能识别该协议。

3. 企业级网络

企业级网络是按照整个企业的信息体系要求，由整个企业的计算机硬件、软件、通信系统及数据集合按照系统化要求建立的网络。除了那些极小的组织，大多数企业的网络都是由多个网络组成的，一个容量大的主干网连接着许多局域网和设备，主干网与许多外部网络（如Internet）进行连接，这往往是企业网的主要形式。

1）企业内联网

企业内联网(Intranet)是指采用Internet技术、建立在TCP/IP基础上的企业内部网。它可以在企业内部享有Internet的各种功能。它采用统一的WWW浏览器技术去开发用户端软件，并能方便地与Internet相连。运用防火墙、访问控制等技术，实现企业内、外的可控连接。这使得它具有比传统的企业内部网更加灵活、适应能力更强的特点。

Internet的普及，使许多组织纷纷建立Web服务，将组织的简介、新闻、产品信息、文件档案等放在Web主页上供用户浏览，有些还运用Internet提供客户服务，接受订单等，并将此视为重要的对外联络窗口。随着组织应用Internet技术的成熟，它们逐渐认识到Internet带来的好处，开始将Internet引入组织的内部作业环境，建立组织内部使用的Web服务。因而Intranet迅速发展起来，甚至作为组织改革的一种方法。值得注意的是，Intranet针对的是组织内部信息系统结构，其服务的对象是组织内部的员工，而且是以联络组织内部工作群体为主，以促进组织内部沟通、提高作业效率、强化组织竞争力为前提。

2）企业外联网

基于Internet技术建立企业级网络Intranet的技术思想可以进一步向外扩展，即在一组关系密切的企业之间共享Internet带来的好处，使这些企业之间能够在可控的安全环境下彼此之间实现信息共享。这便是扩展了的企业级网络——Extranet。纳入Extranet的各企业之间，除了各自原有的内部安全共享机制外，还要制定企业之间的安全共享机制，以及它们共同面对Internet时的安全机制。

例如，康柏计算机公司和金融服务集团Vanguard协作提供投资信息。康柏的员工可以利用这个外部网访问Vanguard的服务器，以获取有关账户的信息，以及一些金融方面的特殊消息、教育资料等。少数公司允许特定客户和供应商真正向公司的事务处理系统输入数据。通常，在Intranet上提供给这些用户一些表格，让其输入订单或请购单等信息。

Extranet是使企业与其他企业或客户联系起来，完成共同目标的合作网络，是Intranet与Internet之间的桥梁。Extranet可以有选择地向公众或合作者开放其服务，为电子商贸或其他商业应用提供有用的工具。通常Extranet只是Intranet和Internet基础设施上的逻辑覆盖，而不是物理网络的重构。

3.1.4 无线网

1. 无线网的定义

无线网络(Wireless Network)指的是任何形式的无线电计算机网络，普遍和电信网络结合在一起,无须电缆即可在节点之间相互链接。无线电信网络一般被应用在使用电磁波的遥控信息传输系统,像是无线电波作为载波和物理层的网络。如 TD-LTE、CDMA2000、WCDMA、TD-SCDMA、cdmaOne、GPRS、EDGE、GSM、UMTS、Wi-Fi、WiMAX、ZigBee。

2. 无线网的类型

(1) 无线个人网(WPAN)是在小范围内相互连接数个设备所形成的无线网络,通常是个人可及的范围内,例如蓝牙。

(2) 无线局域网(WLAN)类似其他无线设备,利用无线电而非电缆在同一个网络上传送数据,甚至无线上网,是 IEEE 802.11 系列标准。

(3) 无线城域网是连接数个无线局域网的无线网络类型。

(4) 移动设备网络。最典型的代表是全球移动通信系统(Global System of Mobile Communication,GSM)。GSM 网络分为三个主要系统:转接系统、基地系统、操作和支持系统。移动电话连接到基地系统,然后连接到操作和支持系统;在连接到转接系统后,电话就会被转到要到达的地方。GSM 是大多数手机最常见的使用标准。

3. GSM

GSM 是当前应用最为广泛的移动电话标准,由欧洲电信标准组织 ETSI 制定。它的空中接口采用时分多址技术。GSM 标准的设备占据当前全球蜂窝移动通信设备市场份额 80%以上。GSM 是一种蜂窝网络,也就是说移动电话要连接到它能搜索到的最近的蜂窝单元区域。GSM 网络运行在多个不同的无线电频率上。

4. 5G 通信

5G 是第五代移动通信网络,其峰值理论传输速度可达每秒数 Gb,比 4G 网络的传输速度快数百倍。5G 网络的主要目标是让终端用户始终处于联网状态。5G 网络将来支持的设备远远不止智能手机,它还支持智能手表、健身腕带、智能家庭设备如鸟巢式室内恒温器等。

5G 的具体特征参数如下。

(1) 传输速率:其 5G 网络已成功在 28 吉赫(GHz)波段下达到了 1Gb/s,相比之下,当前的第四代长期演进(4G LTE)服务的传输速率仅为 75Mb/s。

(2) 智能设备:5G 网络中看到的最大改进之处是它能够灵活支持各种不同的设备。除了支持手机和平板电脑外,5G 网络还将支持可佩戴式设备。在一个给定的区域内支持无数台设备,这是设计的目标。

(3) 网络链接:5G 网络改善端到端性能将是另一个重大的课题。端到端性能是指智能手机的无线网络与搜索信息的服务器之间保持连接的状况。

5. 6G 通信

6G 指的是第六代移动通信技术。6G 网络属于概念性技术,是 5G 的延伸,理论下载速度可达每秒 1TB,目前已有机构开始对其进行研发,预计 2026 年正式投入商用。

6G 将迈进太赫兹(THz,1THz=1000GHz)时代。太赫兹波的波长为 3~1000μm,它被认为是 6G 的关键技术之一。其特点是频率高、通信速率高,理论上能够达到太字节每秒

(TB/s),但太赫兹有明显的缺点,那就是传输距离短,易受障碍物干扰,现在能做到的通信距离只有10m左右,也就是说,只有解决通信距离问题,才能用于现有的移动通信蜂窝网络。此外,通信频率越高对硬件设备的要求越高,需要更好的性能和加工工艺。这些是目前必须在短时间内解决的问题。由于6G要求更短的网络延迟时间、更大的带宽、更广的覆盖和更高资源利用率,因此6G除了要求高密度组网、全双工技术外,将卫星通信技术、平流层通信技术与地面技术的融合使此前大量未被通信信号覆盖的地方(如无法建基站的海洋、难以铺设光纤的偏远无人地区)都有可能收发信号。除陆地通信覆盖外,水下通信覆盖也有望在6G时代启动。6G将实现地面无线与卫星通信集成的全连接。通过将卫星通信整合到6G移动通信,实现永远在线的全球无缝覆盖。

3.1.5 云计算

1. 云计算的概念

狭义云计算指IT基础设施的交付和使用模式,指通过网络以按需、易扩展的方式获得所需资源;广义云计算指服务的交付和使用模式,指通过网络以按需、易扩展的方式获得所需服务。这种服务可以是IT和软件、互联网相关,也可以是其他服务。云计算的核心思想是将大量用网络连接的计算资源统一管理和调度,构成一个计算资源池为用户按需服务,提供资源的网络被称为"云"。"云"中的资源在使用者看来是可以无限扩展的,并且可以随时获取,按需使用;随时扩展,按使用付费。

云计算是网格计算、分布式计算、并行计算、效用计算、网络存储、虚拟化和负载均衡等传统计算机和网络技术发展融合的产物。事实上,许多云计算部署依赖于计算机集群(但与网格的组成、体系机构、目的、工作方式大相径庭),也吸收了自主计算和效用计算的特点。通过使计算分布在大量的分布式计算机上,而非本地计算机或远程服务器中,企业数据中心的运行将与互联网更相似。这使得企业能够将资源切换到需要的应用上,根据需求访问计算机和存储系统。好比是从古老的单台发电机模式转向了电厂集中供电的模式,它意味着计算能力也可以作为一种商品进行流通,就像煤、气、水、电一样,取用方便,费用低廉。最大的不同在于,它是通过互联网进行传输的。

2. 云计算服务

云计算可以认为包括以下几个层次的服务。

(1) IaaS(Infrastructure-as-a-Service):基础设施即服务。消费者通过Internet可以从完善的计算机基础设施获得服务。

(2) PaaS(Platform-as-a-Service):平台即服务。PaaS实际上是指将软件研发的平台作为一种服务,以SaaS的模式提交给用户。因此,PaaS也是SaaS模式的一种应用。但是,PaaS的出现可以加快SaaS的发展,尤其是加快SaaS应用的开发速度。

(3) SaaS(Software-as-a-Service):软件即服务。它是一种通过Internet提供软件的模式,用户无须购买软件,而是向提供商租用基于Web的软件,来管理企业经营活动。相对于传统的软件,SaaS解决方案有明显的优势,包括较低的前期成本、便于维护、快速展开使用等。

3. 云计算体系架构

云计算的三级分层：①上层云软件，打破以往大厂垄断的局面，所有人都可以在上面自由挥洒创意，提供各式各样的软件服务。参与者是世界各地的软件开发者。②中层云平台，打造程序开发平台与操作系统平台，让开发人员可以通过网络撰写程序与服务，一般消费者也可以在上面运行程序。参与者有 Google、微软、苹果和 Yahoo 等。③下层云设备，将基础设备（如 IT 系统、数据库等）集成起来，像旅馆一样，分隔成不同的房间供企业租用。参与者有英业达、IBM、戴尔、升阳、惠普和亚马逊等。

大部分的云计算基础构架由通过数据中心传送的可信赖的服务和创建在服务器上的不同层次的虚拟化技术组成。人们可以在任何有提供网络基础设施的地方使用这些服务。"云"通常表现为对所有用户计算需求的单一访问点。人们通常希望商业化的产品能够满足服务质量（QoS）的要求，并且一般情况下要提供服务水平协议。开放标准对于云计算的发展是至关重要的，并且开源软件已经为众多的云计算实例提供了基础。

云是通过网络将庞大的计算处理程序自动分拆成无数个较小的子程序，再由多部服务器所组成的庞大系统搜索、计算分析之后将处理结果回传给用户。通过这项技术，远程的服务供应商可以在数秒之内，达成处理数以千万计甚至亿计的信息，达到和"超级计算机"同样强大性能的网络服务。

3.1.6 区块链

1. 区块链的概念

从科技层面看，区块链（Blockchain）涉及数学、密码学、互联网和计算机编程等很多科学技术问题。从应用视角看，区块链是一个分布式的共享账本和数据库，具有去中心化、不可篡改、全程留痕、可以追溯、集体维护、公开透明等特点。这些特点保证了区块链的"诚实"与"透明"，为区块链创造信任奠定基础。而区块链丰富的应用场景，基本上都基于区块链能够解决信息不对称问题，实现多个主体之间的协作信任与一致行动。

区块链提供了分布式数据存储、点对点传输、共识机制、加密算法等计算机技术新的应用模式。本质上它是一个去中心化的数据库，同时作为比特币的底层技术，是一串使用密码学方法相关联产生的数据块，每个数据块中包含了一批次交易的信息，用于验证其信息的有效性（防伪）和生成下一个区块。但区块链的安全风险是制约其健康发展的短板。因此，区块链的安全保障体系探索迫切需要加快进行。

中本聪（英语：Satoshi Nakamoto）是一个第一次提出区块链概念的日裔美国人。2008年，他发表了一篇名为《比特币：一种点对点式的电子现金系统》（*Bitcoin: A Peer-to-Peer Electronic Cash System*）的论文，描述了一种被他称为"比特币"的电子货币及其算法。2009年，他发布了首款比特币软件 Bitcoin-Qt，并正式启动了比特币金融系统。

2014年，区块链 2.0 成为一个关于去中心化区块链数据库的术语。对这个第二代可编程区块链，经济学家们认为它是一种编程语言，可以允许用户写出更精密和智能的协议。因此，当利润达到一定程度时，就能够从完成的货运订单或者共享证书的分红中获得收益。区块链 2.0 技术跳过了交易和"价值交换中担任金钱和信息仲裁的中介机构"，使人们远离全球化经济,使隐私得到保护,使人们"将掌握的信息兑换成货币",并且有能力保证知识产权的所有者得到收益。第二代区块链技术使存储个人的"永久数字ID和形象"成为可能,并且对"潜在的社会财富分配"不平等提供解决方案。

2017年,日本经济产业省(METI)公布了区块链平台评估方法。2018年,23个欧洲国家签署了区块链合作协议,法国为此建立了区块链加速器。2018年,美国联邦政府和各州政府出台了区块链相关立法,美国国会、商务部、国家标准与技术研究院(NIST)等部门先后发布了《2018年联合经济报告》《区块链:背景和政策问题》《区块链和在政府应用中的适用性》《区块链技术概述》等报告,初步阐明了美国政府对区块链的监管和发展思路。2019年1月10日,中国国家互联网信息办公室发布《区块链信息服务管理规定》,自2019年2月15日起施行。

2. 区块链的类型

1) 公有区块链

公有区块链(Public Blockchain)是指世界上任何个体或者团体都可以发送交易,且交易能够获得该区块链的有效确认,任何人都可以参与其共识过程。公有区块链是最早的区块链,也是应用最广泛的区块链,各大Bitcoin系列的虚拟数字货币均基于公有区块链,世界上有且仅有一条该币种对应的区块链。

2) 联合(行业)区块链

行业区块链(Consortium Blockchain)由某个群体内部指定多个预选的节点为记账人,每块的生成由所有的预选节点共同决定(预选节点参与共识过程),其他接入节点可以参与交易,但不过问记账过程(本质上还是托管记账,只是变成分布式记账,预选节点的多少、如何决定每个块的记账者成为该区块链的主要风险点),其他任何人可以通过该区块链开放的API进行限定查询。

3) 私有区块链

私有区块链(Private Blockchain)仅仅使用区块链的总账技术进行记账,可以是一个公司,也可以是个人,独享该区块链的写入权限,本链与其他的分布式存储方案没有太大区别。传统金融都是想实验尝试私有区块链,而公有区块链的应用例如Bitcoin已经工业化,私有区块链的应用产品还在摸索当中。

3. 区块链的特征

(1) 去中心化。区块链技术不依赖额外的第三方管理机构或硬件设施,没有中心管制,除了自成一体的区块链本身,通过分布式核算和存储,各个节点实现了信息自我验证、传递和管理。去中心化是区块链最突出、最本质的特征。

(2) 开放性。区块链技术基础是开源的,除了交易各方的私有信息被加密外,区块链的数据对所有人开放,任何人都可以通过公开的接口查询区块链数据和开发相关应用,因此整个系统信息高度透明。

(3) 独立性。基于协商一致的规范和协议(类似比特币采用的哈希算法等各种数学算法),整个区块链系统不依赖其他第三方,所有节点能够在系统内自动安全地验证、交换数据,不需要任何人为的干预。

(4) 安全性。只要不能掌控全部数据节点的51%,就无法肆意操控修改网络数据,这使区块链本身变得相对安全,避免了主观人为的数据变更。

(5) 匿名性。除非有法律规范要求,单从技术上来讲,各区块节点的身份信息不需要公开或验证,信息传递可以匿名进行。

4. 区块链的架构模型

区块链的架构模型自下而上由数据层、网络层、共识层、激励层、合约层和应用层组成。其中,数据层封装了底层数据区块以及相关的数据加密和时间戳等基础数据和基本算法;网络层则包括分布式组网机制、数据传播机制和数据验证机制等;共识层主要封装网络节点的各类共识算法;激励层将经济因素集成到区块链技术体系中来,主要包括经济激励的发行机制和分配机制等;合约层主要封装各类脚本、算法和智能合约,是区块链可编程特性的基础;应用层则封装了区块链的各种应用场景和案例。该模型中,基于时间戳的链式区块结构、分布式节点的共识机制、基于共识算力的经济激励和灵活可编程的智能合约是区块链技术最具代表性的创新点。

5. 区块链的核心技术

1) 分布式账本

分布式账本指的是交易记账由分布在不同地方的多个节点共同完成,而且每个节点记录的是完整的账目,因此它们都可以参与监督交易合法性,同时也可以共同为其作证。

与传统分布式存储不同,区块链分布式存储的独特性主要有两点:一是区块链每个节点都按照块链式结构存储完整的数据,传统分布式存储一般是将数据按照一定的规则分成多份进行存储。二是区块链每个节点存储都是独立的、地位等同的,依靠共识机制保证存储的一致性,而传统分布式存储一般是通过中心节点往其他备份节点同步数据。没有任何一个节点可以单独记录账本数据,从而避免了单一记账人被控制或者被贿赂而记假账的可能性。由于记账节点足够多,理论上讲除非所有的节点被破坏,否则账目就不会丢失,从而保证了账目数据的安全性。

2) 非对称加密

存储在区块链上的交易信息是公开的,但是账户身份信息是高度加密的,只有在数据拥有者授权的情况下才能访问到,从而保证了数据的安全和个人的隐私。其使用计算机密码学的非对称加密方法。

3) 共识机制

共识机制就是所有记账节点之间怎么达成共识,去认定一个记录的有效性。这既是认定的手段,也是防止篡改的手段。区块链提出了四种不同的共识机制,适用于不同的应用场景,在效率和安全性之间取得平衡。

区块链的共识机制具备"少数服从多数"以及"人人平等"的特点,其中"少数服从多数"并不完全指节点个数,也可以是计算能力、股权数或者其他的计算机可以比较的特征量。"人人平等"是当节点满足条件时,所有节点都有权优先提出共识结果、直接被其他节点认同后并最后有可能成为最终共识结果。以比特币为例,采用的是工作量证明,只有在控制了全网超过51%的记账节点的情况下,才有可能伪造出一条不存在的记录。当加入区块链的节点足够多时,这基本上不可能,从而杜绝了造假的可能。

4) 智能合约

智能合约是基于这些可信的不可篡改的数据,可以自动化地执行一些预先定义好的规则和条款。以保险为例,如果说每个人的信息(包括医疗信息和风险发生的信息)都是真实可信的,在一些标准化的保险产品中,就能很容易地进行自动化的理赔。在保险公司的日常业务中,虽然交易不像银行和证券行业那样频繁,但是对可信数据的依赖有增无减。因此,利用区块链技术,从数据管理的角度切入,能够有效地帮助保险公司提高风险管理能力。具体来讲主要分投保人风险管理和保险公司的风险监督。

3.2 数据库技术

本节介绍数据库的基本概念、数据描述、数据库组织、关系数据库系统、典型的数据库软件、数据库技术的新发展、大数据技术和可视化。

3.2.1 数据库的基本概念

1. 数据库的定义

定义 1:数据库(Data Base,DB)是"按照数据结构来组织、存储和管理数据的仓库"。

定义 2:数据库是依照某种数据模型组织起来并存放在二级存储器中的数据集合。这种数据集合具有如下特点:尽可能不重复,以最优方式为某个特定组织的多种应用服务,其数据结构独立于使用它的应用程序,对数据的增加、删除、修改和查询由统一软件进行管理和控制。从发展的历史看,数据库是数据管理的高级阶段,它是由文件管理系统发展起来的。

定义 3:数据库是一个长期存储在计算机内的、有组织的、有共享的、统一管理的数据集合。

2. 数据库系统的定义

数据库系统(DataBase System,DBS)是由数据库及其管理软件组成的系统。它是为适应数据处理的需要而发展起来的一种较为理想的数据处理的核心机构。它是一个为实际可运行的存储、维护和应用系统提供数据的软件系统,是存储介质、处理对象和管理系统的集合体。它通常由软件、数据库和数据管理员组成。其软件主要包括操作系统、各种宿主语言、实用程序及数据库管理系统。数据库由数据库管理系统统一管理,数据的插入、修改和查询均要通过数据库管理系统进行。

3. 数据库管理系统的定义

数据库管理系统(DataBase Management System,DBMS)是一种操纵和管理数据库的大型软件,用于建立、使用和维护数据库。它对数据库进行统一的管理和控制,以保证数据库的安全性和完整性。用户通过 DBMS 访问数据库中的数据,数据库管理员也通过 DBMS

进行数据库的维护工作。它提供多种功能，可使多个应用程序和用户用不同的方法在同一时刻或不同时刻去建立、修改和询问数据库。它使用户能方便地定义和操纵数据，维护数据的安全性和完整性，以及进行多用户下的并发控制和恢复数据库。

3.2.2 数据描述

一个信息管理系统中的信息总是从客观事物出发，经过人的综合归纳，抽象成计算机能够接受的信息，流经数据库，通过控制决策机构，最后用来指导客观事物。信息的这一循环经历了三个领域：现实世界、信息世界和计算机世界。在这三个领域中对信息的描述采用不同的术语，三个领域的联系如图 3-3 所示。

图 3-3　现实世界、信息世界、计算机世界三个领域的联系

1．现实世界

现实世界是存在于人们头脑之外的客观世界，由客观事物及其相互联系组成。其使用的术语有：

（1）客观事物。实际存在的人和事物，如销售人员、销售部门、销售客户等；也可以是事物与事物间的联系，如销售合同、退换货处理等。

（2）事物特征。每一个事物都具有特性，事物通过自身特性与其他事物相区别。例如，销售人员的姓名、性别、学历等，事物特征有名和值之分，具有相同特性的事物属于同一个事物类。

2．信息世界

信息世界中信息是客观世界中实体的特性在人们头脑中的反映，它用一种人为的文字、符号、标记来表示。其使用的术语有：

（1）实体。现实世界中客观存在并且可以相互区分的事物称为实体。

（2）实体集。现实世界中的事物类，在信息世界中称为实体集，它是同类实体的集合。

（3）属性。现实世界中事物的特征就是实体的属性。属性也有名和值之分，属性名用来划分实体所属的实体集，属性值则是某个实体在该属性下的具体表现。属性值的集合称为属性的域。

（4）实体标识符。用于和同类实体相互区分的属性集合（不含多余的属性）称为实体标识符。

3．计算机世界

计算机世界又称为数据世界，由于计算机只能处理数据化的信息，因此必须对信息进行数据化处理。其使用的术语有以下四种。

（1）记录值。简称记录，表示实体。

（2）文件。文件是记录的集合。

（3）字段或数据项。即计算机世界的属性。

（4）关键字。即计算机世界的实体标识符。

三个领域术语的联系关系如表 3-1 所示。

表 3-1　三个领域术语的联系关系

现实世界	信息世界	计算机世界
客观事物	实体	记录
事物类	实体集	文件
事物特征	属性	字段或数据项
区分事物特征	实体标识符	关键字

3.2.3　数据库组织

数据库组织是指从全局出发，对数据库中的数据、数据之间的联系，以及用户的要求进行综合平衡考虑，从而提出数据模型及数据库系统的结构形式。数据库组织的好坏会影响系统的效率和用户对数据库使用的方便程度。

1. 数据模型

数据模型描述了数据库中的数据内容及其联系方式，体现了数据库的逻辑结构。不同的数据模型就是用不同的数据组织形式来表述实体及其联系。

目前最常用的数据模型有层次模型、网状模型和关系模型。其中层次模型和网状模型统称为非关系模型。

1）层次模型

层次模型是数据库系统中最早出现的数据模型，它用树状结构表示各类实体以及实体间的联系。层次模型数据库系统的典型代表是 IBM 公司的信息管理系统，这是一个曾经广泛使用的数据库管理系统。在数据库中，满足以下两个条件的数据模型称为层次模型：①有且仅有一个节点无双亲，这个节点称为"根节点"。②其他节点有且仅有一个双亲。若用图来表示，层次模型是一棵倒立的树。节点层次（Level）从根开始定义，根为第一层，根的孩子称为第二层，根称为其孩子的双亲，同一双亲的孩子称为兄弟。

层次模型对具有一对多的层次关系的描述非常自然、直观、容易理解，这是层次数据库的突出优点。

2）网状模型

在数据库中，对满足以下两个条件的数据模型称为网状模型：

（1）允许一个以上的节点无双亲。

（2）一个节点可以有多于一个的双亲。

网状数据模型的典型代表是 DBTG 系统，也称为 CODASYL 系统，它是 20 世纪 70 年代数据系统语言研究会（Conference On Data Systems Language，CODASYL）下属的数据库任务组（Data Base Task Group，DBTG）提出的一个系统方案。若用图表示，网状模型是一个网络。

自然界中实体型间的联系更多的是非层次关系，用层次模型表示非树形结构是很不直接的，网状模型则可以克服这一弊病。

3) 关系模型

关系模型是目前最重要的一种模型。美国 IBM 公司的研究员 E. F. Codd 于 1970 年发表题为《大型共享系统的关系数据库的关系模型》的论文，文中首次提出了数据库系统的关系模型。20 世纪 80 年代以来，计算机厂商新推出的数据库管理系统几乎都支持关系模型，非关系系统的产品也大都加上了关系接口。数据库领域当前的研究工作都是以关系方法为基础的。

一个关系模型的逻辑结构是一张二维表，它由行和列组成。每一行称为一个元组，每一列称为一个字段。

关系数据模型的操纵主要包括查询、插入、删除和更新数据。这些操作必须满足关系的完整性约束条件。关系的完整性约束条件包括三大类：实体完整性、参照完整性和用户定义的完整性。其具体含义将在后面介绍。

在关系数据模型中，实体及实体间的联系都用表来表示。在数据库的物理组织中，表以文件形式存储，每张表通常对应一种文件结构。

关系模型与非关系模型不同，它是建立在严格的数学概念的基础上的。关系模型的概念单一，无论实体还是实体之间的联系都用关系来表示，对数据的检索结果也是关系（即表），因此结构简单、清晰，用户易懂易用。关系模型的存取路径对用户透明，从而具有更高的数据独立性，更好的安全保密性，也简化了程序员的工作和数据库开发建立的工作。因此关系数据模型诞生以后发展迅速，深受用户的喜爱。

当然，关系数据模型也有缺点，其中最主要的缺点是，由于存取路径对用户透明，查询效率往往不如非关系数据模型。因此，为了提高性能，必须对用户的查询请求进行优化，这却增加了开发数据库管理系统的负担。

2．数据库的结构

数据库系统的三级模式结构是指数据库系统是由外模式、模式和内模式三级组成，如图 3-4 所示。

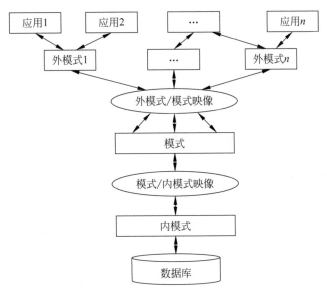

图 3-4　数据库系统的三级模式结构

(1) 外模式。外模式也称为子模式或用户模式,它是数据库用户(包括应用程序员和最终用户)对局部数据的逻辑结构和特征的描述,是数据库用户的数据视图,是与某一应用有关的数据的逻辑表示。一个数据库可以有多个外模式。

(2) 模式。模式也称为逻辑模式,是数据库中全体数据的逻辑结构和特征的描述,是所有用户的公用数据视图。一个数据库只有一个模式。

(3) 内模式。内模式也称为存储模式,它是数据物理和存储结构的描述,是数据在数据库内部的表示方式。一个数据库只有一个内模式。

数据库系统在这三级模式之间提供了两层映像:外模式/模式映像和模式/内模式映像。正是这两层映像保证了数据库系统的数据能够具有较高的逻辑独立性和物理独立性。

模式描述的是数据的全局逻辑结构,外模式描述的是数据的局部逻辑结构。对应于同一个模式可以有任意多个外模式。对于每一个外模式,数据库系统都有一个外模式/模式映像,它定义了该外模式与模式之间的对应关系。当模式改变时(例如,增加新的数据类型、新的数据项、新的关系等),由数据库管理员对各个外模式/模式的映像做相应改变,可以使外模式保持不变,从而不必修改应用程序,保证了数据的逻辑独立性。

数据库中只有一个模式,也只有一个内模式,所以模式/内模式映像是唯一的,它定义了数据全局逻辑结构与存储结构之间的对应关系。当数据库的存储结构改变时(例如,采用了更先进的存储结构),由数据库管理员对模式/内模式映像做相应改变,可以使模式保持不变,从而保证了数据的物理独立性。

图 3-4 中的概念模型是现实世界到计算机世界的一个中间层次。现实世界的事物反映到人的脑子中来,人们把这些事物抽象为一种既不依赖于具体的计算机系统又不为某一数据库管理系统支持的概念模型,然后再把概念模型转换为计算机上某一数据库管理系统支持的数据模型。

3. 数据库设计

数据库设计(DataBase Design)是指对于一个给定的应用环境,构造最优的数据库模式,建立数据库及其应用系统,使之能够有效地存储数据,满足各种用户的应用需求(信息要求和处理要求)。在数据库领域内,常常把使用数据库的各类系统统称为数据库应用系统。

数据库设计包含两方面内容:一是数据模型与数据库结构的设计;二是应用程序的设计。在数据模型与数据库结构的设计上,要汇总各用户的要求,尽量减少冗余,实现数据共享,设计出满足用户的统一的数据模型,可以分为需求分析、逻辑设计、物理设计、应用程序设计及测试、性能测试及企业确认、装配数据库等几个步骤。

3.2.4 关系数据库系统

1. 关系数据库的特点

关系数据库是以二维平面表作为数据模型的数据库系统。它与层次与网状数据库系统比较,有下列优点。

(1) 数据结构简单。层次与网状模型均使用指针实现实体之间的联系,错综复杂的指针会使程序员眼花缭乱,而关系模型均为表格框架,结构简单。

(2) 可以直接处理多对多的关系。不论实体间的联系是一对多还是多对多,在关系数据模型中均可用表格形式表示。

(3) 能够一次获取多个记录数据。在层次和网状模型数据库中,每次操作只能得到一个记录值,如果要得到多个记录值,则要借助高级语言的循环、条件等语句才能实现。而在关系数据库中,每一个查找命令可以得到满足该条件的所有记录。

(4) 数据独立性较高。在层次和网状数据库中,对于数据的物理组织要进行一定的干预,而在关系数据库中,用户一般只需指出要存放的数据类型、长度等特性,而不必涉及数据的物理存放。

(5) 有较坚实的理论基础。层次和网状数据库的设计在很大程度上凭设计者的经验和技术水平,关系数据库是以关系数学理论为基础,这样使关系模型的研制和应用设计有理论指导,能保证数据库的质量。

2. 关系数据库的规范化

范式是关系数据库模型设计的基本理论,一个关系模型可以从第一范式到第五范式进行无损分解,这个过程也称为规范化(Normalize)。在数据仓库的模型设计中目前一般采用第三范式,它有非常严格的数学定义。如果从其表达的含义来看,一个符合第三范式的关系必须具有以下三个条件。

(1) 每个属性的值是唯一的,不具有多义性。

(2) 每个非主属性必须完全依赖于整个主键,而非主键的一部分。

(3) 每个非主属性不能依赖于其他关系中的属性。

第三范式的定义基本上是围绕主键与非主属性之间的关系而做出的。如果只满足第一个条件,则称为第一范式;如果满足前面两个条件,则称为第二范式,以此类推。因此,各级范式是向下兼容的。

3. 关系数据库语言 SQL

在关系数据库中,提供给用户对数据进行操作的语言称为关系数据语言,简称数据语言。它以关系运算和关系演算(谓词演算)为基础,结构简单,是一种十分方便的用户接口。SQL(Structured Query Language,结构化查询语言)是 1974 年 IBM 公司的圣约瑟研究实验室为关系数据库 SystemR 研制的,当时称为 SEQUEL 语言,以后不断进行改进。

20 世纪 80 年代初,先后由 Oracle 公司与 IBM 公司推出基于 SQL 的关系数据库系统。1986 年美国国家标准协会(ANSI)批准 SQL 为数据库语言的美国标准,不久国际标准化组织(ISO)也批准 SQL 作为关系数据库的公共语言。此后各数据库产品公司纷纷推出各自支持 SQL 的软件或者与 SQL 的接口。因此不管微型计算机、小型计算机或大型计算机,不管是哪种数据库,都采用 SQL 作为共同的数据存取语言,从而使未来的数据库世界可以连接成为一个统一的整体。因此 SQL 在未来相当长的一段时期内,将成为关系数据库领域中的一个主流语言。

4. 关系系统

一个系统当且仅当它支持如下条件时可以定义为关系系统。

(1) 具有关系数据结构。也就是说,从用户观点看,数据库是由表构成的,并且系统中只有表这种结构。

(2) 支持选择、投影和(自然)连接运算。对这些运算不要求用户定义任何物理存取路径。关系模型中并非每一部分都是同等重要的,所以并不苛求一个实际的关系系统必须完全支持关系模型。

不支持关系数据结构的系统显然不能称为关系系统。仅支持关系数据结构,但没有选择、投影和连接运算功能的系统,用户使用起来仍不方便,这种系统仍不能算作关系系统。支持选择、投影和连接运算,但要求定义物理存取路径,这样就降低或丧失了数据的物理独立性,这种系统也不能算作真正的关系系统。选择、投影、连接运算是最有用的运算,能解决绝大部分实际问题,所以要求关系系统只要支持这三种最主要的运算即可,并不要求它必须提供关系代数的全部运算功能。

3.2.5 典型的数据库软件

1. Oracle 数据库

Oracle 数据库是一种大型数据库系统,一般应用于商业、政府部门。其功能很强大,能够处理大批量的数据。目前它已演化成为大数据管理平台。Oracle 数据库管理系统是一个以关系型和面向对象为中心管理数据的数据库管理软件系统,其在管理信息系统、企业数据处理、因特网及电子商务等领域有着非常广泛的应用。因其在数据安全性与数据完整性方面的优越性能,以及跨操作系统、跨硬件平台的数据互操作能力,已有越来越多的用户将 Oracle 作为其应用数据的处理系统。Oracle 数据库是基于"客户端-服务器"(C/S)模式结构。客户端应用程序执行与用户进行交互的活动。其接收用户信息,并向服务器端发送请求。服务器系统负责管理数据信息和各种操作数据的活动。

2. SQL Server 数据库

SQL Server 是一个关系数据库管理系统。它最初是由 Microsoft、Sybase 和 Ashton-Tate 三家公司共同开发的,于 1988 年推出了第一个 OS/2 版本。Microsoft SQL Server 2005 是一个全面的数据库平台,使用集成的商业智能(BI)工具提供了企业级的数据管理,它的数据库引擎为关系型数据和结构化数据提供了更安全可靠的存储功能,使用户可以构建和管理用于业务的高可用和高性能的数据应用程序。Microsoft SQL Server 2005 数据引擎是本企业数据管理解决方案的核心。SQL Server 2008 是一个可信任的、高效的、智能的数据平台,旨在满足目前和将来管理与使用数据的需求。SQL Server 2008 是一个重要的产品版本,它推出了许多新的特性和关键的改进。SQL Server 2008 进一步增加了部分特性和安全性。SQL Server 2014 已经整合了云的功能。SQL Server 2019(15.x)在早期版本的基础上构建,旨在将 SQL Server 发展成一个平台,以提供开发语言、数据类型、本地或云环境以及操作系统选项。

3. DB2 数据库

DB2 数据库是 IBM 公司研制的一种关系型数据库系统,主要用于大型应用系统,具有较好的可伸缩性，可支持从大型机到单用户环境，应用于 OS/2、Windows 等平台下。DB2 提供了高层次的数据利用性、完整性、安全性、可恢复性，以及小规模到大规模应用程序的执行能力，具有与平台无关的基本功能和 SQL 命令。DB2 采用了数据分级技术，能够使大型机数据很方便地下载到 LAN 数据库服务器，使得 C/S 用户和基于 LAN 的应用程序可以访问大型机数据，并使数据库本地化及远程连接透明化。它以拥有一个非常完备的查询优化器而著称，其外部连接改善了查询性能，并支持多任务并行查询。DB2 具有很好的网络支持能力，每个子系统可以连接十几万个分布式用户，可同时激活上千个活动线程，对大型分布式应用系统尤为适用。除了它可以提供主流的 OS/390 和 VM 操作系统，以及中等规模的 AS/400 系统之外，IBM 公司还提供了跨平台（包括基于 UNIX 的 Linux, HP-UX, Sun Solaris, 以及 SCO UnixWare；还有用于 PC 的 OS/2 操作系统，以及微软的 Windows 2000 和其早期的系统）的 DB2 产品。DB2 数据库可以通过使用微软的开放数据库连接（ODBC）接口、Java 数据库连接（JDBC）接口或者 CORBA 接口代理被任何的应用程序访问。

4．Sybase 数据库

1984 年，Mark B. Hiffman 和 Robert Epstern 创建了 Sybase 公司，并在 1987 年推出了 Sybase 数据库产品。Sybase 有三种版本：一是 UNIX 操作系统下运行的版本；二是 Novell NetWare 环境下运行的版本；三是 Windows NT 环境下运行的版本。UNIX 操作系统环境下广泛应用的是 Sybase 10 及 Sybase 11 for SCO UNIX。Sybase 数据库主要由三部分组成：进行数据库管理和维护的一个联机的关系数据库管理系统 Sybase SQL Server；支持数据库应用系统的建立与开发的一组前端工具 Sybase SQL Toolset；可把异构环境下其他厂商的应用软件和任何类型的数据连接在一起的接口 Sybase Open Client/Open Server。

5．Informix 数据库

Informix 在 1980 年成立，目的是为 UNIX 等开放操作系统提供专业的关系数据库产品。公司的名称 Informix 便是取自 Information 和 UNIX 的结合。Informix 第一个真正支持 SQL 的关系数据库产品是 Informix SE（Standard Engine）。Informix SE 是在当时的微机 UNIX 环境下的主要数据库产品。它也是第一个被移植到 Linux 上的商业数据库产品。该产品在国内不太常见。

6．MySQL 数据库

MySQL 是一个小型关系数据库管理系统，开发者为瑞典 MySQL AB 公司。2008 年 1 月 16 日 MySQL 被 Sun 公司收购。目前 MySQL 被广泛地应用在 Internet 上的中小型网站中。由于其体积小、速度快、总体拥有成本低，尤其是开放源码这一特点，许多中小型网站为了降低网站总体拥有成本而选择了 MySQL 作为网站数据库。

7．Access 数据库

Access 是微软公司推出的基于 Windows 的桌面关系数据库管理系统，是 Office 系列应用软件之一。它提供了表、查询、窗体、报表、页、宏、模块七种用来建立数据库系统的对象；提供了多种向导、生成器、模板，把数据存储、数据查询、界面设计、报表生成等操作规范化；为建立功能完善的数据库管理系统提供了方便，也使得普通用户不必编写代码，就可以完成大部分数据管理的任务。

8. Visual FoxPro 数据库

Visual FoxPro 原名 FoxBase，最初是由美国 Fox Software 公司于 1988 年推出的数据库产品，在 DOS 上运行 Visual FoxPro，与 xBase 系列兼容。FoxPro 是 FoxBase 的加强版，最高版本曾出过 2.6。之后于 1992 年，Fox Software 公司被 Microsoft 公司收购，并加以发展，使其可以在 Windows 上运行，并且更名为 Visual FoxPro。Visual FoxPro 比 FoxBASE 在功能和性能上又有了很大的改进，主要是引入了窗口、按钮、列表框和文本框等控件，进一步提高了系统的开发能力。最新的版本是 9.0（发布于 2007 年），在微软官方网站发布了一份公告，未来将不会再推出 VFP 10。

3.2.6 数据库技术的新发展

数据库系统在过去的几十年中经历了第一代（层次数据库和网状数据库）和第二代（关系数据库）两个发展阶段，在各行各业得到了广泛应用。它的主要成就是数据模型的建立和有关数据库的理论基础研究。现在无论是集中式或分布式数据库，其存取技术已非常成熟，且具备数据恢复、流量控制、完整性和一致性、查询优化等技术。尤其是建立在牢固的关系数学基础上的关系模型和语言，为用户提供了建模、查询和操作数据库的命令和语言，同时数据库应用开发工具也取得了长足的发展和进步。

近年来，随着管理信息系统应用领域的扩大，数据库在办公自动化、计算机辅助设计与制造(CAD/CAM)、医学辅助诊断(MAD)等方面得到应用，它们的数据除了数值和文本形式外，还采用声音、图形、图像、视频等多种媒体，对数据库系统提出了新的要求。

1. 面向对象的数据库技术

面向对象技术中描述对象及其属性的方法与关系数据库中的关系描述非常一致，它能精确地处理现实世界中复杂的目标对象。面向对象中属性的继承性可以实现在对象中共享数据和操作。在面向对象的数据库系统中把程序和方法也作为对象由面向对象数据库管理系统(OODBMS)统一管理。这样使得数据库中的程序和数据能真正共享，任何被开发的应用程序都作为对象目标库的一部分，被用户及开发者共享，这样就大大缩小了数据库和应用程序之间的距离，降低了应用系统开发费用，提高了系统的可靠性。面向对象数据库系统支持面向对象数据模型。对象数据模型是用面向对象观点来描述现实世界实体（对象）的逻辑组织、对象间限制、联系等的模型。

2. 数据仓库技术

数据仓库是面向主题的、集成的、稳定的、不同时间的数据集合，用以支持经营管理中的决策制定过程。数据仓库是基于知识的数据库管理，知识不仅是传统的统计资料和数据，它也以真实信息和能帮助决策者做出正确决策的专家知识的规则形式存在。

数据仓库在技术上可以根据它的工作过程分为数据的抽取、数据的存储和管理、数据展现以及数据仓库的维护技术。数据仓库的组织过程是数据的抽取、数据的存储和管理、数据展现。数据的抽取是数据进入仓库的入口,其技术发展将集中在系统集成化方面。数据的存储和管理方式是数据仓库有别于传统数据库的特性,也是知识组织的关键。并行处理技术是数据仓库组织管理的重要技术。数据表现是数据仓库的门面,主要集中在多维分析、数理统计和数据挖掘三方面。

3. 多媒体数据库系统

多媒体数据库是数据库技术与多媒体技术结合的产物。多媒体数据库不是对现有的数据进行界面上的包装,而是从多媒体数据与信息本身的特性出发,考虑将其引入数据库之后而带来的有关问题。多媒体数据库从本质上来说,要解决三个难题:第一是信息媒体的多样化,不仅仅是数值数据和字符数据,要扩大到多媒体数据的存储、组织、使用和管理;第二要解决多媒体数据集成或表现集成,实现多媒体数据之间的交叉调用和融合,集成粒度越细,多媒体一体化表现才越强,应用的价值也才越大;第三是多媒体数据与人之间的交互性。

4. 分布式数据库系统

计算机网络虽然可以实现地域分散情况下的数据传输,以达到数据共享的目的,但它只是全文件的复制,缺乏对数据的管理。因此,人们设想以"数据库系统+计算机网络"来实现分布式数据库系统,既达到对数据的集中管理与共享,又能使地域的分散性被系统隐蔽起来。分布式数据库系统是地理上分布在网络的不同节点而逻辑上属于同一个系统的数据库系统,它通过计算机网络连接在一起。其中每个场地都有一个完全的数据库系统,所有场地都可以协同工作,使得任何场地上的用户都可以访问网络上任何地方的数据,就好像数据是存储在用户自己的场地上一样。从以上叙述中不难看出,分布式数据库系统有分布性、场地自治性、逻辑整体性三个特点。

3.2.7 大数据技术

1. 大数据的定义

根据维基百科的定义,大数据是指无法在可承受的时间范围内用常规软件进行捕捉、管理和处理的数据集合。研究机构 Gartner 关于大数据的定义是需要新处理模式才能具有更强的决策力、洞察发现力和流程优化能力来适应海量、高增长率和多样化的信息资产。麦肯锡全球研究所给出的定义是一种规模大到在获取、存储、管理、分析方面大大超出了传统数据库软件工具能力范围的数据集合,具有海量的数据规模、快速的数据流转、多样的数据类型和价值密度低四大特征。

大数据技术的战略意义不在于掌握庞大的数据信息,而在于对这些含有意义的数据进行专业化处理。换而言之,如果把大数据比作一种产业,那么这种产业实现盈利的关键在于提高对数据的加工能力,通过加工实现数据的增值。

2. 大数据的特点

大数据的 4V 特点是指数据量巨大(Volume)、数据类型多样(Variety)、数据流动快

(Velocity)和数据潜在价值大(Value)。

(1) 数据量巨大。大数据是互联网时代发展到一定段时期所必经的过程。伴随着现代社交工具的不断发展,及信息技术领域的不断突破,可以记录的互联网数据正在爆发式地增长。

(2) 数据类型多样。结构和非结构化数据及半结构化数据构成了总的数据。以金融为例,包括股市曲线图、嘉宾专家股市视频、QQ 聊天、手机微信、炒股网络日志、关系数据库格式、Word 文档、Excel 表格、PDF 文本、JGP 图像、网页等。

(3) 数据流动快。在大数据的构成中,实时数据占到了相当的比例。及时、有效地进行数据处理会涉及交流、传输、感应、决策等。大数据流动快,意味着数据产生速度快,传输速率快,处理速度快。

(4) 数据潜在价值大。当然,大数据中并不全是有价值的数据,需要进行剥离和分析,尤其是涉及科技、教育和经济领域的重要数据。因此,可以理解为数据的价值大小与数据总量的大小成反比。潜在价值的发现将是大数据挖掘的重要研究方向,也会带来高额回报。

3. 大数据解决问题的观念变化

(1) 大数据研究的不是随机样本,而是全部数据。在大数据时代,可以获得和分析某个问题或对象背后的全部数据;有时甚至可以处理与某个特殊现象相关的所有数据,而不再依赖于随机采样。

(2) 大数据研究的不是精确性,而是大体方向。之前需要分析的数据很少,所以必须尽可能精确地量化数据;随着研究数据规模的扩大,研究者对数据精确度的痴迷将减弱。拥有了大数据,不必过于对某一个现象刨根问底,只需掌握大体的发展方向即可,适当忽略微观层面上的精确度,在宏观层面易于获得更好的洞察力。

(3) 大数据研究的不是因果关系,而是相关关系。寻找因果关系是人类长久以来的习惯,而在大数据时代,人们无须再紧盯事物之间的因果关系,而应该寻找事物之间的相关关系;相关关系也许不能准确揭示某件事情为何会发生,但是它会提醒人们这件事情正在怎么发生。

4. 大数据技术的核心

大数据技术有四个核心部分,它们是大数据采集与预处理、大数据存储与管理、大数据计算模式与系统及大数据分析与可视化。

1) 大数据采集与预处理

在大数据的生命周期中,数据采集处于第一个环节。大数据的采集主要有四种来源:管理信息系统、Web 信息系统、物理信息系统和科学实验系统。对于不同的数据集,可能存在不同的结构和模式,如文件、XML 树、关系表等表现为数据的异构性。对多个异构的数据集需要做进一步集成处理或整合处理,将来自不同数据集的数据收集、整理、清洗、转换后生成一个新的数据集,为后续查询和分析处理提供统一的数据视图。人们针对管理信息系统中的异构数据库集成技术、Web 信息系统中的实体识别技术和 Deep Web 集成技术、传感器网络中的数据融合技术进行了很多研究工作,取得了较大的进展,已经推出了多种数据清洗和质量控制工具。

2) 大数据存储与管理

大数据多半是以半结构化和非结构化数据为主,而大数据应用通常是对不同类型的数据进行内容检索、交叉比对、深度挖掘和综合分析。面对这种应用需求,传统数据库无论在技术上还是在功能上,都难以为继。因此,近几年出现了 OldSQL、NoSQL 与 NewSQL 并存的局面。按数据类型的不同,大数据的存储和管理可采用不同的技术路线,大致可以分为三类。

第一类主要面对的是大规模的结构化数据。针对这类大数据,通常采用新型数据库集群。它们通过列存储或行列混合存储及粗粒度索引等技术,结合 MPP(Massive Parallel Processing,大规模并行处理)架构高效的分布式计算模式,实现对 PB 量级数据的存储和管理。

第二类主要面对的是半结构化和非结构化数据。对此,基于 Hadoop 开源体系的系统平台更为擅长。它们通过对 Hadoop 生态体系的技术扩展和封装,实现对半结构化和非结构化数据的存储和管理。

第三类主要面对的是结构化和非结构化混合的大数据,对此,采用 MPP 并行数据库集群与 Hadoop 集群的混合来实现对 EB 量级数据的存储和管理。

3) 大数据计算模式与系统

大数据计算模式就是根据大数据的不同数据特征和计算特征,从多样性的大数据计算问题和需求中提炼并建立的各种高层抽象或模型。例如,MapReduce 是一个并行计算抽象、加州大学伯克利分校的 Spark 系统中的"分布内存抽象 RDD"、CMU 的图计算系统 Graph Lab 中的"图并行抽象"(Graph Parallel Abstraction)等。大数据处理多样性的需求驱动了多种大数据计算模式出现。与这些计算模式相对应,出现了很多对应的大数据计算系统和工具。例如,大数据查询分析计算模式,其工具为 HBase、Hive、Cassandra、Impala、Shark;批处理计算模式,其工具为 MapReduce、Spark;流式计算模式,其工具为 Flume、Storm、SparkStreaming;迭代计算模式,其工具为 Hadoop、MapReduce、Twister、Spark;图计算模式,其工具为 GraphX;内存计算模式,其工具为 Spark。

4) 大数据分析与可视化

大数据分析是指对规模巨大的数据进行分析。一时间,数据仓库、数据安全、数据分析、数据挖掘等技术逐渐成为行业追捧的焦点。大数据分析包括六方面:可视化分析、数据挖掘算法、预测性分析、语义引擎(从文档中智能提取信息)、数据质量与数据管理及数据仓库与商业智能。

3.2.8 可视化

近年来,随着计算机应用的广泛和科学技术的迅速发展,来自超级计算机、卫星遥感、CT、天气预报及地震勘测等领域的数据量越来越大,科学计算可视化技术已经成为科学研究中必不可少的手段。它是科学工作者及工程技术人员洞察数据内含信息、确定内在关系与规律的有效方法,使科学家和工程师以直观形象的方式揭示、理解抽象科学数据中包含的客观规律,从而摆脱直接面对大量无法理解的抽象数据的被动局面。

1. 科学计算可视化的定义

可视化就是将科学计算的中间数据或结果数据,转换为人们容易理解的图形图像形式。随着计算机、图形图像技术的飞速发展,人们现在已经可以用丰富的色彩、动画技术、三维立体显示及仿真(虚拟现实)等手段,形象地显示各种地形特征和植被特征模型,也可以模拟某些还未发生的物理过程(如天气预报)、自然现象及产品外形(如新型飞机)。

目前,科学计算可视化已广泛应用于流体计算力学、有限元分析、医学图像处理、分子结构模型、天体物理、空间探测、地球科学、数学等领域。从可视化的数据上划分,有点数据、标量场、矢量场等;从可视化的维度上划分,有二维、三维,以至多维;从可视化实现层次划分,有简单的结果后处理、实时跟踪显示、实时交互处理等。通常,一个可视化过程包括数据预处理、构造模型、绘图及显示等几个步骤。随着科学技术的发展,人们对可视化的要求不断提高,可视化技术也向着实时、交互、多维、虚拟现实及因特网应用等方面不断发展。

2. 科学计算可视化的应用

可视化技术自1987年2月诞生之日起,便受到了各行各业的欢迎。在过去的十年里,可视化的应用范围已从最初的科研领域走到了生产领域;到今天,它几乎涉及了所有能应用计算机的领域。

(1)医学。在医学上由核磁共振、CT扫描等设备产生的人体器官密度场,对于不同的器官组织,表现出不同的密度值。通过在多个方向、多个剖面来表现病变区域,或者重建为具有不同细节程度的三维真实图像,医生对病灶部位的大小、位置不仅有定性的认识,而且有定量的认识,尤其是对大脑等复杂区域,数据场可视化所带来的效果相当明显。借助虚拟现实的手段,医生可以对病变的部位进行确诊,制定出有效的手术方案,并在手术之前模拟手术。在临床上也可应用在放射诊断、制订放射治疗计划等领域。医学成像设备和检查结果如图 3-5 所示。

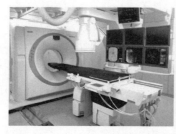
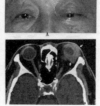
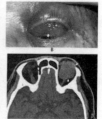

图 3-5　医学成像设备和检查结果

(2)生物、分子学。在对蛋白质和DNA分子等复杂结构进行研究时,可以利用电镜、光镜等辅助设备对其剖片进行分析、采样,获得剖片信息;利用这些剖片构成的体数据可以对其原形态进行定性和定量分析,因此可视化是研究分子结构不可或缺的工具。分子模拟图如图 3-6 所示。

(3)航天工业。在可视化技术下,飞行器运动情况和飞行器的表现,可以非常直观地展现出来。借助可视化技术,许多意想不到的监测困难等都可以迎刃而解了。卫星运动飞行图和宇宙星座模拟图如图 3-7 所示。

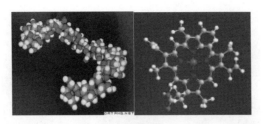

图 3-6 分子模拟图

图 3-7 卫星运动飞行图和宇宙星座模拟图

（4）地质勘探。利用模拟人工地震的方法，可以获得地质岩层信息。通过数据特征的抽取和匹配，可以确定地下的矿藏资源。用可视化方法对模拟地震数据的解释，可以大大地提高地质勘探的效率和安全性。数字城市地图和模拟地形图如图 3-8 所示。

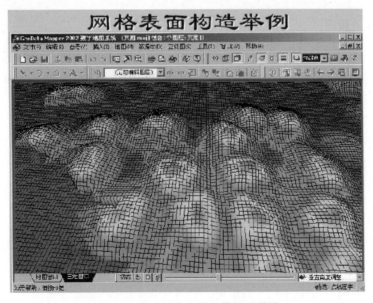

图 3-8 数字城市地图和模拟地形图

（5）立体云图显示。气象分析和预报需要处理大量的测量或计算数据，气象云图是其中一种非常重要的气象数据，也常用于发布天气预报。气象研究中，地形和云层的高度是影响天气的重要因素。运用可视化技术，将三维立体地形图和三维立体云图合成显示、输出，能给人更形象、直观的认识。合成云图如图 3-9 所示。

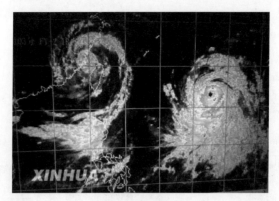

图 3-9　合成云图

3.3　多媒体技术

本节介绍多媒体技术的基本概念和具体的多媒体技术，包括音频技术、视频技术、数字图像技术，以及多媒体系统。

3.3.1　多媒体技术的基本概念

1．多媒体的概念

（1）媒体（Media）就是人与人之间实现信息交流的中介，简单地说，就是信息的载体，也称为媒介。在计算机行业里，媒体有两种含义：其一是指传播信息的载体，如语言、文字、图像、视频、音频等；其二是指存储信息的载体，如 ROM、RAM、磁带、磁盘、光盘等，目前，主要的载体有 CD-ROM、VCD、网页等。

（2）多媒体一般理解为多种媒体的综合，是计算机和视频技术的结合。可以理解为直接作用于人感官的文字、图形、图像、动画、声音和视频等各种媒体的统称，即多种信息载体的表现形式和传递方式。

2．多媒体的基本形式

（1）文本。文本是以文字和各种专用符号表达的信息形式，它是现实生活中使用得最多的一种信息存储和传递方式。用文本表达信息给人充分的想象空间，它主要用于对知识的描述性表示，如阐述概念、定义、原理和问题以及显示标题、菜单等内容。

（2）图像。图像是多媒体软件中最重要的信息表现形式之一，它是决定一个多媒体软件视觉效果的关键因素。

（3）动画。动画是利用人的视觉暂留特性，快速播放一系列连续运动变化的图形图像，也包括画面的缩放、旋转、变换、淡入淡出等特殊效果。通过动画可以把抽象的内容形象化，使许多难以理解的教学内容变得生动有趣。合理使用动画可以达到事半功倍的效果。

(4) 声音。声音是人们用来传递信息、交流感情最方便、最熟悉的方式之一。在多媒体课件中,按其表达形式,可将声音分为讲解、音乐、效果三类。

(5) 视频影像。视频影像具有时序性与丰富的信息内涵,常用于交代事物的发展过程。视频非常类似于我们熟知的电影和电视,有声有色,在多媒体中充当起重要的角色。

3. 多媒体技术的定义

多媒体技术是计算机技术和视频技术的结合。多媒体由硬件和软件组成。多媒体是数字控制和数字媒体的汇合,计算机负责数字控制系统,数字媒体是音频和视频先进技术的结合。

多媒体技术是多种信息类型技术的综合。这些媒体可以是图形、图像、声音、文字、视频、动画等信息表示形式,也可以是显示器、扬声器、电视机等信息的展示设备,传递信息的光纤、电缆、电磁波、计算机等中介媒质,还可以是存储信息的磁盘、光盘、磁带等存储实体。多媒体技术应该包括音频技术、视频技术、图像技术、通信技术、存储技术等。

4. 多媒体技术的特点

(1) 集成性。能够对信息进行多通道统一获取、存储、组织与合成。

(2) 控制性。多媒体技术是以计算机为中心,综合处理和控制多媒体信息,并按人的要求以多种媒体形式表现出来,同时作用于人的多种感官。

(3) 交互性。交互性是多媒体应用有别于传统信息交流媒体的主要特点之一。传统信息交流媒体只能单向地、被动地传播信息,而多媒体技术则可以实现人对信息的主动选择和控制。

(4) 非线性。多媒体技术的非线性特点将改变人们传统循序性的读写模式。以往人们读写方式大都采用章、节、页的框架,循序渐进地获取知识,而多媒体技术将借助超文本链接的方法,把内容以一种更灵活、更具变化的方式呈现给读者。

(5) 实时性。当用户给出操作命令时,相应的多媒体信息都能够得到实时控制。

(6) 互动性。它可以形成人与机器、人与人及机器间的互动、互相交流的操作环境及身临其境的场景,人们根据需要进行控制。人机相互交流是多媒体最大的特点。

(7) 方便性。用户可以按照自己的需要、兴趣、任务要求、偏爱和认知特点来使用信息,任取图、文、声等信息表现形式。

(8) 动态性。"多媒体是一部永远读不完的书",用户可以按照自己的目的和认知特征重新组织信息,增加、删除或修改节点,重新建立链接。

3.3.2 多媒体技术介绍

1. 音频技术

1) 音频处理技术

多媒体涉及多方面的音频处理技术,如音频采集、语音编码/解码、文语转换、音乐合成、语音识别与理解、音频数据传输、音频视频同步、音频效果与编辑等。其中数字音频是个关键的概念,它指的是一个用来表示声音强弱的数据序列,它是由模拟声音经抽样(即每隔一个时间间隔在模拟声音波形上取一个幅度值)、量化和编码(把声音数据写成计算机的数据格式)后得到的。计算机数字 CD、数字磁带(DAT)中存储的都是数字声音。模数转换器把模拟声音变成数字声音;数模转换器可以恢复出模拟声音。

2) 乐器数字接口

MIDI(Musical Instrument Digital Interface)是乐器数字接口,用它来泛指数字音乐的国际标准。由于它定义了计算机音乐程序、合成器及其他电子设备交换信息和电子信号的方式,因此可以解决不同电子乐器之间不兼容的问题。另外,标准的多媒体 PC 平台能够通过内部合成器或连接到计算机 MIDI 端口的外部合成器播放 MIDI 文件,利用 MIDI 文件演奏音乐,所需的存储量最少。MIDI 文件是指存放 MIDI 信息的标准文件格式。MIDI 文件中包含音符、定时和多达 16 个通道的演奏定义。文件包括每个通道的演奏音符信息:键通道号、音长、音量和力度(击键时,键达到最低位置的速度)。由于 MIDI 文件是一系列指令,而不是波形,它需要的磁盘空间非常少;并且现装载 MIDI 文件比波形文件容易得多。

3) 常见声音文件格式

(1) WAV。该格式记录声音的波形,故只要采样率高、采样字节长、机器速度快,利用该格式记录的声音文件能够和原声基本一致,质量非常高,但这样做的代价就是文件太大。

(2) MP3。现在最流行的声音文件格式,因其压缩率大,在网络可视电话通信方面应用广泛,但和 CD 唱片相比,音质不能令人非常满意。

(3) RA。这种格式真可谓是网络的灵魂,强大的压缩量和极小的失真使其在众多格式中脱颖而出。和 MP3 相同,它也是为了解决网络传输带宽资源而设计的,因此主要目标是压缩比和容错性,其次才是音质。

(4) CMF。Creative 公司的专用音乐格式,和 MIDI 差不多,只是音色、效果上有些特色,专用于 FM 声卡,但其兼容性也很差。

(5) MIDI。目前最成熟的音乐格式,实际上已经成为一种产业标准,其科学性、兼容性、复杂程度等各方面远远超过本书前面介绍的所有标准(除交响乐 CD、Unplug CD 外,其他 CD 往往都是利用 MIDI 制作出来的),它的 General MIDI 就是最常见的通行标准。作为音乐工业的数据通信标准,MIDI 能指挥各音乐设备的运转,而且具有统一的标准格式,能够模仿原始乐器的各种演奏技巧,甚至无法演奏的效果,而且文件的长度非常小。

2. 视频技术

1) 动态图像

动态图像包括动画和视频信息,是连续渐变的静态图像或图形序列,沿时间轴顺次更换显示,从而构成运动视感的媒体。当序列中每帧图像都是由人工或计算机产生的图像时,常称为动画;当序列中每帧图像都是通过实时摄取自然景象或活动对象时,常称为影像视频,或简称为视频。动态图像演示常常与声音媒体配合进行,二者的共同基础是时间连续性。一般意义上谈到视频时,往往也包含声音媒体。但在这里,视频(动画)特指不包含声音媒体的动态图像。

2) 常见视频文件格式

(1) AVI(Audio Video Interleaved,音频视频交错)。该文件格式是 Microsoft 公司开

发的一种符合 RIFF 文件规范的数字音频与视频文件格式，AVI 格式允许视频和音频交错在一起同步播放，支持 256 色和 RLE 压缩，但 AVI 文件并未限定压缩标准。

(2) MPEG(Moving Pictures Experts Group，动态图像专家组)。该文件格式是运动图像压缩算法的国际标准，它采用有损压缩方法减少运动图像中的冗余信息，同时保证每秒 30 帧的图像动态刷新率，已被几乎所有的计算机平台共同支持。MPEG 标准包括 MPEG 视频、MPEG 音频和 MPEG 系统(视频、音频同步)三部分。

(3) RA/.RM/.RMVB。该文件格式是 RealVideo 文件，是 RealNetworks 公司开发的一种新型流式视频文件格式，它包含在 RealNetworks 公司所制定的音频视频压缩规范 RealMedia 中，主要用来在低速率的广域网上实时传输活动视频影像，可以根据网络数据传输速率的不同而采用不同的压缩比率，从而实现影像数据的实时传送和实时播放。

(4) MOV/QT(QuickTime)。该文件格式是 Apple 计算机公司开发的一种音频、视频文件格式，用于保存音频和视频信息，具有先进的视频和音频功能。QuickTime 文件格式支持 25 位彩色，支持 RLE、JPEG 等领先的集成压缩技术，提供 150 多种视频效果，并配有提供了 200 多种 MIDI 兼容音响和设备的声音装置。

(5) ASF/WMV。Microsoft 公司推出的 ASF(Advanced Streaming Format，高级流格式)的主要优点包括本地或网络回放、可扩充的媒体类型、部件下载以及扩展性等。ASF 应用的主要部件是 NetShow 服务器和 NetShow 播放器。WMV 是一种独立于编码方式，在 Internet 上实时传播多媒体的技术标准，WMV 的主要优点包括本地或网络回放、可扩充的媒体类型、部件下载、可伸缩的媒体类型、流的优先级化、多语言支持、环境独立性、丰富的流间关系以及扩展性等。

3. 数字图像技术

1) 数字图像分类

数字图像分两大类：一类为位图；另一类为矢量图。前者是以点阵形式描述的图，后者是以数学方法描述的一种由几何元素组成的图形。后者对图像的表达细致、真实，缩放后图形的分辨率不变，在专业级的图形处理中运用较多。

2) 常见图像文件格式

(1) BMP(Bit Map Picture)。计算机上最常用的位图格式，有压缩和不压缩两种形式。该格式可表现从 2 位到 24 位的色彩，分辨率也可从 480×320 像素至 1024×768 像素。该格式在 Windows 环境下相当稳定，在文件大小没有限制的场合中运用极为广泛。

(2) WMF(Windows Metafile Format)。Microsoft Windows 图元文件，具有文件短小、图案造型化的特点。该类图形比较粗糙，并只能在 Microsoft Office 中调用编辑。

(3) GIF(Graphics Interchange Format)。在各种平台的各种图形处理软件上均可处理的经过压缩的图形格式。缺点是存储色彩最高只能达到 256 种。

(4) JPG(Joint Photographic Experts Group)。可以大幅度地压缩图形文件的一种图形格式。对于同一幅画面，JPG 格式存储的文件是其他类型图形文件的 $1/20 \sim 1/10$，而且色彩数最高可达到 24 位，所以它被广泛应用于 Internet 上的 Homepage 或 Internet 上的图片库。

(5) TIF(Tagged Image File Format)。文件体积庞大,但存储信息量也巨大,细微层次的信息较多,有利于原稿阶调与色彩的复制。该格式有压缩和非压缩两种形式。

(6) EPS(Encapsulated PostScript)。用 PostScript 语言描述的 ASCII 图形文件,在 PostScript 图形打印机上能打印出高品质的图形(图像),最高能表示 32 位图形(图像)。该格式分为 Photoshop EPS 格式、Adobe Illustrator EPS 和标准 EPS 格式,其中后者又可以分为图形格式和图像格式。

(7) PSD(Photoshop Standard)。Photoshop 中的标准文件格式,专门为 Photoshop 而优化的格式。

(8) TGA(Tagged Graphic)。True Vision 公司为其显示卡开发的图形文件格式,创建时期较早,最高色彩数可达 32 位。

3.3.3 多媒体系统

1. 多媒体系统的组成

一般的多媒体系统由如下四部分内容组成:多媒体硬件系统、多媒体操作系统、媒体处理系统工具和用户应用软件。

1) 多媒体硬件系统

多媒体硬件系统包括计算机硬件、声音/视频处理器、多种媒体输入输出设备及信号转换装置、通信传输设备及接口装置等。其中,最重要的是根据多媒体技术标准而研制生成的多媒体信息处理芯片和板卡、光盘驱动器等。

2) 多媒体操作系统

多媒体操作系统也称为多媒体核心系统(Multimedia Kernel System),具有实时任务调度、多媒体数据转换和同步控制、对多媒体设备的驱动和控制,以及图形用户界面管理等。

3) 多媒体处理系统工具

多媒体处理系统工具也称为多媒体系统开发工具软件,是多媒体系统的重要组成部分。

4) 用户应用软件

根据多媒体系统终端用户要求而定制的应用软件,或面向某一领域的用户应用软件系统,它是面向大规模用户的系统产品。

2. 多媒体计算机的硬件

多媒体计算机的主要硬件除了常规的硬件如主机、软盘驱动器、硬盘驱动器、显示器、网卡之外,还有音频信息处理硬件、视频信息处理硬件及光盘驱动器等部分。

1) 音频卡

音频卡(Sound Card)用于处理音频信息,它可以把话筒、录音机、电子乐器等输入的声音信息进行模数(A/D)转换、压缩等处理,也可以把经过计算机处理的数字化的声音信号通过还原(解压缩)、数模(D/A)转换后用音箱播放出来,或者用录音设备记录下来。

2) 视频卡

视频卡(Video Card)用来支持视频信号(如电视)的输入与输出。

3）采集卡

采集卡能将电视信号转换为计算机的数字信号，便于使用软件对转换后的数字信号进行剪辑处理、加工和色彩控制。还可将处理后的数字信号输出到录像带中。

4）扫描仪

扫描仪将摄影作品、绘画作品或其他印刷材料上的文字和图像，甚至实物，扫描到计算机中，以便进行加工处理。

5）光驱

光驱分为只读光驱（如 CD-ROM）和可读写光驱（如 CD-R，CD-RW），可读写光驱又称为刻录机，用于读取或存储大容量的多媒体信息。

3．多媒体创作工具

多媒体创作系统是支持应用开发人员进行多媒体应用软件创作的工具。它能够用来集成各种媒体，并可设计阅读信息内容方式的软件。借助这种工具，应用人员可以不用编程也能做出很优秀的多媒体软件产品，极大地方便了用户。与之对应，多媒体创作工具必须担当起可视化编程的责任，它必须具有概念清晰、界面简洁、操作简单、功能伸缩性强等特点。

1）媒体创作软件工具

应用较广泛的有三维图形视觉空间的设计和创作软件，如 Macromedia 公司的 Extreme 3D，它能提供包括建模、动画、渲染以及后期制作等诸多功能，直至专业级视频制作。Autodesk 公司的 2D Animation 和 3D Studio（包括 3ds Max）等也是媒体创作工具。而用于 MIDI 文件（数字化音乐接口标准）处理的音序器软件有 Music Time、Recording Session、Master Track Pro 和 Studio for Windows 等；至于波形声音工具，在 MDK（多媒体开放平台）中的 Wave Edit、Wave Studio 等。

2）多媒体节目写作工具

第一种是基于脚本语言的写作工具，典型的如 Toolbook，它能帮助创作者控制各种媒体数据的播放。第二类是基于流程图的写作工具，典型的如 Authorware 和 IconAuthor，它们使用流程图来安排节目，每个流程图由许多图标组成，这些图标扮演脚本命令的角色，并与一个对话框对应，在对话框输入相应的内容即可。第三类写作工具是基于时序的，典型的如 Action，它们是通过将元素和时间轴线安排来达到使多媒体内容演示的同步控制。

3）媒体播放工具

这一类软件非常多，其中 Video for Windows 就可以对视频序列（包括伴音）进行一系列处理，实现软件播放功能。而 Intel 公司推出的 Indeo 在技术上更进了一步，在纯软件视频播放上，还提供了功能先进的制作工具。

4）其他各类媒体处理工具

还有其他几类软件，如多媒体数据库管理系统、Video CD 制作节目工具、基于多媒体板卡（如 MPEG 卡）的工具软件、多媒体出版系统工具软件、多媒体 CAI 制作工具、各式 MDK 等。它们在各领域中都受到很大欢迎。

4．多媒体应用工具

下面从家用计算机的角度介绍几款现在最为流行的多媒体应用软件。

(1) 图形制作和图像浏览工具。Adobe Photoshop 和 3ds Max 是很出色的图像工具软件，CorelDRAW 和 Freehand 也是专业级的图像处理软件。

(2) 媒体播放和音频工具。Video for Windows 和 Multimedia Explorer 等都是不错的软件。

(3) 视频播放工具。视频播放可用豪杰超级解霸，也可用 WinDVD 和 Power DVD。

3.4 软件工程技术

软件工程(Software Engineering)是一门研究用工程化方法构建和维护有效的、实用的和高质量的软件的学科。它涉及程序设计语言、数据库、软件开发工具、系统平台、标准、设计模式等方面。

3.4.1 软件工程的定义

就软件工程的概念，很多学者、组织机构都分别给出了自己的定义。

(1) Barry Boehm：运用现代科学技术知识来设计并构造计算机程序及为开发、运行和维护这些程序所必需的相关文件资料。

(2) IEEE 在软件工程术语汇编中的定义：软件工程是将系统化的、严格约束的、可量化的方法应用于软件的开发、运行和维护，即将工程化应用于软件。

(3) Fritz Bauer 在 NATO 会议上给出的定义：建立并使用完善的工程化原则，以较经济的手段获得能在实际机器上有效运行的可靠软件的一系列方法。

(4) 《计算机科学技术百科全书》中的定义：软件工程是应用计算机科学、数学及管理科学等原理，开发软件的工程。软件工程借鉴传统工程的原则、方法，以提高质量、降低成本。其中，计算机科学、数学用于构建模型与算法，工程科学用于制定规范、设计范型(Paradigm)、评估成本及确定权衡，管理科学用于计划、资源、质量、成本等管理。

3.4.2 软件工程的目标

软件工程的目标：在给定成本、进度的前提下，开发出具有可修改性、有效性、可靠性、可理解性、可维护性、可重用性、可适应性、可移植性、可追踪性和可互操作性并且满足用户需求的软件产品。追求这些目标有助于提高软件产品的质量和开发效率，减少维护的困难。

软件工程活动是"生产一个最终满足需求且达到工程目标的软件产品所需要的步骤"，主要包括需求、设计、实现、确认以及支持等活动。需求活动包括问题分析和需求分析。问题分析获取需求定义，又称为软件需求规约。需求分析生成功能规约。设计活动一般包括概要设计和详细设计。概要设计建立整个软件体系结构，包括子系统、模块以及相关层次的说明，每一模块接口定义。详细设计产生程序员可用的模块说明，包括每一模块中数据结构说明及加工描述。实现活动把设计结果转换为可执行的程序代码。确认活动贯穿于整个开发过程，实现完成后的确认，保证最终产品满足用户的要求。

3.4.3 软件工程的过程

1. 软件过程

软件过程可概括为三类：基本过程类、支持过程类和组织过程类。
（1）基本过程类包括获取过程、供应过程、开发过程、运作过程、维护过程和管理过程。
（2）支持过程类包括文档过程、配置管理过程、质量保证过程、验证过程、确认过程、联合评审过程、审计过程以及问题解决过程。
（3）组织过程类包括基础设施过程、改进过程以及培训过程。

2. 基本过程

软件过程主要针对软件生产和管理进行研究。为了获得满足工程目标的软件，不仅涉及工程开发，而且还涉及工程支持和工程管理。对于一个特定的项目，可以通过剪裁过程定义所需的活动和任务，并可使活动并发执行。与软件有关的单位，根据需要和目标，可采用不同的过程、活动和任务，生产一个最终能满足需求且达到工程目标的软件产品所需要的步骤。

软件工程过程主要包括开发过程、运作过程、维护过程。它们覆盖了需求、设计、实现、确认以及维护等活动。

3.4.4 新的软件开发技术

1. 软件复用

软件复用（Software Reuse）就是将已有的软件成分用于构造新的软件系统，以缩减软件开发和维护的花费。无论对可复用构件原封不动地使用还是做适当的修改后再使用，只要是用来构造新软件，则都可称为复用。被复用的软件成分一般称为可复用构件。软件复用是提高软件生产力和质量的一种重要技术。早期的软件复用主要是代码级复用，后来扩大到包括领域知识、开发经验、项目计划、可行性报告、体系结构、需求、设计、测试用例和文档等一切有关方面。对一个软件进行修改，使它运行于新的软硬件平台不称为复用，而称为软件移植。软件复用可以划分为如下复用级别。

1）代码的复用

代码的复用包括目标代码和源代码的复用。其中目标代码的复用级别最低，历史也最久，当前大部分编程语言的运行支持系统都提供了连接（Link）、绑定（Binding）等功能来支持这种复用。源代码的复用级别略高于目标代码的复用，程序员在编程时把一些想复用的代码段复制到自己的程序中，但这样往往会产生一些新旧代码不匹配的错误。想大规模地实现源程序的复用只有依靠含有大量可复用构件的构件库。如"对象链接及嵌入"（OLE）技术，既支持在源程序级定义构件并用以构造新的系统，又使这些构件在目标代码的级别上仍然是一些独立的可复用构件，能够在运行时被灵活地重新组合为各种不同的应用。

2）设计的复用

设计结果比源程序的抽象级别更高，因此它的复用受实现环境的影响较少，从而使可复用构件被复用的机会更多,并且所需的修改更少。这种复用有三种途径:第一种途径是从现有系统的设计结果中提取一些可复用的设计构件,并把这些构件应用于新系统的设计;第二种途径是把一个现有系统的全部设计文档在新的软硬件平台上重新实现,也就是把一个设计运用于多个具体的实现;第三种途径是独立于任何具体的应用,有计划地开发一些可复用的设计构件。

3) 分析的复用

这是比设计结果更高级别的复用,可复用的分析构件是针对问题域的某些事物或某些问题的抽象程度更高的解法,受设计技术及实现条件的影响很少,所以可复用的机会更大。复用的途径也有三种,即从现有系统的分析结果中提取可复用构件用于新系统的分析;用一份完整的分析文档作为输入产生针对不同软硬件平台和其他实现条件的多项设计;独立于具体应用,专门开发一些可复用的分析构件。

4) 测试信息的复用

测试信息的复用主要包括测试用例的复用和测试过程信息的复用。前者是把一个软件的测试用例在新的软件测试中使用,或者在软件做出修改时在新的一轮测试中使用。后者是在测试过程中通过软件工具自动地记录测试的过程信息,包括测试员的每一个操作、输入参数、测试用例及运行环境等一切信息。这种复用的级别,不便和分析、设计、编程的复用级别做准确的比较,因为被复用的不是同一事物的不同抽象层次,而是另一种信息,但从这些信息的形态看,大体处于与程序代码相当的级别。

2. 软件产品线

1) 软件产品线的概念

软件产品线是一组具有共同体系构架和可复用组件的软件系统,它们共同构建支持特定领域内产品开发的软件平台。一个软件产品线由一个产品线体系结构、一个可重用构件集合和一个源自共享资源的产品集合组成,是组织一组相关软件产品开发的方式。软件产品线的产品则是根据基本用户需求对产品线架构进行定制,将可复用部分和系统独特部分集成而得到。软件产品线方法集中体现一种大规模、大粒度软件复用实践,是软件工程领域中软件体系结构和软件重用技术发展的结果。

1997年,由北京大学主持的国家重大科技攻关项目"青鸟工程"是软件产品线方法的原型平台。进入21世纪,为了适应Internet应用及信息技术方面的重大变革,软件系统开始呈现出一种柔性可演化、连续反应式、多目标自适应的新系统形态。从技术的角度看,在面向对象、软件构件等技术支持下的软件实体以主体化的软件服务形式存在于Internet的各个节点之上,各个软件实体相互间通过协同机制进行跨网络的互联、互通、协作和联盟,从而形成一种与WWW相类似的软件Web(Software Web)。将这样一种Internet环境下的新的软件形态称为网构软件(Internetware)。

2) 软件产品线的流程

软件产品线的开发有四个技术特点:过程驱动、特定领域、技术支持和以架构为中心。与其他软件开发方法相比,选择软件产品线的宏观原因有:对产品线及其实现所需的专家知识领域的清楚界定,对产品线的长期远景进行了策略性规划。软件生产线的概念和思想,将软件的生产过程分到三类不同的生产车间进行,即应用体系结构生产车间、构件生产车间和基于构件、体系结构复用的应用集成(组装)车间,从而形成软件产业内部的合理分工,实现软件的产业化生产。软件生产线如图 3-10 所示。

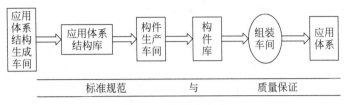

图 3-10 软件生产线

(1) 软件产品线工程。软件产品线是一种基于架构的软件复用技术,它的理论基础是:特定领域(产品线)内的相似产品具有大量的公共部分和特征,通过识别和描述这些公共部分和特征,可以开发需求规范、测试用例、软件组件等产品线的公共资源。而这些公共资产可以直接应用或适当调整后应用于产品线内产品的开发,从而不再从草图开始开发产品。因此典型的产品线开发过程包括两个关键过程:领域工程和应用工程。

(2) 软件产品线的组织结构。软件产品线开发过程分为领域工程和应用工程,相应的软件开发的组织结构也有两部分:负责核心资源的小组和负责产品的小组。在 EMS 系统开发过程中采用的产品线方法中,主要有三个关键小组:平台组、配置管理组和产品组。

(3) 软件产品线构件。软件产品线构件是用于支持产品线中产品开发的可复用资源的统称。这些构件远不是一般意义上的软件构件,它们包括领域模型、领域知识、产品线构件、测试计划及过程、通信协议描述、需求描述、用户界面描述、配置管理计划及工具、代码构件、性能模型与度量、工作流结构、预算与调度、应用程序生成器、原型系统、过程构件(方法、工具)、产品说明、设计标准、设计决策、测试脚本等。在产品线系统的每个开发周期都可以对这些构件进行精化。

3. 敏捷开发

2001 年 2 月 11—13 日,在犹他州 Wasatch 山的滑雪胜地,17 个计算机专家在两天的聚会中,签署了"敏捷软件开发宣言"(*The Manifesto for Agile Software Development*),宣告:"我们通过实践寻找开发软件的更好方法,并帮助其他人使用这些方法。通过这一工作我们得到以下结论:个体和交流胜于过程和工具;工作软件胜于综合文档;客户协作胜于洽谈协议;回应变革胜于照计划行事。"

1) 方法类型

敏捷过程(Agile Process)来源于敏捷开发。敏捷开发是一种应对快速变化的需求的一种软件开发能力。相对于"非敏捷"更强调沟通、变化、产品效益,也更注重作为软件开发中人的作用。敏捷开发包括一系列的方法,主流的有如下七种。

(1) XP。XP(极限编程)的思想源自 Kent Beck 和 Ward Cunningham 在软件项目中的合作经历。XP 注重的核心是沟通、简明、反馈和勇气。因为知道计划永远赶不上变化,XP 无须开发人员在软件开始初期做出很多的文档。XP 提倡测试先行,为了将以后出现 bug (缺陷)的概率降到最低。

(2) SCRUM 方法。SCRUM 是一种迭代的增量化过程,用于产品开发或工作管理。它是一种可以集合各种开发实践的经验化过程框架。SCRUM 中发布产品的重要性高于一切。该方法由 Ken Schwaber 和 Jeff Sutherland 提出,旨在寻求充分发挥面向对象和构件技术的开发方法,是对迭代式面向对象方法的改进。

(3) Crystal Methods。Crystal Methods(水晶方法族)由 Alistair Cockburn 在 20 世纪 90 年代末提出。之所以是个系列,是因为他相信不同类型的项目需要不同的方法。虽然水晶系列没有 XP 那样的产出效率,但会有更多的人能够接受并遵循它。

(4) FDD。FDD(Feature-Driven Development,特性驱动开发)由 Peter Coad、Jeff de Luca、Eric Lefebvre 共同开发,是一套针对中小型软件开发项目的开发模式。此外,FDD 是一个模型驱动的快速迭代开发过程,它强调的是简化、实用,易于被开发团队接受,适用于需求经常变动的项目。

(5) ASD。ASD(Adaptive Software Development,自适应软件开发)由 Jim Highsmith 在 1999 年正式提出。ASD 强调开发方法的适应性(Adaptive),这一思想来源于复杂系统的混沌理论。ASD 不像其他方法那样有很多具体的实践做法,它更侧重为 ASD 的重要性提供最根本的基础,并从更高的组织和管理层次来阐述开发方法为什么要具备适应性。

(6) DSDM。DSDM(Dynamic System Development Method,动态系统开发方法)是众多敏捷开发方法中的一种,它倡导以业务为核心,快速而有效地进行系统开发。实践证明 DSDM 是成功的敏捷开发方法之一。在英国,由于其在各种规模的软件组织中的成功应用,它已成为应用最为广泛的快速应用开发方法。DSDM 不但遵循了敏捷方法的原理,而且也适合那些成熟的传统开发方法及有坚实基础的软件组织。

(7) 轻量型 RUP 框架。轻量型 RUP 框架其实是一个过程的框架,它可以包允许多不同类型的过程,Craig Larman 极力主张以敏捷型方式来使用 RUP。他的观点是:目前如此众多的努力以推进敏捷型方法,只不过是在接受能被视为 RUP 的主流 OO 开发方法而已。

2) 敏捷开发的工作方式

大数据技术的这四个核心部分会导致高度迭代式的、增量式的软件开发过程,并在每次迭代结束时交付经过编码与测试的软件。敏捷开发小组的主要工作方式包括:增量与迭代式开发;作为一个整体工作;按短迭代周期工作;每次迭代交付一些成果;关注业务优先级;检查与调整。

(1) 增量与迭代。增量开发,意思是每次递增地添加软件功能。每一次增量都会添加更多的软件功能。迭代式开发允许在每次迭代过程中需求可能有变化,通过不断细化来加深对问题的理解。

(2) 敏捷小组的整体工作。项目取得成功的关键在于,所有的项目参与者都把自己看作朝向一个共同目标前进的团队的一员。一个成功的敏捷开发小组应该具有"我们一起参与其中"的思想。虽然敏捷开发小组是以小组整体进行工作,但是小组中仍然有一些特定的角色。有必要指出和阐明那些在敏捷估计和规划中承担一定任务的角色。

(3) 敏捷小组的短迭代周期。迭代是受时间框(Timebox)限制的,意味着即使放弃一些功能,也必须按时结束迭代。时间框一般很短。大部分敏捷开发小组采用 2~4 周的迭代,但也有一些小组采用长达 3 个月的迭代周期仍能维持敏捷性。大多数小组采用相对稳定的迭代周期长度,但是也有一些小组在每次迭代开始的时候选择合适的周期长度。

(4) 敏捷小组每次迭代交付。在每次迭代结束时让产品达到潜在可交付状态是很重要的。实际上,这并不是说小组必须全部完成发布所需的所有工作,因为它们通常并不会每次迭代都真的发布产品。由于单次迭代并不总能提供足够的时间来完成足够满足用户或客户需要的新功能,因此需要引入更广义的发布(Release)概念。一次发布由一次或以上(通常是以上)相关功能的迭代组成。最常见的迭代一般是2~4周,一次发布通常是2~6个月。

(5) 敏捷小组的优先级。敏捷开发小组从两方面显示出它们对业务优先级的关注。首先,它们按照产品所有者所制定的顺序交付功能,而产品所有者一般会按照使机构在项目上的投资回报最大化的方式来确定功能的优先级,并将它们组织到产品发布中。要达到这一目的,需要根据开发小组的能力和所需新功能的优先级建立一个发布计划。其次,敏捷开发小组关注完成和交付具有用户价值的功能,而不是完成孤立的任务(任务最终组合成具有用户价值的功能)。

(6) 敏捷小组的检查和调整。在每次新迭代开始时,敏捷开发小组都会结合在上一次迭代中获得的所有新知识做出相应的调整。如果小组认识到一些可能影响到计划的准确性或是价值的内容,它们就会调整计划。小组可能发现它们过高或过低地估计了自己的进展速度,或者发现某项工作比原来以为的更耗费时间,从而影响到计划的准确性。

4．CMM方法

CMM是指"能力成熟度模型",其英文全称为Capability Maturity Model for Software,英文缩写为SW-CMM,简称CMM。它是对于软件组织在定义、实施、度量、控制和改善其软件过程的实践中各个发展阶段的描述。CMM的核心是把软件开发视为一个过程,并根据这一原则对软件开发和维护进行过程监控和研究,以使其更加科学化、标准化,使企业能够更好地实现商业目标。

CMM是一种用于评价软件承包能力并帮助其改善软件质量的方法,侧重于软件开发过程的管理及工程能力的提高与评估。CMM分为五个等级:一级为初始级;二级为可重复级;三级为已定义级;四级为已管理级;五级为优化级。

CMM为软件企业的过程能力提供了一个阶梯式的改进框架,它基于过去所有软件工程过程改进的成果,吸取了以往软件工程的经验教训,提供了一个基于过程改进的框架,指明了一个软件组织在软件开发方面需要管理哪些主要工作、这些工作之间的关系,以及以怎样的先后次序,一步一步地做好这些工作而使软件组织走向成熟。

3.5 信息安全技术基础

信息安全本身包括的范围很大。大到国家军事政治等机密安全,小到如防范商业企业机密泄露、防范青少年对不良信息的浏览、个人信息的泄露等。网络环境下的信息安全体系是保证信息安全的关键,包括计算机安全操作系统、各种安全协议、安全机制(数字签名、信息认证、数据加密等),直至安全系统,其中任何一个安全漏洞便可以威胁全局安全。信息安全服务至少应该包括支持信息网络安全服务的基本理论,以及基于新一代信息网络体系结构的网络安全服务体系结构。

3.5.1 信息安全概述

信息安全是指信息网络的硬件、软件及其系统中的数据受到保护,不受偶然的或者恶意的原因而遭到破坏、更改、泄露,系统连续、可靠、正常地运行,信息服务不中断。信息安全的实质就是要保护信息系统或信息网络中的信息资源免受各种类型的威胁、干扰和破坏,即保证信息的安全性。根据国际标准化组织的定义,信息安全性的含义主要是指信息的完整性、可用性、保密性和可靠性。信息安全是任何国家、政府、部门、行业都必须十分重视的问题,是一个不容忽视的国家安全战略。但是,对于不同的部门和行业来说,其对信息安全的要求和重点却是有区别的。

我国的改革开放带来了各方面信息量的急剧增加,并要求大容量、高效率地传输这些信息。为了适应这一形势,通信技术发生了前所未有的爆炸性发展。目前,除有线通信外,短波、超短波、微波、卫星等无线电通信也正在越来越广泛地应用。与此同时,国外敌对势力为了窃取我国的政治、军事、经济、科学技术等方面的秘密信息,运用侦察台、侦察船、卫星等手段,形成固定与移动、远距离与近距离、空中与地面相结合的立体侦察网,截取我国通信传输中的信息。

3.5.2 信息安全威胁

信息系统安全领域存在的挑战:系统太脆弱,太容易受攻击;被攻击时很难及时发现和制止;有组织、有计划地入侵,无论在数量上还是在质量上都呈现快速增长趋势;在规模和复杂程度上不断扩展网络而很少考虑其安全状况的变化情况;因信息系统安全导致的巨大损失并没有得到充分重视,而有组织的犯罪、情报和恐怖组织却深谙这种破坏的威力。几种典型的安全威胁如图 3-11 所示。

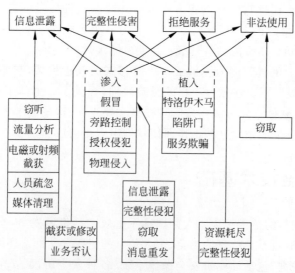

图 3-11 安全威胁

3.5.3 信息安全的目标和原则

1. 信息安全的目标

所有的信息安全技术都是为了达到一定的安全目标,其核心包括保密性、完整性、可用性、可控性和不可否认性共五个安全目标。

1) 保密性

保密性(Confidentiality)是指阻止非授权的主体阅读信息。它是信息安全一诞生就具有的特性,也是信息安全主要的研究内容之一。更通俗地讲,就是说未授权的用户不能够获取敏感信息。对纸质文档信息,我们只需要保护好文件,不被非授权者接触即可。而对计算机及网络环境中的信息,不仅要制止非授权者对信息的阅读,也要阻止授权者将其访问的信息传递给非授权者,以致信息被泄露。

2) 完整性

完整性(Integrity)是指防止信息被未经授权的主体篡改。它使保护信息保持原始的状态,使信息保持其真实性。如果这些信息被蓄意地修改、插入、删除等,形成虚假信息,将带来严重的后果。

3) 可用性

可用性(Usability)是指授权主体在需要信息时能及时得到服务的能力。可用性是在信息安全保护阶段对信息安全提出的新要求,也是在网络化空间中必须满足的一项信息安全要求。

4) 可控性

可控性(Controllability)是指对信息和信息系统实施安全监控管理,防止非法利用信息和信息系统。

5) 不可否认性

不可否认性(Non-repudiation)是指在网络环境中,信息交换的双方不能否认其在交换过程中发送信息或接收信息的行为。

信息安全的保密性、完整性和可用性主要强调对非授权主体的控制。信息安全的可控性和不可否认性恰恰是通过对授权主体的控制,实现对保密性、完整性和可用性的有效补充,主要强调授权用户只能在授权范围内进行合法的访问,并对其行为进行监督和审查。

2. 信息安全的原则

为了达到信息安全的目标,各种信息安全技术的使用必须遵守一些基本的原则。

1) 最小化原则

受保护的敏感信息只能在一定范围内被共享,履行工作职责和职能的安全主体,在法律和相关安全策略允许的前提下,为满足工作需要,仅被授予其访问信息的适当权限,称为最小化原则。敏感信息的"知情权"一定要加以限制,是在"满足工作需要"前提下的一种限制性开放。

2) 分权制衡原则

在信息系统中,对所有权限应该进行适当的划分,使每个授权主体只能拥有其中的一部分权限,使他们之间相互制约、相互监督,共同保证信息系统的安全。如果一个授权主体分配的权限过大,无人监督和制约,就隐含了"滥用权力""一言九鼎"的安全隐患。

3) 安全隔离原则

隔离和控制是实现信息安全的基本方法,而隔离是进行控制的基础。信息安全的一个基本策略就是将信息的主体与客体分离,按照一定的安全策略,在可控和安全的前提下实施主体对客体的访问。

在这些基本原则的基础上,人们在生产实践过程中还总结出一些实施原则,它们是基本原则的具体体现和扩展,包括整体保护原则、谁主管谁负责原则、适度保护的等级化原则、分域保护原则、动态保护原则、多级保护原则、深度保护原则和信息流向原则等。

3.5.4 信息安全策略

信息安全策略是指为保证提供一定级别的安全保护所必须遵守的规则。实现信息安全,不但靠先进的技术,而且也得靠严格的安全管理、法律约束和安全教育。

1. 应用先进的信息安全技术

用户对自身面临的威胁进行风险评估,决定其所需要的安全服务种类,选择相应的安全机制,然后集成先进的安全技术,形成一个全方位的安全系统,它是网络安全的根本保证。

2. 建立严格的安全管理制度

计算机网络使用机构应建立相应的网络安全管理办法,加强内部管理,建立合适的网络安全管理系统,加强用户管理和授权管理,建立安全审计和跟踪体系,提高整体网络安全意识。

3. 制定严格的法律、法规

计算机网络是一种新生事物,它的许多行为无法可依,无章可循,导致网络上计算机犯罪处于无序状态。面对日趋严重的网络犯罪,必须建立与网络安全相关的法律、法规,使非法分子慑于法律,不敢轻举妄动。

4. 启用安全操作系统

给系统中的关键服务器提供安全运行平台,构成安全 WWW 服务、安全 FTP 服务、安全 SMTP 服务等,并作为各类网络安全产品的坚实底座,确保这些安全产品的自身安全。

3.5.5 信息安全的相关技术

1. 用户身份认证

用户身份认证是安全的第一道大门,是各种安全措施可以发挥作用的前提。用户身份认证技术包括静态密码、动态密码(短信密码、动态口令牌、手机令牌)、USB Key、IC 卡、数字证书、指纹、虹膜等。

2. 防火墙

防火墙在某种意义上可以说是一种访问控制产品。它在内部网络与不安全的外部网络之间设置障碍,阻止外界对内部资源的非法访问,防止内部对外部的不安全访问。主要技术有包过滤技术、应用网关技术、代理服务技术。防火墙能够较为有效地防止黑客利用不安全的服务对内部网络的攻击,并且能够实现数据流的监控、过滤、记录和报告功能,较好地隔断内部网络与外部网络的连接。但其本身可能存在安全问题,也可能会是一个潜在的瓶颈。

3．网络安全隔离

网络安全隔离有两种方式:一种是采用隔离卡实现的;另一种是采用网络安全隔离网闸实现的。隔离卡主要用于对单台机器的隔离,网闸主要用于对于整个网络的隔离。这两者的区别可参考相关资料。网络安全隔离与防火墙的区别可参考相关资料。

4．安全路由器

由于 WAN 连接需要专用的路由器设备,因此可通过路由器来控制网络传输。通常采用访问控制列表技术来控制网络信息流。

5．虚拟专用网

虚拟专用网(VPN)是在公共数据网络上,通过采用数据加密技术和访问控制技术,实现两个或多个可信内部网之间的互联。VPN 的构筑通常都要求采用具有加密功能的路由器或防火墙,以实现数据在公共信道上的可信传递。

6．安全服务器

安全服务器主要针对一个局域网内部信息存储、传输的安全保密问题,其实现功能包括对局域网资源的管理和控制、对局域网内用户的管理,以及局域网中所有安全相关事件的审计和跟踪。

7．电子签证机构

电子签证机构(CA)作为通信的第三方,为各种服务提供可信任的认证服务。CA 可向用户发行电子签证证书,为用户提供成员身份验证和密钥管理等功能。PKI 产品可以提供更多的功能和更好的服务,将成为所有应用的计算基础结构的核心部件。

8．安全管理中心

由于网上的安全产品较多,且分布在不同的位置,这就需要建立一套集中管理的机制和设备,即安全管理中心。它用来给各网络安全设备分发密钥,监控网络安全设备的运行状态,负责收集网络安全设备的审计信息等。

9．入侵检测系统

入侵检测系统(IDS)作为传统保护机制(如访问控制、身份识别等)的有效补充,形成了信息系统中不可或缺的反馈链。

10．入侵防御系统

入侵防御系统(IPS)作为 IDS 很好的补充，是信息安全发展过程中占据重要位置的计算机网络硬件。

11．安全数据库

由于大量的信息存储在计算机数据库内，有些信息是有价值的，也是敏感的，需要保护。安全数据库可以确保数据库的完整性、可靠性、有效性、机密性、可审计性及存取控制与用户身份识别等。

12．安全操作系统

安全操作系统给系统中的关键服务器提供安全运行平台，构成安全 WWW 服务、安全 FTP 服务、安全 SMTP 服务等，并作为各类网络安全产品的坚实底座，确保这些安全产品的自身安全。

13．信息安全服务

信息安全服务是指为确保信息和信息系统的完整性、保密性和可用性所提供的信息技术专业服务，包括对信息系统安全的咨询、集成、监理、测评、认证、运维。

14．数据加密

数据加密技术从技术实现上分为软件和硬件两种。按作用不同，数据加密技术主要分为数据传输、数据存储、数据完整性的鉴别以及密钥管理技术这 4 种。

3.6 人工智能

3.6.1 人工智能概述

1．人工智能的定义

人工智能(Artificial Intelligence，AI)是一门综合计算机科学、生理学、哲学等学科的交叉科学。其研究课题涵盖很广，从机器视觉到专家系统，包括许多不同的领域。其目的就是让机器学会"思考"。

人工智能学科是计算机科学中涉及研究、设计和应用智能机器的一个分支。它的目标是研究用机器模仿和执行人脑的某些智慧功能，并开发相关理论和技术。

人工智能是智能机器所执行的通常与人类智能有关的智能行为，如判断、推理、证明、识别、感知、理解、通信、设计、思考、规划、学习和问题求解等思维活动。

人工智能自诞生以来，从符号主义、联结主义到行为主义的变迁，这些研究从不同角度模拟人类智能，在各自研究中都取得了很大的成就。

2．人工智能的学派

符号主义又称为逻辑主义、心理学派或计算机学派，其原理主要为物理符号系统假设和有限合理性原理。符号主义认为,人工智能源于数学逻辑,人的认知基元是符号,而且认知过程即符号操作过程,通过分析人类认知系统所具备的功能和机能,然后用计算机模拟这些功能,来实现人工智能。符号主义主要困难主要表现在机器博弈的困难;机器翻译不完善;人的基本常识问题表现的不足。

联结主义又称为仿生学派或生理学派,其原理主要为神经网络及神经网络间的连接机制与学习算法。联结主义认为,人工智能源于仿生学,特别是人脑模型的研究,人的思维基元是神经元,而不是符号处理过程,因而人工智能应着重于结构模拟,也就是模拟人的生理神经网络结构,功能、结构和智能行为是密切相关的,不同的结构表现出不同的功能和行为。所谓人工神经网络模拟,也即通过改变神经元之间的连接强度来控制神经元的活动,以模拟生物的感知与学习能力,可用于模式识别、联想记忆等。联结主义主要困难主要表现在对知识获取在技术上的困难;模拟人类心智方面的局限。

行为主义又称进化主义或控制论学派。行为主义认为,人工智能源于控制论,智能取决于感知和行动,提出了智能行为的"感知—动作"模式,智能不需要知识、表示和推理;人工智能可以像人类智能一样逐步进化;智能行为只能在现实世界中与周围环境交互作用而表现出来。

3. 人工智能的现状

早年,亚里士多德试图说明人与机器是同一关系。法国哲学家拉·梅特里最早提出"人是机器"理念,1950 年,人工智能先祖——图灵提出著名的图灵实验,给出了判断机器人的标准。机械论一直试图说明"人是机器",但最终未能将心灵与物质统一。大数据时代出现了人机合一的趋势,即物质实体的机器与人身的融合。人工智能延伸了人脑的功能,也扩展了人的本质力量。人工智能可能的突破是人的本质力量延伸,发展出新型智能集成体。

1) 自助式人工智能系统

自主的字面意思指自己做主,不受别人支配。在人工智能中,自主系统(Autonomous System)指能够在无人干预情况下对周围环境进行独立感知和识别,并对下一步行为做出自我判断和决策的人工智能系统。传统认知指人认识外界事物或对外界事物信息加工的过程。其能力指人脑加工、存储和提取信息的能力,包括感觉(对外界的反映)、知觉(对事物整体的认识)、记忆、注意(对某一对象的指向和集中)、思维(对客观事物的概括和间接的反应,其反映是事物本质和事物间规律性的联系)、想象(对已储存的表象进行加工改造形成新形象的心理过程)和语言(人能表达或理解语句,辨析有歧义的语句,判别不同语句的实际语义)能力。

2) 自助式人工智能系统的功能

目前,自主式人工智能系统已具备感知、认知、学习、思维、推理、判断和决策的能力,其智力已到达孩童的水平。

(1) 自主式人工智能系统已经具备了独立感知对象、获取数据、存储、识别对象、推理、判断和决策的能力。自主式人工智能系统对外界的感知是通过智能传感器、探测仪等实现的。其首先是定位和标识目标对象;第二步是获取目标数据,或直接采集数字信号或将模拟信号转换为数字信号;第三步是与信息-物理融合系统(CPS)连接,将数据传给计算机存储;第四步是利用模式识别技术将已获取的数据与对象进行模式匹配,以识别预定目标。

目前模式识别技术在以下几方面表现不俗,如(印刷和手写)文字识别、车牌自动识别、人脸识别、导弹对攻击目标的自动识别等。现以巡航导弹为例,说明自主式人工智能系统的自主能力,当然也包括其认知能力。巡航导弹攻击固定目标发射后,地形匹配制导雷达利用存储的地图与实际地形做比较,确定导弹的位置,校正飞行路线。弹载全球定位系统与至少四颗卫星联系,接收导航信号,确定飞行状况。如果飞行轨道偏离,其人工智能系统会自动纠错。其目标区域末端导航由光学数字场景匹配区域关联系统提供,将存储的目标图像与实际目标图像比较,确定既定目标,及自动发起攻击。

(2) 自主式人工智能系统已经初步具备了独立认知能力。其具体表现在:感知(如传感器对外界的反映)能力、知觉(如导弹中模式识别对目标对象的整体识别)能力、记忆(计算机的存储)能力、注意(如巡航导弹对被攻击对象的指向和寻找)能力、思维(如谷歌自动驾驶汽车对外界环境中人和物体的识别,及人和物体关系的识别。再如 2016 年 Facebook 人脸识别技术的识别率已经达到了 97.25%。不仅如此,它还可以对人与人关系进行识别,及对人与人关系大数据规律进行分析)能力、想象(如《阿凡达》电影的拍摄,首先是人物形体的动作捕捉,在底片扫描完成后,使用诸如 BOUJOU、PFTRACK 等软件跟踪镜头,捕捉摄影机运动轨迹并将其送入三维软件合成和渲染,就可以得到电影人物阿凡达的画面。电影中新的人物形象是原拍摄人物在计算机中存储图像的更新和替换)能力和语言(如机器能听懂人的语言,并能自动应答其问题)能力。

(3) 自主式人工智能系统也表现出较强的学习能力。机器学习学科主要研究计算机模拟人类学习行为和过程,获得新的数据、信息、知识或技能,然后重组知识结构,以便改善自身性能。例如人机曾经经过多次象棋大战,以前多是机器败北。但 2016 年 3 月 15 日韩国围棋选手李世石 1:4 憾负人工智能阿尔法狗(AlphaGo)。这说明机器具有较强的学习能力。十八岁人工智能美少女"小冰",就是微软打造的一款人工智能交互主体人物。她是诗人、歌手、主持人,也是画家和设计师。与其他人工智能不同,"小冰"注重人工智能在拟合人类情商维度的发展,强调人工智能情商,而非任务完成,并不断学习人类创造者的能力。2021 年 9 月 22 日第九代"小冰"发布会称,她已实现仅用 200 个对话样本达到 4.19 的高分,这已非常接近人类。目前深度内嵌"小冰"的智能设备已累计超过 10 亿台,已成为全球规模最大的第三方跨设备人工智能系统。ChatGPT 是美国人工智能研究实验室 OpenAI 推出的一种人工智能技术驱动的自然语言处理工具,使用 Transformer 神经网络架构,拥有语言理解和文本生成能力,其连接大量语料库来训练模型,语料库包含真实世界中的对话,使 ChatGPT 具备上知天文下知地理,还能根据聊天的上下文进行互动,做到与真正人类几乎无异的聊天交流。ChatGPT 不单是聊天机器人,还能撰写邮件、视频脚本、文案、翻译、代码等。ChatGPT 于 2022 年 11 月 30 日发布,2023 年 1 月末其月活用户已突破 1 亿,成为史上增长最快的消费者应用。清华大学的原创虚拟学生"华智冰"与微软的"小冰"类似,其也展现了国人在人工智能方面的智慧。人工智能在语音识别、图像分类、机器翻译、可穿戴设备、无人驾驶汽车、医疗诊断等方面均取得了突破性进展,标志着机器已具备了初级学习的能力。

(4) 自主式人工智能系统的智力水平已经达到了一个新的高度。2011 年超级计算机沃森与人类鏖战智力问答完胜,这一结果表明,计算机已经具备了对人类提问的自主判断和自动应答的图灵智能实验测试水平,实验结果证明计算机已具备了人的智能。近年计算机的深度学习能力异军突起,它借助神经网络模拟人脑进行分析学习,使强人工智能水平大增,特别适合于解析大数据问题。2014年年末谷歌宣布对人类神经大脑模拟系统研究成果:递归神经网络已进一步实现更强的"逻辑推理能力"。2015年10月美国伊利诺伊大学的研究小组完成的测试发现,目前最先进人工智能系统的智力相当于4岁孩子的水平。2016年谷歌智商测试表明,其人工智能水平已经接近6岁儿童。

3.6.2 人工智能相关学科

1. 机器学习概述

机器学习(Machine Learning)主要研究计算机怎样模拟或实现人类的学习行为,以获取新的知识或技能,重新组织已有的知识结构使之不断改善自身的性能。它是人工智能的核心,是使计算机具有智能的根本途径,其应用遍及人工智能的各个领域,它主要使用归纳、综合而不是演绎。

机器学习在人工智能的研究中具有十分重要的地位。机器学习逐渐成为人工智能研究的核心之一。它的应用已遍及人工智能的各个分支,如专家系统、自动推理、自然语言理解、模式识别、计算机视觉、智能机器人等领域。其中尤其典型的是专家系统中的知识获取瓶颈问题,人们一直在努力试图采用机器学习的方法加以克服。

机器学习的研究是根据生理学、认知科学等对人类学习机理的了解,建立人类学习过程的计算模型或认识模型,发展各种学习理论和学习方法,研究通用的学习算法并进行理论上的分析,建立面向任务的具有特定应用的学习系统。这些研究目标相互影响,相互促进。

机器学习已经有了十分广泛的应用,例如专家系统、认知模拟、规划和问题求解、数据挖掘、计算机视觉、自然语言处理、生物特征识别、搜索引擎、医学诊断、网络信息服务、图像识别、故障诊断、自然语言理解、机器人和博弈、检测信用卡欺诈、DNA序列测序、语音和手写识别、证券市场分析和计算机游戏等。

2. 决策支持系统概述

决策支持系统(Decision Support System,DSS)是辅助决策者通过数据、模型和知识,以人机交互方式进行半结构化或非结构化决策的计算机应用系统。它是管理信息系统向更高一级发展而产生的先进信息管理系统。它为决策者提供分析问题、建立模型、模拟决策过程和方案的环境,调用各种信息资源和分析工具,帮助决策者提高决策水平和质量。

决策支持系统基本结构主要由四部分组成,即数据部分、模型部分、推理部分和人机交互部分。数据部分是一个数据库系统;模型部分包括模型库及其管理系统;推理部分由知识库、知识库管理系统和推理机组成;人机交互部分是决策支持系统的人机交互界面,用以接收和检验用户请求,调用系统内部功能软件为决策服务,使模型运行、数据调用和知识推理达到有机的统一,有效地解决决策问题。

3. 专家系统

专家系统是一种智能计算机程序系统,其内部含有大量的某个领域专家水平的知识与经验,能够利用人类专家的知识和解决问题的方法来处理该领域问题。也就是说,专家系统是一个具有大量的专门知识与经验的程序系统，它应用人工智能技术和计算机技术，根据某领域一个或多个专家提供的知识和经验，进行推理和判断，模拟人类专家的决策过程，以便解决那些需要人类专家处理的复杂问题。简而言之，专家系统是一种模拟人类专家解决领域问题的计算机程序系统。

专家系统是人工智能中最重要的也最活跃的一个应用领域，它实现了人工智能从理论研究走向实际应用、从一般推理策略探讨转向运用专门知识的重大突破。自从1977年以来，知识工程的研究、专家系统的理论和技术不断发展，应用渗透到几乎各个领域，包括化学、数学、物理、生物、医学、农业、气象、地质勘探、军事、工程技术、法律、商业、空间技术、自动控制、计算机设计和制造等众多领域，开发了几千个专家系统，其中不少在功能上已达到，甚至超过同领域中人类专家的水平，并在实际应用中产生了巨大的经济效益。

4. 深度学习

深度学习的概念源于人工神经网络的研究。含多隐层的感知器就是一种深度学习结构。深度学习通过组合低层特征形成更加抽象的高层表示属性类别或特征，以发现数据的分布式特征表示。深度学习是机器学习中一种基于对数据进行表征学习的方法。观测值可以使用多种方式来表示，如每个图像像素强度值的向量，或者更抽象地表示成一系列边、特定形状的区域等。而使用某些特定的表示方法更容易从实例中学习任务（如人脸识别或面部表情识别）。深度学习的好处是用非监督式或半监督式的特征学习和分层特征提取等高效算法来替代手工获取特征。

从一个输入中产生一个输出所涉及的计算可以通过一个流向图来表示。流向图是一种能够表示计算的图，在这种图中每个节点表示一个基本的计算及一个计算的值，计算的结果被应用到这个节点的子节点的值。考虑这样一个计算集合，它可以被允许在每个节点和可能的图结构中，并定义了一个函数族。输入节点没有父节点，输出节点没有子节点。这种流向图的一个特别属性是深度，即从一个输入到一个输出的最长路径的长度。

深度机器学习方法分有监督学习与无监督学习。不同的学习框架下建立的学习模型很是不同。例如，卷积神经网络(Convolutional Neural Network, CNN)就是一种深度的监督学习下的机器学习模型，而深度置信网(Deep Belief Network, DBN)就是一种无监督学习下的机器学习模型。

深度学习的概念由 Hinton 等人于 2006 年提出。基于深度置信网络提出非监督贪心逐层训练算法，为解决深层结构相关的优化难题带来希望，随后提出多层自动编码器深层结构。此外 LeCun 等人提出的卷积神经网络是第一个真正多层结构学习算法，它利用空间相对关系减少参数数目以提高训练性能。深度学习是机器学习研究中的一个新的领域，其动机在于建立、模拟人脑进行分析学习的神经网络，模仿人脑的机制来解释数据，例如图像、声音和文本。

5. 个性化推荐系统

个性化推荐系统（简称推荐系统）是互联网和电子商务发展的产物，它是建立在海量数据挖掘基础上的一种高级商务智能平台，向顾客提供个性化的信息服务和决策支持。近年来已经出现了许多非常成功的大型推荐系统实例，与此同时，个性化推荐系统也逐渐成为学术界的研究热点之一。

推荐系统是利用电子商务网站向客户提供商品信息和建议,帮助用户决定应该购买什么产品,模拟销售人员帮助客户完成购买过程。个性化推荐是根据用户的兴趣特点和购买行为,向用户推荐用户感兴趣的信息和商品。

随着电子商务规模的不断扩大,商品个数和种类快速增长,顾客需要花费大量的时间才能找到自己想买的商品。这种浏览大量无关的信息和产品过程无疑会使淹没在信息过载问题中的消费者不断流失。

为了解决这些问题,个性化推荐系统应运而生。个性化推荐系统是建立在海量数据挖掘基础上的一种高级商务智能平台,以帮助电子商务网站为其顾客购物提供完全个性化的决策支持和信息服务。

互联网的出现和普及给用户带来了大量的信息,满足了用户在信息时代对信息的需求,但随着网络的迅速发展而带来的网上信息量的大幅增长,使得用户在面对大量信息时无法从中获得对自己真正有用的那部分信息,对信息的使用效率反而降低了,这就是所谓的信息超载(Information Overload)问题。

解决信息超载问题的一个非常有潜力的办法是推荐系统,它是根据用户的信息需求、兴趣等,将用户感兴趣的信息、产品等推荐给用户的个性化信息推荐系统。和搜索引擎相比,推荐系统通过研究用户的兴趣偏好,进行个性化计算,由系统发现用户的兴趣点,从而引导用户发现自己的信息需求。一个好的推荐系统不仅能为用户提供个性化的服务,还能和用户之间建立密切关系,让用户对推荐产生依赖。

推荐系统现已广泛应用于很多领域,其中最典型并具有良好的发展和应用前景的领域就是电子商务领域。同时学术界对推荐系统的研究热度一直很高,逐步形成了一门独立的学科。

推荐系统有三个重要的模块:用户建模模块、推荐对象建模模块、推荐算法模块。推荐系统把用户模型中兴趣需求信息和推荐对象模型中的特征信息匹配,同时使用相应的推荐算法进行计算筛选,找到用户可能感兴趣的推荐对象,然后推荐给用户。

随着推荐技术的研究和发展,其应用领域也越来越多。例如,新闻推荐、商务推荐、娱乐推荐、学习推荐、生活推荐、决策支持等。推荐方法的创新性、实用性、实时性、简单性也越来越强。例如,上下文感知推荐、移动应用推荐、从服务推荐到应用推荐。

3.6.3 人工智能应用

1. 智慧地球

智慧地球就是把感应器嵌入和装备到电网、铁路、桥梁、隧道、公路、建筑、供水系统、大坝、油气管道等各种物体中,并且被普遍连接,形成所谓的物联网,然后将物联网与现有的互联网整合起来,实现人类社会与物理系统的整合。这一概念由 IBM 公司首席执行官彭明盛首次提出。

2. 智慧城市

智慧城市是指充分借助物联网、传感网,涉及智能楼宇、智能家居、路网监控、智能医院、城市生命线管理、食品药品管理、票证管理、家庭护理、个人健康与数字生活等诸多领域。应把握新一轮科技创新革命和信息产业浪潮的重大机遇,充分发挥信息通信产业发达、RFID相关技术领先、电信业务及信息化基础设施优良等优势,通过建设信息通信基础设施、认证、安全等平台和示范工程,加快产业关键技术攻关,构建城市发展的智慧环境,形成基于海量信息和智能过滤处理的新的生活、产业发展、社会管理等模式,面向未来构建全新的城市形态。

3. 智能交通系统

智能交通是一个基于现代电子信息技术面向交通运输的服务系统。智能交通系统(ITS)是指将先进的信息技术、数据通信传输技术、电子控制技术、计算机处理技术等应用于交通运输行业从而形成的一种信息化、智能化、社会化的新型运输系统,它使交通基础设施能发挥最大效能。智能交通系统是21世纪交通事业发展的必然选择。

1) 智能车辆

智能车辆是一个集环境感知、规划决策、多等级辅助驾驶等功能于一体的综合系统,它集中运用了计算机、现代传感、信息融合、通信、人工智能及自动控制等技术,是典型的高新技术综合体。智能汽车与一般所说的自动驾驶有所不同,它指的是利用多种传感器和智能公路技术实现的汽车自动驾驶。智能汽车不需要人去驾驶,人只需要舒服地坐在车上享受这高科技的成果就行了,因为这种汽车上装有相当于汽车的"眼睛""大脑""脚"的电视摄像机、电子计算机和自动操纵系统之类的装置。汽车能和人一样会"思考""判断""行走",可以自动启动、加速、刹车,可以自动绕过地面障碍物。在复杂多变的情况下,它的"大脑"能随机应变,自动选择最佳方案,指挥汽车正常、顺利地行驶。

2) 无人驾驶

近年来,无人驾驶技术飞速发展,以无人机、无人舰艇等为代表。

无人机是自动控制、具有自动导航和执行特殊任务的无人飞行器。它具有全天候、大纵深、长时间作战、快速侦察的能力。

无人舰艇是一种无人操作的舰艇。主要有无人水面舰艇和无人潜航器两种。主要用于执行危险及不适于有人船只执行的任务。无人舰艇有望在未来10年内彻底变革海军的军事行动和战争。

4. 智能电网

智能电网的核心在于构建具备智能判断与自适应调节能力的多种能源统一入网和分布式管理的智能化网络系统,可对电网与客户用电信息进行实时监控和采集,且采用最经济最安全的输配电方式将电能输送给终端用户,实现对电能的最优配置与利用,提高电网运行的可靠性和能源利用效率。智能电网的本质是能源替代和兼容利用,它需要在开放的系统和共享信息模式的基础上,整合系统中的数据,优化电网的运行和管理。

2009年5月,国家电网公司首次公布了智能电网计划,全面建设以特高压电网为骨干网架、各级电网协调发展的,以坚强电网为基础,信息化、自动化、互动化为特征的自主创新、国际领先的坚强智能电网。国家电网公司还提出在物联网发展的三个阶段:信息汇聚阶段、协同感知阶段、泛在聚合阶段。

国家电网公司提出了"面向应用、立足创新、形成标准、建立示范"的研究指导思想,在物联网的专用芯片、标准体系、信息安全、软件平台、测试技术、实验技术、应用系统开发、无线宽带通信等方面进行了全面部署,力争在未来三年内实现物联网技术应用在电力系统的多项核心技术突破。形成若干项有重大影响的创新性科研成果,成为在国内外有重要影响的从事智能电网物联网技术研究和应用的研发中心和产业化基地。

2011年3月2日国家电网宣布,2011年智能电网将进入全面建设阶段,并在示范工程、新能源接纳、居民智能用电等方面大力推进。智能电网是一个涵盖广泛的工程,信息网络传输能力只是其中之一,如果智能电网全面建成,它将对现有信息网络具有完全的可替代性,而且能力甚至更为强大。

5. 智能楼宇

智能楼宇也称智能建筑,其核心是5A系统,即建筑设备自动化系统(BA)、通信自动化系统(CA)、办公自动化系统(OA)、火灾报警与消防连动自动化系统(FA)和安全防范自动化系统(SA)。通过综合布线将五个系统进行有机综合,使建筑物具有了安全、便利、高效、节能的特点。

智能楼宇最早是对讲系统,源于欧美等发达国家,20世纪80年代末进入我国,20世纪90年代初期,国外楼宇对讲系统生产制造商陆续进入中国市场,20世纪90年代末楼宇对讲产品进入第二个高速发展期,大型社区联网及综合性智能楼宇对讲设备开始涌现。目前,一个比较完善的智能楼宇至少包括视频监控系统、安防报警系统、楼宇对讲系统、门禁一卡通系统、火灾报警系统、公共广播系统、多媒体会议系统、有线电视和卫星电视系统、多媒体信息发布系统、机房系统、楼宇BA系统及IBS系统集成11部分。

6. 智能家居

智能家居又称智能住宅,它是融合了自动化控制系统、计算机网络系统和网络通信技术于一体的网络化智能化的家居控制系统。智能家居将让用户有更方便的手段来管理家庭设备,如,通过家触摸屏、无线遥控器、电话、互联网或者语音识别控制家用设备,更可以执行场景操作,使多个设备形成联动;另外,智能家居内的各种设备相互间可以通信,不需要用户指挥也能根据不同的状态互动运行,从而给用户带来最大程度的高效、便利、舒适与安全。

智能家居集成是利用综合布线技术、网络通信技术、安全防范技术、自动控制技术、音视频技术将家居生活有关的设备集成。网络通信技术是智能家居集成中关键的技术之一。安全防范技术是智能家居系统中必不可少的技术,在小区及户内可视对讲、家庭监控、家庭防盗报警、与家庭有关的小区一卡通等领域都有广泛应用。自动控制技术是智能家居系统的核心技术,广泛应用在智能家居控制中心、家居设备自动控制模块中,对于家庭能源的科学管理、家庭设备的日程管理都有十分重要的作用。音视频技术是实现家庭环境舒适性、艺术性的重要技术,体现在音视频集中分配、背景音乐、家庭影院等方面。

智能家居系统包含的主要子系统有家居布线系统、家庭网络系统、智能家居(中央)控制管理系统、家居照明控制系统、家庭安防系统、背景音乐系统、家庭影院与多媒体系统、家庭环境控制系统八个子系统。

习题

一、选择题

1. C/S 是一种重要的网络计算机模式,其含义是(　　)。
   A. 客户-服务器模式　　　　　　　　B. 文件-服务器模式
   C. 分时-共享模式　　　　　　　　　D. 浏览器-服务器模式
2. 如果在一个数据模型中有一个节点,它有多于一个的父节点,那么这个模型是(　　)。
   A. 网状模型　　　　　　　　　　　　B. 树状模型
   C. 层次模型　　　　　　　　　　　　D. 关系模型
3. TCP/IP 是指(　　)。
   A. 传输控制协议　　　　　　　　　　B. 传输控制协议和网间协议
   C. 网间协议　　　　　　　　　　　　D. 系统网络结构和数字网络体系结构

二、填空题

1. 计算机数据管理分为三个阶段,即_____、_____和_____。
2. 计算机网络系统是由_____和_____组成的。

三、名称解释

1. 计算机网络
2. 数据库
3. 多媒体
4. 信息安全

四、简答题

1. 数据库管理阶段在管理数据方面有哪些特点?
2. 什么是网络协议?它的作用是什么?

第4章 管理信息系统规划

随着管理信息系统应用的深入,组织对信息系统的依赖性越来越强,信息系统与组织内在的增值过程紧密相连。管理信息系统的规划是管理信息系统建设与应用的长远发展计划,是一个以组织的目标、战略、处理过程以及信息需求为基础,识别并选择所需要的信息系统并确立系统建设和实施方案的过程,是组织战略规划的重要组成部分。由于管理信息系统的建设是一项投资大、周期长、技术复杂的项目,它的成败将对组织的经营管理产生重大影响。因此,如何根据具体情况,选择合适的战略规划非常关键。目前许多企业对管理信息系统的规划不够重视,在信息系统的建设中往往存在"重硬轻软"的片面思想。有效的战略规划可以使信息系统有明确的战略目标和科学的开发计划,能够支持组织长期战略计划目标的实现,对信息资源与信息系统进行合理开发和利用,使系统具有整体性、适应性、可靠性。因此,制定能够支持战略发展的信息系统规划是管理信息系统成功开发的保障。

本章包括信息系统规划概述、信息系统发展的阶段模型、系统调查、可行性研究和系统规划的方法与策略。

4.1 信息系统规划概述

信息系统规划作为组织战略规划的重要部分,是一种典型的业务规划,与市场战略、人力资源战略类似,它服务于组织的长期规划,是开展组织和业务流程规划的依据,是信息系统开发和实施的纲领和方向,是信息系统建设成功的管理保障,是评价和验收信息系统的标准和原则。下面从信息系统规划的概念、特点、内容、过程等方面对其进行探讨。

4.1.1 组织战略与信息系统战略

组织战略是对组织长期发展的全局谋划,它是组织为实现其宗旨和目标而确定的组织行动方案和所有资源配置的纲要,是组织制定各种业务规划的基础。组织战略是组织的使命和长期目标,它受到组织所在环境的约束,是组织当前的计划和计划指标的集合。信息系统规划包括信息系统的目标、战略、实现策略和实施方案等内容。信息系统规划阶段的主要目标是制定管理信息系统的长期发展方案,决定管理信息系统在整个生命周期内的发展方向、规模以及发展进程。

管理信息系统的规划与组织的战略规划密切相关。一方面,管理信息系统规划是组织战略的一部分,应当服务于组织战略,即根据组织战略规划中的宗旨、目标来进行管理信息系统的规划。所以,管理信息系统的规划是以组织规划为前提条件和约束的。另一方面,管理信息系统战略已经渗透到组织战略中,通过信息技术、信息系统和信息资源的有效开发、应用与管理,支持组织战略的实现。

4.1.2 信息系统规划的概念

1. 信息系统的演进过程

信息系统采纳的过程通常是一个演进的过程,在组织中的应用存在着不同的阶段,如图 4-1 所示。信息系统在组织中的应用存在着事务处理、分析处理和商务智能三个层次。每个层次所要求的组织转变和带来的潜在收益也不尽相同。三个层次的应用目标分别为提高效率和降低成本、加强管理和控制风险、形成竞争优势。随着应用层次的提升,信息系统对组织也具有更高的价值,同时,信息系统管理的复杂度也越来越高。

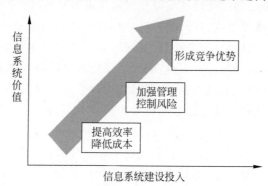

图 4-1 信息系统的应用层次与规划

2. 信息系统的处理能力

在事务处理层次上,组织应用信息系统的目标主要是提高效率、降低成本,即利用信息系统可以节约人力和资金。此时组织的条件与任务是计算机广泛使用、企业内外部联网、可靠的数据采集与存储管理,以及对业务流程的微小调整。在这个层次上,管理信息系统的战略规划的要求较低,主要是对具体应用项目的方案部署,以契合组织的运行特点。

在分析处理层次上,组织应用信息系统的目标主要定位在加强管理、控制风险,即利用信息系统改善管理机制、加强管理力度和辅助决策。此时在第一个层次所具备条件的基础上,还需要对业务流程进行优化与重组,规范核心业务运作,并采用一定的决策分析工具。在这个层次上,信息系统的建设应当有助于支持并推进组织战略指导下的管理变革。

在商务智能层次上,组织应用信息系统的目标是形成核心能力,在竞争中获得优势。在第二个层次所具备条件的基础上,信息技术融合到组织的核心战略之中。在这种条件下,信息系统战略在一定意义上具有与组织战略同等的重要性,因为组织对信息技术和信息系统的认知与定位将直接对组织的根本战略产生影响。

处在不同应用层次上的管理信息系统对管理的挑战是不同的,层次越高,潜在收益越大,但是所引发的组织变革的程度也越深,其风险也越大,从而加大企业经营风险。因此,在管理信息系统开发之前,应当结合组织的总体战略,切实做好管理信息系统的规划。

3. 信息系统规划

信息系统规划(Information System Planning, ISP)就是从全局角度出发,合理地确定信息系统的建设目标和设计达到这些目标的一系列措施、方法和步骤。也可以说,信息系统规划是组织预测将来信息系统在组织中的角色和应用目标的描述。

管理信息系统规划是信息系统开发和实施的纲领和方向。管理信息系统规划描述了信息系统建设的目标、框架、任务、建设方法和阶段等方面,是信息系统开发需要遵循的纲领性文件。

管理信息系统规划是信息系统建设成功的管理保障。从管理角度来看,在管理信息系统规划编制过程中,充分考虑了组织的内部和外部环境因素,详细分析了信息系统建设过程中遇到的各种风险,规划工作的开展可以大大降低信息系统建设的风险,确保信息系统项目的顺利进行。

管理信息系统规划主要解决四个问题:①如何保证管理信息系统规划同组织的总体战略保持一致?②怎样为组织设计出一个信息系统的总体结构,并在此基础上设置、开发应用系统?③对相互竞争的应用系统,应当如何拟定优先开发计划和运营资源的分配计划?④面对前三个阶段的工作,应怎样选择并应用行之有效的方法论?

4.1.3 信息系统规划的特点

管理信息系统规划是信息系统建设框架的描述,是面向组织高层管理人员的高层次的系统分析,具有较强的不确定性,结构化程度低,它具有以下三个特点。

1. 宏观性

信息系统规划是站在组织高度,确定整个系统的发展战略、总体结构和资源计划。它是面向全局的,立足于信息系统的长远建设,关系到组织的各个职能部门和业务流程。

2. 动态性

组织存在的内外部环境是变化的,组织的目标也相应会动态调整。因此,组织发展总体规划具有动态性。信息系统规划是组织总体发展规划的一部分,要求服从组织总体发展规划,信息系统也必须随组织目标的变化而变化。

3. 管理与技术结合

信息系统规划是管理与技术相结合的过程,它要应用现代信息技术有效地支持管理决策的总体方案。规划人员对管理和技术发展的见识、开创精神、务实态度,也是信息系统规划成功的关键因素。

4.1.4 信息系统规划的内容

信息系统规划是管理信息系统开发的第一个阶段,是管理信息系统的概念形成时期。管理信息系统规划主要包括以下五方面的内容。

1. 信息系统的总目标、发展战略与总体结构的确定

根据企业的战略目标、外部环境、内部环境、内外约束条件,确定信息系统的总目标和总体结构,使管理信息系统的战略与整个企业的战略目标协调一致。信息系统的总目标规定信息系统的发展方向,发展战略规划提出衡量具体工作完成的标准,总体结构则规定了信息的主要类型、子系统及其功能信息系统的组织、人员、管理和运行等。

2. 企业现有的信息系统状况分析

企业现有的信息系统状况分析应对计算机软件、硬件、当前信息系统的功能、应用环境和应用现状等情况进行充分的了解和评价。

3. 可行性研究

在现状分析的基础上,从技术、经济和管理等方面研究并且论证系统开发的可行性。可行性研究的目的是用最小的代价,在最短的时间内确定问题是否得到解决,即所给定问题是否现实、目标系统是否有可行的解决方案、目标系统的建立所带来的收益是否超过建立系统的费用。这些问题的回答要通过客观、准确的分析才能得到解决。

4. 重组

对业务流程现状、存在的问题和不足进行分析,使流程在新的技术条件下重组。企业流程重组是根据信息技术的特点,对手工方式下形成的业务流程进行根本性的重新考虑和重新设计。

5. 对影响规划的信息技术发展方向的预测

技术的不断更新将给管理信息系统的开发带来深刻的影响,决定着管理信息系统的优劣。因此,应对规划中涉及的软件技术、硬件技术、网络技术、数据处理技术的发展变化及其对信息系统的影响做出预测。在规划过程中需要吸收相关技术的最新发展,从而使所开发的管理信息系统具有更强大的生命力。

4.1.5 信息系统规划过程

进行管理信息系统的规划一般应包括以下一些步骤。
(1)确定规划性质。检查企业的战略规划,确定信息系统战略规划的年限和规划方法。
(2)收集相关信息。收集来自企业内部和环境中的与战略规划有关的各种信息。
(3)进行战略分析。对信息系统的战略目标、开发方法、功能结构、计划活动、信息部门情况、财务状况、所担的风险程度和政策等多方面进行分析。
(4)定义约束条件。根据财务资源、人力资源、信息设备资源等方面的限制,定义信息系统的约束条件和政策。
(5)明确信息系统规划的目标。根据分析结果与约束条件,确定信息系统规划的目标,即信息系统应具有怎样的能力,包括服务的范围、质量等多方面。
(6)提出信息系统框架。选择信息系统发展的蓝图,勾画出信息系统的框图,产生子系统划分表等。

（7）选择开发方案。对信息系统进行分析，根据资源的限制，选择一些适宜的项目优先开发，制定出总体开发顺序。

（8）提出实施进度。在确定每个项目的优先权后，估计项目成本、人员要求等，然后估计项目的成本费用，编制项目的实施进度计划表。

（9）通过战略规划。将战略规划书写成文，书写过程中不断征求用户、信息系统工作者的意见。战略规划经企业领导批准后生效，并将它合并到组织战略规划中。

4.2 信息系统发展的阶段模型

信息化是一个不断发展和深化的过程，信息系统的发展过程存在着阶段性特征，阶段分析是企业信息系统发展过程研究中的一种强有力工具。信息系统发展阶段模型描述了信息系统发展的规律和特点，是信息系统规划需要遵循的基本原则。诺兰模型和米歇模型是经典的信息系统发展阶段模型。

4.2.1 诺兰模型

美国管理信息系统专家诺兰（Richard L. Nolan）在 20 世纪 80 年代，通过对二百多家公司、部门发展信息系统的实践和经验的总结，提出了著名的信息系统进化的阶段模型，即诺兰模型。诺兰认为，任何组织由手工信息系统向以计算机为基础的信息系统发展时，都存在着一条客观的发展道路和规律。当时，他认为信息系统发展阶段可以分为四个阶段：起步阶段、蔓延阶段、控制阶段和集成阶段。在 1979 年，诺兰在论文 Managing the Crises in Data Process 中修正了自己的诺兰模型，他认为该模型包括六个阶段：初始阶段、传播阶段、控制阶段、集成阶段、数据管理阶段和成熟阶段，如图 4-2 所示。六阶段模型反映了企业计算机应用发展的规律性，前三个阶段具有计算机时代的特征，后三个阶段具有信息时代的特征，其转折点处是进行信息资源规划的时机。诺兰强调，任何组织在实现以计算机为基础的信息系统时都必须从一个阶段发展到下一个阶段，模型中的各阶段都是不能跳跃的。诺兰模型的预见性，被其后国际上许多企业的计算机应用发展情况所证实。

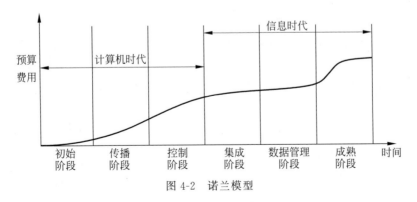

图 4-2 诺兰模型

1. 诺兰模型的六个阶段

1）初始阶段

组织购置了第一台计算机并初步开发或购买了管理应用程序。通过初步应用开始认识到计算机在管理中的作用，组织中的个别人或个别组织具有初步使用计算机的能力。初始阶段大多发生在单位的财务、人事等数据处理量大的部门。在初始阶段组织对计算机的计划和控制能力非常薄弱，各应用系统之间、各部门之间基本没有联系，组织缺乏信息系统规划。

2）传播阶段

随着计算机在组织中的应用初见成效，管理信息系统从少数部门扩散到多数部门，在组织中开发了大量应用程序，使组织的事务处理效率有了提高。在这个阶段，出现了许多亟待解决的问题，例如数据的冗余、数据的不一致性以及难以共享等问题。管理阶层致力于在各个可能的场合引入信息技术，信息系统的应用呈现快速增长，但只有一部分计算机的应用收到了实际的效益。

3）控制阶段

由于传播阶段计算机信息系统迅速扩展，组织中的信息系统预算每年以30%～40%或更高的比例增长，但投资的回报不理想。随着应用系统项目不断积累，客观上要求加强组织协调和控制。因此，出现了由组织的领导和职能部门负责人参加的领导小组，对整个组织的系统建设进行统筹规划，特别是利用数据库技术解决数据共享问题。该阶段是实现从以计算机管理为主到以数据管理为主转换的关键，管理层对计算机在组织管理中的应用进行深层次思考，这意味着计算机管理时代的结束。

4）集成阶段

经过前几个阶段，企业已经初步形成各个业务子系统，由于在建立各个业务子系统时，缺乏系统性的规划，从而给这一阶段的各个子系统集成带来困难。因而，为了使各个子系统集成得以顺利实现，建立集中式的数据库及能够充分利用和管理各种信息的系统，组织要做好集成计划，准备大量资金，重新装备设备，组织有经验的信息技术人员来做好这项工作，预算费用又一次迅速增长。

5）数据管理阶段

在系统集成基本完成后，信息管理提高到一个新的、以计算机为主要技术手段的水平上。计算机成为日常管理工作中不可缺少的工具。信息系统开始从支持单项应用发展到在逻辑数据库支持下的综合应用。组织开始全面考察和评估信息系统建设的各种成本和效益，全面分析和解决信息系统投资中各个领域的平衡与协调问题。

6）成熟阶段

组织各个业务部门都充分利用信息技术设备及软件系统来提高本部门的效益，各个业务部门之间的业务也主要通过信息化设备和软件系统来完成。信息资源成为企业的一个核心竞争要素。

2. 诺兰模型的六种增长要素

诺兰模型指明了信息系统发展过程中的六种增长要素,具体如下。

(1) 计算机硬软资源。从早期的磁带向分布式计算机发展。

(2) 应用方式。从批处理方式到联机方式。

(3) 计划控制。从短期的、随机的计划到长期的、战略的计划。

(4) MIS 在组织中的地位。从附属于别的部门发展为独立的部门。

(5) 领导模式。开始时技术领导是主要的,随着用户和高层管理人员越来越了解管理信息系统,高层管理部门开始与信息系统部门一起决定信息系统发展战略和规划。

(6) 用户意识。从作业管理级的用户向中高层管理级用户的管理决策方向发展。

3. 诺兰模型的作用

诺兰模型总结了管理信息系统发展的经验和规律,其基本思想对于管理信息系统的建设具有指导意义。诺兰模型的意义在于它在一定程度上较为简明地描述了信息技术作为组织的一种变革力量的发展路线以及企业在信息技术环境中的演变过程。对于企业的信息化管理人员来说,无论是确定开发管理信息系统的策略,还是制定管理信息系统的规划,都应该首先正确地理解和辨识信息技术的发展状况以及本企业在信息技术潮流中所达到的阶段,进而根据该阶段特征来指导管理信息系统的建设。

4.2.2 米歇模型

在诺兰模型的基础上,20 世纪 90 年代初,美国的信息化专家米歇对诺兰模型做了进一步修正。他认为信息系统集成与数据管理密不可分,系统集成期的重要特征就是搞好数据组织。米歇模型认为,信息系统发展阶段论研究成果可以概括为具有四阶段、五特征的企业综合信息技术应用连续发展的模型。米歇将综合信息技术应用的连续发展划分为四个阶段,即起步阶段、增长阶段、成熟阶段和更新阶段。决定这些阶段的特征有五方面,包括信息技术(技术状况)、应用状况(代表性应用和集成程度)、数据处理能力(数据整体规划和存取能力)、企业文化(信息技术组织和文化)、全员素质(全员文化素质、态度和信息技术视野),如图 4-3 所示。

米歇模型对诺兰模型的修正,使得诺兰模型中的集成阶段与数据管理阶段形成统一,即实现数据的集中和应用系统的整合。同时,信息系统建设是一项复杂的社会过程。信息系统建设除了要考虑理论、技术和方法等因素外,更多要考虑文化、社会、环境、管理和经济等人文社会因素。根据米歇模型,企业信息系统建设与信息技术、应用状况、数据处理能力、企业文化和企业员工素质等因素相关。在信息系统建设过程中,必须改革和调整所有阻碍和影响企业发展和信息系统建设的不合理的管理体制和管理制度,制定有利于企业发展和信息系统建设的规章制度。

米歇模型可以帮助企业和开发机构把握自身当前的发展水平。了解自己的 IT 综合应用在现代信息系统的发展阶段中所处的位置,是研究一个企业的信息体系结构和制定变革

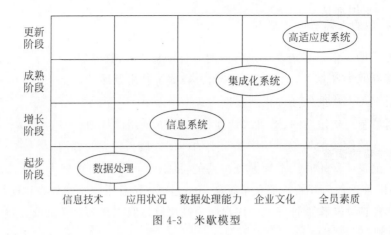

图 4-3 米歇模型

途径的认识基础，由此就能找准这个企业建设现代信息网络的发展目标。调查表明，目前许多企业运行的 MIS，由于在开发时没有经过科学有效的构思和详细规划，以及深入研究如何将信息技术与业务工作结合起来；而在考虑系统整合或集成时，一般都偏重于计算机系统和通信网络方面，这似乎是花大钱而立竿见影的解决方案，而实际上却根本达不到企业信息系统整合集成的目的。参照米歇模型，可以发现在综合信息技术应用连续发展方面的差距，并能找到改进的方向，从而做到在不同阶段采取不同的措施，对症下药。

4.3 系统调查

新系统是在现行系统基础上经过改建或重建而得到的，因此，要建立一个信息系统，需要对现行系统进行调查，对现行系统的运行方式进行全面的了解。系统调查的目的是弄清楚现行系统运行状况，发现其薄弱环节，找出要解决的问题的实质，在调查研究基础上进行可行性研究，对新系统能否进行开发进行定性及定量分析，确保新系统比原系统更有效。

4.3.1 系统调查的内容

1．系统界限和运行状态

系统界限和运行状态包括现行系统的发展历史、目前规模、经营效果、业务范围及与外界联系等。确定系统界限、外部环境和接口，以及衡量现有的管理水平等。

2．组织机构调查

组织机构调查包括现行系统的组织机构设置、人员分工和岗位职责情况等。了解现有系统的构成和业务范围，而且可以进一步了解人力资源，发现组织和人事等方面的不合理现象。

3．管理功能的调查

为了实现系统的目标，系统必须具有各种功能。管理功能要以组织机构为背景识别和分析，因为每个组织都是一个功能机构，都具有各自不同的功能。

4．业务流程调查

对不同系统进行不同的业务处理。系统分析员要尽快熟悉业务，全面细致地了解整个系统的业务流程，以及物流和信息流的情况。除此之外，对各种输入、输出、处理和处理量等都要了解清楚。

5．数据流程的调查

在业务流程调查的基础上舍去具体的物质形式，对收集的数据和数据处理过程进行分析和整理，绘制数据流程图。例如，根据收集的单据和报表，了解信息的载体，进一步落实现行系统的数据收集、整理、输入、存储、处理、输出等各个环节，从而得到完整的数据流程。

6．约束条件与薄弱环节

约束条件与薄弱环节包括现行系统在人员、资金、设备、处理时间和方式等各方面的限制条件和规定。现行系统中的各个薄弱环节是新系统中要解决和改进的主要问题，往往也是新系统目标的重要组成部分。因此，在调查中要注意收集用户的各种要求，善于发现问题并找到问题的前因后果。

4.3.2 系统调查的方法

在做出开发新系统的决策之后，就应当组织力量成立调查小组，采用多种方法对现有系统进行调查分析，这个阶段为新系统开发进行了原始资料的准备，并使得系统开发人员对现行系统取得了感性和理性的认识。详细调查应当遵循用户参与的原则。调查组应由使用单位的业务人员、领导和设计单位的系统分析员、系统设计员共同组成。详细调查的方法多种多样，主要有以下几种。

1．发调查表

调查表通过问答形式把系统调查人员和用户联系起来。利用调查表进行调查，可以方便系统调查人员，缩短调查时间，降低调查成本费用。用调查表进行调查，要把问题提得全面、易懂、明确，这是设计调查表应遵守的基本原则。被调查人员选择答案的方式主要有如下三种。

（1）列出问题若干可能的答案。用户选择最适合于被调查单位的答案即可。这种问题一般是比较具体明确的问题，例如，采用何种方法计算机器设备的折旧。

（2）向用户了解一个不确定的因素。可能的答案比较广泛，用户必须根据本单位的具体情况做出明确的答复。例如，账户月发生额最大值为多少？随着不同单位的生产规模、业务量的不同，账户月最大发生额显然是不会相同的。

（3）要求用户提供某些资料。例如，要求用户提供现行系统中各种账、证、表的格式，要求用户给出成本核算流程图。

2. 用户访问调查

用户访问调查就是由系统调查人员直接走访被调查者，获取有关现行系统的详尽资料。直接访问有关人员，可以了解到一些调查表所不能得到的信息。为了保证每次访问都能得到足够多的信息，系统调查者应做到如下几点。

（1）必须明确每次访问的任务，做到有的放矢。应当列出访问计划，以防止访问过程中提不出问题。

（2）访问对象必须选得准确。应选那些对访问任务最了解、对建立新系统最有信心的人员作为被访问的对象。

（3）要注意访问的方式。要友善和善于引导，不要让被访问者觉得他是在被审问，而应让他感到是在和你共同探讨。

（4）要及时做好访问记录，并在访问完毕后加以归纳整理，使之文档化，最终形成一整套系统调查资料。

3. 开调查会

管理中的有些问题常牵涉众多的人员，通过开征询会、讨论会的方式往往能有利于尽快地弄清这些问题的来龙去脉，把握住问题的本质。为了开好调查会，应先写好调查提纲，发给每个被调查对象，让其有一定的准备时间，便于把问题讲清楚。开调查会是一种集中调查的方法，在深度调查和征询有关人员对建立系统的看法时，开会讨论的调查方法更能发挥作用。

4. 参加业务实践

开发人员如果欠缺对业务环节的知识，往往会使调查的广度和深度受到限制，使系统分析和系统设计不能建立在正确的基础上，导致建立的新系统不能适应实际需要。因此，为了充分了解现行系统的特性，开发人员去参加业务实践，不仅可以获得第一手资料，而且便于开发人员和业务人员的交流，使系统的开发工作接近用户；用户参加系统开发工作的实践，也便于用户更加深入地了解新系统。

以上所述的不同的调查方法各有不同的侧重点和适用面，实际工作中系统调查人员应当根据系统调查的实际需要确定调查方法，有些情况下可以将上面提到的几种方法混合起来使用，完成调查任务。

4.3.3 系统调查的原则

1. 规范性

要循序渐进、逐层深入地进行调查。合理安排调查顺序，可以提高调查效率和调查效果。一般来说，对系统先进行自上而下的初步调查，在了解总体和全局的基础上，再对系统进行由下而上的具体调查。

2. 用户参与

系统调查将涉及组织内部管理工作的各个方面，调查者应主动与被调查者在业务上进行沟通。系统调查的工作人员由使用部门的业务人员、主管人员和设计部门的系统分析人员、系统设计人员共同构成，两者结合，就能互补不足，更深入地发现对象系统存在的问题，共同研讨解决的方案。

3. 调查前要做好计划

根据系统开发的需要明确调查任务的划分，制订调查计划，以便于事先安排时间、地点和内容，并通知有关部门人员做好准备。通过事先计划，主导调查顺序和调查内容，可以提高调查效率和调查效果。

4. 工程化的工作方式

对于一个大型系统的调查一般都是多个系统分析人员共同完成的，为了提高调查的工作效率，需要按分工和协作相结合的工程化的方法组织调查。工程化就是将工作事先计划，对多个人的工作方法和调查所用的表格、图例做到统一规划，以便能相互沟通，分工协作。

4.3.4 组织机构与业务功能调查

1. 组织机构调查

现行系统中的信息流动是以组织机构为基础的。各部门之间存在信息和物资交换，因此需要通过分析把握当前组织的组织机构与业务流程之间的关系。组织机构指的是一个组织（部门、企业、车间、科室等）以及这些组成部分之间的隶属关系或管理与被管理的关系，通常可用组织机构图来表示。

组织的机构状况表明了各部门的划分及其相互关系、人员配备、业务分工、信息流和物流的关系等。组织机构图就是把组织分成若干部分，同时标明行政隶属关系、信息流动关系和其他关系。例如，图4-4是某企业的行政组织机构图，从这种组织机构图中可以观察出各部门之间的隶属关系。

2. 业务功能调查

组织为了达到战略发展目标，管理部门设置了不同的管理职能。系统功能结构的调查就是要了解或确定系统的目标、系统功能结构以及它们之间的关系，归纳出企业的部门和业务层次的功能，用树形图的形式描述出来，即功能结构图。以组织机构图为背景分析清楚各个部门的功能后，分层次将其归纳与整理，形成各个层次的功能结构图；然后自上而下逐层归纳与整理，形成以系统目标为核心的整个系统的功能层次图。功能层次图描述了从系统目标到各项功能的层次关系，图4-5为某企业管理系统的功能结构图。

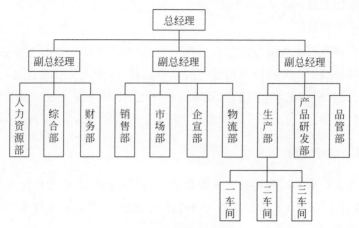

图 4-4　行政组织机构图

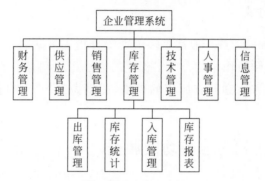

图 4-5　某企业管理系统的功能结构图

4.3.5　业务流程调查

业务流程调查的任务是调查系统中各环节的业务活动,了解业务内容,信息的输入、输出、处理以及数据存储等。业务流程图是分析业务流程的重要工具。它是一种描述系统内各单位、人员之间业务关系、作业顺序和信息流向的图表。

业务流程图反映了实际的业务活动,常用符号如图 4-6 所示。制作业务流程图的过程也是全面了解系统业务处理的过程。业务流程图是现行系统中各项活动的处理过程。在业务流程图上能够拟出由计算机实现的部分,以明确系统的边界。另外,通过业务流程图可以对业务流程做进一步分析,分析组织的业务流程是否合理,删除重复的环节,修正不合理的环节,明确整个业务流程,为以后的分析与设计打下良好的基础。

图 4-6　业务流程图常用符号

业务流程图用来描述企业的业务功能。某企业的库存管理业务流程如下：仓库部门根据计划部门所提交的物料需求计划单，去查阅库存台账的情况，决定是否需采购物料，如果不需要采购则通知生产部门前来领料；否则仓库管理员递交采购单给采购部门，以通知购货。当物料到达后，办理入库处理，并通知生产部门来领料。生产部门的产成品或半成品到仓库部门办理入库处理。其业务流程图如图4-7所示。

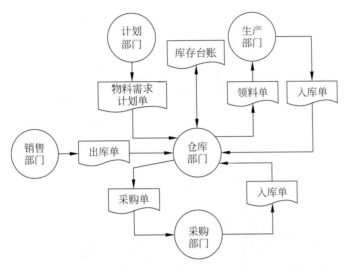

图 4-7　某企业库存管理业务流程图

4.3.6　数据流程调查

业务流程虽然在一定程度上表达了信息的流动和存储情况，但仍含有物资、材料等内容。为了用计算机对组织的信息进行控制，必须舍去其他内容，把信息的流动、加工、存储等过程抽象出来，得出组织中信息流的综合情况，然后做出数据流程图，并进行逐层分解、审查和核对。数据流程调查的主要任务是理解现行系统的数据组织和数据结构的细节。数据流程调查过程的内容是：

（1）调查数据流程图上出现的所有数据流和数据存储的信息载体，确定信息载体的用途（在哪些业务中使用）、类别（凭证、报表、单据等）、状态（输入、输出、存储）。

（2）调查组成信息载体的各数据的特征，例如取值范围、数据类型、长度、最值等。

（3）了解数据的重要性和保密程度，例如，对重要数据采取授权等方法限制管理人员的操作。

（4）各环节上的处理方法与计算方法。

数据流程图（Data Flow Diagram，DFD）是组织中信息运动的抽象，主要用来描述系统中的数据经外部实体而"流入"系统，再经过加工处理及存储等过程，最后"流出"系统交付外部实体使用的全过程。利用数据流程图，可以清楚地描述出系统的输入、输出及系统的数据处理功能，以及数据处理过程、数据的存储情况等。

数据流程图具有以下两个特点。

（1）抽象性。数据流程图不涉及硬件、软件、数据结构与文件组织，它与系统的物理描述无关,它用图形及与此相关的注释来表示系统的逻辑功能,抽象地反映信息的流动、加工、存储和使用情况。由于图形描述简明、清晰,不涉及技术细节,其内容是面向用户的,因此即使完全不懂信息技术的用户单位的人员也容易理解。

(2) 综合性。数据流程图能够清晰地反映出系统某一部分的信息处理总体情况,表示出各种业务处理之间错综复杂的关系,因而具有很强的综合性。

1. 数据流图的基本符号

数据流程图由外部实体、数据流、处理逻辑、数据存储四种基本符号组成,如图 4-8 所示。

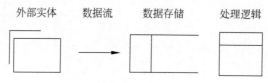

图 4-8　数据流程图的基本符号

1) 外部实体

外部实体是指独立于系统,而又与系统有联系的实体,通常是组织内、外的人或其他组织,或向本系统提供数据或接收本系统数据的另一系统。外部实体定义了系统的边界,表示所描述系统的数据来源和去处的各种实体或工作环节。这些实体或环节向所开发的系统发出或接收信息。

2) 数据流

数据流是指与所描述系统信息处理功能有关的各类信息的载体,是各处理逻辑环节进行处理和输出的数据集合。在数据流程图中数据流用带有名字的具有箭头的线段表示,箭头指处表示数据流的输送处,箭尾连接处表示数据流的来源。

3) 处理逻辑

处理逻辑是指对数据进行逻辑加工处理,它把流入的数据流转换为流出的数据流。在数据流图上处理逻辑用矩形表示,可以将一个或多个输入数据流转换为一个或多个输出数据流。

4) 数据存储

数据存储表示数据保存的地方,用来根据系统信息处理功能说明的需要暂时存储或永久保存的数据。当表示将数据流的数据写入数据存储时,数据流的箭头指向数据存储;反之,当表示从数据存储中读取数据时,数据流的方向从数据存储中流出。

2. 绘制数据流图的步骤

1) 明确系统边界

首先识别出那些不受所描述的系统控制、但又影响系统运行的外部环境,这就是系统的数据输入的来源和输出的去处。把这些因素都作为外部实体确定下来。

2) 确定系统的逻辑关系

确定系统的输出数据流与输入数据流,确定系统或子系统的主要处理逻辑内容,确定每个处理逻辑的输出与输入数据流以及与这些处理逻辑有关的数据存储,根据各处理逻辑环节和数据存储环节以及输出与输入数据流的关系,将各外部实体、各处理逻辑、数据存储环节用数据流连接起来。

3) 自顶向下逐层扩展

数据流程图是分层次的,首先绘制顶层数据流图,然后根据自顶向下、逐层分解的原则对上层图中需要分解的处理逻辑环节进行分解,逐一画出各下层图,直到分解结束。顶层数据流图界定了系统的范围,描述了系统的总体功能、输入和输出。中层数据流图描述某个处理过程的详细分解,根据处理过程的复杂程度,每个中间层还可以进一步分解。一个大型的管理信息系统,其中间层往往有六七层,甚至更多。如果数据流程图能描述系统所有的功能和必要的输入输出,并且处理过程无法再分解时,此时分解结束,底层数据流程图由一些不必再细分的基本处理逻辑组成。

4) 正确标志名称与编号

注意保持上层数据流图与下层数据流图的一致与完整。合理布局,尽量使图形清晰,简单易懂。数据流图上的成分一般都要命名,命名的原则为:

(1) 名称应当意义明确,易理解,无歧义,避免使用不反映实际内容的空洞词汇,例如,"信息""数据""报表"等。

(2) 处理逻辑的名称一般以动词+名词或动宾短语命名,以明确反映信息处理的逻辑功能,例如,"打印库存月度报表""接收订单"等。

(3) 进出数据存储环节的数据流如内容和存储环节的数据相同,可采用同一名称。为便于分析和维护,每个数据加工环节和每张数据流图都要编号。按照逐层分解的原则,父图与子图的编号要有一致性,一般子图的编号前半部分是父图上对应处理逻辑的编号,后半部分是处理逻辑在本图中的序列号,中间用句点相隔。例如,1号处理逻辑分解后的子处理逻辑按 1.1,1.2,1.3,…编号,处理逻辑 2.1 的子处理逻辑按 2.1.1,2.1.2,…编号,以此类推。

5) 与用户交流、修改与补充

重点在于检查功能是否满足用户的需要,数据输入输出及存储是否符合实际并满足用户需要,操作是否简单并可能实现。

3. 数据流程图实例

以某企业的库存管理系统为例,所绘制的数据流程图如图 4-9～图 4-11 所示。

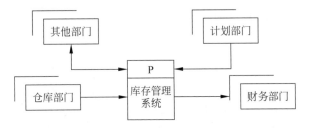

图 4-9 库存管理系统顶层数据流图

库存管理系统涉及的外部实体有计划部门、仓库部门、财务部门、其他部门。库存管理系统的第一层数据流图如图 4-10 所示。可以看出,库存管理系统包含两个处理功能:库存处理和库存基础数据管理。还需要对它们进行进一步分解,这里以处理逻辑"库存处理"为例,给出库存管理系统的第二层数据流图,如图 4-11 所示。

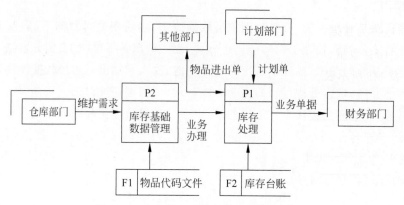

图 4-10　库存管理系统的第一层数据流图

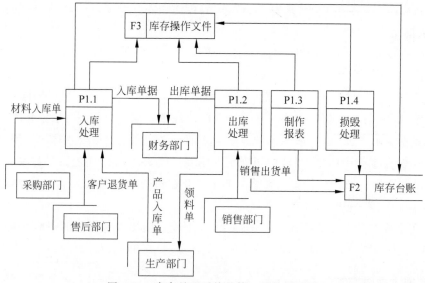

图 4-11　库存处理系统的第二层数据流图

在分层数据流图的绘制过程中,可以发现高层次的数据流图主要是针对管理职能绘制,底层的数据流图往往根据处理过程的展开进行绘制。

4.3.7　数据字典

数据流程图给出了新系统的逻辑功能的一个总框架,但它并未对其中的数据含义、结构以及处理方法进行详尽的说明。因此,为了对数据流图中的各种成分起注解、说明作用,可以使用数据字典这个工具。

数据字典是在数据流程图的基础上,对数据流程图中的每个成分进行定义和说明。一般来说,系统分析人员把不便于在数据流程图上注明的,而系统分析应该获得对整个系统开发以至将来系统运行与维护时必需的信息,尽可能放入数据字典。数据字典描述的内容有六项:数据项、数据流、数据结构、数据存储、处理逻辑、外部实体。

1. 数据项

数据项也称为数据元素,是最基本的数据组成单位,是系统中不可再分解的数据单位,如商品编号、库存数量、单价等。数据项要描述的主要内容包括名称、别名、类型、长度、取值范围等,如表 4-1 所示表示"产品编号"数据项。

表 4-1　数据项条目

系统名:库存管理	编号: D1-01
条目名:产品编号	别名: 无
输入数据流:入库单	存储处:产品信息
代码类型	取值范围
字符型	000001～999999
简要说明: 产品编号是产品的识别符,具有唯一性。	

2. 数据流

数据流由一组确定的数据组成,用来在系统中描述数据传输的路径。数据流条目包括数据流的来源、去向、数据结构、流量等信息,如表 4-2 所示表示"领料单"数据流。

表 4-2　数据流条目

系统名:库存管理	编号: DF1-01
条目名:领料单	别名: 无
来源:仓库管理员	去向:生产部门
数据结构:日期+部门编号+商品编号+数量	
流量:最大 50 份/日 　　　平均 20 份/日	
简要说明: 仓库管理员填写的要求生产部门取货的凭单。	

3. 数据结构

数据结构用来描述某些数据项之间的关系。数据结构由两个或两个以上相互关联的数据元素或其他数据结构组成。数据结构条目包括名称、编号、简单描述及其组成等,如表 4-3 所示表示"入库单"的数据结构条目。

表 4-3　数据结构条目

系统名:库存管理	编号: F01-01
条目名:入库单	别名: 无
组成:日期+产品编号+产品名称+规格代码+入库数量	
简要说明: 来源于生产车间的,当产品入库处理时产生。	

4. 数据存储

数据存储是指数据暂存或保存的地方,是数据流的来源和去向之一。数据存储条目包括名称、编号、存储组织、记录组成等,如表 4-4 所示表示"订单"的数据存储条目。

表 4-4　数据存储条目

系统名：库存管理		编号：　F2
条目名：　订单		别名：　无
存储组织： 按订单编号升序排列	记录数： 1 万条左右	主关键字： 订单编号
记录组成：订单编号＋产品编号＋产品名称＋订货数量＋需求日期＋…		
简要说明： 　　存储订单信息。		

5. 处理逻辑

处理逻辑是指数据流程图中数据的基本处理过程。处理逻辑条目包括名称、编号、处理定义、输入、输出等,如表 4-5 所示表示"制作报表"的处理逻辑条目。

表 4-5　处理逻辑条目

系统名：库存管理	编号：　P1.3
条目名：制作报表	别名：　无
输入：库存台账上的数据	输出：输出报表中的统计数据
处理定义： 对库存台账上本月发生的出入库数据,按产品代码分别进行入库累计,一种代码代表的产品累计值输出一行。	
简要说明： 　　按月制作库存报表。	

6. 外部实体

外部实体包括外部实体编号、名称、输入数据流、输出数据流、主要特征等,如表 4-6 所示表示"生产部门"的外部实体条目。

表 4-6　外部实体条目

系统名：库存管理	编号：　E01
条目名：生产部门	别名：　无
输入数据流：领料单	输出数据流：入库单
主要特征： 提出需求计划,并接收物资。	
简要说明： 　　在库存管理过程中参与提出需求计划。	

4.4 可行性研究

可行性研究必须从系统总体出发，对技术、经济、财务、商业以至环境保护、法律等多个方面进行分析和论证，以确定建设项目是否可行，为正确进行投资决策提供科学依据。项目的可行性研究是对多因素、多目标系统进行的不断的分析研究、评价和决策的过程。它需要有各方面知识的专业人才通力合作才能完成。我国从1982年开始，已将可行性研究列为基本建设中的一项重要程序。

可行性研究是对管理信息开发方案的经济可行性、技术可行性、管理可行性进行分析和判断。可行性研究是在当前情况下，分析与论证开发新信息系统是否有必要、是否具备必要的条件。可行性研究的工作需要建立在系统调查的基础上。信息系统开发的必要性来自于开发任务的迫切性，而信息系统开发的可行性取决于实现信息系统的资源和条件。

4.4.1 可行性研究报告工作程序

国际上典型的可行性研究报告的工作程序分六个步骤。在整个程序中，雇主和咨询单位必须紧密合作。

1. 开始阶段

要讨论研究的范围，细心限定研究的界限及明确雇主的目标。

2. 进行实地调查和技术经济研究

每项研究都要包括项目的主要方面，如需要量、价格、工业结构和竞争决定市场机会，同时，原材料、能源、工艺需求、运输、人力和外部工程又影响适当的工艺技术选择。所有这些方面都是相互关联的，但是每个方面都要分别评价。

3. 优选阶段

将项目的各不同方面设计成可供选择的方案。这里咨询单位的经验是很重要的，它能用较多的有代表性的设计组合制定出少数可供选择的方案，便于有效地取得最优方案，随后进行详细讨论，雇主要做出非计量因素方面的判定，并确定协议项目的最后形式。

4. 对选出的方案进行详细论证

确定具体的范围，估算投资费用、经营费用和收益，并做出项目的经济分析和评价。为了达到预定目标，可行性研究必须论证选择的项目在技术上是可行的，建设进度是能达到的。估计的投资费用应包括所有的合理的未预见费用（如包括施工中的涨价预备费）。经济和财务分析必须说明项目在经济上是可以接受的，资金是可以筹措到的。敏感性分析则用来论证成本、价格或进度等发生时，可能给项目的经济效果带来的影响。

5. 编制可行性研究报告

其结构和内容常常有特定的要求(如各种国际贷款机构的规定)。这些要求和涉及的步骤,在项目的编制和实施中能有助于雇主。

6. 编制资金筹措计划

项目的资金筹措在比较方案时,已做出详细的考查,其中一些潜在的项目资金会在贷款者讨论可行性研究时冒出来。实施中的期限和条件的改变也会导致资金的改变,这些都可以根据可行性研究的财务分析做相应的调整。最后,要做出一个明确的结论,以供决策者做出最终判断。

4.4.2 可行性研究内容

1. 管理上的可行性

1) 法律法规的因素

管理信息系统的实施是否与法规冲突？管理信息系统导致的管理制度改革是否可行？规章制度是否齐全并有利于管理信息系统的实施？一句话,管理信息系统的实施不能与法律法规发生冲突。

2) 用户使用可行性

管理信息系统的建立,必然导致某些管理制度、管理体制的变动,组织的承受能力影响着系统的生存。由于管理方式、操作方式都发生了较大的变动,往往给组织带来很大的影响。要调查管理人员的态度。高层领导对新系统的态度是开发新系统的重要前提条件。由于信息系统是为管理服务的,信息系统的开发是一项复杂的管理工程,涉及组织结构的调整和变化等一系列问题,只有得到高层领导的支持才能确保信息系统的各项工作顺利进行,因此开发信息系统首先是"一把手"工程。此外,组织中的中低层管理人员对开发信息系统的态度、支持程度也要考虑,来自中低层的消极因素也是信息系统失败的重要原因之一。

3) 项目实施管理上的可行性

重点考查开发应用项目管理方面的条件。项目开发或部署时,开发方能否搞好其管理工作,使新系统开发完成,安装到位,进入正常运行阶段。

4) 外部环境方面的条件

要了解外部环境的情况,以确定管理信息系统的实施是否有条件。例如,对外部来往单位是否有影响？上级领导单位是不是支持？

2. 技术上的可行性

技术可行性是指根据现有的技术条件,系统的功能目标能否实现；开发管理信息系统所需要的物理资源是否具备、能否得到,在规定的期限内,本系统的开发能否完成。进行技术可行性分析时,要注意以下几方面的问题。

(1) 开发中涉及的所有技术问题。管理信息系统开发采用的硬件、系统软件、应用软件等方面,客观分析这些技术在满足新系统功能方面的支持性和可靠性。

（2）技术风险问题。在信息系统中尽可能采用已经普遍采用、确实可行的技术手段，而不是正在研究中没有把握的新技术。

（3）开发人员技术。主要指对系统开发与维护工作的技术力量能否满足要求。信息系统在系统开发、使用、维护各阶段需要系统分析员、系统设计员、程序员、操作员、录入员及软硬件维护员等各类专门人员。

技术可行性包括以下五方面内容。

（1）对系统的简要描述。
（2）处理流程和数据流程。
（3）与现有系统比较的优越性。
（4）采用建议系统可能带来的影响。
（5）技术可行性评价。

3. 经济可行性

经济可行性是指从经济角度研究信息系统开发的可行性，它也称为投资收益分析，是信息系统项目所需要的总成本和项目带来的总收益相互比较的结果，当总收益大于总成本时，信息系统项目值得开发。信息系统项目的总成本是指建立信息系统所需的经费，包括软硬件设备购置费用，系统开发、运行和维护的费用，培训费用等。信息系统项目的总收益是指使用新系统后所带来的直接或间接经济效益。直接经济效益是可以折合成货币形式的效益，如加快流动资金周转、节省人力、减少资金积压、增加产量等对利润的直接影响；间接经济效益难以用货币形式来表示，例如提供更多的更高质量的信息、提高管理效能、增强市场竞争力、改进企业社会形象等带来的企业整体效益。经济可行性包括以下五方面。

（1）支出。管理信息系统总的投资。
（2）效益。信息系统项目的总收益是指使用新系统后所带来的直接或间接经济效益。
（3）收益/投资比。就是当年的投资收益在当年的总利润中的比例。
（4）投资回收周期。投资回收的时间长短。
（5）敏感性分析。敏感性分析是投资项目的经济评价中常用的一种研究不确定性的方法。它在确定性分析的基础上，进一步分析不确定性因素对投资项目的最终经济效果指标的影响及影响程度。敏感性因素一般可选择主要参数（如销售收入、经营成本、生产能力、初始投资、寿命期、建设期、达产期等）进行分析。

4.4.3 可行性研究报告

可行性研究报告是可行性研究的最终成果，它以书面形式列出可行性分析的结果。一般而言，可行性研究报告包括以下内容。

1. 引言

（1）编写目的。
（2）背景。
（3）定义。

(4) 参考资料。

2．可行性研究的前提

(1) 要求。
(2) 目标。
(3) 条件、假定和限制。
(4) 进行可行性研究的方法。
(5) 评价尺度。

3．对现有系统的分析

(1) 处理流程和数据流程。
(2) 工作负荷。
(3) 费用开支。
(4) 人员。
(5) 设备。
(6) 局限性。

4．所建议的系统（方案1）

(1) 对所建议系统的说明。
(2) 处理流程和数据流程。
(3) 改进之处。
(4) 影响。包括对设备的影响、对软件的影响、对用户单位机构的影响、对系统运行过程的影响、对开发的影响、对地点和设施的影响、对经费开支的影响。
(5) 局限性。
(6) 技术条件方面的可行性。

5．可选择的其他系统方案

(1) 方案2。
(2) 方案3。

6．投资及效益分析

(1) 支出。
(2) 收益。
(3) 收益/投资比。
(4) 投资回收周期。

7．结论

结论应当明确指出以下内容之一。
(1) 可以立即开始进行。

(2) 需要推迟到某些条件（例如资金、人力、设备等）落实之后才能开始进行。

(3) 需要对开发目标进行某些修改之后才能开始进行。

(4) 不能进行或不必进行（例如因技术不成熟、经济上不合算等）。

4.5 系统规划的方法与策略

用于管理信息系统规划的方法很多，主要有关键成功因素法（Critical Success Factor，CSF）、战略目标集转化法（Strategy Set Transformation，SST）和企业系统规划法（Business System Planning，BSP）。其他还有企业信息分析与集成技术（BIAIT）、产出/方法分析（E/MA）、投资回收法（ROI）、征费法（Chargeout）等。

4.5.1 关键成功因素法

1970年哈佛大学教授William Zani在管理信息系统模型中用了关键成功变量，这些变量是确定管理信息系统成败的因素。1980年，麻省理工学院教授Jone Rockart将关键成功因素法提高成为管理信息系统战略规划的方法。

1. 关键成功因素的基本概念

关键成功因素是指在一个组织中的若干能决定组织在竞争中能否获胜的因素，它们是企业最需要得到的决策信息，是值得管理者重点关注的活动因素。关键成功因素的重要性置于企业其他所有目标、策略之上，寻求管理决策阶层所需的信息层级。企业管理者如果能掌握少数几项重要因素，便能确保相当的竞争力。它是一组能力的组合。如果企业想要持续成长，就必须对这些少数的关键领域加以管理，否则将无法达到预期的目标。

通常，不同企业、不同的业务活动中的关键成功因素是各不相同的，即使同一个产业中的个别企业也会存在不同的关键成功因素。关键成功因素主要有四个来源：①产业结构；②竞争因素；③环境因素；④暂时因素。例如，如果想在汽车工业中获得成功，则品牌影响力、产品质量、技术水平及生产控制手段等是至关重要的因素；而对一个超级市场来说，则比较看重促销手段、商品价格、地理位置、库存管理等因素。

当管理者按照关键成功因素所指明的方向实施管理时，还需要有一个相应的评价指标体系以衡量行为的效果，即关键性能指标（Key Performance Indicator，KPI）。关键成功因素法是一个由组织目标、关键成功因素和关键性能指标组成的复合概念体系。关键成功因素法的意义在于为组织的高层管理者成功履行管理职责，为实现组织目标提供一个清晰的思路和有效的方法，即管理者可以根据组织目标确定关键成功因素，制定描述相应关键成功因素的关键性能指标，围绕关键成功因素开展企业各项工作并使用关键性能指标评价管理工作成效，形成一个以组织战略目标为设定值，以CSF为分析方法，以信息系统为支持手段的反馈控制系统（见图4-12）。关键性能指标用来确定信息系统的需求，建立了需求以后，可以通过分析现有的信息系统以确定提供所需信息是否能够由现有数据库生成。

图 4-12　关键成功因素法中的反馈、控制关系

2. 关键成功因素的应用步骤

关键成功因素的实施包括四个步骤,这四个步骤可以用图 4-13 表示。

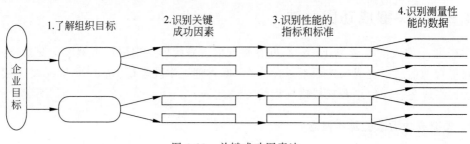

图 4-13　关键成功因素法

(1) 了解组织目标。每个组织都会有自己的目标,在不同时期又会有不同的重点。组织的目标应根据组织内外的客观环境条件制定。

(2) 识别关键成功因素。了解组织的发展战略后,再识别达成该战略的所有成功因素。可以采用逐层分解的方法找出影响战略目标的各种因素。

(3) 识别性能的指标和标准。

(4) 识别测量性能的数据。

关键成功因素法通过目标分解和识别、关键成功因素识别、性能指标识别,产生数据字典。关键成功因素就是要识别联系于系统目标的主要数据类及其关系,识别关键成功因素所用的工具是树枝因果图,如图 4-14 所示。某企业有一个目标,是提高产品竞争力,可以用树枝图画出影响它的各种因素,以及影响这些因素的子因素。

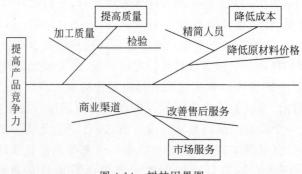

图 4-14　树枝因果图

如何评价这些因素中哪些因素是关键成功因素，不同的企业是不同的。对于一个习惯于高层人员个人决策的企业，主要由高层人员个人在此图中选择。对于习惯于群体决策的企业，可以用德尔斐法或其他方法把不同人设想的关键因素综合起来。关键成功因素法在高层应用效果较好。

4.5.2 战略目标集转化法

战略目标集转化法由 William King 于 1978 年提出，他把整个战略目标看成"信息集合"，由该组织的使命、目标、战略和其他战略变量（例如管理的复杂性、组织发展趋势、变革习惯及重要的环境约束因素等）组成，MIS 的战略规划过程是把组织的战略目标转化为 MIS 战略目标的过程。

管理信息系统战略集由系统目标、系统约束和系统战略构成。系统目标主要定义管理信息系统的服务要求；系统约束包括内部约束与外部约束，内部约束来自组织本身，外部约束来自企业外部；系统战略是该战略集的重要元素，是系统开发中应该遵循的一系列原则，如系统安全性、可靠性、应变能力等要求，开发的科学方法及合理的管理等。

战略目标集转化法的过程就是将组织的战略集转化为管理信息系统的战略目标。战略目标集转化法有以下两个工作步骤。

1. 识别组织的战略集

先考查一下该组织是否有成文的战略长期计划，如果没有，就要去构造这种战略集合。可以采用以下步骤。

（1）描绘出组织关联集团，如供应商、顾客、股东、政府代理人、地区社团及竞争者等。

（2）识别关联集团的要求。组织的使命、目标和战略反映出每一关联集团的要求，要对每个关联集团要求的特性做定性描述，对这些要求被满足程度的直接和间接度量进行说明。

（3）定义组织相对于每一个关联集团的任务和战略。

（4）解释和验证组织的战略集。

2. 将组织战略集转化为 MIS 战略

MIS 战略应包括系统目标、约束以及设计原则等。这个转化的过程包括对应组织战略集的每个元素识别对应的 MIS 战略约束，然后提出整个 MIS 的结构，最后选出一个方案送组织领导。

4.5.3 企业系统规划法

企业系统规划法是由 IBM 公司在 20 世纪 70 年代初发展起来的一种对管理信息系统进行规划和设计的结构化方法。它是 IBM 公司用于内部系统开发的一种方法，旨在通过规范化的方法指导 MIS 的开发。后来，BSP 方法成为一种通用的系统规划方法流行开来。

1. BSP 方法的基本思想

企业系统规划法的基本思想：信息支持企业运行。通过自上而下地识别系统目标、企业过程和数据，然后对数据进行分析，自下而上地设计管理信息系统。该管理信息系统支持企业目标的实现，表达所有管理层次的要求，向企业提供一致性信息，对组织机构的变动具有适应性（见图 4-15）。

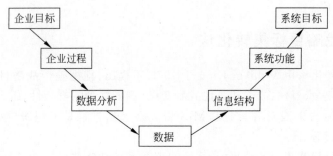

图 4-15　BSP 方法的基本思想

实施 BSP 方法的前提是在企业内部有改善计算机信息系统的要求，并且有为建立信息系统而形成总体战略的需要。因而，BSP 的基本概念与组织的信息系统的长期目标有关，表现在这几方面：首先，信息系统的战略必须要支持企业各个层次的需求。企业的层次分别是战略层、管理控制层、操作控制层。不同层次的管理活动有不同的信息需求，信息系统战略应当能满足各层次的信息管理需要。其次，信息系统战略规划，应该由总体信息系统结构中的子系统开始实现。BSP 对于大型信息系统而言是"自上而下"的系统规划，"自下而上"的分步实施。最后，信息系统应该适应组织机构和管理体制的变化。BSP 法采用组织过程的概念，组织过程同组织体系和具体的管理职责无关。

2．BSP 方法的工作步骤

BSP 方法工作是一项系统工程。BSP 方法是把企业目标转化为信息系统战略的全过程，它的工作步骤如下。

1）描述企业的战略目标

首先要对企业的高层管理人员进行深入调查，要了解他们是如何使用信息的，从哪获取信息，企业的现状，企业的目标是什么，高层管理人员需要什么支持信息来进行决策等情况。

2）定义企业过程

定义企业过程是 BSP 方法的核心。只有熟知企业过程，才能识别信息系统的需求。企业过程是逻辑上相关的一组决策和活动的集合，这些决策和活动是管理企业资源所需要的。整个企业的管理活动由许多企业过程组成。识别企业过程的目的是了解信息系统的工作环境，对企业如何完成其目标有深刻的了解。

（1）定义企业过程的方法。

企业过程是构成信息系统的基础，按照企业过程所建造的信息系统，在企业组织结构变化时可以不必改变，或者说信息系统相对独立于组织结构。识别企业的业务处理过程可以通过三方面来实现。

① 战略计划和管理控制。战略计划通常是指企业的长期总体计划、投资计划、资源开发计划等，例如紧急预测、生产分析、企业发展目标、市场产品预测、组织规划、生产线模式等，可以把企业战略计划和管理控制方面的过程列于表 4-7。

表 4-7 战略计划和控制过程

战 略 计 划	管 理 控 制
经济预测	市场/产品预测
组织计划	工作资金计划
政策开发	雇员水平计划
放弃/追求分析	运营计划
预测管理	预测
目标开发	测量与评价
产品线模型	

② 产品和服务。任何产品均有一定的生命周期,包括要求、获得、服务、退出四个阶段,每一个阶段对应一些管理过程,这些过程如表 4-8 所示。

表 4-8 产品和服务过程

要 求	获 得	服 务	退 出
市场计划	工程设计开发	库存控制	销售
市场研究	产品说明	接受	订货服务
预测	工程记录	质量控制	运输
定价	生产调度	包装储存	运输管理
材料需求	生产运行		
能力计划	购买		

③ 支持资源。支持资源是企业必需的一部分,包括资金、人才、材料和设备等。管理人员通过各种资源支持他们的目标,只有研究他们管理资源的各种活动和决策过程才能总结出企业各组织的管理功能。通过支持资源识别企业过程,其方法类似于产品和服务,由资源的生命周期出发列举企业过程,如表 4-9 所示。

表 4-9 支持资源过程

资源	生 命 周 期			
	要 求	获 得	服 务	退 出
资金	财务计划成本控制	资金获得接收	公文管理银行账会计总账	会计支付
人事	人事计划工资管理	招聘转业	补充和收益职业发展	终止合同退休
材料	需求生产	采购接收	库存控制	订货控制运输
设备	主设备计划	设备购买建设管理	机器维修家具、附属物	设备报损

识别过程是 BSP 方法成功的关键,输出应有以下文件:一个过程组及过程表;每一过程的简单说明;一个关键过程的表,即识别满足目标的关键过程;产品/服务过程的流程图;系统组成员能很好地了解整个企业的运营是如何管理和控制的。

(2) 建立组织过程和组织关系。

用组织过程矩阵将组织机构与组合过程构成联系起来,以明确各个组织机构与过程的联系(见表 4-10)。该矩阵中 M 表示主要参与部门,S 表示部分参与部门。

表 4-10　过程/部门矩阵

部门	过程				
	销售	购买材料	财务报表处理	成本核算	市场计划
市场部	M				M
财务部	S	S	M	M	S
生产部		M			

3) 定义数据类

在定义了企业过程后，下一步的工作是对由过程所产生、控制和使用的数据，按照逻辑上的相关性进行分析和归并，以减少数据冗余。识别企业数据的方法有两种：企业实体法和企业过程法。

(1) 企业实体法。实体有顾客、产品、材料以及人员等客观存在的东西。企业实体法以矩阵形式列出企业实体与数据类的关系，如表 4-11 所示。

表 4-11　数据/企业实体矩阵

企业实体 数据类	产品	顾客	设备	材料	卖主	现金	人员
计划/模型	产品计划	销售领域市场计划	能力计划设备计划	材料需求生产调度		预算	人员计划
统计/汇总	产品需求	销售历史	运行设备利用	开列需求	卖主行为	财务统计	生产率盈利历史
库存	产品成本零件	顾客	设备机器负荷	原材料成本材料单	卖主	财务会计总账	雇用工资技术
业务	订货	运输		采购订货	材料接收	接收支付	

(2) 企业过程法。对每一个过程进行分析，包括过程的输入数据、输出数据是什么，采用输入-处理-输出图来表达过程的输入、处理、输出的关系(见图 4-16)。

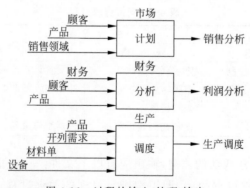

图 4-16　过程的输入-处理-输出

4) 建立过程与数据类的关系

过程和数据类定义好之后，可以用过程/数据矩阵来表示过程和数据之间的关系。过程/数据矩阵又称为 U/C 矩阵。

(1) 建立 U/C 矩阵。

在 U/C 矩阵中，将过程作为行，数据类作为列，如果某个业务过程产生某个数据类，就在该列对应的矩阵中填 C(Create)；如果某个业务过程使用某个数据类，就在该列对应的矩阵中填 U(Use)，如图 4-17 所示。例如经营计划功能要使用有关成本和财务的数据，则在这些数据下面的"经营计划"行上标记符号 U；若产生的是计划数据，在"计划"下"经营计划"行上标记符号 C。

数据类 \ 功能	客户	订货	产品	加工路线	材料表	成本	零件规格	原材料库存	成品库存	职工	销售区域	财务	计划	设备负荷	材料供应	工作令
经营计划						U						U	C			
财务规划						U				U		U	U			
产品预测	U	U									U		U			
产品设计开发	U		C		U		C									
产品工艺			U	C			U	U								
库存控制								C	C						U	U
调度			U											U		C
生产能力计划				U										C	U	
材料需求			U		U										C	
作业流程				C										U	U	U
销售区域管理	C	U	U													
销售	U	U	U								C					
订货服务	U	C	U													
发运		U	U							U						
会计	U		U							U						
成本会计		U				C										
人员会计										C						
人员招聘考核										U						

图 4-17 U/C 矩阵的建立

(2) 定义信息系统结构。

采用 U/C 矩阵来分析和识别将要开发的信息系统和各个子系统及子系统之间的数据流。具体步骤如下。

① 调整 U/C 矩阵。首先，将过程按照过程组排列，每一过程按发生的先后顺序排列。其次，调整数据类的横向位置，使矩阵中的 C 最靠近从左上到右下的主对角线。

② 系统逻辑功能的划分。把 U 和 C 最密集的区域用线条框起来，每一个小方块就构成了子系统。划分子系统时应注意，沿对角线一个接一个地画，既不能重叠，又不能漏掉任何一个数据和功能，如图 4-18 所示。

BSP 方法是根据信息的产生和使用来划分子系统的，它尽量把信息产生的企业过程和使用的企业过程划分在一个子系统中，从而减少了子系统之间的信息交换。

4.5.4 信息系统规划的策略

信息系统规划策略是指信息系统规划的总体指导思想。目前，常用的信息系统规划策略有自顶向下策略和自底向上策略。

功能	数据类	计划	财务	产品	零件规格	材料表	原材料库存	成品库存	工作令	设备负荷	材料供应	加工路线	客户	销售区域	订货	成本	职工
经营计划	经营计划	C	U													U	
	财务规划	U	U													U	U
技术准备	产品预测	U		U									U	U			
	产品设计开发			C	C	U							U				
	产品工艺			U	U	C	U										
生产制造	库存控制						C	C	U		U						
	调度		U						C	U							
	生产能力计划									C	U	U					
	材料需求			U		U					C						
	作业流程						U	U	U	C							
销售	销售区域管理			U									C	U	U		
	销售			U									U	C	U		
	订货服务			U									U		C	U	
	发运			U				U					U		U		
财会	会计			U									U			U	U
	成本会计														U	C	U
人事	人员计划															C	C
	人员招聘考核																U

图 4-18 使用 U/C 矩阵划分子系统

1. 自顶向下策略

在自顶向下的信息系统规划策略中,组织的高层管理者认为当前组织中的所有业务和系统都是可以改进的。在这种思想指导下,从企业的经营管理战略导出信息系统的战略规划,设置信息系统的建设目标,并不断分解细化,制定和采取一系列达到这些目标的措施。采用自顶向下策略,管理人员按照组织分工、部门设置、业务流程等把设置的目标分解成多个小目标,即从整体上协调和规划,把大问题分解为小问题、把长期问题分解为短期问题、把复杂问题分解为简单问题。这种方法的优点是信息系统建设的需求明确,规划更有针对性。由于这种开发策略要求很强的逻辑性,因而难度较大,但这是一种更重要的策略,是信息系统走向集成和成熟的要求。

2. 自底向上策略

在自底向上的信息系统规划策略中,组织中的某个业务单元出现了问题,管理人员才采取措施解决这些问题,这种规划方法源自于组织底层的业务人员。在这种策略中,经常把若干职能目标集成到一个目标中。与自顶向下策略相比,这种方法并不要求对组织的整体进行规划,通常是由中层管理人员或底层业务人员驱动的。自底向上规划方法的优点是可以避免出现系统大规模运行不协调的风险,缺点是由于缺乏从整个系统出发考虑问题,随着信息系统的发展,往往要做出许多重大修改,甚至重新规划和设计。

3．混合策略

为了充分发挥上述两种策略的优点，在实际中往往可以综合起来应用。自顶向下策略适用于一个组织的总体规划方案的设计，而自底向上策略适用于具体业务信息系统的规划设计。因此，在用自顶向下策略确定了一个信息系统的总体规划方案以后，再采用自底向上策略，对一个个业务系统进行具体功能和数据的分析与分解，并逐层归纳到决策层。

习题

一、名词解释
1. 可行性研究
2. 信息系统规划

二、简答题
1. 什么是管理信息系统的规划？管理信息系统规划的内容是什么？
2. 管理信息系统规划的过程是什么？
3. 系统调查的内容是什么？
4. 可行性研究包括哪些内容？
5. 什么是关键成功因素？应用关键成功因素的步骤是什么？
6. U/C 矩阵有何作用？
7. 诺兰模型有何实用意义？它把信息系统的成长过程划分为哪几个阶段？

第5章 管理信息系统的开发

本章包括管理信息系统开发过程、管理信息系统的开发方法、管理信息系统的开发方式、管理信息系统开发工具、管理信息系统开发管理这些内容。

5.1 管理信息系统开发过程

本节介绍了系统开发的总体规划和阶段划分。

5.1.1 系统开发的总体规划

实践证明,在一个较大的单位中,试图开发一个单个、高度综合的总的管理信息系统,首要的问题是必须有一个信息系统的总体规划。在总体规划的指导下,按照优先次序分配资源,具体开发一个个子系统,才能保证这些子系统与其他子系统相适应。

系统的总体规划由以下内容组成。

1. 确立信息系统的战略目标

采用战略集转化方法,把企业总的战略看成一个集合,转化为管理信息系统的目标与战略:确定企业的目标与战略,确立管理信息系统的任务,对环境进行分析评价,制定管理信息系统的目标与战略。

2. 分析企业的信息需求

可采用企业系统规划方法或战略数据规划方法对信息需求进行认真分析。工作的重点是:定义企业过程和数据模型,分析研究现行系统对企业的支持,研究管理部门对系统的要求,确定新信息系统的体系结构,确立新信息系统的实现优先顺序。

3. 制订资源分配计划

在总体规划的指导下,根据各子系统的优先次序,在具备了所需的资源后,就可以进行具体的项目(子系统)的开发了。当然对较小的企业,只要信息需求已经很清楚,也可以直接开发其信息系统。

5.1.2 系统开发的阶段划分

1．系统准备规划阶段

当一个企业的现行系统因种种原因已不能适用发展的需要，用户提出企业管理信息系统的开发请求后，就可为此成立一个开发机构负责对现行系统进行初步调查，研究当前企业存在的问题，以及存在的问题是否可以通过一个新的信息系统或修改现行系统就能解决。提出系统开发规划，对用户设想管理信息系统达到的目标、新系统的功能范围、基本工作过程以及对关键性的问题做出明确的描述。同时，还要进行可选方案的经济、技术和社会可行性分析研究，提出可行性分析报告。

2．系统分析阶段

系统分析的目的是解决"做什么"的问题，它是在可行性分析的基础上，针对现行系统进行全面的调查，分析企业的业务流程，分析数据和数据流程，分析功能与数据之间的关系，并通过使用一系列的图表工具，构造出新系统的逻辑模型。

3．系统设计阶段

系统设计阶段是解决"怎么做"的问题，它根据新系统的逻辑模型建立系统的物理模型，也就是根据新系统逻辑功能的要求，考虑系统的规模和复杂程度等实际条件，进行若干具体设计。系统设计包括模块设计、代码设计、输入输出设计、文件或数据库设计、可靠性设计等，最后确定系统的实施方案。

4．系统实施阶段

系统实施阶段是真正解决"具体做"的问题，它是新系统付诸实现的实施阶段。系统实施阶段是具体实现系统设计阶段的新系统的物理模型。它主要包括软硬件准备、程序设计、数据收集与准备、人员培训、系统测试、系统转换（即新旧系统的交接）等内容。

5．系统维护与评价阶段

系统交付使用，投入运行后，需要不断进行维护，修改程序，增加系统功能以适应变化。系统运行一段时间后，要对系统的工作质量和经济效益进行综合评价，整理成系统评价报告，作为系统验收和改进质量的依据。

5.2 管理信息系统的开发方法

管理信息系统的开发方法包括生命周期法、原型法、面向对象的开发方法以及 CASE 开发方法。

5.2.1 生命周期法

生命周期法是建立信息系统最古老的方法，今天依然用于中型或者大型的复杂系统项目的开发上。该方法假设一个管理信息系统像任何生命机体一样，具有周期性，即有开始、成长、成熟、衰退、结束的过程。按照信息系统的建设和使用过程，把信息系统的生命周期划分为五个阶段：系统规划，也叫项目定义；系统分析；系统设计；系统实施；系统评价与运行管理。

生命周期法把系统开发分为五个阶段，在每个阶段都具有明确的阶段成果，作为和下一个阶段的分界点。系统规划阶段结束之后，形成规划报告；系统分析阶段形成系统分析报告；系统设计阶段形成设计报告；系统实施结束还有项目验收报告。各阶段成果必须经过严格的论证和验收，才能进行下一阶段的工作。整个项目工作必须在项目领导小组的指导和监督下，按计划进行。一个典型的中型开发项目一般需要两年的时间才能交付，还需要一个具有 3～8 年的期望使用寿命。

生命周期法在终端用户和技术专家之间有着明确的分工。技术专家（如系统分析员和程序设计员）负责信息系统的分析、设计、实施工作的大部分；终端用户需要给技术人员提供信息需求和审核技术人员设计的信息系统是否满足他们日常业务处理的要求。每当一个阶段成果结束后，技术人员和终端用户需要停下来，就某些关于开发的信息系统中有争议的问题进行协调。下面就每一阶段的工作进行详细描述。

1．系统规划阶段

系统规划阶段的主要工作是项目定义，项目定义的目的是回答以下问题：为什么我们需要一个新系统项目？我们要用新系统做什么？这个阶段需要确定该组织是否有问题，这些问题是否可以通过建立或改变现有的信息系统得到解决。如果确定此项目是必要的，这一阶段还需要确定系统开发的总目标，说明项目的范围，并制订进一步的工作计划。

2．系统分析阶段

系统分析阶段将详细地分析现存的系统（这个系统可能是人工的或是自动化的）存在的问题，包括系统管理流程、组织结构、数据流程、数据处理方式等多方面的问题。通过分析，确定解决这些问题的方案，并详细地加以描述。然后，由管理层和项目专家一起审核各个方案的可行性。

系统分析阶段需要广泛地收集和调查系统的文档、报告和工作文件，观察系统是如何工作的，尽可能多地发现系统存在的问题。系统分析阶段所收集到的信息将被用来决定信息系统的需求，决定下一步的工作。为了很好地完成这些工作，作为系统分析员要和用户很好地沟通，并能够理解用户的需求。因此，系统分析员需要具备很强的技术知识、管理知识和与人沟通的能力。

3．系统设计阶段

系统设计阶段将把系统分析阶段的方案变成可以实施的逻辑和物理设计说明书，形成的是技术文档，这是程序设计的依据。这一阶段结束也需要与专家和用户一起审核。

4．系统实施阶段

系统实施阶段包括程序设计和系统的安装、转换等工作。程序设计是严格按系统设计阶段的设计说明书的要求,完成程序的编写和调试。目前,一般使用面向对象的程序设计语言作为编程语言。一个大的系统包含成千上万条程序代码,因此,程序设计也需要程序员之间的合作。程序调试通过之后,新系统就要安装运行。系统安装的工作主要是系统测试,系统测试的目的是保证系统在技术上和功能业务方面正常执行,满足用户要求。系统转换是新系统替代旧系统的过程。系统通过测试之后,就要替代旧系统。首先,需要进行系统使用与维护的培训;其次,还要制订一个包括系统转换所有细节的正式的系统转换计划。

5. 系统评价与运行管理阶段

系统评价与运行管理阶段通常也叫系统的后实施阶段,包括系统安装之后和运行过程中对系统运行状态的日常记录、维护与评价。用户和技术专家通过一个正式的后期实施审计,判定新系统满足最初的目标的程度和是否需要进一步修改。经过一段时间,系统可能需要很多维护来满足用户的需求。随着环境的变化,用户的需求发生变化,系统将越来越不能满足用户的要求,新系统开发的要求将被提出来。这个过程就像生命体的一个生命周期。

生命周期法强调完备的文档和正式的文件交接,文档资料完备。但是,它也有缺点和局限性。生命周期法不适合所有的系统开发,比较适合结构稳定、需求定义准确的大型事务处理系统和管理信息系统的开发,复杂的技术系统的开发也适合用生命周期法。另外,由于生命周期法具有花费的时间长、不灵活的特点,因此,该方法排斥个性的发挥,需要过早地定义需求,而且不能改变。由于其开发周期长的特点,用户便不能及早地"看见"将要使用的信息系统,因此,可能导致开发过程中用户不能给予进一步的支持。该方法尤其不适合于用户界面的开发,这些系统缺少结构化特性,不同的用户又有个性化的要求。

5.2.2 原型法

针对生命周期法的缺点和不足,产生了原型法开发方法。原型法的基本做法是根据用户的需求,快速生成原型,然后把原型交给用户使用,让用户评价,在此基础上,再修改原型,逐渐达到用户要求。定义需求、设计原型、交给用户使用并评价,这个过程是不断反复的循环过程,直到用户满意为止。这个过程是设计、试验、改进的无数次反复。原型法和传统的生命周期法相比,具有反复循环的工作过程。具体可分为四个步骤。

(1) 确定用户基本需求。系统分析员初步调查用户的系统,找出用户的基本需求。用CASE工具或面向对象的分析设计方法描述系统需求。

(2) 设计原型。系统设计者使用面向对象的软件工具或CASE工具等,快速创建系统工作的原型。

(3) 使用原型。把原型交给用户使用。

(4) 用户评价。用户使用原型之后,就能够评价原型的好坏、是否满足用户的要求,从而启发用户的进一步需求。

设计人员根据用户的新要求和修改意见,完善设计模型,然后交给用户使用,再让用户评价。即重复步骤(2)~(4),直到用户满意为止。

原型法开发弥补了生命周期法的不足,具有开发周期短、用户满意度高的特点。但是,该方法也有缺点和不足,使用也有其局限性。当需求和设计方案不能在设计开始就确定的时候,该方法最适合。例如,一个证券公司需要统一的信息系统来分析账户执行情况,但是,应该用什么指标评价账户执行情况是合理的？信息来自人工系统,还需要从客户账单取得再合并在一起呢？应该比较报告中的哪些项目？最初,用户可能看不出系统应该如何工作,有的使用功能,甚至是系统开发人员想到了用户的前面。另外,原型法在开发用户界面系统方面尤其适合。该方法能使用户立刻对他们将要使用的系统部分做出反应,并提出进一步的需求。

原型法不适合于大系统的开发,但是可以用于子系统的开发。这种方法往往与生命周期法一起使用。可以用生命周期法开发大系统,到各个子系统的开发中,再采用原型法。采用原型法开发子系统可以鼓励终端用户在系统开发生命周期的过程中积极参与。但是,由于原型法快速开发原型,可能不会形成系统开发过程的详细的文档资料,系统开发的关键步骤可能被掩盖,管理者可能看不到。

5.2.3 面向对象的开发方法

目前,面向对象的程序设计被广泛采用,因此,系统分析设计提供的设计说明书也应该是面向对象的工具图表,这样才能让程序员容易理解。面向对象的开发方法针对面向对象的程序设计的特点,为系统分析设计提供一套图表工具。面向对象的开发方法不同于传统的开发方法,它把业务处理和数据的独立建模转移到数据和处理相结合的对象上。采用类(对象的集合)、对象,以及它们之间的关系描述的方法,定义实体关系。对象像积木一样,被定义、描述、编程、执行和存储。因此,对象具有可以重用的特点。这种方法解决了重用性的问题,减少了代码编写的工作量和费用。采用原型法设计的系统原型,可以用面向对象的程序设计方法快速完成程序设计,缩短系统开发的时间。因此,只有采用面向对象的开发方法设计的原型,才能直接转换为面向对象的程序设计。另外,面向对象的开发方法也适合人的思维习惯和人脑处理问题的方式。因此,采用面向对象开发方法建立的系统分析和设计模型也能够让管理者理解。

采用面向对象的开发方法,在用户界面的详细定义上非常方便。采用这种分析方法,改变了我们过去习惯的面向过程的思维方式。在很多详细的模型设计中,我们可能不需要做处理过程的定义这样的工作了。但是,在系统开发的总体逻辑结构的定义上,系统分析员仍然需要采用生命周期法确定。

5.2.4 CASE 开发方法

计算机辅助软件工程(Computer Aided Software Engineering,CASE)方法是系统开发的自动化方法,是借助于软件开发工具完成系统开发过程中的系统分析和设计的。由于生命周期法开发周期长,开发工作具有不可重复性的特点,一旦系统分析或设计中有错误,或者用户需求发生变化,将导致系统开发工作成本剧增,开发时间增加。因此,系统开发专家探讨出一种用 CAD 技术设计系统模型的方法。该方法可以用自动化软件,快速完成系统分析和设计工作,给出系统模型的各种图表。如果用户和专家不满意,又可以按用户和专家的要求,重新完成设计模型。

目前,CASE 工具很多,许多计算机辅助软件工程工具都提供基于个人计算机的、具有强大图形工具的能力。如产生图表的自动图形工具、屏幕和报告生成器、数据字典、扩充报告工具、分析和检查工具、代码生成器和文档生成器等。多数计算机辅助软件工程工具是基于一个或者多个流行的结构化方法和面向对象的方法的。通常 CASE 工具有以下六个特点。

（1）提供标准的开发方法和设计规则。
（2）能够加强用户和专家的沟通。
（3）能够完成组织和关联设计，并通过设计知识库，实现快速访问。
（4）在容易出错和冗长烦琐的部分，倾向于采用自动化。
（5）提供系统分析、设计、代码生成全过程的自动化。
（6）提供代码到设计、分析的逆向过程的自动化。

许多计算机辅助软件工具是按照它们是否支持系统开发过程的前端或者后端活动分类的。前端计算机辅助软件工具集中在对系统开发早期的系统分析和设计信息的获取，而后端计算机辅助软件工具解决的是编码的生成、测试和维护活动。计算机辅助软件工具能够自动把数据元素与其连接起来。如果数据流程发生了改变，数据字典中反映这些变化的数据元素也将自动地改变，相应的程序也自动改变。计算机辅助软件工具通过自动修正功能提供了建立原型的工具，支持从分析、设计到程序生成的循环修改工作，节省了开发的时间和人力。

计算机辅助软件工具信息库存储着系统分析员在分析过程中定义的所有信息，包括数据流程图、系统设计结构图、实体关系图、数据字典、处理逻辑定义、屏幕和输出报告格式、注释及测试结果等。另外，计算机辅助软件工具具有支持 C/S 计算模式、面向对象程序设计和企业业务流程重组等功能。

5.3 管理信息系统的开发方式

管理信息系统的开发方式有联合开发策略、应用软件包策略和外包策略，下面将逐一介绍。

5.3.1 联合开发策略

联合开发是指组织的 IT 人员和开发公司的技术人员一起工作，完成开发任务。该策略适合于企业有一定的信息技术人员，但可能对信息系统开发规律不太了解，或者是整体优化能力较弱，希望通过信息系统的开发完善培养自己的技术队伍，便于后期的系统维护工作。

合作开发方式需要成立一个临时的项目开发小组，由企业业务骨干（甲方人员）与开发人员（乙方人员）共同组成，项目负责人可由甲方担任或由乙方担任，或者双方各出一位负责人，项目负责人直接对企业的"一把手"负责，紧紧围绕项目开发这一任务开展工作。该项目组是一个结构松散的组织，其人员与运作方式随着项目开发阶段的不同而不同，可根据需要随时增减人员与调整工作方式。

项目组应严格挑选与控制人员。经验告诉我们，在信息系统开发这种特殊的项目中随意增加人员，并不能加快系统开发的进程。该方式强调在开发过程中通过共同工作，逐步培养企业自身的人才。项目开发任务完成后，项目组一般会自行解散，后期的系统维护工作将主要由企业自身的人员承担。

另外,该方式还强调合作双方关系的重要性,建立一种诚信的、友好的合作关系对完成项目是至关重要的。

由于合作开发方式具有很强的针对性与灵活性,在我国被广泛采用,曾经是我国管理信息系统项目开发中的主流开发方式。它的优点是相对于委托开发方式比较节约资金,可以培养、增强企业的技术力量,便于系统维护工作;缺点是双方在合作中易出现扯皮现象,需要双方及时达成共识,进行协调和检查。

5.3.2 应用软件包策略

应用软件包(Application Software Package,ASP)策略是通过购买应用软件包的办法建设本组织的信息系统,这是目前广泛采用的方法。应用软件包是由软件供应商提供预先编写好的应用软件以及相应的系统建设服务的方法。应用软件包提供的范围可以是一个简单的任务,也可以是复杂的大型系统的全部管理业务。

应用软件包之所以被广泛采用,一是因为对于很多组织来说,都有共同的特性,如都包括财务管理、人事管理和库存管理等职能。实际上,很多组织都具有标准、统一的工作程序。二是应用软件包策略减少开发时间和费用。当存在一个适合的软件包时,组织就可以直接使用,这样减少了很多开发过程的浪费。三是软件供应商在提供软件时,一般都提供大量的持续的系统维护和支持,可以满足用户不断适应市场变化的需要。四是软件供应商提供了先进的工作流程。很多大的软件公司,如德国的SAP公司,都有一些高级人才从事流程设计,因此,体现在软件中的管理流程往往是最先进的。

对于组织的特殊要求,软件供应商还可以提供定制(Customization)服务。定制服务允许改变软件包来满足一个组织的特殊需求,而无须破坏该软件包的完整性。一些软件包采用组件开发思想,允许顾客从一组选项中仅仅选择他们所需要的处理功能的模块。

但是,没有一个软件包的方案是完美的。无论多么优秀的软件在解决具体企业的具体问题时,都会存在软件中找不到对应的功能部分的问题。因此,软件的二次开发是难免的,即都有定制的要求,大量的定制给项目建设带来风险和困难,因此,选择合适的软件是应用软件包策略首先要考虑的问题。其次,如果定制要求很多,系统建设费用将成倍增长。而这些费用属于隐藏费用,软件包最初的购买价格往往具有欺骗性。另外,项目建设中的有效管理是控制过程成本的有效途径。

5.3.3 外包策略

如果一个组织不想使用内部资源或者没有内部资源来建立信息系统或者运转信息系统,它可以雇用专门从事这些服务的组织来做这些工作,这种把组织的计算中心操作、远程通信网络或者应用开发转给外部供应商的过程称为外包。

外包是目前比较流行的信息系统建设方式。主要是因为多数组织认为外包是一种低成本建设信息系统的策略。尤其是对于那些业务波动的组织,外包策略提供给它们的是使用后付费方式,有效地降低了组织的成本。对于软件供应商来说,外包也使他们从规模经营中获得效益。通过提供具有竞争力的服务,外包软件的供应商获得稳定的收益。外包策略有很多优点：①降低成本。②获得标准流程的服务支持。③减少技术人员的需求。④降低信息系统建设的风险。

外包是组织资源外部化的一种方式,因此,外包常常引发一系列问题,如组织可能失去对信息系统的控制,甚至是组织关键资源的控制。当信息系统的控制转向外部时,往往意味着组织商业秘密的外部化。如果组织不限制外包供应商为其竞争对手提供服务或开发软件的话,可能会给组织带来危害。因此,组织需要对外包信息系统进行管理,还需要建立一套评价外包供应商的评鉴标准,并建立相应的约束机制,如在合同中写明提供给其他客户类似的服务要征得该组织的同意等条款。认真设计外包合同是减少风险的一种有效办法。

5.4 管理信息系统开发工具

本节主要讨论组件和对象、组件的构造、组件软件的设计模式、组件软件的架构,以及几种不同的组件模型。

5.4.1 基于组件技术的信息系统开发

面向对象技术衍生了组件(Component)技术,组件技术为软件开发提供了改良的方法,这些原理共同建立了一种主要的新的技术趋势。组件技术据称是近二十年来软件领域非常大的成就。组件(或面向组件)包含了解决目前危急的软件问题的关键原理。组件具有两个特点：分布性(Distribution)和可重用性(Reusability)。组件原理包括组件的下层构造、软件模式、软件架构、基于组件的开发。

1. 组件与对象的对比

组件是软件系统中具有相对独立功能、接口由契约指定、和语境有明显依赖关系、可独立部署、可组装的软件实体。C++ Builder 中,一个组件就是一个从 Component 派生出来的特定对象。组件可以有自己的属性和方法。属性是组件数据的简单访问者。方法则是组件的一些简单而可见的功能。使用组件可以实现拖放式编程、快速的属性处理以及真正的面向对象的设计。

组件可以被认为是面向对象和其他软件技术的化身。区分组件和其他先前的技术有四个原则：封装(Encapsulation)、多态性(Polymorphism)、后期连接(Late Binding)和安全性(Safety)。这些原则与面向对象是重复的,除了删除了继承(Inheritance)这个重点。在组件思想中,继承是紧密耦合的白盒(White-Box)关系,它对于大多数形式的包装和重复使用都是不适合的。组件通过调用其他的对象和组件重复使用功能,代替了从它们那儿继承。在组件术语中,这些调用称为委托(Delegation)。

所有组件都拥有与它们的实现对应的规范。这种规范定义了组件的封装(例如它为其他组件提供的公共接口)。组件规范的重复使用是多态性的一种形式,它受到高度鼓励,组件技术是软件的可重用性的基础。理想情形是,组件规范是本地的或全局的标准,它在系统、企业或行业中被广泛地重复使用。

组件利用合成(Composition)来建立系统。在合成中,两个或多个组件集成到一起以建立一个更大的实体,而它可能是一个新组件、组件框架或整个系统。合成是组件的集成。结合的组件从要素组件中得到了联合的规范。

如果组件符合客户端调用和服务规范,那么不需要额外编写代码就能够实现交互操作(Interoperate)。这被称为即插即用(Plug-and-Play)集成。在运行时,这是后期执行阶段的一种连接形似。例如,某个客户端组件可以通过在线目录发现组件服务器(类似 CORBA Trader 服务)。组件符合客户端和服务接口规范后,就能够建立彼此之间的运行时绑定,并通过组件的下部构造实况无缝连接。

理想的情形是,所有组件都将完全符合它们的规范,并且从所有的缺陷中解放了出来。组件的成功的运行和交互操作依赖于很多内部和外部因素。安全性属性可能是有用的,因为它可以最小化某个组件环境中的全部类的缺陷。随着社会日益依赖于软件技术,安全性已经成为一种重要的法定利害关系,并成为计算机科学研究中的最重要的课题之一。例如,Java 的垃圾收集(Garbage Collection)特性保证了内存的安全性,或者说从内存分配缺陷(在 C++程序中这是有问题的)中解放出来了。其他类型的安全性包括类型安全性(Type Safety,用于保证数据类型的兼容性)和模块安全性,它控制着软件扩展和组件合成的效果。

2. 组件的构造

主要的平台厂商都把自己的未来寄托在组件产品线上。特别地,Microsoft 公司、Sun 公司(已被甲骨文公司收购)、IBM 公司和 CORBA 社团都已经通过大量的技术和市场投资建立了重要的组件下部构造。这些组件下部构造(Microsoft 公司的.NET 和 Sun 公司的 Enterprise JavaBeans 包含了 CORBA)都是与行业中面向对象的企业应用程序开发部分竞争的主要的下部构造。这些技术通过共同支持的 XML、Web 服务和其他企业应用程序开发的标准把互相之间的交互操作进行了很大的扩充。

在很多了解 Internet 的组织中 Java 应用程序服务器已经取代了 CORBA 的角色。CORBA 缺乏的是对可伸缩性、可靠性和可维护性的直接的支持。现在这些能力都是大多数 Java 应用程序服务器支持的标准特征了。

组件的下部构造对于软件开发有重要的影响。在很多方面,这些下部构造正在向成为主流开发平台的方向前进。因为它们都变成了可以交互操作的(通过 CORBA IIOP),下部构造模型之间的关系都很好理解了。它们的相似点远远大于它们的专利的差异。

下部构造的选择是讨论得最多的一个问题,但是对于组件的实现而言,其重要性却最低。对于共同开发者来说,最重要的问题会在选择下部构造之后遇到。这些问题包括如何掌握使用这种技术进行设计、如何架构系统、如何协调彼此之间的开发工作。

3. 软件的设计模式

软件的设计模式由能够应用于所有组件下部构造的软件知识的共同主体组成。软件设计模式是检验过的用于解决特定类别的结构上的软件问题的设计方法,它们已经备案以供其他开发者重复使用。其他重要的模式类别还包括分析模式和反模式。分析模式定义了对业务信息进行建模的检验过的方法,它可以直接应用于新软件系统和数据库的建模。

软件设计模式是组件的一个必要的元素。新的、可以重复使用的组件的开发要求的设计、规范和实现都有专家级的质量。经过检验的设计方案对于建立成功的应用程序系列的组件架构和框架是有必要的。通常,在没有检验过的设计观念中偶然性变数太多了。

软件设计模式的流行可以看作对面向对象在实践中的缺点的反映。AntiPatterns 解释了人们开发面向对象软件系统(以及其他类型的系统)时通常犯的错误。想要建立成功的系统不仅仅需要基础的面向对象的原理。设计模式解释了有效的软件设计所需要的额外的、改善的想法。分析模式提出了概念和数据的有效建模所必须包含的改善的想法。

在软件开发中彻底改造设计思想仍然是很普遍的,这导致了"试验-错误"实验法的风险和延迟。实际上,大多数软件方法鼓励彻底地改造,把它作为开发的一般模式。给定了需求的改变、技术革新和分布式计算的挑战压力之后,彻底改造对于很多环境都是不必要的风险。这种意见特别适用于组件的开发,在这种情形中缺陷和重新设计的代价可能影响多个系统。

总而言之,软件设计模式可以用知识的重复使用(Knowledge Reuse)来描述。有趣的是大多数模式都被认为像专家级开发者的常识一样简单。但是,对于大多数开发者来说,模式是技术训练中必要的部分,它可以帮助开发者获得世界级的结果。

4. 软件的架构

软件的架构涉及从早期的系统概念到开发和操作范围内的系统结构的计划和维护。好的架构是稳定的系统结构,它可以适应需求和技术的改变。好的架构确保了系统的生命周期中人们需求(例如质量)的持续的满意度。可以重复使用的组件是良好的架构的例子。它们支持稳定的接口规范,可以适应改变,是在很多系统环境中重复使用的结果。

软件架构在组件的设计、规范和使用中扮演着重要角色。软件的架构提供了组件设计和重复使用的设计环境。组件在软件架构的预定义方面扮演一定的角色。例如,组件框架就可能预定义了系统的某个重要部分的架构。

5.4.2 组件模型

组件模型定义组件的制作方法、运行方式以及相互作用机制。本节介绍目前流行的两种组件模型:COM/(建立在 COM 基础之上的)DCOM 组件模型、CORBA 组件模型,最后引入一种便于提高组件构造效率的、更真实地反映现实世界的源码级组件模型——KCOM 组件模型。

1. COM/DCOM 组件模型

COM(Component Object Model)是一种平台独立的、分布式、面向对象的系统,用于创建可交互操作的二进制软件组件。COM 是 Microsoft 公司的 OLE(复合文档)、ActiveX(可用于 Internet 的组件),以及许多其他技术的基础。COM 最初是由 Microsoft 公司提出并独立发展的,现在,它已交给一个独立的组织管理。

为了理解 COM 以及所有建立 COM 基础之上的技术,有一点必须铭记在心,那就是 COM 不是一种面向对象语言,而是一种标准。COM 也不指定一个应用程序应该如何构建。语言、结构,以及实现细节都留给应用开发人员。COM 指定一种组件模型以及 COM 组件(或对象)之间相互作用所需具备的编程要求。COM 组件可以分布在同一个进程内,或者在不同的进程间,甚至是远端的机器上。COM 组件可以用不同的语言编写,结构也可以有很大的不同。COM 被认为是一种二进制标准,因为它是一种当程序被编译成二进制机器码后才起作用的标准。

COM 对语言的唯一要求就是必须能创建结构指针,并且能显式地或隐式地通过指针调用函数。面向对象语言,如 C++、Smalltalk 等,都提供简化 COM 组件实现的编程机制。其他语言环境,如 C、Pascal、Ada、Java、BASIC 等也都能创建和使用 COM 组件。

COM 定义了 COM 组件的本质特征。一般来说,软件是由一组数据以及操纵这些数据的函数构成的。COM 组件通过一个或多个相关函数集来存取组件的数据,这些函数集称为接口,而接口的函数称为方法。COM 组件通过接口指针调用接口的方法。

除了指定二进制组件标准,COM 还定义一些基本的接口以提供一些所有基于 COM 组件的技术所公有的函数。此外,COM 还提供一些所有组件所需要的 API 函数。

DCOM(Distributed Component Object Model,扩展 COM)用以支持不同计算机之间的对象通信,这些计算机可以位于局域网、广域网,甚至是互联网。

DCOM 是 COM 这一世界流行的组件技术的自然发展,因此可以在充分利用已有的基于 COM 的应用程序、组件、工具、知识等的基础之上转向分布式计算。DCOM 使用户能将重点放在真正的商业应用上,而不必关心太多的网络协议细节。

DCOM 位于应用程序的组件之间,将组件以不可见的方式胶合在一起组成具有完整功能的应用程序。

2. CORBA 组件模型

CORBA(Common Object Request Broker Architecture)是 OMG(Object Management Group)制定的开放的、独立于开发商的体系结构和基础构造。通过 CORBA,计算机应用程序可以通过网络协同运作。因为使用标准的 IIOP(Internet Inter-ORB Protocol),两个基于 CORBA 的程序,不管是来自任何开发商、运行在何种机器、采用哪种操作系统和编程语言、通过不同的网络,都可以相互操作。

OMG 成立于 1989 年,是开发商、开发人员,以及最终用户的联盟。OMG 的目标是鼓励一种对象管理体系结构(OMA)的发展和标准化,这种对象管理体系结构提供在异种网络上面向对象的分布式组件的广泛互操作性。CORBA 规范构成 OMA 体系结构的核心。

CORBA 的体系结构是基于面向对象技术的,并且是围绕着如下三个关键成分构建的:OMG 的接口定义语言(IDL)、对象请求代理(ORB)、标准协议(IIOP)。在对一个分布式系统进行初始的分析和设计之后,紧接着就是定义对象的接口。对象接口表达客户端和服务器端应用程序之间的协议。在 CORBA 系统中,使用 IDL(Interfaces Definition Language)来描述接口。IDL 是独立于语言的,它的语法和 C++相似,包括模块结构、接口、操作、属性、用户自定义类型、异常等。IDL 并不指明接口的实现方式。不同的 CORBA 产品有不同的处理实现描述的方法。所有的 CORBA 产品都生成基于 IDL 定义的指定语言的绑定。C 语言是第一个由 CORBA 指定的映射语言,此外,OMG 还认可 C++、Java、Smalltalk 等语言绑定。IDL 定义可以存储在一个接口仓库中,客户端可以使用接口仓库进行类型检查以及执行动态接口操作。

ORB(Object Request Broker)是 CORBA 系统的核心。一个 ORB 将客户端应用程序的请求递送到服务器端应用程序。客户端的接口完全独立于对象的实现。对分布式系统开发人员来说，底层的 ORB 实现方式是不重要的。重要的是 ORB 的接口和对象的接口是否有足够好的定义以提供跨整个分布式环境的统一的框架，以及通过 ORB 建立起来的应用程序在不同平台之间是否能很好地沟通。ORB 提供一种将客户端请求传达到目标对象实现的机制。ORB 通过降低客户端对方法调用细节的了解程度而简化分布式开发，它使得客户端的请求看上去像是本地过程调用。当客户端调用一个方法，ORB 负责找到对象的实现，必要时激活对象，将请求递送给对象，并将任何响应结果返回给调用者。

IIOP 定义一整套数据格式化规则，这些规则称为 CDR，并且是按 CORBA 的接口定义语言所支持的类型来制定的。IIOP 还通过使用 CDR 数据格式化规则定义了一套消息类型，这些消息类型支持 CORBA 核心规范中所有的 ORB 语义。CDR 格式化规则和消息类型共同构成一个抽象的协议——GIOP(General Inter-ORB Protocol)，GIOP 消息可以通过任何传输协议发送，如 TCP/IP、SPX 协议、SNA 协议等。但是，为了确保 ORB 产品之间的互操作性，IIOP 规范要求 ORBS 发送 GIOP 消息时要通过 TCP/IP，因为 TCP/IP 是 Internet 上的面向连接的标准传输协议。简单来说，GIOP 加上 TCP/IP 就是 IIOP。

CORBA 引人注目的特征包括：①极广泛的平台和编程语言支持；②面向对象方法完全兼容，以保持分布式应用程序的灵活性和可升级性；③具有广泛的开发商、开发人员和用户支持；④开放的、可互操作的体系结构；⑤包含一种灵活的对象间通信的互联网协议标准；⑥支持面向对象的分布式应用程序；⑦成熟的对象概念；⑧接口和实现之间的良好分隔。

CORBA 组件能运行于任何一种平台之上，特别是在 UNIX 平台上，它已经成为编写分布式应用程序以及中间件的标准组件模型。CORBA 从一开始就是为了成为一种跨平台的分布式组件标准，经过多年的发展，已经成为一种成熟、完备的组件模型。CORBA 和 COM/DCOM 之间一直是一种竞争关系，因为 Microsoft 公司只极力推崇自己定义的 COM/DCOM，因此 Microsoft 公司所提供的流行的开发工具，如 Visual C++、Visual Basic 等，都不支持 CORBA 组件的编程，这对 CORBA 在 Windows 这一最主要的操作系统平台上的普及造成了极大的障碍。

3. KCOM 组件模型

无论是 COM/DCOM，还是 CORBA，它们都烙有很深的计算机软硬件系统的印记。人们构建组件模型的目的是提供描述、反映、模拟现实世界的方法和工具。虽然计算机是实现工具，但是人们的组件模型应该尽量避免受到计算机软硬件系统的影响，想办法构建最接近现实世界的组件模型。此外，一个好的组件模型应该成为普通人的日常工具，而不应该只是计算机专家的专有工具。下面介绍一种全新的组件模型——KCOM 组件模型。

KCOM Space 是一种组件开发及运行平台，KCOM 组件模型是 KCOM Space 的最重要的组成部分。KCOM 这个名称由 K 和 COM 组成。K 是 Knowledge 的首字母，代表知识和智能；COM 是 Component 的缩写，也是 Commerce 的缩写，代表组件以及商务。KCOM 既代表 KCOM 组件模型，也表示它是一种用于实现和运行电子商务的知识化、智能化的工具平台。

KCOM 组件模型建立在这样的观念之上：组件可以层层包裹，同一层次的组件相互之间不直接作用，而是通过父(外层)组件间接作用，父组件相对子(内层)组件而言起了胶合作用。父组件和子组件之间通过消息通信，父组件通过子组件的名称向子组件发送消息。

子组件因为无法知道父组件的名称而只能向外广播消息，隐含的接受者就是父组件。一个组件接收到的消息来自两方面：父组件和子组件。组件的事件与方法本质上是一样的，从父组件发给子组件的消息称为方法，从子组件发给父组件的消息称为事件。

KCOM 组件的子组件的物理位置可以分布在网络的不同地方，只要能通过某种方式传递消息，父组件和子组件就可以看成一个统一的整体。KCOM 组件的这一特性表现为分布式组件计算。KCOM 组件所包含的子组件可以是动态的，每时每刻都可以有新的子组件加入进来，也可以有子组件离开。一个最明显的例子可以很好地说明动态组件的概念：如果将商店看成一个父组件，而顾客视为子组件，那么顾客和商店之间就构成这样一种动态关系。

由于 KCOM 组件之间是包含的关系，子组件相对父组件是一种局部的关系，因此 KCOM 组件的命名规则就很简单了，只要在同一层组件之间名称不重复就可以了，而每一个 KCOM 组件所包含的子组件的数目是有限的，这样对 KCOM 组件来说，就不必要有像 GUID 这样的全局的标识。对于位于网络不同位置的 KCOM 组件，可以通过网络地址加上组件名称来标识。

KCOM 组件模型的目标就是最真实地反映现实世界。现实世界就是由大大小小的组件构成的，大到宇宙，小到原子，组件层层包裹。物质世界如此，人类社会的组成也是这样，从作为个体的人，到集体，到整个社会，都可以用组件加以描述。

5.5 管理信息系统开发管理

本节主要包括管理信息系统开发项目管理的流程、组织机构、基本内容与步骤这些方面。

5.5.1 管理信息系统开发项目管理的流程

管理信息系统的开发是一项涉及面广、技术难度大的综合性系统工程，需要投入大量的人力、财力、物力、时间等资源，对整个企业组织的改革与发展会产生很大的影响。只有对企业管理信息系统的整个开发过程按照系统的观点使用现代项目管理的科学理念和方法进行控制，才可能以较小的投入，取得较为理想的效果。

1. 项目管理的概念

项目管理是指在一定资源如时间、资金、人力、设备、材料、能源、动力等约束条件下，为了高效率地实现项目的既定目标(即到项目竣工时计划达到的质量、投资、进度)，按照项目的内在规律和程序，对项目的全过程进行有效的计划、组织、协调、领导和控制的系统管理活动。项目是具有明确目标的一次性任务，具有明显的生命周期，阶段性强。项目管理是面向所有工程项目的管理，是运用系统科学的原理对工程项目进行计划、组织与控制的系统管理方法。项目管理要解决的基本问题就是如何按所选择的研制方法，对开发项目进行有效的计划、组织、协调、领导、控制。

项目的管理是"一把手"工程，领导参与是关键。项目经理必须合理配置项目参加人员，制定项目建设的有关规范，及时产生详尽的报表，正确评价项目的进展情况。

近年来，世界各国都开始对信息系统的建设实施项目管理，不少软件开发商还提供了项目管理软件，如美国 Microsoft 公司的 Project 2000、美国 Primavera 公司的 Project Planner P3 和 OS/2 3.0、我国北京梦龙公司的 PERT 3.0 等。这些软件主要用于编排项目的进度计划，通过资源的分析和成本管理，合理配置资源使计划进度更为合理，同时按计划来安排工程进度，并对进度进行动态跟踪与控制等。

2. 加强信息系统开发项目管理的重要意义

已经在国民经济诸多领域中成功运用的项目管理方法，也完全可以用于信息系统开发项目的管理。管理信息系统开发是一项长期的任务，必须根据企业组织的改革、发展的需要和可能，分成若干项目，分步进行开发。信息系统的"开发项目"包含信息系统分析、设计和实施的整个过程。它由项目负责人（项目经理）负责，利用可获得的资源为用户组织系统的建设。根据系统科学的观点，小项目可以构成一个大项目，一个大项目可以分解成若干小项目。项目管理实质上是保证整个系统开发项目顺利、高效地完成的一种过程管理技术，贯穿于系统开发的整个生命周期。信息系统开发也是一项系统工程项目，如同其他工程项目一样，研制开发一个信息系统也需要在给定的时间内计划、协调、合理使用和配置各种资源。对信息系统进行项目管理的重要性有以下四点：①可以进行系统的思考，进行切合实际的全局性安排；②可为项目人力资源的需求提供确切的依据；③通过合理的计划安排对项目进行最优化控制；④能够提供准确、一致、标准的文档数据。

5.5.2 企业信息系统开发项目管理的组织机构

要想保证信息系统开发工作的顺利启动，首先要建立项目的组织机构——项目组。项目组可以由负责项目管理和开发的不同方面的人员组成，项目组由项目组长或项目经理来领导。一般来说可以根据项目经费的多少和系统的大小来确定相应的项目组。项目组根据工作需要可设若干小组，小组的数目和每个小组的任务可以根据项目规模、复杂程度和周期长短来确定，可以设立的小组有过程管理小组、项目支持小组、质量保证小组、系统工程小组、开发与测试小组、系统集成与安装调试小组等。一个好的项目组不一定能保证项目的成功，但一个差的管理组将肯定会导致项目的失败。因此，在建立项目组时要充分利用项目组每个成员的特长，坚持将正确的开发方法贯穿始终。

1. 项目经理（项目组长）

项目经理（项目组长）是整个项目的领导者，其任务是保证整个开发项目的顺利进行，负责协调开发人员之间、各级最终用户之间、开发人员和广大用户之间的关系。同时他拥有资金的支配权，可以把资金作为强有力的工具来进行项目管理。对项目经理的资金运用情况可采用定期向上级汇报等方法进行合理监督。

项目经理在实施项目领导工作时，要时刻注意所开发的系统是否符合最初制定的目标；在开发工作中是否运用了预先选择的正确的开发方法；哪些人适合于做哪些工作等。只有目的明确、技术手段适合、用人得当，才能保证系统开发的顺利进行。

对于小型项目,项目经理可以独立进行工作,直接管理各类开发技术人员,必要时可以求得外部机构的支持;对于中型项目,应划分出各个任务的界限,由不同的人去管理,项目经理通过这些人来实施各项管理工作;对于大型项目,应有专门的管理机构进行辅助管理,项目经理应能保证其思想的实施,并通过管理机构对开发技术人员的工作实施管理,同时注意对其产品的审核。

2．过程管理小组

过程管理小组的任务是负责整个项目的成本及进度控制、进行配置管理、安装调试、技术报告的出版、培训支持等任务,这是一个综合性的机构,用以保证整个开发项目的顺利进行。

3．项目支持小组

项目支持小组的任务是保障后勤支持,它要及时提供系统开发所需要的设备、材料;负责进行项目开发的成本核算;负责合同管理、安全保证等,特别是对大型项目而言,由于其涉及的资金巨大、开发人员众多、材料消耗也多,尤其要进行科学的管理。

4．质量保证小组

质量保证小组的任务是及时发现影响系统开发质量的问题并给予解决。问题发现越早,对整个项目的影响越小,项目成功的把握就越大。

5．系统工程小组

由于信息系统开发是一项系统工程,因此可以按照工程的一般特性,用系统的观点制定出系统开发各个阶段的任务,这是系统工程小组的工作职责,即将整个开发过程按阶段划分为若干任务,规定好每个任务的负责人、任务的目标、检验标准、完成任务的时间等。只有明确每一项任务的责、权、利,才能使得开发工作顺利进行。

6．开发与测试小组

开发与测试小组的任务是充分利用系统开发的一些关键技术、开发模型以及一些成熟的商品软件从事各子系统的开发与集成,并对各子系统进行测试。这是整个开发项目的关键,因此要组织好该小组的成员,并采用统一的方法和标准进行工作。

7．系统集成与安装调试小组

系统集成是对整个信息系统进行综合的过程,该小组成员在充分注意软件、硬件产品与所开发的信息系统之间的结合,注意在最大限度地保证系统可靠性及发挥系统的最高效率的前提下,完成信息系统的软件、硬件等各方面的集成,并做好整个系统的测试与安装调试工作。

5.5.3 管理信息系统开发项目管理的基本内容与步骤

在具体实施管理信息系统开发项目管理时,可按下面五个步骤来进行。

1. 任务分解

任务分解(Work Breakdown Structure,WBS)又叫任务划分或工作分解结构,是把整个信息系统的开发工作定义为一组任务的集合,这组任务又可以进一步划分成若干子任务,进而形成具有层次结构的任务群,使任务责任到人,落实到位,运行高效。任务划分是实现项目管理科学化的基础,虽然进行任务划分要花费一定的时间和精力,但是在整个系统开发过程中将会越来越显示出它的优越性。

任务划分包括的内容有任务设置、资金划分、任务计划时间表、协同过程与保证完成任务的条件。

任务设置是在统一文档格式的基础上详细说明每项任务的内容、应该完成的文档资料、任务的检验标准等;资金划分是根据任务的大小、复杂程度,所需的硬件、软件、技术等多种因素确定完成这项任务所需的资金及分配情况;任务计划时间表是根据所设置的任务确定完成的时间;协同过程与保证完成任务的条件是指在任务划分时要考虑为了完成该项任务所需要的外部和内部条件,即哪些人需要协助、参与该项任务,保证任务按时完成的人员、设备、技术支持、后勤支持是什么等。在进行了任务划分之后,将这些任务落实到具体的人,并建立一张任务划分表,在这张表中标明任务编号、任务名称、完成任务的责任人,其中任务编号是按照任务的层次对任务进行编码,最高层的任务为1,2,3,…,对任务1的分解为1.1,1.2,1.3,…,对任务2的分解为2.1,2.2,2.3,以此类推。

任务划分的主要方法有以下三种。

1) 按系统开发项目的结构和功能进行划分

按这种方法可以将整个开发系统分为硬件系统、系统软件、应用软件。硬件系统可分为服务器、工作站、计算机网络环境等,考虑这些硬件的选型方案、购置计划、购置管理、检验标准、安装调试计划等内容,制定相应的任务;系统软件可划分为网络操作系统软件、后台数据库管理系统、前台开发平台等,考虑这些软件的选型、配件、购置、安装调试等内容,并制定相应的任务;对于应用软件可将其划分为输入、显示、查询、打印、处理等功能,考虑对系统进行需求分析、总体设计、详细设计、编程、测试、检验标准、质量保证、审查等内容,并制定相应的任务。

2) 按系统开发阶段进行划分

按照系统开发中的系统分析、系统设计、系统实施及系统实施中的编程、系统测试、系统安装调试、系统试运行、系统运行等各个阶段划分出每个阶段应该完成的任务、技术要求、软硬件系统的支持、完成的标准、人员的组织及责任、质量保证、检验及审查等项内容,同时还可根据完成各阶段任务所需的步骤将这些任务进行更细一级的划分。

3) 将 1)和 2)结合起来进行划分

采用这种方法主要是从实际应用考虑,兼顾两种方法的不同特点而进行。

在进行任务划分过程中应特别注意以下两点。

一是划分任务的数量不宜过多,但也不能过少。过多会引起项目管理的复杂性与系统集成的难度;过少会对项目组成员,特别是任务负责人有较高的要求,而影响整个开发。因此应该注意任务划分的恰当性。

二是在任务划分后应该对任务负责人赋予一定的职权,明确责任人的任务、界限、对其他任务的依赖程度、确定约束机制和管理规则。

2．计划安排

依据任务划分即可制订出整个开发及项目管理计划,并产生任务时间计划表。开发计划可以划分为配置计划、应用软件开发计划、测试和评估计划、验收计划、质量保证计划、系统工程管理计划和项目管理计划等。

计算机硬件系统、系统软件配置计划包括:
(1) 建立系统基准。
(2) 配置、选型、购置、安装调试过程。
(3) 在变化的情况下如何保持系统基准的稳定。
(4) 最终产品的文档。

应用软件开发计划包括:
(1) 将用户需求转化为相应的项目。
(2) 软件开发过程。
(3) 集成软件的过程。
(4) 测试软件的过程。

测试和评估计划包括:
(1) 整个系统的集成。
(2) 整个系统的测试。
(3) 给用户展示系统的工作情况。
(4) 准备给用户使用系统。

验收计划包括:
(1) 准备验收文档。
(2) 如何将最终系统提供给用户。

质量保证计划包括:
(1) 验证开发质量。
(2) 确定外部产品质量。

系统工程管理计划包括:
(1) 管理全部系统开发任务。
(2) 跟踪用户对系统开发的需求。

项目管理计划包括:
(1) 何时及如何完成任务。
(2) 建立完成的策略和标准。
(3) 各种计划的协调。

计划安排还包括培训计划、安装计划、安全性保证计划等。当这些计划制订出来后,可以画出任务时间计划表,标明任务的开始时间、结束时间,标明任务之间的相互依赖程度。这个任务时间计划表可以按照任务的层次形成多张表,系统开发的主任务可以形成一张表,它是所有子任务时间计划表建立的基础。这些表是所有报告的基础,同时还可以帮助对整个计划实施监控。任务时间计划表的建立可以有多种方法,可以采用表格形式,也可以使用图形来表达，还可以使用软件工具，其表达方式取决于实际的应用需求。

3．项目经费管理

项目经费管理是信息系统开发项目管理的关键因素，项目经理可以运用经济杠杆来有效控制整个开发工作，达到事半功倍的效果。在项目管理中，赋予任务负责人一定职责的同时，还要赋予其相应的支配权，也要对其进行适当的控制。

在经费管理中要制订两个重要的计划，即经费开支计划和预测计划。

经费开支计划包括：

（1）完成任务所需的资金分配。

（2）确认任务的责权和考虑可能的超支情况。

（3）系统开发时间表及相应的经费开支。

（4）如果需要变动，及早通知项目经理。

预测开支计划包括：

（1）估计在不同的时间所需的经费情况。

（2）了解项目完成的百分比。

（3）与经费开支计划相比较。

（4）允许项目经理做有计划的经费调整。

4．项目审计与控制

项目审计与控制是整个项目管理的重要部分，它对于整个系统开发能否在预算的范围内按照任务时间表来完成相应的任务起着关键的作用。相应的管理内容和步骤如下。

（1）制定系统开发的工作制度。按照所采用的开发方法，针对每一类开发人员制定出其工作过程中的责任、义务、完成任务的质量标准等。

（2）制订审计计划。按照总体目标和工作标准制定出进行审计的计划。

（3）分析审计结果。按计划对每项任务进行审计，分析执行任务计划表和经费的变化情况，确定需要调整、变化的部分。

（4）控制。即根据任务时间计划表和审计结果，掌握项目进展情况，及时处理开发过程中出现的问题，及时修正开发工作中出现的偏差，保证系统开发工作的顺利进行。

对于系统开发中出现的变化情况，项目经理要及时与用户和主管部门联系，取得他们的理解和支持，及时针对变化情况采取相应的对策。

5．项目风险管理

信息系统开发项目实施过程中，尽管经过前期的可行性研究以及一系列管理措施的控制，但其效果一般来说还不能过早地确定，它与风险联系着，可能达不到预期的效果，费用可能比计划的高，实现时间可能比预期的长，而且，硬件和软件的性能可能比预期的低等。因此，任何一个系统开发项目都应具有风险管理，这样才能充分体现出成本分析的优点。

1）风险管理注意事项

在风险管理中应注意的是：

（1）技术方面必须满足需求，应尽量采用商品化技术，这样可以降低系统开发的风险。

（2）开销应尽量控制在预算范围之内。

(3) 开发进度应尽量控制在计划之内。

(4) 应尽量与用户沟通,不要做用户不知道的事情。

(5) 充分估计到可能出现的风险,注意倾听其他开发人员的意见。

(6) 及时采纳减少风险的建议。

总之,风险管理也是项目管理的重要内容,是项目经理的特别职责。

2) 风险管理过程

风险管理过程可以划分为以下几个步骤。

(1) 风险辨识。首先列出一个潜在问题表,然后再考虑其中有哪些问题会出现风险。风险的确定应听取技术专家和广大用户的意见。潜在的风险源包括：①在总体规划和系统分析阶段所进行的需求分析不完全、不清楚、不稳定、不可行,最终影响软件集成和系统集成。设计结果的可用性、可实施性、可测试性较差,影响系统的后续开发工作。②在程序设计过程中,可能出现的非一致性或系统的支持较差。③在整个开发过程中,遇到困难和问题时,开发人员可能出现的矛盾和不协调性将影响系统开发的质量和开发进度。④在实施项目管理过程中,计划的准确性、可监控性、经费运用及分配情况等都将对整个开发工作产生影响。

(2) 风险分析。对辨识出的风险进行进一步的确认后分析风险概况,即假设某一风险出现后,分析是否会有其他风险出现,或是假设这一风险不出现,分析它将会产生什么情况,然后确定主要风险出现最坏情况后,如何将此风险的影响降低到最小,同时确定主要风险出现的个数及时间。

(3) 风险缓和。通过对风险的分析确定出风险的等级,对高级的风险要制定出相应的对策,采取特殊的措施予以处理,并指定专人负责重要风险项目的实施,同时在风险管理计划中进行专门的说明。

(4) 风险跟踪。对辨识后的风险在系统设计开发过程中进行跟踪管理,确定还会有哪些变化,以便及时修正计划。具体内容包括：①实施对重要风险的跟踪；②每月对风险进行一次跟踪；③风险跟踪应与项目管理中的整体跟踪管理相一致；④风险的内容和对项目开发的影响应随着时间的不同而相应地变化。

因此,在项目实施管理过程中,随时研究项目的风险并做出相应的对策是管理工作不可缺少的。通常影响项目内在风险的因素有三个：项目的规模、业务的结构化程度以及项目的技术难度。

3) 风险管理方法

项目管理中,通常根据项目风险水平进行组织和管理。为了搞好项目,管理可采用如下四种措施和技术。

(1) 项目组与用户结合的外部结合措施和技术。如用户项目管理组织、用户参加的项目小组和用户指导委员会。

(2) 项目组协调工作的内部结合措施和技术。如项目评审会、备忘录和项目组参与决策。

(3) 任务结构化、条理化、规范的计划措施和技术。如关键路线图、抓重大事件以及项目审批程序等。

(4) 估计项目进程的规范化控制措施和技术。如具有差异分析的一系列正式的状态报告。

通常,任务的结构化程度越低,越需要外部与用户的高度结合。采用难度大的高技术项目通常借助于高度的内部项目结合和规范化很低的计划和控制。规范化高的计划和控制对技术难度低而规模大的项目最为有用。

如果一个风险高的项目获得成功,将能得到最大的期望效益。当冒着某种风险去实现规模大、非结构化的高技术项目时,把具有不同风险和不同项目组织管理的一些项目结合起来,可以使企业获得令人满意的结果。

对信息系统的建设来说,项目管理中风险管理十分重要,因其涉及方方面面的开发人员和广大的最终用户。为了保证系统开发的顺利进行,除了要建立一整套的管理职责和规范,坚持将一种正确的开发方法贯穿始终外,还要做好各类人员的思想沟通,使开发项目组的全体人员自始至终都能保持一个声音说话。

习题

一、选择题

1. 系统可行性研究不包括(　　)。
   A. 经济可行性分析　　　　　　　　B. 操作可行性分析
   C. 社会可行性分析　　　　　　　　D. 技术可行性分析
2. 外包策略的优点有(　　)。
   A. 降低成本　　　　　　　　　　　B. 对技术人员数量要求少
   C. 培养自己的技术人才　　　　　　D. 降低系统建设风险
3. 关于管理信息系统开发项目管理描述正确的是(　　)。
   A. 任务分解可以按照开发阶段划分
   B. 对无风险项目无须进行风险管理
   C. 项目组成员内部沟通比用户沟通更重要
   D. 不要采纳存在风险的建议

二、名词解释

1. 生命周期法
2. 原型法
3. 外包
4. 组件
5. CASE

三、简答题

1. 原型法有什么优缺点?
2. 简述系统分析的目的。
3. 什么是项目管理?
4. 生命周期有哪几个阶段?

第 6 章

管理信息系统的应用

本章包括管理信息系统的切换和运行、人员培训、维护、评价、审计等内容。

6.1 管理信息系统的切换和运行

本节包括管理信息系统切换的方案选择和准备工作。

6.1.1 系统切换的方案选择

管理信息系统开发完成后,经过调试与测试,可以准备投入运行。这时,必须将所有的业务从原有的老系统切换到新建立的管理信息系统。从旧系统到新系统的切换问题,即系统切换。系统进行切换时,不纯粹是信息技术的问题,项目管理方面的问题也是系统切换必须注意的。对于一个大系统,可以根据各个子系统的不同情况,采取不同的切换方法。常用的切换方法有以下三种。

1. 直接切换

直接切换是在指定时刻,旧的信息系统停止使用,同时新的信息系统立即开始运行,没有过渡阶段。这种方案的优点是转换简便,节约人力、物力、时间。但是,这种方案是三种切换方案中风险最大的。一方面,信息系统虽然经过调试和联调,但隐含的错误往往是不可避免的。因此,采用这种切换方案就是背水一战,没有退路可走,一旦切换不成功,将影响正常工作。另一方面,切换过程中数据准备、人员培训、技术更新等都可能造成切换失败。此外,任何一次新旧交替,都会面临来自多方面的阻力,许多人不愿抛弃已经得心应手的旧系统而去适应新系统。当新系统出现一些瑕疵时,他们就会把抱怨、矛盾都转移到对新系统的使用上,这样,将大大降低系统切换成功的概率。直接切换示意图如图 6-1 所示。

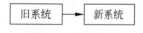

图 6-1 直接切换

为了降低直接切换的风险,除了充分做足准备工作之外,还应采取加强维护和数据备份等措施,必须做好应急预案,以保证在新系统切换不成功时可迅速切换回旧系统。这种方式一般适用于一些处理过程不太复杂、数据不是很重要的情况。

2. 并行切换

并行切换是在一段时间内,新旧系统各自独立运行,完成相应的工作,并可以在两个系统间比对、审核，以发现新系统的问题并进行纠正，直到新系统运行平稳了，再抛弃旧系统。并行切换的优点是转换安全，系统运行的可靠性最高，切换风险最小。但是该方式需要投入双倍的人力、设备，转换费用相应增加。另外，对于不愿抛弃旧系统的人来说，他们使用新系统的积极性、责任心不足，会延长新旧系统并行的时间，从而加大系统切换代价。这种方式比较适用于银行、财务和一些企业的核心系统。并行切换示意图如图 6-2 所示。

3. 分段切换

分段切换是指分阶段、分系统逐步实现新旧系统的交替。这样做既可避免直接方式的风险，又可避免并行运行的双倍代价，但这种逐步转换对系统的设计和实现都有一定的要求，否则是无法实现这种逐步转换的，同时，这种方式接口多，数据的保存也总是被分为两部分。分段切换示意图如图 6-3 所示。

图 6-2　并行切换　　　　　图 6-3　分段切换

6.1.2　系统切换的准备工作

1. 管理部门制订切换计划书

管理部门制订详细的系统切换计划书，包括系统切换各个阶段的进展时间、参与人员、设备到位、资金配备等。管理信息系统的切换涉及整个企业的每个角落，同样是"一把手"工程，不能只依赖于企业信息部门或者少数密切相关的部门。在切换过程中，各个业务部门必须对所涉及的业务流程进行审核、模拟、确认和协调，所以在整个过程中要有企业权威的管理部门和领导负责，并且相关业务部门都要有专人参与进来。

2. 切换人员培训

在系统切换前，需要对整个企业从上到下进行动员，让每个员工了解企业信息化的发展动向，及系统切换将会带来哪些变化和改善。新系统的使用人员中大多数来自于原来的系统，他们熟悉原来的业务处理方式，但是缺乏有关计算机方面的知识和对新系统的了解。因此，为了保障新系统的顺利转换和运行，必须对有关人员进行培训，使他们了解计算机的基本原理和操作方法，明白新系统能为他们提供什么服务以及个人应当对系统负什么责任，要真正从技术、心理、习惯上完全适应新系统。

1) 用户操作培训

可以把各系统的业务流程和用户操作手册打印成册并制作演示光盘，发放给各相关部门。同时，可以通过考试的形式督促各部门认真学习并掌握。另外，需要培训用户学会看计算机的 IP 地址，以方便信息部门员工或者信息系统提供商使用远程控制进行操作指导；培训用户注意浏览网上发的通知，以加大工作信息交流的广度和速度。

2）信息部门人员培训

一般情况下，企业信息部门人员都不会很多，特别是在系统上线时，系统运行现场指导、问题收集都会出现人手不足的情况，加之新系统上线肯定会有来自多方面的压力。所以，一方面要全面掌握新系统，另一方面要做好工作压力骤然增大的心理准备。

3．数据准备

数据准备是系统切换工作中的一项基础工作，也是一项艰巨的任务。首先要对旧系统的数据进行备份，然后对财务等重要部门的数据要找专人进行核对，以杜绝旧系统中的错误数据的导入及在旧系统中数据导出过程中可能发生的意外，同时也对一些细节的数据进行检查。

有的数据可能是旧系统没有的，需要手工录入；有的数据需要从旧系统经过合并、转换导入新系统。不管是哪种情况，都需要工作人员认真、细致地完成。否则，问题会在系统切换时集中爆发，后悔莫及。

4．制定系统切换的应急预案

系统切换应急预案主要是为了处理在系统切换过程中可能发生的各种问题，一方面保障系统平稳切换，另一方面在新系统无法正常运行时快速切回旧系统，以保障各项业务正常开展。

6.2 管理信息系统的人员培训

管理信息系统是一个人机系统，需要有各类不同人员一起工作，互相配合，才能充分发挥系统的作用。这些人员主要承担信息系统中人工处理业务和计算机的操作工作，他们是否理解以及是否知道如何有效地使用系统，是系统实施成功与否的关键。一个技术上一流的信息系统，如果没有操作熟练的工作人员和用户的友好配合，同样会导致系统不能充分发挥作用甚至遭到非议。因而，对系统相关人员的培训工作显得十分重要，是系统投入应用的重要前提，也是系统实施阶段的一项重要内容。对于大中型企业或部门用户，人员培训工作应列入该企业或部门的教育计划中，在系统开发单位配合下共同实施。

6.2.1 培训对象

在系统投入运行前，需要进行培训的人员包括终端操作用户、系统操作与维护人员以及企业各个层次的管理决策人员。

1．终端操作用户

终端操作用户是管理信息系统的直接使用者，统计资料表明，管理信息系统在运行期间发生的故障，有相当一部分是由于使用方法错误而造成的，所以，终端操作用户的培训应该是人员培训工作的重点。终端操作用户主要指直接操作和使用计算机进行业务处理的业务人员。要求他们必须做到：①从事与本业务处理的相关系统操作，如系统启动、关闭、日常运行、打印输出、简单故障排除、数据录入、简单编码等。②能够协助系统维护人员排除系统故障等。

2．系统操作与维护人员

系统操作与维护人员主要指计算机操作员、数据录入人员及计算机的软硬件维护人员。他们共同的职责是对计算机机房、计算机及其辅助设备、应用软件进行维护和管理,保证设备的正常运行,提供所需的支持性服务。对于这类工作人员来说,要求具有一定的计算机软硬件知识,掌握设备的操作运行规则,以及故障的检测、排除等维护工作,并对新系统的原理和维护知识有较深刻的理解。

3．管理决策人员

管理决策人员是指不直接操作系统的企业或部门的领导人员。新系统能否顺利运行并获得预期目标,在很大程度上与这些管理决策人员有关。大量事实说明,许多管理信息系统不能正常发挥预期作用,其原因之一就是没有注意对有关事务管理人员的培训,因而没有得到他们的理解和支持。因此,可以通过培训,向他们说明新系统的目标、功能、结构和运行过程,以及对企业组织结构、工作方式等产生的影响。

6.2.2 培训内容

对人员的培训,总体包括下列内容：系统的总体方案与系统分析设计思想；系统网络的操作与使用；系统的功能结构；计算机的操作与使用；系统运行规则与管理制度；数据库系统、开发工具等系统软件知识；系统事务型业务功能的操作和使用方法；系统维护功能的操作和使用方法；系统统计分析功能的操作和使用方法；系统的参数设置；系统初始数据输入功能的操作和使用方法；可能出现的问题及解决方法；汉字的输入方法；系统的使用权限与责任。

当然,并不是系统的所有使用人员都要进行上述全部内容的培训,毕竟不同岗位的人员所需的知识并不相同,因此,培训也应该有针对性地进行。在系统实施的过程中,在不同阶段对不同的培训对象进行不同层次、不同程度、不同领域的培训课程,帮助培训对象理解和使用系统,可以参考表 6-1 中的建议进行培训内容的选择。

表 6-1 工作岗位与培训内容

培训内容	工作岗位		
	终端操作用户	操作与维护人员	管理决策人员
系统的总体方案与系统分析设计思想	√	√	√
系统网络的操作与使用		√	
系统的功能结构		√	√
计算机的操作与使用	√	√	
系统运行规则与管理制度	√	√	√
数据库系统、开发工具等系统软件知识		√	
系统事务型业务功能的操作和使用方法	√	√	
系统维护功能的操作和使用方法		√	
系统统计分析功能的操作和使用方法		√	√
系统的参数设置		√	

续表

培训内容	工作岗位		
	终端操作用户	操作与维护人员	管理决策人员
系统初始数据输入功能的操作和使用方法	√	√	
可能出现的问题及解决方法		√	
汉字的输入方法	√		
系统的使用权限与责任	√	√	√

6.2.3 培训方式

一般来说，人员培训的方式有如下几种。

1. 直接引进与脱产进修

系统操作与维护人员应采取直接引进或者脱产进修的方式。小型的企业一般可以直接从外部引进系统操作与维护人员。但在较大的企业和部门中，系统操作与维护人员一般由计算机中心和计算机室的计算机专业技术人员担任，他们的培训多采用脱产进修的方式。

2. 讲座与报告会

管理决策人员的培训可以通过讲座、报告会的形式普及管理信息系统的有关知识。对管理决策人员进行培训时，必须做到通俗、具体，尽量不采用与实际业务领域无关的计算机专业术语。

3. 在职培训

对于系统操作人员一般采用在职培训的方式。针对具体的操作系统，对各岗位的工作人员开展有针对性的操作培训，保证每个人都能够熟练操作自己的系统。具体的培训方式可以根据实际需要灵活设置，通常采用如下四种方式：集中授课；模拟训练；机上帮助；在使用中进行指导。

6.2.4 培训时间

无论企业采用哪一种方式，一般都要求培训工作有充分的提前量。这不仅是为了在系统完成之后就可以立即投入使用，而且可以对硬件和软件进行及时的检验和进一步的修改与完善。实际上，系统操作与维护人员、管理决策人员的培训一般在项目启动之初就开始，系统操作与维护人员的培训更是伴随项目的整个实施过程；系统安装、调试完成后，将安排所有终端操作用户的培训，培训将根据用户在系统中的权限及责任范围分批分组进行。

6.3 管理信息系统的维护

管理信息系统投入运行之后，就进入了系统运行与维护阶段。一般管理信息系统的使用寿命短则四五年，长则达到 10 年以上。在系统的整个使用过程中，都将伴随着系统维护工作的进行。

6.3.1 系统维护的必要性和目的

管理信息系统需要在使用中不断完善,系统维护的必要性有:①经过调试的系统难免有不尽如人意的地方,或有的地方效率可以提高,或有使用不够方便的地方;②管理环境的新变化,对信息系统提出了新的要求。

系统维护的目的是保证管理信息系统正常而可靠地运行,并能使系统不断得到改善和提高,以充分发挥作用。因此,系统维护就是为了保证系统中的各个要素随着环境的变化而始终处于最新的、正确的工作状态。

6.3.2 系统维护的类型

按照每次进行维护的具体目标,系统维护可分为以下四类。

1. 完善性维护

完善性维护就是在应用软件系统使用期间为不断改善和加强系统的功能和性能,以满足用户日益增长的需求所进行的维护工作。在整个维护工作量中,完善性维护居第一位,约占 50%。

2. 适应性维护

适应性维护是指为了让应用软件系统适应运行环境的变化而进行的维护活动。适应性维护工作量约占整个维护工作量的 25%。

3. 纠错性维护

纠错性维护的目的在于纠正在开发期间未能发现的遗留错误。对这些错误的相继发现,并对它们进行诊断和改正的过程称为纠错性维护。这类维护约占总维护工作量的 21%。

4. 预防性维护

其主要思想是维护人员不应被动地等待用户提出要求才做维护工作。

图 6-4 给出了四种维护工作在系统维护中所占的比例。

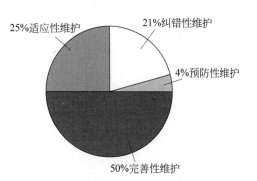

图 6-4 四种维护工作在系统维护中所占的比例

6.3.3 系统维护的内容

1. 程序的维护

程序的维护是指修改一部分或全部程序。在系统维护阶段,会有部分程序需要改动。

根据运行记录,发现程序的错误,这时需要改正;或者是随着用户对系统的熟悉,用户有更高的要求,部分程序需要修改;或者是由于环境的变化,部分程序需要修改。

2. 数据文件的维护

数据是系统中最重要的资源,系统提供的数据全面、准确、及时程度是评价系统优劣的决定性指标。因此,要对系统中的数据进行不断更新和补充,如业务发生了变化,从而需要建立新文件,或者对现有文件的结构进行修改。

3. 代码的维护

随着系统环境的变化,旧的代码不能适应新的要求,必须进行修改,制定新的代码或修改旧的代码体系。代码维护困难不在代码本身的变更,而在于新代码的贯彻使用。当有必要变更代码时,应由代码管理部门讨论新的代码方案,确定之后以书面形式交给相关部门专人负责实施。

4. 机器、设备的维护

系统正常运行的基本条件之一就是保持计算机及其外部设备的良好运行状态,这是系统运行的物质基础。机器、设备的维护包括机器、设备的日常维护与管理。一旦机器发生故障,要有专门人员进行修理,保证系统的正常运行。有时根据业务需要,还需对硬件设备进行改进或开发。同时,应该做好检修记录和故障登记的工作。

5. 机构和人员的变动

信息系统是人机系统,人工处理也占有重要地位,为了使信息系统的流程更加合理,有时有必要对机构和人员进行重组和调整。

6.3.4 系统维护的管理

系统的修改,往往会"牵一发而动全身"。程序、文件、代码的局部修改,都可能影响系统的其他部分。因此,系统的维护必须有合理的组织与管理。

1. 提出修改要求

业务人员以书面形式向系统主管领导提出某项工作的维护要求。

2. 领导批准

系统主管领导进行一定的调查后,根据系统情况,考虑维护要求是否必要、是否可行,做出是否修改和何时修改的批示。

3. 分配任务

系统主管向有关维护人员下达任务,说明修改内容、要求及期限。

4. 验收成果

系统主管对修改部分进行验收。验收通过后,再将修改的部分加入系统中,取代原有的部分。

5．登记修改情况

登记所做的修改，作为新的版本通报用户和操作人员，指明系统新的功能和修改的地方。

6.3.5 系统使用与维护说明书

系统使用与维护说明书主要是面向用户服务的。其内容可分为使用说明部分和维护说明部分。使用说明部分通常是面向一般的业务人员，他们是计算机系统的最终用户。这些业务人员一般没有计算机专业知识，他们关心的是如何正确地使用该系统，从而解决自己的业务问题。维护说明部分面向具有一定计算机专业知识的技术人员，他们也是用户的一部分，其工作是维护计算机系统，使之正常运行，为业务人员提供计算机服务。系统使用和维护说明书具体包括以下六项内容。

（1）概述。系统使用和维护说明书的用途及有关专业术语、用户注意事项。
（2）系统简介。包括系统功能概要、运行环境、系统性能。
（3）系统安装与初始化。包括系统安装（硬件装配和软件装配）、系统启动与自动检测（附屏幕操作命令）、初始数据库的建立（附屏幕操作命令和样本）。
（4）系统结束处理和备份数据库的复制。
（5）运行说明。包括运行作业表、操作步骤。
（6）非常规过程。包括应急操作说明、故障恢复再启动过程。

6.4 管理信息系统的评价

管理信息系统评价是对一个信息系统的功能、性能和使用效果进行全面估计、检查、测试、分析和评审，包括：检查系统的目标、功能及各项指标是否达到了设计要求，满足程度如何，差距如何；检查系统中各种资源的利用程度，包括人、财、物，以及软硬件资源的利用情况。

6.4.1 管理信息系统的评价体系

对于不同的项目，评价的目的和内容不尽相同。作为投资者来说，最关心投资效益；作为用户来说，主要关心新系统是否在功能上满足要求；而作为开发者，则希望通过系统评价来认可他们的工作。因此，管理信息系统的评价属于多目标评价问题。

从不同的角度可以建立不同的指标体系。下面列出了管理信息系统建设与运行维护、用户和对外部影响三个角度建立的指标体系。

1．从管理信息系统建设与运行维护角度评价的指标

评价指标有人员情况、领导支持情况、先进性、管理科学性、可维护性、资源利用情况、开发效率、投资情况、效益性、安全可靠。

2. 从管理信息系统用户角度考虑的指标

评价指标有重要性、经济性、及时性、友好性、准确性、实用性、安全可靠性、信息量、效益性、服务程度。

3. 从管理信息系统对外部影响考虑的指标

评价指标有共享性、引导性、重要性、效益性、信息量、服务程度。

6.4.2 管理信息系统的评价方法

1. 多因素加权平均法

多因素加权平均法是以领域专家的主观判断为基础的一类评价方法。其中打分方法就是通常所说的 Delphi 法，即组织专家根据预先拟定的评分标准及专家经验和主观认识各自对评价对象的各个指标进行打分，然后用一定的方法对分数进行综合。该方法具有操作简单、直观性强的特点，一般用多位专家评价等措施来克服主观性强及准确度不高的缺点。该方法具体步骤如下。

（1）建立指标体系。根据系统的目标与功能要求提出若干评价指标，形成信息系统评价的多指标评价体系。

（2）评审指标体系。组织专家对整个评价指标体系进行分析与评审。确定单项指标的权重，权重的确定要能反映出系统目标与功能的要求。

（3）进行单项指标评价。确定系统在各个评价指标上的优劣程度的值。对于定性的指标可以利用效果来估算。

（4）指标综合。进行单项评价指标的综合，得出某一类指标的价值。进行大类指标的综合时，应依次进行，直到得出系统的总价值。

2. 层次分析法

层次分析法（AHP）是由美国运筹学家 Thomas L. Saaty 提出的一种实用的多准则决策方法，主要用于解决难以用其他定量方法进行决策的复杂系统的问题。该方法将定量与定性相结合，充分重视决策者和专家的经验和判断，将决策者的主观判断用数量形式表达和处理，能大大提高决策的有效性、可靠性和可行性。层次分析法是针对现代管理中存在的许多复杂相关关系如何转化为定量分析进行评价的一种层次权重决策分析方法。

运用层次分析法解决实际问题时首先要对问题有明确的认识，弄清问题的范围、要达到的目标、所包括的因素、因素之间的相互关系等，据此进行层次设计，构建问题的阶层模型。其次要进行评估，这种评估是基于成对的比较，经过计算得到针对上一层某元素而言，本层与之有关联的各元素之间重要性次序的数值。最后得到最低层方案的所有元素相对于最高层的重要性的加权值，从而作为方案和措施选择的依据。该方法非常适合于信息系统的评价，尤其适合于多个信息系统的比较。

层次分析法分为五个步骤：①建立层次结构模型；②构造判断矩阵；③层次单排序及其一致性检验；④层次总排序；⑤层次总排序的一致性检验。

3．经济效果评价方法

评价企业应用管理信息系统的经济效果，可以从直接经济效果和间接经济效果两方面来分析。直接经济效果就是通过可直接计量的经济指标来衡量的企业经济效益，通常采用年收益增长额、投资效果系数、投资总额等指标来计算。间接经济效果是指企业应用管理信息系统以后，提高了管理水平，企业效益的增长。

成本-效益分析法是信息系统经济效果评价方法中的一种重要方法。该方法集中于信息系统的成本及效益的量化和度量，计算出表明成本效益的指标，并在各备选项之间进行比较权衡。一般而言，成本效益分析也应该包括那些不可量化的和非财务的效果，如对社会和制度等方面的无形效果。但是在多数情况下，重点放在可量化的成本和效益的权衡上。成本-效益分析为决策者提供了一个量度，这个量度就是用系统所消耗的资源去衡量所获得的效益。典型的成本-效益分析法有四个主要步骤：①选出与一个项目相关的成本和效益；②把这些条目加以量化，并确定其价值；③计算有用的指标；④权衡成本和效益，对项目的利弊得失和可行性做出最后结论。

6.4.3 管理信息系统评价的内容

管理信息系统评价方法主要有定量/定性方法和动态/静态方法。根据管理信息系统是一个社会的、发展的系统特点，要对其有一个全面、正确、公正的评价，必须有一个科学的评价指标体系，其指标包含定量、定性、动态、静态指标。这种多指标评价体系根据各指标参数对系统的贡献，通过加权等方法组合成一个综合指标体系。这个指标体系是评价管理信息系统的依据。管理信息系统评价的内容可以从三方面考虑：系统的技术效果、系统的管理效果和系统的经济效果。

1．系统的技术效果

对管理信息系统技术方面的评价主要是针对系统的性能，包括系统的可靠性、高效性、适应性、可维护性、易用性和可移植性等。

（1）系统的可靠性取决于系统软硬件可靠性和数据可靠性，以及系统的安全保密性。

（2）系统的高效性涉及系统平均无故障时间、联机响应时间、数据处理速度和信息吞吐量等指标。

（3）系统的适应性一方面是指系统适应运行环境的广泛性，能适应不同的硬件接口或操作系统；另一方面是指系统能适应用户需求等客观因素变化的能力，以及系统的可扩充性，体现在性能和功能的可扩充性。

（4）系统的可维护性要求整个系统的模块化程度要高，通过提高每个模块的内聚度，使系统设计和实施达到简明、高效、易于操作、易于修改。

（5）系统的易用性遵循"用户是上帝"的原则，系统应该具有友好的界面和简便快速的输入方法。新用户能在短时间内学会操作，老用户能快速完成操作。

（6）系统的可移植性是指现有系统能通过很少的工作量就能移植到新的软硬件环境中。

2. 系统的管理效果

管理效果反映在企业管理水平的提高上，主要表现在管理体制合理化、管理方法有效化、管理效果最优化、基础数据的完整和统一化，管理人员摆脱烦琐的事务性工作，真正用主要精力从事信息的分析和决策等创造性工作，提高了企业管理现代化水平。同时，要考虑以下几个方面：①领导、管理人员对系统的态度；②信息系统的使用者对系统的态度；③外部环境对系统的评价。

3. 系统的经济效果

经济效果的评价可以从系统费用、系统收益和投资回收期等经济指标进行考核。对经济效果的评价是企业必然要考虑的内容，包括运用货币指标和消费货币指标来评价系统的投资额、运行费用、运行带来的新增效益、投资回收期等。

1）对企业经济效果的评价

（1）成本和效益的比较分析。通过将系统成本与效益进行比较分析，确定信息系统给企业带来的货币指标下的经济效益，如降低供应成本、减少生产或服务成本、增加利润、扩大市场份额等，尽量对本系统的各分系统效益加以定量化。

（2）风险的估量。这会使企业在选择实施信息系统策略时，减少和避开风险，以保证系统达到预期的收益。

（3）对无形资产影响力的评价。包括管理信息系统对企业形象的改观、员工素质的提高所起的作用；对企业的体制与组织结构的改革、管理流程的优化所起的作用；对企业各部门间、人员间协作精神的加强所起的作用。虽然计算机与通信网络也非常重要，但它们是工具，是信息系统的构件。评价信息管理系统要侧重信息方面，因为信息系统好坏的评价依据主要是信息开发与利用的深度，对企业的生存与发展起着性命攸关的作用。

2）对管理信息系统的经济效果的评价

主要包括经济方面和性能方面评价的内容。经济方面评价的内容主要是效果和产生的效益。信息系统的性能方面的评价主要有：数据一致性、准确性；操作方便性、灵活性；系统安全保密性；系统可扩充性。性能指标主要包括：①对信息系统总体水平的评价，如系统的总体结构、地域与网络的规模、所采用技术的先进性、系统的功能与层次、信息资源开发利用的程度等；②对信息系统实用性的评价，考察系统对实际管理工作流是否实用，如可使用性、正确性、扩展性、通用性和可维护性等；③对信息设备运行效率的评价；④对信息系统安全与保密性的评价；⑤对系统文档保存的完整性及备份状况的评价；⑥对现有硬件和软件使用情况的评价。

6.5 管理信息系统的审计

本节主要从信息系统审计的产生与发展、概念与特点、内容、工作流程、风险以及策略这些方面来介绍。

6.5.1 信息系统审计的产生与发展

1. 第一阶段

20世纪60年代末期发展起来的管理信息系统得以广泛应用于企业,使企业可以从整体目标出发,对各项管理信息进行系统和综合的处理,来为企业的管理决策服务。计算机以及信息系统在企业的普及使得这一时期利用计算机进行欺诈舞弊的犯罪事件不断出现,如1973年1月美国"产权基金公司"的保险经营商就利用计算机诈骗了数亿美元。这些事件让负责对实施欺诈的公司进行审计的注册会计师事务所在经济和信誉上都遭受了巨大的损失,美国审计界开始重视信息系统在企业的应用给审计工作带来的风险,并对电子数据处理审计的标准、计算机系统内部控制设置与评审、信息系统审计方法、计算机辅助审计技术和工具(CAATT)等问题进行了详细的研究。

2. 第二阶段

进入20世纪80年代,网络和通信技术的迅速发展使社会对信息系统的依赖性普遍增强,利用计算机犯罪的案件也不断增多。如日本仅1982年一年利用磁卡欺诈犯罪的案件数量就相当于该年之前确认的所有计算机犯罪案件之和;在美国,仅1987年因公司之间间谍利用信息技术窃取公司系统中的信息所造成的损失就高达500多亿美元。这些都说明信息系统的防范体系还很不充分。越来越多的人认识到了信息系统审计的重要性。审计师们开始利用先进的工具和技术,研究与被审计信息系统相联系的有关开发、程序设计和计算机处理的具体过程和内容,以便更好地开展信息系统审计工作。1981年,美国电子数据处理审计师协会(EDPAA)开始举办注册信息系统审计师(CISA)认证考试。日本也在1985年发表了《系统审计标准》,并在全国软件水平考试中增加了"系统审计师"一级的考试。信息系统审计师成为了一种专门的职业。

3. 第三阶段

20世纪90年代以来,互联网技术和信息技术高速持续发展,网络向世界范围不断扩充。人类社会开发利用信息资源的方式和能力发生了很大的变化。信息系统变得越来越复杂化、大型化、多样化和网络化。企业开始注重外部信息的处理效率和利用效益,逐渐对自己价值链上各类信息进行全面的管理和集成,以此来提高企业在市场中的竞争力。世界各国的学者、审计机关和组织都积极对此进行研究与探索。1994年,电子数据处理审计师协会更名为信息系统审计与控制协会(ISACA),从而成为从事信息系统审计的专业人员唯一的国际性组织,这个组织的注册信息系统审计师资格认证也是信息系统审计领域的唯一职业资格认证。

现代以风险为基础的审计模式使得注册会计师在对企业进行审计时必须考虑企业应用信息技术给企业带来的风险,而他们对企业财务会计和内部控制的深刻理解有助于他们采取措施控制这些风险;同时,长期以来在企业信息化过程中积累的审计工作的经验和他们在风险控制方面的良好声誉也有助于他们开展信息系统审计工作。

4. 第四阶段

进入 21 世纪,信息系统呈现大型化、移动互联网化、平台化、大数据化、人工智能化的特点,信息系统审计渐渐普及各个企业和机构。更名后的信息系统审计与控制协会在组织、准则、标准及规范、培训等各个层面逐渐形成了较为完善的信息系统审计体系。随着云平台、大数据、人工智能、5G 移动通信等信息技术的爆发式发展,组织业务流程表现为网络平台化,COBIT(国际通用的信息系统审计标准)5.0 的出台、数字经济的转型政策、新信息技术应用等也为信息系统审计提供了新的研究思路。

6.5.2 信息系统审计的概念与特点

1. 信息系统审计的定义

信息系统审计最早称为计算机审计,是随着计算机在财务会计领域的应用而产生的。早期的计算机应用比较简单,相应地,计算机审计主要关注对被审计单位电子数据的取得、分析、计算等数据处理业务。随着计算机技术应用范围的不断扩展,计算机审计所关注的内容也从单纯的对电子数据的处理,延伸到对计算机系统的可靠性、安全性进行了解和评价。

事实上,还没有一个较为全面、具有权威性的、能够为大多数人接受的信息系统审计的定义。各种组织、政府、公司、学术团体等都在依据自己的需要和理解来为信息系统审计下定义。下面将其中一些较为系统和全面的定义整理出来供参考。

(1) 国际信息系统审计领域的权威专家 Ron Weber 给出了较为严格的定义:收集并评价证据,以判断一个计算机系统(信息系统)是否有效做到保护资产、维护数据完整、完成组织目标,同时最经济地使用资源。

(2) 日本通产省情报处理开发协会给出的定义:为了信息系统的安全、可靠与有效,由独立于审计对象的信息系统审计师,以第三方的客观立场对以计算机为核心的信息系统进行综合的检查与评价,向信息系统审计对象的最高领导层提出问题与建议的一连串的活动。

(3) 我们可将"信息系统审计"界定为:信息系统审计是指根据公认的标准和指导规范,对信息系统从规划、实施到运行维护各个环节进行审查评价,对信息系统及其业务应用的完整性、有效性、效率性、安全性等进行监测、评估和控制的过程,以确认预定的业务目标得以实现,并提出一系列改进建议的管理活动。

2. 信息系统审计的特点

1) 审计的所有领域将全面运用现代信息技术

这就是在审计的理论研究、实务工作、管理模式、知识结构等方面都将运用现代信息技术,使技术与审计高度融通,大大提高审计的工作质量和效率。在实务工作方面,要使审计工作面向计算机内在审计和使用计算机审计转变;审计人员不再只依赖于纸张记录的会计数据,而大部分或全部依赖于磁盘、光盘等介质记录的电子数据,或直接从网络下载的子数据,诸如电子商务之类;审计底稿和审计证据及有关审计档案也全部电子化;审计工作将从定期的现场审计转向实时或定时的在线网络审计,即通过网络分散和连续抽取证据进行审计。在管理模式上，要利用现代信息技术来管理责任与风险俱在的审计行业。

2) 信息数据安全性、可靠性

会计信息化后，企业所提供的会计信息将是各种会计明细信息，因此，审计的工作重点是验证信息的真实可靠性，以及审核进入外部网络的明细信息的安全性。企业内部形成的明细信息的真实可靠性如何，取决企业会计信息化系统内部控制的强弱程度，而审计人员的主要工作将是证实从数据库存取信息的可靠性。为此，应当侧重于验证机内原始凭证数据是否真实可靠、会计凭证数据库的存取是否得当，以及这些数据被不留痕迹修改的风险有多大等问题。对于进入外部网的明细信息，必须通过对整个系统的网络进行安全控制以保证此信息的安全性。会计信息化后，必须对会计信息进行连续审计，这种审计不仅应延伸到进入企业内部网络的明细信息，而且应延伸到进入外部网络系统的详细信息。

3) 计算机专家参与审计工作

会计信息化后，审计工作所面临的会计系统非常复杂，对审计人员的信息技术掌握程度要求非常高，审计人员必须充分利用计算机专家的专业能力进行审计工作。需要计算机专家参与的工作是深层次的、与技术高度融合的审计工作，如数据库的分析评价、网络系统的健全评价、实时监控和审计软件的开发、信息系统应用软件审计等。这些工作，单纯依靠审计人员是难以完成的。审计人员在开展实质性工作前，应与计算机专家交流并拟定专家工作的项目和收集，评价审计证据的索引，以便能充分利用计算机专家的工作结果进行审计判断。

4) 审计的覆盖面将扩大

会计信息化后，审计的对象是以计算机为手段的信息处理系统，这是信息系统审计区别于其他审计的标志，同时这也表明不仅会计信息是审计的对象，其他计算机信息处理系统如企业人力资源管理子系统等也是审计的对象。

5) 对审计人员的素质要求不断提高

会计信息化后，由于审计线索的变化、内部控制的变化、审计对象和内容的扩大及审计方法的变化，决定了对审计人员要求的不断提高。审计人员必须从传统的审计时空观转换为信息化后的电子时空观，具体表现为审计人员进行审计时不再局限于传统纸张上的书面数据，也不局限于会计系统，而是部分或全部依赖于电子数据。同时，审计人员除了掌握传统审计的基本知识外，还应掌握计算机知识及其应用技术、数据处理和管理技术及现代信息技术的应用；不仅要会操作审计软件，而且要能根据需要编写出各种测试审查程序模块。

6.5.3 信息系统审计的内容

一个信息系统不等同于一台计算机。今天的信息系统是非常复杂的，一般由多个部分组成以形成一个商业解决方案。只有各个组成部分都通过评估，判定安全，才能保证整个信息系统的正常工作。因而，信息系统审计业务的主要组成部分如下。

(1) 硬件及环境审计。包括硬件安全、电源供应、空气调节装置和其他环境因素。

(2) 系统管理审计。包括对操作系统、数据库管理系统、所有系统过程及协调性的审计。

(3) 应用软件审计。商业应用软件可能是工资单、发票、基于网络的客户订单处理系统等。对这些软件的审计包括访问控制、授权、确认、错误和特例处理、应用软件中的商业处理流程和补充手册的控制与过程。另外,还要完成对系统开发生命周期的审计。

(4) 网络安全审计。内部和外部与系统的连接审计、周边安全审计、防火墙审计、路由访问控制列表、端口扫描及指令检测是一些典型的检测内容。

(5) 商业连续性审计。包括容错和冗余硬件、备份程序和存储、存档并测试过的灾难恢复/商业连续计划的存储和维护。

(6) 数据完整性审计。目的是详细检查有效数据去核实对系统弱点的适当控制和效果,这些大量的测试可以通过通用的审计软件来完成。

6.5.4 信息系统审计的工作流程

信息系统审计过程与一般审计过程一样,分为准备阶段、实施阶段、审计结论和执行阶段、异议和复审阶段。各阶段的审计的内容主要如下。

1. 准备阶段

准备阶段主要是初步调查被审计单位会计信息系统的基本情况,并拟定合理的审计计划。一般包括以下主要工作。

(1) 调查了解被审计单位会计信息系统的基本情况,如会计信息系统的硬件配置、系统软件的选用、应用软件的范围、网络结构、系统的管理结构和职能分工以及文档资料等。

(2) 与被审计单位明确会计责任和审计责任以及双方的权利、义务和职责等。

(3) 初步评价被审计单位的内部控制制度,以便确定符合性测试的范围和重点。

(4) 确定审计重要性、确定审计范围。

(5) 分析审计风险。

(6) 制定审计方案。

在审计计划阶段,除了对时间、人员、工作步骤以及任务分配等方面做出安排以外,还要合理确定符合性测试、实质性测试的时间和范围,以及测试的审计方法和测试数据。

2. 实施阶段

实施阶段是审计工作的核心,也是会计信息系统审计的核心。主要工作是根据准备阶段确定的范围、要点、步骤、方法,进行取证、评价、综合审计证据,形成审计结论,发表审计意见。实施阶段主要工作应包括以下两方面。

1) 符合性测试

符合性测试是以系统的安全可靠性的检查结果为前提。如果系统安全可靠性非常差,不能让审计人员信赖,则应当根据实际情况决定是否取消内部控制的符合性测试,而直接进行实质性测试并加大实质性测试的样本量。在会计信息系统的符合性测试项目中,主要内容应该是确认输入资料是否正确完整,计算机处理过程是否符合要求。如果系统安全可靠性比较高,则应对该系统给予较高的信赖,在实质性测试时,就可以相应地减少实质性测试的样本量。

2) 实质性测试

实质性测试应该是对被审计单位会计信息系统的程序、数据、文件进行测试,并根据测试结果进行评价和鉴定。进行实质性测试时需要依赖符合性测试的结果。如果符合性测试结果得出的审计风险偏高,而且被审计单位有利用会计信息系统进行舞弊的动机与可能,且又不能提供完整的会计文字资料,此时应该发表保留意见或拒绝表达意见的审计报告。在实质性测试时,可考虑采用通过计算机进行审计的方法,具体包括:

(1) 数据测试法。即将测试数据或模拟数据分别由审计人员经手工核算和被审计单位会计信息系统进行处理,比较处理结果,做出评价。

(2) 受控处理法。即选择被审计单位一定时期的实际业务数据分别由审计人员和会计信息系统同时处理,比较结果,做出评价。

(3) 利用辅助审计软件直接在会计信息系统下进行数据转换、数据查询、抽样审计、查账、账务分析测试等,得出结论,做出评价。

3. 审计结论和执行阶段

审计人员对会计信息系统进行符合性测试和实质性测试后,整理审计工作底稿,编制审计报告时,除对被审计单位会计报表的合理性、公允性和一贯性发表审计意见,做出审计结论外,还要对被审计单位的会计信息系统的处理功能和内部控制进行评价,并提出改进意见。审计报告完成后,先要征求被审计单位的意见。审计报告一经审定,所做的审计结论需通知并监督被审计单位执行。

4. 异议和复审阶段

被审计单位对审计结论如有异议,可提出复审要求。审计部门可组织复审结论和决定。特别是被审计单位会计信息系统有了新的改进时,还需要组织后续审计。

6.5.5 信息系统审计的风险以及策略

1. 信息系统审计的风险

在信息系统审计条件下,审计面临着新的风险,主要有以下几方面。

(1) 篡改数据,不留审计线索。在网络环境中,数据的电子化并以磁介质为主要存储载体,使舞弊者对原始数据进行非法修改和删除,且不留篡改痕迹成为可能,这将无法保证数据的完整性和真实性,给审计监督带来了风险。

(2) 信息丢失。主要有三种原因:一是运行间的断电和死机等故障;二是计算机病毒破坏;三是人为的毁损。

(3) 黑客侵入和数据失窃。计算机黑客为了获取重要的商业秘密、数据资源,经常用 IP 地址欺骗攻击网络系统。黑客伪装为源自内部主机的一个外部站点,利用一定的技术进入目标系统窃取或破坏数据。

(4) 职责分离不恰当引起内控失灵。在网络环境下,如果对数据维护、系统管理和数据输入、数据核对确认等岗位不做适当的分离,就会有人利用网络的弱点故意修改数据、舞弊或窃取秘密信息,并从中捞取利益。

2. 信息系统审计的策略

为了有效地降低网络审计风险,就必须采取相应的防范和控制措施。

1)加强审计软件的开发

对信息系统审计,如果仍然采用常规的手工系统的那一套审计技术与方法,很难达到审计的目的。由于审计的范围已经扩大到会计信息系统及其他计算机信息处理系统,迫使审计人员在采用传统的各种审计技术的同时,采用计算机辅助审计技术,用日益先进的计算机审计软件去对付单机、网络、多用户等各种工作平台下的会计软件。审计软件是大量审计方法的技术集成,一般包括内部控制评价、审计计划管理、数据转换、抽样审计、实质性测试、会计报表生成、审计底稿打印和管理、审计证据归集和评价、审计报告生成等功能。为适应会计信息化环境下的各种财务软件的发展,必须要提高开发审计软件的速度,加快审计软件更新换代的步伐,开发通用审计软件和专用审计软件,还可以引进计算机审计软件的技术,组织对有推广价值的审计软件进行评审,促进审计软件的商品化。同时,要强化审计人员对数据库程序的学习,直接对数据库中的数据进行采集和转换,利用查询语句对财务数据进行分析和整理,完成审计任务,这样就能从根本上摆脱财务软件升级或有意识改动带来的束缚,克服审计工作中存在的各种技术困难。

2)提高审计风险的防范能力

随着网络系统的运用,信息的载体已经由纸介质过渡到磁性介质。磁性介质的保存有较高的要求,易受到高温、磁性物质、剧烈震动的影响。因此,档案保存的风险还很大,而且这种存储媒体是易变的,通过信息技术容易被访问和滥用,犯罪人员可以非法访问数据库中的所有数据,使存储的信息数据易受舞弊犯罪人员(黑客)的攻击。这些都增加了审计风险。因此必须采取积极措施进行风险防范,如建立一个在监管部门严格监控下的网络财务信息强制存档制度,可以牵制网上财务信息的披露,这样既可以提高工作效率,又可以降低审计风险;制定各种严格的风险防范规章制度进行规范,包括网络管理规定、系统运行中的安全保密规定、会计核算软件运行管理规定、计算机软件开发的规定等。此外,还可以通过加强企业的内部控制保护企业的安全,保证会计信息的准确性和可维护性。完善的内部控制可有效地降低审计风险。通过充分利用防火墙和加密技术,制定具体的防病毒制度并定期组织全系统的防毒检查,可防范病毒和"黑客"入侵,从而降低审计的风险。

3)加强审计专业人员的培养

会计信息化使审计的范围不断扩大,给审计人员带来了巨大的压力。《国际审计准则15号》规定,在电子数据处理环境下进行审计时,审计人员应对审计系统的计算机硬件、软件和处理系统有充分的了解,以进一步对委托审计的条件做出计划并了解电子数据处理对内部控制的研究与评估的影响和需采用的审计程序,包括计算机辅助审计软件的应用。审计机构应注重多渠道对现有审计人员进行培训,加快审计人员的知识更新,以适应会计信息化审计的要求。对审计专业人员的培养,既包括对审计人员计算机专业知识的培养和财务知识、审计知识的更新,也包括对计算机人员财务知识和审计知识的培养与计算机知识的更新,促进两者及早合二为一,真正适应会计信息化审计工作的需要。要不断增加审计队伍的新生力量,克服当前人员结构的不利局面,及早改变审计队伍的知识结构,培养复合型人才才能使审计工作顺利开展。

4)加强对网络系统的安全性和保密性进行审计

在网络中,信息的安全性即可靠性和保密性构成了审计的风险防范和控制的重点。首先对网络系统职责分离情况进行审查,遵循的原则仍为不相容职责必须分离,但侧重对数据的输入输出、软件开发和维护及系统程序修改或管理等之间的关系处理进行审查；其次对被审计单位网络结构进行分析与评价，以确认防范黑客侵入的能力；最后对被审计单位的系统容错处理机制、安全管理体制和安全保密技术等做深入的了解，以评价其系统安全性的等级，从而有效地控制审计风险。

5）建立审计服务信息库

审计人员可将被审计单位的有关信息，通过网络建立一个完整的大容量的信息库，这些信息包括被审计单位的背景资料、最新动态和一些以前审计的档案信息，以便以后开展审计时查阅和运用，这将大大减少工作时间，提高工作效率，同时也相应地降低了审计的风险。

6）合理保证审计的独立性

在会计信息化环境下，当评价审计风险、估计重要性水平，并对企业内部控制制度或报表发表意见时，独立性仍可认为是审计程序和最终审计结果的客观性的至关重要的保证。因此，对该环境下有损审计独立性的因素应充分关注和重视，并采取相应的超前对策，以便最大限度地保证审计的独立性。审计准则中的审计人员的职业道德规范以及有关审计人员工作胜任能力等条款的核心就是独立性问题。为促进审计人员在审计服务中能独立、客观公正地工作，排除会计信息化环境对独立性造成的影响，有必要对现有的审计准则进行重新规范。

习题

一、名词解释

1. 直接切换
2. 并行切换
3. 分段切换
4. 完善性维护
5. 适应性维护

二、填空题

1. 管理信息系统正式投入运行前应该主要培训_____、_____以及_____等人员。
2. 管理信息系统的维护类型主要有_____、_____、_____和_____。
3. 管理信息系统的评价应该从_____、_____、_____角度来建立。

三、简答题

1. 如何选择管理信息系统的切换方式？
2. 系统维护要进行哪些方面的工作？
3. 系统评价的主要内容是什么？系统评价的指标体系如何建立？系统评价的方法有哪些？
4. 什么是管理信息系统审计？审计的主要内容是什么？

四、论述题

试述信息系统设计过程中存在哪些风险，如何规避这些风险。

第 7 章 管理信息系统采购

本章主要包括管理信息系统的投资与效益、管理信息系统的招标投标、管理信息系统的采购、管理信息系统监理等内容。

7.1 管理信息系统的投资与效益

管理信息系统需要投资,也能够为企业带来效益。从这方面讲,管理信息系统也是企业的一项资产和资源。企业对于资产和资源的获得方式有很多,如自行生产(投资建设)、采购、租用等。无论怎样,企业总要先投入,才能再产生效益。那么作为一项投资,管理信息系统也要考虑投资的效益问题。

7.1.1 信息化的效益

1. 怀疑说

学术界从 20 世纪 60 年代以后非常关心信息化的效益。北京大学光华管理学院李东教授把有关信息化效益和评价的研究进行综合分析评论,发现无论是在学术界或者在实践界,都曾一度觉得信息化的效益问题很缥缈,不太容易搞得清楚,特别在信息化刚开始发展阶段,大家当时对信息化真正带来的效益也不太关心。当信息化碰到了低潮、碰到了问题以后,人们又对 IT 的效益产生怀疑。

2. "黑洞"说

在 20 世纪 80 年代末、90 年代初,有学者研究了美国不到 100 家的企业,发现信息化和这 100 家企业最终获得的效果没有直接的联系。这个观点被业界引申为所谓的信息化"黑洞"。

3. 风险说

2000 年,当电子商务碰到了障碍时,一些研究者进行调查发现,数十个行业中,只有六个行业是有效益的,其他都没有效益。这就给企业带来了很大影响。很多企业在进行信息化的投入时都非常犹豫,把信息化看作一个风险很大的项目。

4. 竞争优势说

《哈佛商业评论》中的文章认为,当信息化人无我有时(如人家没有 IT 设备,只有我有),这时候信息化就是竞争优势。当大家都有时,就不能变成一个竞争优势,而是要控制信息成本。中国目前的信息化发展已进入一个新的阶段,现在要更多关注 IT 的效率。

7.1.2 管理信息系统效益评价的重要意义

1. 让人们正确认识管理信息系统

任何以为软件将解决一切管理问题的观点将得到有效的控制。企业领导者的领导艺术以及战略眼光并不能被软件所替代。数据是客观的,但是领导者的眼光和胆识不同,对于辅助决策数据的机会判断也就不同。

2. 评价有利于企业客观地引进管理信息系统

现在的很多企业要不就是不敢动,要不就是盲目动,真正客观引进理性分析的还不是很多,从而出现了"引进之前测算难,引进之后评价难",所以从事管理信息系统工作压力很大。只有有了客观的分析和评价,才能确立企业引进信息技术的目标,有目的地引进。从被动地被企业游说,转换为思考自身的特点和机遇,从而真正让管理信息系统发挥应有的作用。

3. 评价有利于管理信息系统实施的成功

一般外因都是通过内因起作用,哲学上的基本原理同样适用于管理信息系统对于企业管理的作用。要想实施管理信息系统成功,企业从评价效益开始,就要调整企业相应的流程、企业人员的观念,从而为达到效益做准备。

7.1.3 管理信息系统经济评价的主要内容

管理信息系统的经济评价和其他投资项目的评价从整体上来说是类似的,都涉及其投入、运行、效益之间的关系,继而从总体上计算投资回收期,但是管理信息系统又有其不同之处,这个不同之处在于其效益的评价。任何管理信息系统的评价都必须针对其应用对象的环境和业务。

1. 效益评价的内容

效益评价包括对其直接效益的评价和对其间接效益的评价。

1) 对管理信息系统的直接效益评价

管理信息系统的直接效益评价主要包含系统的投资额、系统的运行费用和系统运行所带来的新增效益。

2) 管理信息系统的间接效益评价

管理信息系统的间接效益评价主要包含:对于提高员工素质、企业形象等所起的作用;对于改善企业体制与组织机构改革、管理流程的优化所起的作用;对于管理人员学习新知识、掌握新技术与新方法的作用,提高了他们的技能和素质,拓宽了思路;信息系统的共享与交互性使部门之间、管理人员之间协作增加,提高了企业的凝聚力。

2. 投资回收期的计算

投资回收期为通过新增效益、逐步收回投入资金所需要的时间,是反映信息系统效益好坏的重要指标。投资回收期可以用一些标准的财务计算公式求得。例如,可以预计管理信息系统各周期(一般以年为单位)的支出和收益,然后进行折现,从而得出在多长时间内可以收回投资。

7.2 管理信息系统的招标投标

管理信息系统采购中可以采取招标和投标的方式。招标和投标是一种竞价方式,既可以用于拍卖,也可以用于采购。其中用于采购时,也有人将其称为反向拍卖。招标投标通常采取公开的形式,有大量投标人参与,使得招标人能够选择比较,选取最优方案。整个招标投标过程也有利于监督审计。

7.2.1 招标投标的理论基础

招标投标的理论基础可借鉴拍卖。拍卖方式有英格兰式拍卖、荷兰式拍卖、英格兰式与荷兰式相结合的混合拍卖、密封递价招投标、标准增量式拍卖、速胜式拍卖、反向拍卖、定向拍卖。

1. 英格兰式拍卖

英格兰式拍卖也称为增价拍卖或低估价拍卖,是指在拍卖过程中,拍卖人宣布拍卖标的的起叫价及最低增幅,竞买人以起叫价为起点,由低至高竞相应价,最后以最高竞价者三次报价无人应价后,响槌成交,但成交价不得低于保留价。

2. 荷兰式拍卖

荷兰式拍卖也称为降价拍卖或高估价拍卖,是指在拍卖过程中,拍卖人宣布拍卖标的的起叫价及降幅,并依次叫价,第一位应价人响槌成交,但成交价不得低于保留价。

3. 混合拍卖

英格兰式与荷兰式相结合的拍卖方式,是指在拍卖过程中,拍卖人宣布起拍价及最低增幅后,由竞买人竞相应价,拍卖人依次升高叫价,以最高应价者竞得。若无人应价则转为拍卖人依次降低叫价及降幅,并依次叫价,以第一位应价者竞得,但成交价不得低于保留价。

4. 密封递价招投标

密封递价招投标又称为招标式拍卖,由竞价者在规定的时间内将密封的报价单(也称标书)递交拍卖人,由拍卖人选择买主。这种拍卖方式与英格兰式拍卖和荷兰式拍卖方式相比较,有以下两个特点:一是除价格条件外,还可能有其他交易条件需要考虑;二是可以采取公开开标方式,也可以采取不公开开标方式。拍卖大型设施或数量较大的库存物资或政府罚没物资时,可能采用这种方式。

5. 标准增量式拍卖

标准增量式拍卖是拍卖标的数量远大于单个竞买人的需求量而采取的一种拍卖方式

(此拍卖方式非常适合大宗积压物资的拍卖活动)。卖方为拍卖标的设计一个需求量与成交价格的关系曲线。竞买人提交所需标的的数量之后,如果接受卖方根据他的数量而报出的成交价即可成为买受人。

6. 速胜式拍卖

速胜式拍卖是增价拍卖的一种变体。拍卖标的物的竞价也是按照竞价阶梯由低到高、依次递增,不同的是,当某个竞买人的出价达到(大于或等于)保留价时,拍卖结束,此竞买人成为买受人。

7. 反向拍卖

反向拍卖也叫拍买,常用于政府采购、工程采购等。由采购方提供希望得到的产品的信息、需要服务的要求和可以承受的价格定位,由卖家之间以竞争方式决定最终产品提供商和服务供应商,从而使采购方以最优的性能价格比实现购买。

8. 定向拍卖

定向拍卖是一种为特定的拍卖标的物而设计的拍卖方式,有意竞买者必须符合卖家所提出的相关条件,才可成为竞买人参与竞价。

7.2.2 招标投标的法律基础

各国对招标投标这种广泛采用的交易方式均制定了法律法规。我国有已经颁布实施很久的《招标投标法》,此外还有《招标投标法实施条例》。2017年12月28日,我国《招标投标法》实施以来,工程建设项目包括所需的货物和服务,均可按照这部法律进行招标采购。近年来,我国每年政府预算都在10万亿元以下,腐败现象亟待通过完善的法律包括招投标法律法规来杜绝。企业也可以按照法律进行招标投标,利用这种交易方式,同时保护自己的权益。

1. 招标投标的基本法律主体

一般而言,招标投标作为当事人之间达成协议的一种交易方式,必然包括两方主体,即招标人和投标人。某些情况下,还可能包括他们的代理人,即招标投标代理机构。这三者共同构成了招标投标活动的参加人和招标投标法律关系的基本主体。

1) 招标人

招标人也叫招标采购人,是采用招标方式进行货物、工程或服务采购的法人和其他社会经济组织。

招标人享有的权利一般包括:①自行组织招标或者委托招标代理机构进行招标;②自由选定招标代理机构并核验其资质证明;③委托招标代理机构招标时,可以参与整个招标过程,其代表可以进入评标委员会;④要求投标人提供有关资质情况的资料;⑤根据评标委员会推荐的候选人确定中标人。

招标人应该履行下列义务:①不得侵犯投标人的合法权益;②委托招标代理机构进行招标时,应当向其提供招标所需的有关资料并支付委托费;③接受招标投标管理机构的监督管理；④与中标人签订并履行合同。

2）投标人

投标人是按照招标文件的规定参加投标竞争的自然人、法人或其他社会经济组织。投标人参加投标，必须首先具备一定的圆满履行合同的能力和条件，包括与招标文件要求相适应的人力、物力和财力，以及招标文件要求的资质、工作经验与业绩等。

投标人享有的权利一般包括：①平等地获得招标信息；②要求招标人或招标代理机构对招标文件中的有关问题进行答疑；③控告、检举招标过程中的违法行为。

投标人应该履行下列义务：①保证所提供的投标文件的真实性；②按招标人或招标代理机构的要求对投标文件的有关问题进行答疑；③提供投标保证金或其他形式的担保；④中标后与招标人签订并履行合同，非经招标人同意不得转让或分包合同。

3）招标投标代理机构

招标投标代理机构，在我国是独立核算、自负盈亏的从事招标代理业务的社会中介组织。招标投标代理机构必须依法取得法定的招标投标代理资质等级证书，并依据其招标投标代理资质等级从事相应的招标代理业务。招标投标代理机构受招标人或投标人的委托开展招标投标代理活动，其行为对招标人或投标人产生效力。

作为一种民事代理人，招标投标代理机构享有的权利包括：①组织和参与招标投标活动；②依据招标文件规定，审查投标人的资质；③按照规定标准收取招标代理费；④招标人或投标人授予的其他权利。

招标代理机构也应该履行相应的义务：①维护招标人和投标人的合法权益；②组织编制、解释招标文件或投标文件；③接受招标投标管理机构和招标投标协会的指导、监督。

2. 投标有效期

招标生效后到投标截止日期是招标的有效期。这个期限也是投标准备期。在投标有效期内，招标人不得随意撤回、修改或变更招标文件。招标有效期的长短，一般视招标项目的大小和复杂程度而定，总的要求是要保证投标人有足够的时间准备投标文件。如欧盟采购规则中规定，招标人应在招标公告中规定投标截止日期，从招标公告发布之日起至提交投标截止日期止，不得少于52天。如果在此期间有大量的招标文件需要提供，或者承包商有必要勘察工程现场或审查招标文件，招标人应当展延投标截止日期。

招标人确定有效期，基本要求是要能保证在开标后有足够的时间进行评标、上报审批。中标人收到中标通知一般少则几天，多则几十天不等。投标生效后，遇有下列情形之一，投标失效，投标人不再受其约束：①投标人不符合招标文件的要求；②投标有效期届满；③投标人终止，如死亡、解散、被撤销或宣告破产等。

如何确定投标的有效期，一直有争议。由于我国有关法律无明文规定，因此在实践中便出现多种情况：有的到中标通知日止，有的到合同签订日止，有的到投标截止日后若干日止。有人认为，由于招标文件包含了订立合同的主要条款、技术规格、投标须知等重要内容，因而，根据我国的到达主义原则，招标生效应从投标人收到或购买到招标文件时开始。

为了明确招标投标各方当事人的权利和义务，应明确规定投标有效期应至招标文件规定的一个有效日期止。这样规定，有利于约束招标人在投标有效期内，抓紧时间，认真评标，择优选定中标人；防止在评标和审批中举棋不定，无休止地争论和拖延，以保护投标人的利益；也有利于约束投标人在投标有效期内，保证不随意变更或撤销投标。

3．中标与合同成立

民法学理论认为，合同成立的一般程序从法律上可以分为要约和承诺两个阶段。民法学界普遍认为，招标投标是当事人双方经过要约和承诺两阶段订立合同的一种竞争性程序。

招标是订立合同的一方当事人（招标人）通过一定方式，公布一定的标准和条件，向公众发出的以订立合同为目的的意思表示。招标人可以向相对的几个自然人、法人或其他经济组织发出招标的意思表示，通过投标邀请书的方式将自己的意思表达给相对的人；也可以向不特定的自然人、法人或其他经济组织发出招标的意思，通过招标公告的方式完成这种意思表达。前者为邀请招标或议标，招标人的选择范围有限；后者为公开招标，招标人的选择范围较大。

关于招标的法律性质，通常认为，由于招标只提出招标条件和要求，并不包括合同的全部主要内容，标底不能公开，因而招标一般属于要约引诱的性质，不具有要约的效力。但也有人认为不可一概而论，如果招标人在招标公告可投标邀请书中明确表示必与报价最优者签订合同，则招标人负有在投标后与其中条件最优者订立合同的义务，这种招标的意思表达可以视为要约。

投标是投标人按照招标人提出的要求，在规定期间内向招标人发出的以订立合同为目的的意思表示。就法律性质而言，通常认为投标属于要约，因此应具备要约的条件并发生要约的效力。所以，在投标文件送达招标人时生效，同时对招标人发生效力，使其取得承诺的资格。但招标人无须承担与某一投标人订约的义务，除在招标公告或投标邀请书中有明确相反表示外，招标人可以废除全部投标，不与投标人中的任何一人订约。发生这种情况的主要原因有：①最低评标价大大超过标底或合同估价，招标人无力接受投标；②所有投标人在实质上均未响应招标文件的要求；③投标人过少，没达到预期。

4．定标

定标是招标人从投标人中决定中标人。从法律性质上看，定标即招标人对投标人的承诺。但是，招标人的定标也可以不完全同意投标人的条件，需要与中标人就合同的主要内容进一步谈判、协商。此时，招标只是选定合同相对人的方式，定标不能视为承诺。一般认为，为了保证竞争的公平性，开标应公开进行。开标后，招标人须进行评标，从中评选出条件最优者，最终确定中标人。中标人的选定意味着招标人对该投标人的条件完全同意，双方当事人的意思表示完全一致，合同即告成立。

招标生效后，遇有下列情形之一的，招标失效，招标人不再受其约束：①招标文件发出后，在招标有效期内无任何人响应；②招标已圆满结束，招标人选定合适的中标人并与签订合同；③招标人终止，如死亡、解散、被撤销或宣告破产等。

7.2.3 招标中需注意的问题

招标的采购方式给人以客观、公平、透明的印象，很多管理者认为采取招标方式，可以引入竞争，降低成本，也就万事大吉了。但有时候招标也不是"一招就灵"。为什么要招标？什么情况下该招标？还有什么情况可以采用更合适的采购方式？这涉及采购方式选择的问题。目前，常用的采购方式有很多。常用的主要有招标采购、竞争性谈判、询价采购、单一来源采购等。

1. 招标采购

除了最终用户及相关法规要求必须实行招标的情况以外，在对采购内容的成本信息、技术信息掌握程度不够时，最好采用招标的方法，这样做的目的之一是获得成本信息、技术信息。

2. 竞争性谈判

招标时，可能会遇到这样的情况：或者投标人数量不够，或者投标人价格、能力等不理想，有时反复招标还是不成，是否继续招标，很是让人苦恼——招也不是，不招也不是。其实，这时候我们没有必要非认准招标不可，大可以采取"竞争性谈判"的方式。竞争性谈判的方法与招标很接近，作用也相仿，但程序上更灵活，效率也更高一些，可以作为招标采购的补充。

3. 询价采购

如果已经掌握采购商品（包括物资或服务）的成本信息和技术信息，有多家供应商竞争，就可以事先选定合格供方范围，再在合格供方范围内用"货比三家"的询价采购方式。

4. 单一来源采购

如果已经完全掌握了采购商品的成本信息和技术信息，或者只有一两家供应商可以供应，公司就应该设法建立长期合作关系，争取稳定的合作、长期价格优惠和质量保证，在这个基础上可以采用单一来源采购的方式。

合理运用多种采购方式，还可以实现对分包商队伍的动态管理和优化。例如，最初对采购内容的成本信息、技术信息不够了解，就可以通过招标来获得信息、扩大分包商备选范围。等到对成本、技术和分包商信息有了足够了解后，转用询价采购，不必再招标。再等到条件成熟，对这种采购商品就可以固定一两家长期合作厂家了。反过来，如果对长期合作厂家不满意，可以通过扩大询价范围或招标来调整、优化供应商，或对合作厂家施加压力。

7.3 管理信息系统的采购

本节包括管理信息系统采购的基本过程、采用过程、选择与评价以及采购中要注意的问题。

7.3.1 管理信息系统采购的基本过程

采购是一个效益评价过程。只有预估自己收益大于付出时，才会去购买管理信息系统。而在采购时，有众多的系统及供应商可选择，甚至也可以自行开发。这时，不但要衡量效益，还要对这些效益进行比较,以取得利益最大化。

1. 了解商情

企业对选中的管理信息系统进行采购时,可以采取招标投标方式。首先要考察供应商情况。只有好的生产过程才能生产出好的产品。在考察供应商时,要进行多次走访,到供应商那里看一看,转一转,尤其是不打招呼的转一转。

2. 收集信息

供应商的信息很重要,收集起来也很费劲,所以企业建立供应商信息库是非常必要的。在了解供应商后,就可以从中进行比较选择候选供应商了。可以在同一时间选择一个供应商,也可以选择几个供应商组合供应一个系统的不同部分,还可以在不同时间选择不同的供应商。在选定供应商后,也要保持与其他供应商的良好关系,作为备份。有备份的供应商可以使我们与供应商后续合作中保持主动,也能促使当前供应商努力工作。此外,在必要时,也能更换供应商。

3. 过程管理

作为企业的高层管理人员,还要注意对企业采购过程和采购人员的管理。采购过程采用招标投标方式能够使采购过程清晰、规范,能够使企业掌握主动权,在较低成本下找到最优方案。采购过程可以一个部门牵头,多部门参与。采购还宜制度化,重要文件存档,并不断检讨,改进采购制度。当然,对采购也要加强管理、控制并进行审计,防止出现吃回扣等腐败问题。

4. 过程监理

在采购后期乃至采购完成后,要跟踪采购来的管理信息系统的效果是否如预期一样。这时要进行效益评价,对于在建的管理信息系统要进行监理。

5. 借助采购管理信息系统

在采购中可以借助采购管理信息系统。采购管理信息系统能够帮助我们进行管理信息系统采购。利用现有信息系统(可以是没有计算机的传统信息系统,也可以是包含计算机的现代信息系统),进行管理信息系统的升级换代,是管理信息系统交叉螺旋式上升的表现。

7.3.2 采用过程

国际标准化组织和国际电工委员会于 1999 年发布了一项针对 CASE 工具采用的技术报告 ISO/IECTR 14471—1999《信息技术 CASE 工具的采用指南》,它全面、综合地研究了采用工作可能会遇到的各方面问题。

考查管理信息系统的各种特性,将其采用工作划分为四个主要过程、四个子过程和 13 个活动,如图 7-1 所示。

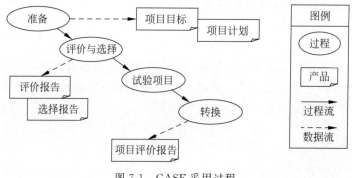

图 7-1　CASE 采用过程

1. 准备过程

其主要工作是定义采用管理信息系统的目标,将诸如提高软件组织的竞争地位、提高生产率等高层的商业目标分解细化为改进软件过程、提高设计质量等具体的任务和目标,分析、确定经济和技术上的可行性和可测量性,制订一个具体的执行计划,包括有关里程碑、活动和任务的日程安排,对所需资源及成本的估算,以及监督控制的措施等内容。这一过程由四个活动组成:设定目标、验证可行性和可测量性、制定方针、制订计划。

在此过程中,需要考虑若干关键成功因素,如采用过程的目标是否清晰并且是可测量的、管理层的支持程度、工具在什么范围内使用、是否制订了在组织内推广使用工具的计划、工具的典型用法能否调整为与软件组织现行的工作流程或工作方法一致、是否制定了与采用过程有关的员工的培训内容,以及新旧两种工作方式转换时能否平稳进行等。制定方针时,组织可以剪裁这些关键成功因素,以满足自己的商业目标。

2. 评价与选择过程

这是为了从众多的候选管理信息系统中确定最合适的软件,以确保推荐的工具满足组织的要求。这是一个非常重要的过程。其中最关键的是要将组织对管理信息系统的需求加以构造,列出属于管理信息系统的若干特性或子特性,并对其进行评价和测量,软件组织根据对候选管理信息系统的评价结果决定选择哪一种管理信息系统。这一过程由四个子过程组成:起始过程、构造过程、评价过程、选择过程。

3. 试验项目过程

该过程是帮助软件组织在它所要求的环境中为管理信息系统提供一个真实的试验环境。在这个试验环境中运用选择的管理信息系统,确定其实际性能是否满足软件组织的要求,并且确定组织的管理规程、标准和约定等是否适当。它由四个活动组成:起始试验、试验的性能、评价试验、下一步决策。

4. 转换过程

该过程是为了从当前的工作流程或工作习惯转为在整个组织内推广使用新的管理信息系统的过程。在此过程中,软件组织充分利用试验项目的经验,尽可能地减少工作秩序的混乱状况，以达到最大地获取管理信息系统技术的回报，最小限度地减少管理信息系统技术的投资风险的目的。这一过程由五个活动组成：起始转换过程、培训、制度化、监控和持续支持、评价采用项目完成情况。

上述四个主要过程对大多数软件组织都是适用的，它覆盖了采用管理信息系统所要考虑的各种情况和要求，并且不限于使用特定的软件开发标准、开发方法或开发技术。在具体实践中，软件组织可以结合自己的要求以及环境和文化背景的特点，对采用过程的一些活动适当地进行剪裁，以适应组织的需要。

7.3.3 评价与选择

该过程是对管理信息系统的质量特性进行测量和评级，以便为最终的选择提供客观的和可信赖的依据。

管理信息系统作为一种软件产品，不仅具有一般软件产品的特性，如功能性、可靠性、易用性、效率、可维护性和可移植性，而且还有其他特殊的性质需要进行考虑，所有这些特性与子特性都是管理信息系统的属性，是能用来评定等级的可量化的指标。

技术评价过程的目的是提供一个定量的结果，通过测量为工具的属性赋值，评价工作的主要活动是获取这些测量值，以此产生客观的和公平的选择结果。评价与选择过程由四个子过程和13个活动组成。

1．初始准备过程

这一过程的目的是定义总的评价和选择工作的目标和要求，以及一些管理方面的内容。它由以下三个活动组成。

（1）设定目标。提出为什么需要管理信息系统？需要一个什么类型的管理信息系统？有哪些限制条件（如进度、资源、成本等方面）？是购买还是修改已有的，或者开发一个新的管理信息系统？

（2）建立选择准则。将上述目标进行分解，确定做出选择的客观和量化的准则。这些准则的重要程度可用作工具特性和子特性的权重。

（3）制订项目计划。制订包括小组成员、工作进度、工作成本及资源等内容的计划。

2．构造过程

构造过程的目的是根据管理信息系统的特性，将组织对工具的具体要求进行细化，寻找可能满足要求的管理信息系统，确定候选工具表。构造过程由以下三个活动组成。

（1）需求分析。了解软件组织当前的管理信息系统情况，了解开发项目的类型、目标系统的特性和限制条件、组织对管理信息系统技术的期望，以及软件组织获取管理信息系统的原则和可能的资金投入等。明确软件组织需要管理信息系统做什么，希望采用的开发方法，如是面向对象还是面向过程，希望管理信息系统支持企业的哪一阶段，以及对管理信息系统的功能要求和质量要求等。根据上述分析，将组织的需求按照所剪裁的管理信息系统的特性与子特性进行分类，为这些特性加权。

（2）收集管理信息系统信息。根据组织的要求和选择原则，寻找有希望被评价的管理信息系统，收集工具的相关信息，为评价提供依据。

(3) 确定候选的管理信息系统。将上述需求分析的结果与找到的管理信息系统具有的特性进行比较，确定要进行评价的候选工具。

3. 评价过程

评价过程的目的是产生技术评价报告。该报告将作为选择过程的主要输入信息，对每个被评价的工具都要产生一个关于其质量与特性的技术评价报告。这一过程由以下三个活动组成。

(1) 评价的准备。最终确定评价计划中的各种评价细节，如评价的场合、评价活动的进度安排、工具子特性用到的度量、等级等。

(2) 评价管理信息系统。将每个候选工具与选定的特性进行比较，依次完成测量、评级和评估工作。测量是检查工具本身特有的信息，如管理信息系统的功能、操作环境、使用和限制条件、使用范围等，可以通过检查工具所带的文档或源代码（可能的话）、观察演示、访问实际用户、执行测试用例、检查以前的评价等方法来进行。测量值可以是量化的或文本形式的。评级是将测量值与评价计划中定义的值进行比较，确定它的等级。评估是使用评级结果及评估准则对照组织选定的特性和子特性进行对比。

(3) 报告评价结果。评价活动的最终结果是产生评价报告。可以写出一份报告，涉及对多个管理信息系统的评价结果，也可以对每个所考虑的管理信息系统分别写出评价报告。报告内容应至少包括关于工具本身的信息、关于评价过程的信息，以及评价结果的信息。

4. 选择过程

选择过程应该在完成评价报告之后开始。其目的是从候选管理信息系统中确定最合适的管理信息系统，确保所推荐的管理信息系统满足软件组织的最初要求。选择过程由以下四个活动组成。

(1) 选择准备。其主要内容是最终确定各项选择准则，定义一种选择算法。常用的选择算法有基于成本的选择算法、基于得分的算法和基于排名的算法。

(2) 应用选择算法。把评价结果作为选择算法的输入，与候选管理信息系统相关的信息作为输出。每个管理信息系统的评价结果提供了该工具特性的一个技术总结，这个总结归纳为选择算法所规定的级别。选择算法将各个管理信息系统的评价结果汇总起来，方便决策者进行比较。

(3) 推荐一个选择决定。该决定推荐一个或一组最合适的管理信息系统。

(4) 确认选择决定。将推荐的选择决定与组织最初的目标进行比较。如果确认这一推荐结果，它将能满足组织的要求。如果没有合适的管理信息系统存在，也应能确定开发新的管理信息系统或修改一个现有的管理信息系统，以满足要求。

以上提出的这一评价与选择过程，概括了从技术和管理需求的角度对管理信息系统进行评价与选择时所要考虑的问题。在具体实践中软件组织可以按照这一思路适当地进行剪裁，选择适合自己特点的过程、活动和任务。不仅如此，该标准还可仅用于评价一个或多个管理信息系统，而不进行选择。例如，开发商可用来进行自我评价，或者构造某些工具知识库时所做的技术评价等。

7.3.4 采购中要注意的问题

1. 提高采购的谈判能力

1) 采购中的谈判重要性

在企业的全部采购成本中,IT 采购所占的比例越来越大。如何根据企业的 IT 需求,与 IT 供应商谈判,最终找到物美价廉的解决方案,是首席信息官(CIO)关键能力的体现。

近几年,国内企业的 IT 投入越来越多,尤其是 ERP 等大型应用系统的建设日益普及,使得 IT 采购成本的比例越来越大。因此,在企业采购成本控制的过程中,IT 供应商的管理及 IT 采购的商务谈判越来越引起企业的重视,已成为许多企业经营管理的重要工作,也就是 CIO 及其团队的重要工作。据悉,目前 IT 人员将 35% 的时间用于各种软硬件的采购谈判,诸如供应商筛选、产品议价、技术变更、安装实施及售后服务等事项的谈判较量,谈判技巧已成为 CIO 的一项必备技能。而从长远的职位定位上看,CIO 要立足 IT,但远不仅限于 IT,他不仅是一个顶尖的技术专家,一个优异的管理家和教育家,还应是一个卓越的谈判家。

2) 如何谈判

IT 商务谈判策略是指 CIO 在谈判过程中,为达到企业预期的 IT 采购目标,而对供应商所采取的行动方案和对策,其目的是改变相互间的关系并交换观点,以期达成互惠互利、协作共赢的求同过程。CIO 的谈判功力在很大程度上决定 IT 的投入成本、企业采购工作的成败以及企业盈利率的高低。那么 CIO 如何成功开展 IT 商务谈判?在整个商务谈判过程中,CIO 应注意哪些方面的技巧与问题呢?

(1) 做好企业信息化建设的需求分析和规划。在推广应用诸如 OA、CRM 或 ERP 软件之前,CIO 必须首先明确本企业的实际需求,也就是企业实现信息化要解决什么问题。在对现状进行认真分析的基础上,做好企业 IT 建设的规划。在规划中确定信息系统建设的目标、IT 涉及的范围、要解决的关键问题、系统建设的阶段划分和进度要求,并对企业在现行条件下可投入的人力、物力、财力进行可行性分析,从而确立 IT 采购的具体要求与标准。信息化建设的前期规划是非常重要的,它将成为企业信息化建设全过程的指导性文件,也是 CIO 进行采购谈判的依据。

(2) 进行市场调查,获取最大的议价空间。产品及服务的价格决定了 IT 采购成本,而要跟 IT 供应商议价、取得价格优势,就一定要做好功课,进行一次精确详细的市场调查,才能知己知彼掌控主动权。市场调查的主要内容包括:①详细了解本区域乃至全国同一 IT 产品的平均价格,以确定此次谈判的心理底价和最高限价;②详细了解所要采购产品的 IT 供应商在国内市场中的地位、行业品牌的影响力、实际客户数量、年销售情况以及售后服务品质等,以采购到性价比最好的产品;③正确评估信息化投入产出比是否合理、预估未来的有形无形回报,制定出各项成本费用明细,做出决定报价的合理额度,让 IT 供应商不得不接受报价。

2. 注意后期维护成本

很多采购者认为 IT 产品的采购是最没有技术含量的。其实不然,每个人都会选择产品,都会砍价,但这绝不意味着会采购。越来越多的事实证明,IT 采购中忽视产品后期使用成本,会导致企业日常运营中的IT开支居高不下。

前期的IT采购可能很便宜,但后期不断攀升的采购成本,可能会让公司苦不堪言。从企业经营的角度讲,IT设备后期的更新、升级、维护,都称之为使用成本。一个优秀的采购方案,绝不是买着便宜用着贵,而是采购成本和使用成本总和最低。过硬的产品质量和完善的售后服务,可以大大降低IT设备的使用成本。

企业在IT采购时,一定不要贪图便宜购买一些低价产品,因为IT设备和软件在生产运营过程中投入的服务成本以及随之耗费的时间与人力成本等使用成本也是一笔不可忽视的开支。

3. 尽可能集中采购

集中式采购能为公司带来好处。过多的人负责软件使用和采购,经常会导致不同的部门在不知情的情况下重复性购买同一软件产品。通过将软件采购集中化,也能够从批量授权中节省成本。集中采购的其他好处包括:①集中式储存所有软件授权和协议,以便更好地管理和组织;②购买正确类型的软件授权,以降低成本;③匹配软件预算和实际花销,提高资源分配效率;④重新使用或重新分发软件到其他部门,最大化软件价值。

7.4 管理信息系统监理

本节介绍信息系统监理的概念、监理的必要性、信息系统监理的产生、信息系统监理的工作内容以及信息系统监理师资格认证。

7.4.1 信息系统监理的概念

监理就是由建设方授权依照国家法律法规以及合同、行业标准、规范等对信息系统工程实施的监督和管理。在法律上,监理是独立的第三方,与建设方签订委托合同。监理费用由建设方来承担。

2014年发布的《信息系统工程监理暂行规定》,信息系统工程监理是指依法设立且具备相应资质的信息系统工程监理单位,受业主单位委托,依据国家有关法律法规、技术标准和信息系统工程监理合同,对信息系统工程项目实施的监督管理。

信息系统监理师就是要借鉴建筑工程监理的管理模式,经过研究开始启动建立我国信息工程监理制度。作为一个制度的建立,首先要产生监理机构,就是有符合要求的监理公司,然后是确定监理的内容,明确监理究竟要干什么,再就是监理的从业人员,也就是监理工程师的业务知识培训。围绕信息系统工程监理制度,信息产业部首先制定公布了《信息系统工程监理暂行规定》,紧接着就发布了《信息系统工程监理单位资质管理办法》《信息系统工程监理工程师资格管理办法》等配套文件。原信息产业部设有计算机信息系统集成资质认证工作办公室。

7.4.2 监理的必要性

建立信息化建设的第三方监督机制,对保证信息化建设的效益最大化至关重要。

我国信息化建设已经进入新的阶段。各级政府正在积极推进"电子政务",许多城市及企业也已着手整合与升级其信息化应用系统。可以预计,全国将有更多、更大的信息系统建设项目展开。但是,在信息化推进过程中,存在不同程度上的问题,主要表现在规划制定不够科学,项目管理不够严格,监理机制不够健全,系统运行效益不够明显,致使相当一部分信息化项目失败或未能实现预期目标,浪费了大量资源。究其根源,主要原因之一是信息化建设第三方监管机制的缺失和标准的不健全。

国内外的实践表明:信息化是有风险的,信息系统规模越大,功能越复杂,风险也就越大。英国公布的有关企业信息管理的调查结果显示,96%的企业对于本公司的信息管理系统感到不满。关于目前正在使用的信息系统,认为"所制作的报告缺乏一贯性"或者是"核对信息花费了太多时间"的企业约占70%。特别引人深思的是该调查是以全球500强企业以及财富1000企业中的171家公司为对象通过问卷方式实施的。调查对象中,40%以上的企业年交易额超过20亿美元。其他主要调查结果如下:回答信息系统不能灵活适应变化的企业,约占60%;对于数据的精度表示担心的企业,约占60%;60%以上的企业正在策划有关数据及信息的整合计划。这充分说明,信息系统的建设项目较之传统工业工程项目成功率更低,风险也更加突出。

目前,在国内的信息化项目工程建设中,绝大多数用户(业主)无法组织队伍对信息系统建设进行专业化管理,难以胜任从可行性分析、规划设计、招标、方案评审到工程监理和工程验收全过程的管理与组织协调工作,建设方和承建方在信息建设过程中存在严重的信息不对称问题。这表现为借助外援进行工程管理咨询的案例越来越多,一些省市的行业主管部门也开始在信息系统建设中推行由监理进行工程质量管理的做法。但是,监理介入信息系统在我国还处于一个探索的过程中。

我国加入WTO后,鉴于我国IT服务业未来巨大的增长空间,国际知名咨询顾问公司、专业技术服务提供商等纷纷抢滩我国市场。在信息系统第三方鉴证业务方面,他们提供符合国际标准的信息系统审计服务。因此,当前监理事业的发展面临新的形势,监理工作外部环境发生了深刻变化,势必对我国监理企业形成严重冲击,本土监理企业面临前所未有的严峻挑战。监理事业往何处去?这是摆在每一个监理人面前的重大课题。每一个监理企业必须以发展的眼光、动态的观点、创新的思想和创新的理论正确认识和判断当前的监理形势,增强危机感和紧迫感,迎接新的挑战。

7.4.3 信息系统监理的产生

1. 动因分析

监理工作、监理企业是我国在计划经济向市场经济转变的过程中在建设领域中应运而生的,并取得了有目共睹的显著成效,直接促进了工程监理业的繁荣发展,这也导致在通信业工程建设、信息系统建设等方面监理的出现。因此,回顾建设工程监理的发展,将有助于对信息系统监理的认识。

1988年7月,原建设部发布了《关于开展建设监理工作的通知》,随后又于1988年11月印发了《关于开展建设监理试点问题的若干意见》,使得试点工作有章可循。1989年,根据初步试点取得的经验,原建设部制定了《建设监理试行规定》,这是我国第一个比较完备的关于工程建设监理的法规文件,勾画出具有我国特色的工程建设监理制度的初步框架。1991年又分别制定颁发了《建设监理单位资质管理试行办法》和《监理工程师资格考试及注册试行办法》,建设监理法规制度进一步配套完善。1993年,上海市开始了工程设备监理制度的试点工作。1998年,国务院机构改革后赋予了国家质量技术监督局"协调建立设备工程监理制度"的职能要求,随后,原国家质量技术监督局拟定了《协调建立设备工程监理制度的方案》,在国家发展计划委员会的指导和具体参与下,会同国务院有关部门,在国内有关技术及咨询机构的帮助、支持下,完成了设备监理制度中有关规章的起草工作。此间,世界银行、国家开发银行等也曾规定,其贷款的有关项目要有监理公司监理,并作为申请贷款的项目单位获得贷款的基本条件。由此开始推行建设工程监理制度,监理事业得到持续快速发展,从而积累了一定经验,取得了积极成效。发展至今建立了一套比较完整的监理法规体系,组成了一支规模较大的监理队伍,监理出一批优良的工程项目,监理工作在工程建设中发挥了重要作用,得到了各级领导的支持,得到了社会的普遍认可,正逐步向规范化、制度化、科学化方向迈进。

我国工程监理事业经过几十年的发展,虽然取得了一定成绩,但也存在不少问题。例如,监理人员整体素质需要提高、监理工作缺位、监理取费普遍较低、监理市场竞争机制不健全、监理企业缺乏自我积累和发展能力、监理责任不明确、监理工作缺乏系统的理论研究、宣传工作滞后等问题比较突出。

2. 信息系统监理的发展

目前信息系统工程的现状类似于20世纪80年代以前建筑工程的状态。自1988年原建设部颁布《关于开展建设监理工作的通知》以后,特别是1996年建设监理全面推行后,建筑工程的质量普遍提高,业主和承建商之间的纠纷普遍减少,凡是出问题的工程,监理也有问题。因此,要求参考建筑工程的管理办法对信息工程实施监理的呼声日益高涨,这既是信息工程用户(业主)的愿望,也是系统集成商的愿望,信息工程市场呼唤"第三方"——信息系统工程监理的出现。

早在1995年,原电子工业部就出台了《电子工程建设监理规定(试行)》。2002年12月,原信息产业部在广泛征求意见和开展试点工作的基础上,正式颁布《信息系统工程监理暂行规定》,这标志着我国信息工程监理开始迈向科学化、专业化和规范化,也预示着在我国即将出现一个新的中介服务行业,将很快涌现一批监理机构和执业人员,从此信息系统工程监理师也将逐步成为国民经济和社会信息化的"警察"。我国的信息系统工程工作已经实施了二十多年,其在企事业单位的信息化进程中的应用已非常普及。

目前,我国已初步建立了一套IT项目监理制度,相应的监理法规、监理内容、收费标准等已出台了相关规定。

7.4.4 信息系统监理的工作内容

信息系统监理的中心任务是科学地规划和控制工程项目的投资、进度和质量三大目标;监理的基本方法是目标规划、动态控制、组织协调和合同管理;监理工作贯穿规划、设计、实施和验收的全过程。信息工程监理正是通过投资控制、进度控制、质量控制以及合同管理和信息管理来对工程项目进行监督和管理,保证工程的顺利进行和工程质量。

监理的工作可以概括为如下几方面。

1. 成本控制

成本控制的任务主要是在建设前期进行可行性研究,协助建设单位正确地进行投资决策;在设计阶段对设计方案、设计标准、总概(预)算进行审查;在建设准备阶段协助确定标底和合同造价;在实施阶段审核设计变更,核实已完成的工程量,进行工程进度款签证和索赔控制;在工程竣工阶段审核工程结算。

2. 进度控制

进度控制首先要在建设前期通过周密分析研究确定合理的工期目标,并在实施前将工期要求纳入承包合同;在建设实施期通过运筹学、网络计划技术等科学手段,审查、修改实施组织设计和进度计划,做好协调与监督,排除干扰,使单项工程及其分阶段目标工期逐步实现,最终保证项目建设总工期的实现。

3. 质量控制

质量控制要贯穿于项目建设从可行性研究、设计、建设准备、实施、竣工、启用及用后维护的全过程。主要包括组织设计方案评比,进行设计方案磋商及图样审核,控制设计变更;在施工前通过审查承建单位资质等;在施工中通过多种控制手段检查监督标准、规范的贯彻;通过阶段验收和竣工验收把好质量关等。

4. 合同管理

合同管理是进行投资控制、工期控制和质量控制的手段。因为合同是监理单位站在公正立场采取各种控制、协调与监督措施,履行纠纷调解职责的依据,也是实施三大目标控制的出发点和归宿。

5. 信息管理

信息管理包括投资控制管理、设备控制管理、实施管理及软件管理。

6. 协调

协调贯穿在整个信息系统工程从设计到实施再到验收的全过程,主要采用现场和会议方式进行协调。

总之,三控两管一协调构成了监理工作的主要内容。为完满地完成监理基本任务,监理单位首先要协助建设单位确定合理、优化的三大目标,同时要充分估计项目实施过程中可能遇到的风险,进行细致的风险分析与评估,研究防止和排除干扰的措施以及风险补救对策,使三大目标及其实现过程建立在合理水平和科学预测基础之上。其次要将既定目标准确、完整、具体地体现在合同条款中,绝不能有含糊、笼统和有漏洞的表述。最后才是在信息工程建设实施中进行主动的、不间断的、动态的跟踪和纠偏管理。

7.4.5 信息系统监理师资格认证

对信息系统进行监理需要具有一定的资格和条件。我国对于信息系统监理师提出了一些规范性要求。这些要求通过信息系统监理师资格考试体现出来。

目前信息系统监理师资格考试属于全国计算机技术与软件专业技术资格考试（简称计算机软件资格考试）中的一个级别层次。考试不设学历与资历条件，也不设年龄和专业，考生可根据自己的技术水平选择合适的级别合适的资格，但一次考试只能报考一种资格。

信息系统监理师考试大纲要求考生掌握的内容有：

（1）理解信息系统、计算机技术、数据通信与计算机网络、软件与软件工程基础知识。

（2）掌握信息系统项目管理与监理的基本知识。

（3）掌握信息系统工程监理质量控制、进度控制、投资控制、变更控制、合同管理、信息管理、安全管理和组织协调的方法，以及信息网络系统和信息应用系统在监理中的应用。

（4）掌握信息系统工程监理中的测试要求与方法。

（5）熟悉信息系统主要应用领域的背景知识和应用发展趋势，包括电子政务、电子商务、企业信息化、行业信息化等。

（6）掌握信息系统工程监理的有关政策、法律、法规、标准和规范。

（7）熟悉信息系统工程监理师的职业道德要求。

（8）正确阅读并理解相关领域的英文资料。

其考试目标是让通过本考试的人员能掌握信息系统工程监理的知识体系，完整的监理方法、手段和技能；能运用信息技术知识和监理技术方法编写监理大纲、监理规划和监理细则等文档；能有效组织和实施监理项目；能具有工程师的实际工作能力和业务水平。其设置的科目包括信息系统工程监理基础知识和信息系统工程监理应用技术。

习题

一、选择题

1. 信息系统监理师审查承建单位提交的技术方案时侧重于（　　）。
    A. 该方案是否符合预定的质量标准
    B. 技术经济的分析和比较
    C. 使用功能和质量要求是否得到满足
    D. 所采用的技术路线是否满足总体方案的要求
2. 下列叙述正确的是（　　）。
    A. 荷兰式拍卖是从低价往高价拍，英格兰式拍卖是从高价往低价拍
    B. 反向拍卖也叫拍买，常用于政府采购、工程采购等
    C. 任何拍卖众，若升高叫价无应价后，都不可再依次降低叫价
    D. 荷兰式拍卖成交价要明显低于英格兰式拍卖

二、名词解释

1. 信息系统工程监理

2. 投资回收期

3. 英格兰式拍卖

4. 荷兰式拍卖

5. 拍买

三、简答题

1. 试回答信息系统为何难以进行效益评价。

2. 信息系统的评价方法有哪些?

3. 拍卖方式有哪几种?管理信息系统的招标是一种什么形式的竞价交易?

4. 试说明供应商选择对于管理信息系统采购的重要性。

5. 分析 CASE 的采用过程和选择过程。

四、案例分析题

某市劳动局需要建设一个信息系统项目,某监理公司承担了实施阶段的监理任务。建设单位采用公开招标方式选定承建单位。在招标文件中对省内与省外投标人提出了不同的资格要求,并规定 9 月 28 日上午 10 点为投标截止时间。A 和 B 等多家公司参加投标,B 公司 9 月 29 日提交了投标保证金。9 月 29 日由该市信息办主持举行了开标会。但本次招标由于招标人原因导致招标失败。

建设单位重新招标后确定 A 公司中标,并签订合同。在项目实施过程中发生了导致应用系统崩溃的质量事故。经调查组技术鉴定,认为是 A 公司项目组为了赶工期忽略了软件配置管理,擅自发布未经许可验证的更新程序,且未能及时备份而造成了原始代码被覆盖掉,导致直接经济损失 4.8 万元。

阅读以上文字,回答问题 1~问题 4。

〔问题 1〕 指出该工程招投标过程中的不妥之处,并说明理由。

〔问题 2〕 招标人招标失败造成投标单位损失是否应予补偿?并说明理由。

〔问题 3〕 上述质量事故发生后,在事故调查前,总监理工程师应做哪些工作?

〔问题 4〕 上述质量事故的技术处理方案应由谁提出?技术处理方案核签后,总监理工程师应完成哪些工作?该质量事故的处理报告应由谁提出?

第 8 章 管理信息系统的典型形式

本章从几个具体的管理信息系统入手,介绍管理信息系统的几种典型形式,包括决策支持系统、企业资源计划、客户关系管理、供应链管理、电子商务、电子政务、办公自动化、战略信息系统、信息系统集成与演化。

8.1 决策支持系统

决策支持系统(Decision Support System,DSS)是指能起到决策支持作用的计算机应用系统。它以支持半结构化和非结构化的决策问题为目的,其重心在于提高决策的有效性,而不是提高决策的效率。决策支持系统用于支持决策,不代替决策者制定决策。决策支持系统是一个多库集成的复合系统,结构多种多样,主要根据要解决的具体问题来确定,但人机交互界面、数据库、模型库、知识库、推理机是必不可少的组成部件。

8.1.1 人机交互界面

人机交互界面用于决策人员输入信息与系统输出信息,是进行信息交互的"纽带"和接口。人机交互界面,首先应当能够准确地理解用户的各种意图,并将其转换为系统中各种形式的命令;其次应当将系统的响应、决策过程中的信息和结果,按照用户希望的形式,组织成用户所需的图文信息进行显示。人机交互界面的开发,主要是针对系统的用户对计算机的熟悉程度和技术实现难度,来选取合适的人机交互方式。随着计算机硬件技术的不断发展,现代人机系统的交互方式已发展为字符、图形、图像、视频和音频相结合的多媒体的人机交互方式,并且还出现了光学字符识别、自然语言理解等人工智能的人机交互方式。一般常用的人机交互方式有问答式对话、菜单界面、功能键、图符界面、填表界面、命令语言界面、查询语言界面和自然语言界面八种方式。

8.1.2 数据库

数据库是整个决策支持系统的最基本的组成部分,是进行决策支持的信息载体,用于存储决策支持所需数据的集合。系统中主要有两类数据:第一类是基础静态数据;第二类是决策实施过程产生的中间与结果数据。

第一类数据按属性可以分成两种：一是说明性数据，具有描述属性；二是用于统计分析的数据，具有统计属性。考虑决策支持数据的特点，采用三层数据结构：第一层是数据库字典，用于存储数据库的描述信息；第二层是数据字典，用于存储统计数据和决策数据的描述信息；第三层是统计和决策数据库，用于存储具体的数值。

8.1.3 模型库

模型库是提供模型存储和表示模式的分系统，是 DSS 的共享资源，是 DSS 区别于其他信息系统的重要特征，也是 DSS 的核心。它有一些具有支持不同层次的决策活动的基本模型，其中有一些为支持频繁操作的单一模型，还有一些用于生成新模型的基本模块和基本要素。模型在计算机中主要有以下三种表示方式。

（1）模型的程序表示。这是一种传统的表示方法，每个模型对应于一个程序，输入格式、输出格式及算法均在程序中，使用模型实际上就是对该子程序的调用。

（2）模型的数据表示。用数据来表示模型，就是把模型作为输入集到输出集的映射，其映射关系由参数集合确定。

（3）模型的逻辑表示。又称为模型的知识表示。模型的逻辑表示方法目前主要有谓语逻辑、语义网络、逻辑树及关系框架等。

8.1.4 知识库

知识库(Knowledge Base)是知识工程中结构化、易操作、易利用、全面有组织的知识集群，是针对某一(或某些)领域问题求解的需要，采用某种(或若干)知识表示方式在计算机存储器中存储、组织、管理和使用的互相联系的知识片集合。这些知识片包括与领域相关的理论知识、事实数据、由专家经验得到的启发式知识(如某领域内有关的定义、定理和运算法则以及常识性知识等)。只有基于知识的系统才拥有知识库。

8.1.5 推理机

推理机(Inference Engine)是专家系统中实现基于知识推理的部件，是基于知识的推理在计算机中的实现，主要包括推理和控制两个方面，是知识系统中不可缺少的重要组成部分。

推理机由执行器、调度器和一致性协调器等组成。调度器根据控制策略(用知识和算法描述)和黑板记录的信息从议程中选择一个动作供系统下一步执行。执行器应用知识库中的知识和黑板记录的信息，执行调度器选定的动作。一致性协调器的主要作用是当得到新数据或新假设时，对已得到的相关结果进行似然修正，以保证结果的前后一致性。

8.2 企业资源计划系统

企业资源计划(Enterprise Resource Planning，ERP)系统首先由美国的 Gartner 公司提出，是建立在信息技术基础上，以系统化的管理思想，为企业决策层及员工提供决策运行手段的管理平台。作为企业管理思想,它是一种新型的管理模式;而作为一种管理工具,它同时又是一套先进的计算机管理系统。在较短的时间内,它很快就被人们认同和接受,并为许许多多的企业带来了丰厚的收益。

ERP 系统集信息技术与先进的管理思想于一身,作为现代企业的运行模式,反映了信息时代对企业合理调配资源、最大化地创造社会财富的要求,成为企业在信息时代生存、发展的基石。以计算机网络为核心的企业级的 ERP 系统更为成熟,系统在企业管理信息系统的基础上增加了包括财务预测、生产能力预测、调整资源调度等方面的功能。配合企业实现资金管理、质量管理和生产资源调度管理及辅助决策的功能,成为企业进行生产管理及决策的平台工具。

8.2.1 ERP 系统的功能和特点

1. ERP 系统的功能

ERP 系统是一个面向供需链管理的管理信息集成系统,采用各种计算机和网络通信技术的最新成就,实施以客户为中心的经营战略,综合考虑供应商、制造工厂、分销网络和客户等各方面的综合影响,实现企业资源的合理配置。因此,ERP 系统是新型的管理模式,它突破了单一企业的范围,可以说,它是企业管理模式的未来发展趋势。

ERP 系统实施的是以客户为中心的经营战略,ERP 系统的基本思想是将企业的业务流程看作包括供应商、制造工厂、分销网络和客户等在内的紧密连接的供需链;将企业内部划分成几个相互协同作业的支持子系统,如财务、市场营销、生产制造、质量控制、服务维护、工程技术等,还包括对竞争对手的监视管理。ERP 系统是一种面向企业供需链的管理思想,可对供需链上的所有环节有效地进行管理,从管理范围的深度上为企业提供了更丰富的功能和工具,可以实施全球范围内的多工厂、多地点的跨国经营运作。ERP 系统的主要功能包括以下四个方面。

(1) 财务管理。ERP 系统中的财务模块与一般的财务软件不同,作为 ERP 系统中的一部分,它和系统的其他模块有相应的接口,能够相互集成。

(2) 生产控制管理。这一部分是 ERP 系统的核心所在,它将企业的整个生产过程有机地结合在一起,使得企业能够有效地降低库存,提高效率。一般包括主生产计划、物料需求计划、能力需求计划、车间控制、制造标准等管理功能。

(3) 物流管理。物流管理一般包括分销管理、库存控制和采购管理。分销是从产品的销售计划开始,对其销售产品、销售地区、销售客户各种信息的管理和统计,并可对销售数量、金额、利润、绩效、客户服务做出全面的分析。库存控制用来控制存储物料的数量,以保证稳定的物流支持正常的生产,但又最小限度地占用资本。采购管理用来确定合理的定货量、优秀的供应商和保持最佳的安全储备。

(4) 人力资源管理。人力资源管理作为一个独立的功能,被加入 ERP 系统中来,和 ERP 系统中的财务、生产系统组成了一个高效的、具有高度集成性的企业资源系统。它与传统方式下的人事管理有着根本的不同,一般包括人力资源规划的辅助决策、招聘管理、工资核算、工时管理、差旅核算等。

2．ERP 系统的特点

（1）计划的一贯性与可行性。ERP 系统是一种计划主导型的管理模式，计划层次从宏观到微观，从战略到战术，由粗到细逐层细化，但始终保证与企业经营战略目标一致。

（2）管理系统性。ERP 系统是一种系统工程，它把企业所有与经营生产直接相关部门的工作联系成一整体，每个部门都从系统总体出发做好本岗位工作，每个人员都清楚自己的工作质量同其他职能的关系。

（3）数据共享性。ERP 系统是一种管理信息系统，企业各部门都依据同一数据信息进行管理，任何一种数据变动都能实时地反映给所有部门，做到数据共享。

（4）动态应变性。ERP 系统把客户需求和企业内部的制造活动及供应商的制造资源整合在一起，体现了完全按用户需求制造的思想，这使得企业适应市场与客户需求快速变化的能力增强。

（5）模拟预见性。ERP 系统是经营生产管理规律的反映，按照规律建立的信息逻辑必然具有模拟功能。

（6）物流、资金流的统一。ERP 系统包含了成本会计和财务功能，可以由生产活动直接产生财务数字，把实物形态的物料流动直接转换为价值形态的资金流动，保证生产和财会数据一致。

（7）ERP 系统把制造企业的制造流程看作一个在全社会范围内紧密连接的供应链，其中包括供应商、制造工厂、分销网络和客户等；同时将分布在各地所属企业的内部划分成几个相互协同作业的支持子系统，如财务、市场营销、生产制造、质量控制、工程技术等，还包括对竞争对手的监视管理。

8.2.2　ERP 系统的管理思想

ERP 系统的核心管理思想就是实现对整个供应链的有效管理，主要体现在以下三方面。

1．体现对整个供应链资源进行管理的思想

在知识经济时代，仅靠自己企业的资源不可能有效地参与市场竞争，还必须把经营过程中的有关各方如供应商、制造工厂、分销网络、客户等纳入一个紧密的供应链中，才能有效地安排企业的产、供、销活动，满足企业利用全社会一切市场资源快速高效地进行生产经营的需求，以期进一步提高效率和在市场上获得竞争优势。ERP 系统实现了对整个企业供应链的管理，适应了企业在知识经济时代市场竞争的需要。

2．体现精益生产和敏捷制造的思想

ERP 系统支持对混合型生产方式的管理，其管理思想表现在两个方面：一是"精益生产"（Lean Production，LP）的思想，它是由美国麻省理工学院提出的一种企业经营战略体系。即企业按大批量生产方式组织生产时，把客户、销售代理商、供应商、协作单位纳入生产体系，企业同其销售代理、客户和供应商的关系，已不再是简单业务往来关系，而是利益共享的合作伙伴关系，这种合作伙伴关系组成了一个企业的供应链，这即是精益生产的核心思想。二是"敏捷制造"(Agile Manufacturing,AM)的思想。当市场发生变化,企业遇有特定的市场和产品需求时,企业的基本合作伙伴不一定能满足新产品开发生产的要求,这时,企业会组织一个由特定的供应商和销售渠道组成的短期或一次性供应链,形成"虚拟工厂",把供应和协作单位看作企业的一个组成部分,运用"同步工程"(SE)组织生产,用最短的时间将新产品打入市场,时刻保持产品的质量、多样化和灵活性,这即是"敏捷制造"的核心思想。

3. 体现事先计划与事中控制的思想

ERP 系统中的计划体系主要包括主生产计划、物料需求计划、能力计划、采购计划、销售执行计划、利润计划、财务预算和人力资源计划等,而且这些计划功能与价值控制功能已完全集成到整个供应链系统中。

ERP 系统通过定义事务处理(Transaction)相关的会计核算科目与核算方式,可在事务处理发生的同时自动生成会计核算分录,保证了资金流与物流的同步记录和数据的一致性,从而实现了根据财务资金现状,可以追溯资金的来龙去脉,并进一步追溯所发生的相关业务活动,改变了资金信息滞后于物料信息的状况,便于实现事中控制和实时做出决策。

计划、事务处理、控制与决策功能都在整个供应链的业务处理流程中实现,要求在每个流程业务处理过程中最大限度地发挥每个人的工作潜能与责任心,流程与流程之间则强调人与人之间的合作精神,以便在有机组织中充分发挥每个人的主观能动性与潜能,实现企业管理从"高耸式"组织结构向"扁平式"组织机构的转变,提高企业对市场动态变化的响应速度。总之,借助 IT 技术的飞速发展与应用,ERP 系统得以将很多先进的管理思想变成现实中可实施应用的计算机软件系统。

8.2.3 ERP 系统的应用

ERP 系统在 Internet/Intranet 网络环境下运行,分为财务管理、市场营销管理、生产制造管理、质量控制管理、库存管理、采购管理、设备管理和人事管理等模块。

在整个系统中,企业的经营和生产销售可划分为三个阶段,并通过该系统的协调完成对经营过程的调控。

1. 生产合同签订阶段

营销管理系统收集到市场(客户)需求,并向生产管理系统提出生产要求,生产管理系统根据以前生产情况的记载,判定该产品是否为新产品,如果是新产品,则向技术开发管理系统提出开发设计申请,技术开发部门根据要求和开发能力,制订开发计划和开发使用资金详细预算,技术开发管理系统向财务管理系统申请开发资金,与生产和营销系统协商开发周期。如果财务管理系统批准开发资金,营销和生产系统同意开发周期,则开始研究开发工作,营销管理部门与客户签订合同,待研制开发工作结束后,进入生产阶段;如果研制开发工作不能正常进行,则该项生产要求被废止。如果该项生产要求生产的产品不是新产品,营销管理部门与客户签订合同,进入生产阶段。

2. 生产阶段

生产系统在合同的指导下,制订生产计划、使用材料进度计划和人力资源需求计划,并向库存管理系统提出分时段的材料计划,向人事管理系统提出人力资源需求计划,开始组织生产。库存管理系统收到生产管理系统的材料使用计划后,检查库存,如果库存中没有所需要的材料,则向采购管理系统提出采购计划。采购管理系统向财务管理系统提出资金使用计划,并组织采购。生产车间生产出来的产品经质量管理部门进行质量检测合格后,交营销部门,投入市场。

3. 销售阶段

生产的产品被检验合格后,交市场营销部门,市场营销部门将产品给用户,并跟踪用户使用产品的信息,保证产品的售后服务。按 ERP 系统的要求,整个 ERP 系统除上面提到的企业内部运行模块外,还包括对企业外部信息的收集和发布,包括对供应商管理、市场需求管理、客户管理和分销商管理。对于企业内部管理模块,主要集中在营销管理系统和采购管理系统。其中营销管理系统要负责采集市场的需求信息、主要竞争对手的市场活动信息、客户信息和分销网络信息;采购管理系统要收集和管理主要原料的供应商信息,包括供应商能够提供的材料、价格、质量和服务情况等。

8.2.4　ERP 系统存在的风险

对于 ERP 系统而言,风险存在于项目的全过程,包括项目规划、项目预准备、实施过程和系统运行。归纳起来,ERP 系统的风险主要有以下几方面。

(1) 缺乏规划或规划不合理。
(2) 项目预准备不充分,表现为硬件选型及 ERP 系统软件选择错误。
(3) 实施过程控制不严格,阶段成果未达标。
(4) 设计流程缺乏有效的控制环节。
(5) 实施效果未做评估或评估不合理。
(6) 系统安全设计不完善,存在系统被非法入侵的隐患。
(7) 灾难防范措施不当或不完整,容易造成系统崩溃。

8.2.5　ERP 系统成功的标志

ERP 系统应用是否成功,原则上说,可以从以下几方面加以衡量。

1. 系统运行集成化

这是 ERP 系统应用成功在技术解决方案方面最基本的表现。ERP 系统是对企业物流、资金流、信息流进行一体化管理的软件系统,其核心管理思想就是实现对"供应链"(Supply Chain)的管理。软件的应用将跨越多个部门甚至多个企业。为了达到预期设定的应用目标,最基本的要求是系统能够运行起来,实现集成化应用,建立企业决策完善的数据体系和信息共享机制。一般来说,如果 ERP 系统仅在财务部门应用,只能实现财务管理规范化、改善应收账款和资金管理;仅在销售部门应用,只能加强和改善营销管理;仅在库存管理部门应用,只能帮助掌握存货信息;仅在生产部门应用,只能辅助制订生产计划和物资需求计划。只有集成一体化运行起来,才有可能达到:①降低库存,提高资金利用率和控制经营风险；②控制产品生产成本，缩短产品生产周期；③提高产品质量和合格率；④减少财务坏账、呆账金额等。这些目标能否真正达到，还要取决于企业业务流程重组的实施效果。

2. 业务流程合理化

这是应用 ERP 系统在改善管理效率方面的成功体现。ERP 系统应用成功的前提是必须对企业实施业务流程重组。因此，ERP 系统应用成功也即意味着企业业务处理流程趋于合理化，并实现了 ERP 系统应用的以下几个最终目标：①企业竞争力得到大幅度提升；②企业面对市场的响应速度大大加快；③客户满意度显著改善。

3. 绩效监控动态化

ERP 系统的应用将为企业提供丰富的管理信息，如何用好这些信息并在企业管理和决策过程中真正起到作用，是衡量 ERP 系统应用成功的另一个标志。在 ERP 系统完全投入实际运行后，企业应根据管理需要，利用 ERP 系统提供的信息资源设计出一套动态监控管理绩效变化的报表体系，以期即时反馈和纠正管理中存在的问题。这项工作，一般是在 ERP 系统实施完成后由企业设计完成。企业如未能利用 ERP 系统提供的信息资源建立起自己的绩效监控系统，将意味着 ERP 系统应用没有完全成功。

4. 管理改善持续化

随着 ERP 系统的应用和企业业务流程的合理化，企业管理水平将会明显提高。为了衡量企业管理水平的改善程度，可以依据管理咨询公司提供的企业管理评价指标体系对企业管理水平进行综合评价。评价过程本身并不是目的，为企业建立一个可以不断进行自我评价和不断改善管理的机制，才是真正目的。这也是 ERP 系统应用成功的一个经常不被人们重视的标志。

8.3 客户关系管理

客户关系管理（Customer Relationship Management，CRM）产生于 20 世纪 90 年代初的美国，并于 20 世纪后期进入中国市场。CRM 是现代企业的一种经营管理理念，是一套旨在健全、完善、发展企业与客户之间关系的新型应用技术系统，是企业的一种职能战略。CRM 战略的实施，可以优化企业的运营价值链并提升企业核心竞争力。

8.3.1 CRM 的发展

CRM 产生于 20 世纪 90 年代初的美国，当时，许多美国企业为了满足市场日益竞争的需要，开始开发销售力量自动化（SFA）系统，随后又着力发展客户服务系统（CSS）。1996 年后一些公司开始把 SFA 系统和 CSS 两个系统合并起来，再加上营销策划（Marketing）、现场服务（Field Service），在此基础上再整合 CTI（计算机电话集成技术）形成集销售（Sale）和服务（Service）于一体的呼叫中心（Call Center）。这样就逐步形成了所熟知的 CRM。特别是 Gartner Group 正式提出 CRM 的概念后，CRM 的传播和应用都得到了极大发展，并于 20 世纪后期进入中国市场。CRM 是一套旨在改善企业与客户之间关系的新型管理机制，同时也包括了一个组织机构判断、选择、争取、发展和保持客户所要实施的全部商业过程。

CRM 的理论基础主要有 20 世纪 80 年代中期的关系营销理论、20 世纪 90 年代的顾客忠诚理论和一对一营销理论等。经过几十年的不断发展，客户关系管理已经发展形成一套完整的管理理论体系。CRM 既是一种以市场为导向的营销理念，也是面向顾客优化市场、服务、销售的业务流程，同时也能增强企业部门之间的集成协同能力，加快顾客服务响应能力，提高客户忠诚度和满意度的一整套解决方案。

8.3.2 CRM 的含义

关于 CRM 的定义，业界一直以来存在不少争议。企业管理者认为，所谓的客户关系管理就是要赋予企业更充分的客户交流能力，使得客户收益率达到最大化；从商业经营角度来看，CRM 就是改善与市场销售、客户服务和支持等领域的客户关系有关的商业流程；而从信息技术角度看，CRM 应用系统的定义是利用最新的信息技术，针对企业销售、服务与营销三个客户交互业务领域的 CRM 需求而设计出的各种软件功能模块的组合。通过总结众多国外著名研究机构和跨国公司对 CRM 的诠释，认为在现实当中 CRM 的含义应该从以下三个层面来表述。

1．CRM 是现代企业的一种经营管理理念

它的核心思想是"以客户的需求为中心"。CRM 理念要求企业切实从客户的实际需求出发，通过对现代信息工具的使用，增强企业在服务客户、开发客户、发展客户等方面的执行力，从而为客户和企业创造更多价值，实现客户和企业的双赢。

2．CRM 是一套技术工具

CRM 是一套旨在健全、完善、发展企业与客户之间关系的新型应用技术系统，它集合了当今最新的信息技术，主要包括 Internet 和电子商务、多媒体技术、数据仓库和数据挖掘、专家系统和人工智能、呼叫中心以及相应的硬件环境，同时还包括与 CRM 相关的专业咨询等。

3．CRM 是企业的一种职能战略

它是企业高层领导对如何改善企业与客户之间关系的一种全方位的规划和部署，它的目标是通过赢得、发展、保持有价值的客户，优化营利性，提高客户满意度并增加企业收入。CRM 战略的制定和实施需要企业在人力资源、企业文化、组织结构、管理方式等方面做出深刻变革，使企业与客户交流与沟通的方式能够从各个方面得到全面改善，从而重新发现企业核心竞争力。

在 CRM 的三个层面中，CRM 管理理念是基础，CRM 技术系统是工具，而 CRM 职能战略则是关键，三者缺一不可。理念是企业正确对待客户的根本指导思想；工具为企业更好地服务、保持和发展客户提供了现实方法，是理念得以传播的一种物质载体；而战略保证了理念与工具的正确结合，是使用工具贯彻理念的具体规划和实践。

8.3.3　CRM 的功能

CRM 是通过对客户关系的有效管理，从而鉴别、获得、留住和发展能为企业带来利润的客户。主要有以下功能。

（1）CRM 理念为企业提供了一种"以客户的需求为中心"的经营哲学和价值观，引导企业充分重视客户资源，并努力为客户创造价值。CRM 理念可以帮助企业认识到当今企业的竞争本质是围绕客户满意度的竞争。

（2）CRM 技术系统通过改善企业与客户交流、沟通以及服务客户的方式，在降低营销、市场销售成本的同时，有效地获得并保持了有价值的客户。通过 CRM 技术系统建立的信息化平台，也能够有效地帮助企业传递"以客户的需求为中心"的管理理念，并改善营销环节的执行能力和管理能力。

（3）CRM 战略的实施可以优化企业的运营价值链并提升企业核心竞争力。CRM 战略能够整合企业的全部业务流程和资源体系，并对资源有效地、结构化地进行分配和重组，同时，CRM 战略通过不断改善客户关系、企业与客户之间的沟通互动方式、资源调配、业务流程和自动化程度等，降低运营成本，增加企业销售收入，提高客户满意度，增强企业的运营效益，并最终提升企业的核心竞争力。另外，从整体架构上来说，它包括三个层面的应用，分别是客户接入、业务流程处理、决策支持。

8.3.4　CRM 的实施流程

成功的 CRM 离不开三个关键因素的支持：人、流程和技术。它需要公司内从 CEO 到每个客户服务代表的全员支持，实施 CRM 战略需要重组企业工作流程，还必须选择正确的技术来推动工作流程的改进。这三个环节哪个出了问题都会使整个 CRM 项目崩溃。一个实施完全并有效的 CRM 系统一定依赖于企业真正实现了销售、营销和服务文化的转变，即以生产为中心转向以客户需求为中心，从以推销产品为目的转向为客户提供整体解决方案，从单纯的售后服务转为全面的售前、售中、售后服务；而企业内部则从各部门的单独作战转向团队合作。这种转变绝不是简单地靠一套系统的实施就可以完成的，必须依赖于全体员工的思想和意识转变，让"以客户的需求为中心"的理念成为企业全体员工的共同价值观和企业文化的重要组成部分，这才是 CRM 实施真正的意义所在。CRM 系统在企业的实施涉及内容很多，它与企业文化、IT 应用环境、销售流程以及 CRM 所实现的功能模块都有一定的关联性。不同的行业、不同的企业、不同的软件供应商都具有不同的实施方法和实施步骤。CRM 系统实施的一般步骤如下。

1. 企业管理模式转变

企业管理模式上的转变包括如下四方面。

（1）确定企业的 CRM 战略，以客户为中心，强调服务。这需要企业高层的充分支持。

（2）适当调整组织结构，进行业务流程的重组。主要包括当前业务流程调查与分析、从企业内外征求改进业务流程的好建议、目标业务流程的改进和目标业务流程的形成。所采取的方式是访谈和调查表。

(3) 建立相应的管理制度和激励机制。主要包括理顺和优化业务处理流程、客观设置流程中的岗位、清晰描述岗位的职责、完善保证职责有效完成的制度体系、建立考评岗位工作情况的定量指标体系。

(4) 持续改善,形成稳定的企业文化。

2. CRM 系统的实施

在完成企业管理模式上的转变以后,CRM 系统的实施可以遵循以下流程。

(1) 成立 CRM 项目小组。项目小组是 CRM 系统实施的原动力,需对 CRM 的实施做出各种决策,给出建议,并与整个公司的员工进行沟通。一般来讲,CRM 项目小组应该包括高层领导、销售和营销部门的人员、企业 IT 部门的人员、财务人员、最终用户的代言人。

(2) 选择系统供应商。选择系统供应商时应考虑软件功能的齐全性、技术的先进性和供应商的经验与实力。

(3) 开发与部署。CRM 方案的设计,需要企业与供应商两个方面的共同努力。为使这一方案能迅速实现,企业应先部署那些当前最需要的功能,然后再分阶段不断向其中添加新功能。

(4) 系统的实施和安装。实施过程中要严格控制,不要偏离既定目标方案和超出预算。在该阶段应该就该系统对企业员工进行培训,培训计划中应包括管理人员、销售人员以及与实施 CRM 有关的所有人员。在培训工作中不仅要讲解软件和技术问题,而且不能忽视观念更新和行为规范方面的教育。

(5) 系统的运行、评估、调整。一个新系统,不可能一开始就完全满足企业的需求,肯定存在一些系统设计之初没有考虑到的问题或系统漏洞,需要进行阶段性的评估,并在系统运行过程中进行不断的改进、调整和完善。

8.4 供应链管理

随着全球竞争的加剧、经济的不确定性增大、信息技术的高速发展以及消费者需求的个性化增加等环境的变化,当今世界已经由以机器和原材料为特征的工业时代进入了以计算机和信息为特征的信息时代,原有的企业组织与管理模式越来越不能适应激烈的市场竞争,从而开始了探索能够提高企业竞争力的新型管理模式的艰苦历程。这种变化促使人们认识问题和解决问题的思维方式也发生了变化,逐渐从点的和线性空间的思考向面的和多维空间的思考转换,管理思想也从纵向思维朝着横向思维方式转化。在经济全球化的背景下,横向思维正成为国际管理学界和企业界的热门话题和新的追求,供应链管理就是其中一个典型代表。

8.4.1 供应链及供应链管理的基本概念

企业从原材料和零部件采购、运输、加工制造、分销直至产品最终送到顾客手中的这一过程被看成一个环环相扣的链条,这就是供应链。供应链的概念是从扩大的生产概念发展来的,它将企业的生产活动进行了前伸和后延。例如,日本丰田公司的精益协作方式中就将供应商的活动视为生产活动的有机组成部分而加以控制和协调,这就是向前延伸。后延是指将生产活动延伸至产品的销售和服务阶段。因此,供应链就是通过计划、获得、存储、分销、服务等这样一些活动而在顾客和供应商之间形成的一种衔接,从而使企业能满足内外部顾客的需求。供应链对上游的供应者(供应活动)、中间的生产者(制造活动)和运输商(储存运输活动),以及下游的消费者(分销活动)同样重视。

供应链管理就是指对整个供应链系统进行计划、协调、操作、控制和优化的各种活动和过程,其目标是要将顾客所需的正确的产品能够在正确的时间、按照正确的数量、正确的质量和正确的状态送到正确的地点(即 6R),并使总成本最小。

8.4.2 供应链管理的组成

供应链管理(SCM)通常由五部分组成,各部分轻重程度根据在不同应用领域情况有所不同。

(1) 制定供应链管理策略。看要管理哪些事,通过制定方法来监控。衡量运作是否有效,是否能满足顾客的需要,能否提供给顾客高质量的产品。

(2) 与上游供货商建立关系。制定一套定价、交货、付款的规则,同时制定监控方法。有了规则,就可以与自己的存货管理、付款系统连在一起。

(3) 制定企业产品生产程序。包括加工、生产、测试、包装、运送的计划安排,以及质量控制与生产管理。

(4) 交货。也就是与下游买主建立关系,对接单、仓储、运送、收款等进行管理。

(5) 问题处理。从上游买来的东西是否有坏的,卖给下游顾客的产品是否有不满意的需要退换等问题,都需要有一个流程来处理。

8.4.3 供应链管理与传统管理模式的区别

供应链管理与传统的物料管理和控制有着明显的区别,主要体现在以下几方面。

(1) 供应链管理把供应链中所有节点企业看作一个整体。供应链管理涵盖整个物流的从供应商到最终用户的采购、制造、分销、零售等职能领域过程。

(2) 供应链管理强调和依赖战略管理。供应链是整个供应链中节点企业之间事实上共享的一个概念(任两节点之间都是供应与需求关系),同时它又是一个有重要战略意义的概念,因为它影响或者可以认为它决定了整个供应链的成本和市场占有份额。

(3) 供应链管理最关键的是需要采用集成的思想和方法,而不仅仅是节点企业、技术方法等资源简单的连接。

(4) 供应链管理具有更高的目标,通过管理库存和合作关系达到高水平的服务,而不是仅仅完成一定的市场目标。

8.4.4 供应链管理的运营机制

供应链成长过程体现于企业在市场竞争中的成熟与发展之中,通过供应链管理的合作机制、决策机制、激励机制和自律机制等来实现满足顾客需求,使顾客满意以及留住顾客等功能目标,从而实现供应链管理的最终目标:社会目标(满足社会就业需求)、经济目标(创造最佳效益)和环境目标(保持生态与环境平衡)的合一,这可以说是对供应链管理思想的哲学概括。

1. 合作机制

供应链合作机制体现了战略伙伴关系和企业内外资源的集成与优化利用。基于这种企业环境的产品制造过程,从产品的研究开发到投放市场,周期大大地缩短,而且顾客导向化程度更高,模块化、简单化产品、标准化组件,使企业在多变的市场中柔性和敏捷性显著增强,虚拟制造与动态联盟提高了业务外包策略的利用程度。企业集成的范围从原来的中低层次的内部业务流程重组上升到企业间的协作,这是一种更高级别的企业集成模式。在这种企业关系中,市场竞争的策略最明显的变化就是基于时间的竞争和价值链及价值让渡系统管理或基于价值的供应链管理。

2. 决策机制

由于供应链企业决策信息的来源不再仅限于一个企业内部,而是在开放的信息网络环境下,不断进行信息交换和共享,达到供应链企业同步化、集成化计划与控制的目的,而且随着 Internet/Intranet 发展成为新的企业决策支持系统,企业的决策模式将会产生很大的变化,因此处于供应链中的任何企业决策模式应该是基于 Internet/Intranet 的开放性信息环境下的群体决策模式。

3. 激励机制

归根到底,供应链管理和任何其他的管理思想一样都是要使企业在 21 世纪的竞争中在 TQCSF 上有上佳表现。

(1) T 为时间,指反应快,如提前期短、交货迅速等。
(2) Q 为质量,指控制产品、工作及服务质量。
(3) C 为成本,指企业要以更少的成本获取更大的收益。
(4) S 为服务,企业要不断提高用户服务水平,提高用户满意度。
(5) F 为柔性,企业要有较好的应变能力。

缺乏均衡一致的供应链管理业绩评价指标和评价方法是目前供应链管理研究的弱点和导致供应链管理实际效率不高的一个主要问题。为了掌握供应链管理的技术,必须建立、健全业绩评价和激励机制,使我们知道供应链管理思想在哪些方面、多大程度上给予企业改进和提高,以推动企业管理工作不断完善和提高,也使得供应链管理能够沿着正确的轨道与方向发展,真正成为企业管理者乐于接受和实践的新的管理模式。

4. 自律机制

自律机制要求供应链企业向行业的领头企业或最具竞争力的竞争对手看齐,不断对产品、服务和供应链业绩进行评价,并不断地改进,以使企业能保持自己的竞争力和持续发展。自律机制主要包括企业内部的自律、对比竞争对手的自律、对比同行企业的自律和比较领头企业的自律。企业通过推行自律机制,可以降低成本,增加利润和销售量,更好地了解竞争对手,提高客户满意度,增加信誉。企业内部部门之间的业绩差距也可以得到缩小,提高企业的整体竞争力。

8.4.5　我国企业如何实施供应链管理

1. 基本思路

供应链管理的基本概念是建立在这样一个合作信念上的,即效率能够通过分享信息和共同计划使整体物流效率得到提高,从最初的供应商采购到最终消费者接受的、所有物流作业一体化管理的整个供应链。

供应链管理是使渠道安排从一个松散连接着的独立企业的群体,变为一种致力于提高效率和增加竞争力的合作力量。在本质上,它是从每一个独立参与者进行存货控制,变为一种渠道整合和管理。如对于计算机制造商,使顾客感受到是一种准确、快速、简单而有价值的交付,可以使其成为其他厂商努力奋斗的基准。

供应链管理的背后动机是增加渠道的竞争力。其包含两个基本信念:合作行为将减少风险,提高整个物流过程的效率;排除浪费和重复努力,分享信息和共同计划可排除或减少与存货投机相关的风险。

2. 我国企业该如何实施供应链管理

(1) 把客户的需求放在第一位。建立供应链拉式系统。先确定需求,然后按需生产,减少产品过剩和缺货的风险。

(2) 实施企业供应链流程再造。供应链如同一条管道,里边有工作流程、实物流程、资金流程与信息流程,要对企业资源进行整合,流程进行优化,并根据需求及时修正与改进。

(3) 建立起供应链环节中企业之间的信任度。我国企业一个很大的问题是信用,缺少信用体系,也缺少信用认证制度,企业之间有一种不信任感,生怕受骗上当,惶惶不可终日。在这种状态下,供应链无法建立也无法运行。所以,实施供应链管理一个基本条件就是信任度,这要从每个企业自己做起。

(4) 既要在供应链中成为主角,也要甘当配角。一个企业要以自己为核心建立供应链,自己要当好主角,但一个企业在不同的供应链中不可能都当主角,有时也可能是配角。因为一个企业可能是供应商,也可能是生产商,还可能是销售商。有时在供应链中处于上游,有时处于中游,有时处于下游。不同的角色就有不同的功能,要在供应链上扮演一个专门的、不可替代的角色。

(5) 有了战略目标定位,必须有战术定位,从小处着手,一步一个脚印。要从实际情况出发,切忌蛮干。

(6) 信息网络技术的广泛应用。供应链管理成为一种新的运作与管理模式,如果没有信息网络技术做支撑是不可思议的。所以如何建立企业内部以及与外部相通的信息网络系统是一个关键因素。

8.5 电子商务

本节介绍电子商务的发展、功能和特点、竞争优势以及对社会经济的影响。

8.5.1 电子商务的发展

1. 电子商务的基本概念

1) 什么是电子商务

简单地说,电子商务是一套运用现代科学手段进行的商务活动。它能高效利用有限的资源,加快商业周期循环、节省时间、降低成本、提高利润和增强企业的竞争力。在国际商务的实践中,人们通常对电子商务是从狭义和广义两个方面来理解的。从狭义上看,电子商务也就是电子交易,主要指利用 Web 提供的通信手段在网上进行交易活动,包括通过 Internet 买卖产品和提供服务。产品可以是实体化的,如汽车、电视,也可以是数字化的,如新闻、录像、软件等。此外,还可以提供各类服务,如安排旅游、远程教育等。从广义上讲,电子商务还包括企业内部商务活动,如生产、管理、财务等以及企业间的商务活动。从最初的电话、电报到电子邮件以及几十年前开始的 EDI,都可以说是电子商务的某种形式。发展到今天,人们已提出了包括通过网络来实现从原材料的查询、采购、产品的展示、订购到出口、储运以及电子支付等一系列贸易活动在内的完整电子商务的概念。

电子商务的本质是商务。电子商务目标是通过电子的方式来进行商务活动,所以它要服务于商务,满足商务活动的要求。它是包括信息流、物流和货币流三部分的有机结合。

2) 电子商务的主要分类

按电子商务应用服务的领域范围,电子商务可分为以下四类。

(1) 企业对消费者(Business-to-Consumer,B2C)的电子商务。企业对消费者的电子商务基本等同于电子零售商业。这类电子商务近年来发展较快,主要是国际互联网的发展为企业和消费者之间开辟了新的交易平台,开展企业对消费者的电子商务,障碍最少,应用潜力巨大。

(2) 企业对企业(Business-to-Business,B2B)的电子商务。这类电子商务的发展已成为电子商务的主流。

(3) 企业对政府机构(Business-to-Administration,B2A)的电子商务。政府将采购的细节在国际互联网络上公布,通过网上竞价方式进行招标,企业也要通过电子的方式进行投标。

(4) 消费者对政府机构(Consumer-to-Administration,C2A)的电子商务。这类电子商务活动已经形成,如网上报税、网上身份认证、社区服务、信息发布等。

2. 电子商务的发展过程

电子商务并非是一种刚刚出现的事物,纵观电子商务发展的历史,其产生和发展主要经历了两个阶段。

1) 20世纪60—90年代基于EDI的电子商务

EDI(Electronic Data Interchange)是将业务文件按一个公认的标准从一台计算机传输到另一台计算机上的电子传输方法。它在20世纪60年代末期产生于美国,当时的贸易商们在使用计算机处理各类商务文件时发现,由人工输入一台计算机中的数据70%是来源于另一台计算机输出的文件。由于过多的人为因素,影响了数据的准确性和工作效率的提高,人们开始尝试在贸易伙伴之间的计算机上使数据能够自动交换,EDI于是应运而生。

从技术上讲,20世纪90年代之前的大多数EDI都不通过Internet,而是通过租用的计算机线在专用网络上实现。这类专用的网络被称为VAN(Value-Addle Network,增值网)。这样做的目的主要是考虑安全问题,但随着Internet安全性的日益提高,作为一个费用更低、覆盖面更广、服务更好的系统,其已表现出替代VAN而成为EDI的硬件载体的趋势。

2) 20世纪90年代以来基于国际互联网的电子商务

由于使用VAN的费用很高,仅大型企业才会使用,因此限制了基于EDI的电子商务应用范围的扩大。20世纪90年代中期后,国际互联网迅速走向普及化,逐步地从大学科研机构走向企业和百姓家庭,其功能也已从信息共享演变为一种大众化的信息传播工具。从1991年起,一直排斥在互联网之外的商业贸易活动正式进入这个王国,因此使电子商务成为互联网应用的最大热点。

3. 电子商务基础

电子商务交易的方式表明,计算机的普及和应用是电子商务的保证;安全是电子商务的关键;人才与人的观念是电子商务的支撑。信息技术的迅猛发展,微型计算机与Internet的普及应用,为电子商务的发展提供了良好条件,也是电子商务发展的原动力。

1) 计算机的高速发展

近几年来,微型计算机处理速度越来越快,处理能力越来越强,价格越来越低,应用越来越广泛。计算机技术的高速发展与普及应用,为电子商务的应用提供了广阔空间。

2) 网络的普及与应用

由于Internet逐渐成为全球通信与交易的媒体,全球上网用户呈级数增长趋势,快捷、安全、低成本的特点为电子商务的发展提供了应用条件。

3) 信用卡的普及与应用

信用卡以其方便、快捷、安全等优点而成为人们消费支付的重要手段,并由此形成了完善的全球性信用卡计算机网络支付与结算系统,为电子商务中的网上支付提供了重要的手段。

4) SET协议的出台

1997年5月31日,由美国VISA和Mastercard国际组织等联合制定的SET(Secure Electronic Transfer,电子安全交易)协议的出台,并且该协议得到大多数厂商的认可和支持,为在开发网络上的电子商务提供了一个关键的安全环境。

5) 政府的支持与推动

自1997年欧盟发布了欧洲电子商务协议,美国随后发布"全球电子商务纲要"以后,电子商务受到世界各国政府的重视,这为电子商务的发展提供了有力的支持。

8.5.2 电子商务的功能和特点

1．电子商务的功能

1）广告宣传

电子商务可凭借企业的 Web 服务器和客户的浏览,在 Internet 上发布各类商业信息。商家可利用网上主页(Homepage)和电子邮件(E-mail)在全球范围内做广告宣传。与以往各类广告相比,网上的广告成本最为低廉,给顾客的信息却最为丰富。

2）咨询洽谈

电子商务可借助非实时的电子邮件、新闻组(News Group)和实时的讨论组(Chat)、白板会议(Whiteboard Conference)来了解市场和商品信息、洽谈交易事务。网上的咨询和洽谈能超越人们面对面洽谈的限制,提供多种方便的异地交换形式。

3）网上订购

电子商务可借助 Web 中的邮件交互传送实现网上的订购。当客户填完订购单以后,系统会回复确认信息单来保证订购信息的收悉,同时可以采用加密方式使客户和商家的商业信息不会泄露。

4）网上支付

客户和商家之间可采用信用卡实施支付。采用电子支付手段可以节省交易中很多人员的开销,网上支付将需要更为可靠的信息传输安全性控制,以防止欺骗、窃听、冒用等非法行为。

5）电子账户

网上支付必须要有电子金融来支持,即银行或信用卡公司及保险公司等金融单位的金融服务要提供网上操作的业务,而电子账户管理是其基本的组成部分,信用卡号或银行账号都是电子账户的一种标志,而其可信用度需配以必要技术措施来保证,如数字凭证、数字签名、加密等手段的应用提供了电子账户操作的安全性保证。

6）服务传递

对于已经付款的客户应将其订购的货物尽快传递到他们手中,电子邮件能够在网络中进行物流的调配。而最适合网上直接传输的货物是信息产品,如软件、电子读物、信息服务等,它能直接从电子仓库中将货物发给用户。

7）意见征询

电子商务能方便地采用网页上的格式文件来收集用户对销售服务的反馈意见,这样使企业的市场动作能形成一个封闭的回路,客户的反馈意见不仅能提高售后服务的水平,更使企业获得改进产品、发现市场的商业机会。

8）交易管理

随着电子商务的发展,将会提供一个良好的交易管理的网络环境及多种多样的应用服务系统,这样能保障电子商务获得更广泛的应用。

2．电子商务的特点

1）普遍性

电子商务作为一种新型的交易方式,将生产企业、流通企业以及消费者和政府带入了一个网络经济、数字化生存的新天地。

2）方便性

在电子商务环境中，人们不受地域的限制，客户以非常简捷的方式完成过去较为繁杂的商务活动。

3）整体性

电子商务能够通过规范的工作流程，将人工操作和信息处理集成为一个不可分割的整体，从而提高系统运行的严密性。

4）安全性

在电子商务中，安全性是一个至关重要的核心问题。它要求网络能提供一种端到端的安全解决方案，如加密机制、签名机制、安全管理、存取控制、防火墙、防病毒保护等，这与传统的商务活动有着很大的不同。

5）协调性

商务活动本身是一种协调过程，它需要客户与公司内部、生产商、批发商、零售商间的协调，在电子商务环境中，它更要求银行、配送中心、通信部门、技术服务等多个部门的通力协作。电子商务的全过程往往是一气呵成的。

8.5.3 电子商务的竞争优势

1. 降低交易成本

针对企业而言，电子商务最大的优点就是可以降低企业的交易成本。可以从以下两方面考虑。

1）降低促销成本

尽管建立和维护公司的网站需要一定的投资，但是与其他销售渠道相比，使用国际互联网的成本已经大大地降低了。有研究表明，假如使用国际互联网做广告媒介，进行网上促销活动，其结果是增加 10 倍销售量的同时，只花费传统广告预算的 1/10。

企业网上提供有效的客户支持服务（Customer Support）可以大量减少电话咨询的次数，进而节省大量开支和人员投入。例如，美国联邦捷运公司（Federal Express）通过设立网上咨询服务系统，使客户可以随时跟踪快递包裹的运输情况，客户每次查询将花费公司 0.1 美元。如果相同的查询工作由接话员通过免费电话来做的话，客户每次查询将花费 7 美元。由此可见，企业向客户提供网上支持服务来代替电话咨询可以节省公司大量的开支。

2）降低采购成本

企业采购原材料可能是一项程序烦琐的过程。通过计算机网络的商务活动，企业可以加强与主要供应商之间的协作关系，将原材料的采购与产品的制造过程有机地结合起来，形成一体化的信息传递和信息处理体系。

2. 减少库存，降低库存管理成本

产品生产周期越长，企业越需要较多的库存来应对可能出现的交货延迟、交货失误，而对市场需求变化的反应也就越慢。同时，库存的增多，也会增加库存管理的成本，降低企业的利润。当然，低库存所造成的供货短缺情况也会使急不可待的客户另寻他处。因此，适当库存量的管理不仅可以让客户得到满意的服务,而且可以为企业尽量地减少运营成本。为了达到上述目标,提高库存的管理水平,企业可以通过提高劳动生产率,在提高库存周转率的基础上,降低库存总量。

3. 缩短生产周期,降低生产成本

每一项产品的生产成本都涉及固定成本的支出。固定成本支出的多少并不随生产数量的变化而变化,而与生产的周期有关。这项固定成本包括设备的折旧、固定资产投资成本等。如果生产某一产品的生产周期缩短了,那么产品的单位固定成本也就相应减少。电子商务的实现使生产周期缩短,产品单位的生产成本降低。

国际互联网的发展更是加强了企业联系的广度和深度,现在分布在不同地区的人员可以通过互联网络协同工作,共同完成一个研究和开发项目。以汽车工业为例,很少有其他的行业比汽车制造行业更需要加快生产的周期。

4. 增加商业机会

世界各地存在的时差,对企业来讲,提供每天 24 小时的客户支持和服务,费用相当昂贵。然而,国际互联网的网页不同于人员销售,可以实现 24 小时的在线服务。24 小时全球运作,网上的业务可以开展到传统销售和广告促销方式所达不到的市场范围。因此,使用国际互联网进行销售活动,可以赢得新的客户。

5. 减轻对实物基础设施的依赖

传统企业的创建必须有相应的基础设施来支持,如仓储设施、产品展示厅、销售店铺等。然而,现代企业纷纷通过在网上设立网站来达到开辟新销售渠道的效果。国际互联网为那些新兴的虚拟运作企业提供了发展机会。对于信息产品而言,如报纸杂志、视听娱乐、计算机软件和信息提供等,如果产品本身可以实现在线成交和在线交付的话,仓储设施完全是多余的。整个销售环节,从研制开发、订货、付款到产品的交付都可以在网上实现。即使对于有实物零售店铺的商店也会发现在网上设立虚拟店铺可以不受实物空间(如货架空间)的限制。原则上网上虚拟店铺所出售的商品种类可以是无限的。

8.5.4 电子商务发展对社会经济的影响

概括起来,电子商务对社会经济的影响主要有以下几方面。

1. 电子商务将改变企业经营方式

那种"推销员满天飞""采购员遍地跑""说破了嘴,跑断了腿"的情形可能不会再出现。通过互联网,整个世界市场都在企业面前;客户在网上与供应商联系,利用网络进行会计结算和支付服务;企业也可以通过网络方便地与政府、竞争对手、消费者联系。这种网上联系将深刻地影响企业经营方式。

2. 电子商务将改变人们的消费方式

网上购物的最大特征是消费者的主导性,购物意愿掌握在消费者手中;同时消费者还能以一种轻松自由的自我服务的方式来完成交易,消费者主权可以在网络购物中充分体现出来。

3. 电子商务将改变企业的生产方式

由于电子商务是一种快捷、方便的购物手段,消费者的个性化、特殊化需要可以完全通过网络展示在生产厂商面前。为了取悦顾客,突出产品的设计风格,企业就必须发展和普及电子商务,按照用户的不同要求,做到按需供应产品。

4. 电子商务将对传统行业带来一场革命

电子商务在商务活动过程中,通过人与电子通信方式的结合,极大地提高商务活动的效率,减少不必要的中间环节,传统的制造业借此进入小批量、多品种的时代,"零库存"成为可能;传统的零售业和批发业开创了"无店铺""网上营销"的新模式;各种线上服务为传统服务业提供了全新的服务方式。

5. 电子商务将带来一个全新的金融业

在线电子支付是电子商务的关键环节,也是电子商务得以顺利发展的基础条件。随着电子商务在电子交易环节上的突破,网上银行、银行卡支付网络、银行电子支付系统以及网上接入服务、电子支票、电子现金等服务,将传统的金融业带入一个全新的领域。

6. 电子商务将转变政府的行为

政府承担着大量的社会、经济、文化的管理和服务职能,尤其作为"看得见的手",在调节市场经济运行,防止市场失灵带来的不足方面发挥着很大的作用。在电子商务时代,当企业应用电子商务进行生产经营、银行实行金融电子化,以及消费者实现网上消费的同时,将同样对政府管理行为提出新的要求,电子政府或称网上政府,将随着电子商务发展而成为一个重要的社会角色。

此外,电子商务对促进国民经济信息化以及推动信息产业的发展,对就业结构变动和增加就业机会,对人们的工作生活质量,对经济全球化、一体化等都有历史性的重要而深远的影响。

总而言之,作为一种商务活动过程,电子商务将带来一场史无前例的革命,对社会经济的影响会远远超过商务的本身。除了上述这些影响外,它还将对就业、法律制度以及文化教育等带来巨大的影响。电子商务会将人类真正带入信息社会。

8.6 电子政务

电子政务通常是指政府机构在其管理和服务职能中运用现代信息技术,实现政府组织结构和业务流程的重组优化,超越时间、空间和部门分隔的制约,建成一个精简、高效、廉洁、公平的政府运作模式。电子政务模型可简单概括为两方面:一是政府部门内部利用先进的网络信息技术实现办公自动化、管理信息化、决策科学化;二是政府部门与社会各界利用网络信息平台充分进行信息共享与服务、加强群众监督、提高办事效率及促进政务公开等。下面对我国电子政务发展概况进行简要的陈述并对发展前景进行初步探讨。

8.6.1 我国电子政务发展概况

我国电子政务的发展可以分为四个阶段：一是 20 世纪 80 年代初期缓慢发展的起步阶段；二是 20 世纪 90 年代快速发展的推进阶段；三是 2000—2010 年迅速发展的高速发展阶段；四是 2011 年以后的数据管理阶段。

1．起步阶段

20 世纪 80 年代末期，中央和地方党政机关开展的办公自动化工程，建立了各种纵向和横向内部信息办公网络，为利用计算机和通信网络技术奠定了基础。中国电子政务的提出源于 1985 年的"海内工程"。当时的建设目标为：在中央政府开展办公自动化建设，逐步实现决策与政府行政管理的信息网络化。

2．推进阶段

20 世纪 90 年代初，由我国 40 多家部委（局、办）信息主管部门共同倡议发起"政府上网工程"，旨在推动各级政府部门为社会服务的公众信息资源汇集和应用上网。随后我国政府站点迅速增加，网页内容日益丰富，在政策传递、网上服务等电子政务方面都有了一定的进展。1993 年底中央政府启动了以中央政府为主导的、以政府信息化为特征的系统工程"三金工程"，即金桥工程、金关工程和金卡工程，重点是建设信息化的基础设施，为重点行业和部门传输数据和信息。20 世纪 90 年代末期，由于信息网络技术的快速发展和信息基础设施的不断完善，电子政务的发展进入快车道，突破了部门和地域限制，向交互性和互联网方向发展。1998 年 4 月，青岛市在互联网上建立了我国第一个严格意义上的政府网站"青岛政务信息公众网"。1999 年 5 月，gov.cn 下注册的政府域名猛增至 1470 个。

3．高速发展阶段

2001—2005 年，"十五"国家信息化规划要求是国家信息化体系、数字化和网络化环境建设。2002 年中共中央办公厅下发我国电子政务建设纲领性的 17 号文件。2006—2010 年，"十一五"国家信息化规划要求是"三网融合"（即电信网、广电网、互联网合一）。具体工作包括：行政体制改革与电子政务发展同步进行；"大集中"理念推动电子政务顶层设计，统一规划、统一网络、统一平台建设，走集约化、低成本的发展道路；各地政府门户网站建设朝着统一门户网站的方向发展；协同电子政务积极推进；积极推动电子政务技术标准和规范的突破。

4．数据管理阶段

2011—2015 年，"十二五"我国的电子政务主要展开以下工作："一站两网四库十二金"工作，即政府门户网站建设；政务内网和政务外网建设；人口、法人单位、空间地理和自然资源、宏观经济四个基础数据库建设。"十二金"重点业务系统包括三类：第一类是对加强监管、提高效率和推进公共服务起到核心作用的办公业务资源系统、宏观经济管理系统建设；第二类是增强政府收入能力、保证公共支出合理性的金税、金关、金财、金融监管（含金卡)、金审五个业务系统建设；第三类是保障社会秩序、为国民经济和社会发展打下坚实基础的金盾、社会保障、金农、金水、金质五个业务系统建设。2016—2020年,"十三五"国家信息化规划的要求是共建共享与防范安全风险。这一要求依然属于数据管理的范畴。

8.6.2　我国电子政务存在问题及应用发展建议

1. 我国电子政务在建设中存在的问题

(1) 基层政府电子政务建设长远规划不足。一些基层政府对电子政务认识不深：一是重项目、轻规划。把电子政务等同于工程建设,独立、分散地开展项目建设,既不利于发挥效用,又不利于整体规划；二是重技术、轻业务。信息技术是要为业务工作服务的,不能认为高科技无所不能,对信息技术产生过分的依赖性,要逐步增强对业务工作的认识能力、梳理能力、整合能力和重构能力,才能从长远出发,展开谋划。

(2) 信息安全技术和管理制度不够完善。电子政务的信息化处理是动态的、双向的,信息的安全保障体系要求很高,既要能够防范和化解黑客攻击、病毒爆发、非法用户入侵、机密信息泄露、重要数据丢失等造成的危机和隐患,还要做好服务公众的工作,为此需要推行强有力的安全管理规范,建立严格的安全管理制度,完善安全保障体系。特别是2013年斯洛登事件和2022年9月27日西北工业大学遭美国国家安全局网络攻击事件后,这方面工作更应该加强。

(3) 管理体制机制有待理顺。目前,从中央到地方,从上层到基层,各级党政信息化建设和管理部门分设在每个层次上多数是两套班子、两套人马、两个机关,各自为政,自成系统；在网络建设上也很自然地形成了"各自为政、党政分建、多网并存"的局面,形成两套信息技术工作机构、两套网络。

(4) 地域发展不平衡。中央、省级部门电子政务的发展速度较快,县级以下部门的电子政务发展速度较慢。这一现象产生的原因如下：一是理念性问题,即县级以下部门的人员对此认识不足。二是资金问题。与中央、省级部门相比,县级以下部门明显资金不足。三是技术问题。由于远离大城市,一些偏远的县级以下部门,如新疆、西藏等地区,其实现与发达地区同等的电子政务系统,显然存在巨大差异。

(5) 信息"孤岛"与数据资源共享问题。"数据孤岛"技术层面容易解决,但管理层面阻力相对较大,有些部门基于安全风险的考虑不愿将业务数据拿出来与其他部门共享,有些部门对数据的共享开放持消极被动的态度,有些部门限于数据壁垒和标准缺失无法实现共享开放,其中安全风险因素和消极被动因素是管理层面数据共享难的主要问题。

2. 我国电子政务应用发展的建议

综合发展存在的问题,我国电子政务应用发展建议有以下几方面。

(1) "一站式"服务平台构建。李克强总理强调打通数据壁垒,促进各部门、各层级、各业务系统互联互通,真正实现以人为本的服务,将人作为跨机构、跨司法管辖区整合的核心,从而推进"互联网＋政务服务"的稳步发展,消除政府与民众间的数字鸿沟,真正做到让民众"多办事、少跑腿"。创建"一站式"服务平台,可促进政府职能"大转变"、政务数据"大整合"、行政效能"大提升"。

（2）大数据技术用于电子政务。随着互联网技术的发展，大数据技术已被应用到社会的各个领域中，包括政府、运营商、金融、能源、卫生等。特别是政府，其掌握着社会各方面的数据，如人口、交通、医疗、银行数据等。面对如此庞大的数据规模，对政府如何通过利用大数据技术，并充分融合业务需求来发挥数据效能，从而更好地为民众提供社会服务，提出了更高的要求。大数据在电子政务方面的应用优势主要包括：第一，精细化管理；第二，个性化服务；第三，科学化决策。

（3）人工智能技术用于电子政务。人工智能可以帮助实现政府互动的自动化，如借助人工智能，可实现电子邮件、在线聊天、电话、查询的自动回复，社交媒体聊天的自动交互。除此之外，在社会协同治理、智能化联络中心、智能政府云计算、一体化政府、政务数据分析、智慧城市等方面，人工智能技术都将会有不俗的表现。

（4）重视信息安全技术和管理的应用。

（5）新一代信息技术综合应用。新一代信息技术包括云计算、大数据、物联网、人工智能、区块链、5G等，这些都是近年快速发展的信息技术。新一代信息技术在电子政务方面的应用，首先是价值观理论和顶层设计，其次是逐步实施，即经济或技术条件较好的地区，可先行试点和示范，由此产生经验和规范初稿，然后推广普及。

8.6.3 我国电子政务发展方向展望

结合发展概况、现状研究及实际工作经验，我国电子政务发展方向主要有以下几方面。

1. 实现电子政务内网顶层互联互通互信

目前，党委、人大、政府、政协、法院、检察院六大班子的政务内网没有实现互联互通，为解决该问题，中共中央办公厅下发的［2006］18号文件中明确规定："中央办公厅会同国务院办公厅负责统筹协调政务内网中党委、人大、政府、政协、法院、检察院业务网络顶层互联互通平台的建设和管理，指导和管理政务内网的交换体系建设，研究起草政务内网相关管理办法"。随着网络互联互通，还需建立全网分级的信任体系，实现六大班子之间的互信。

2. 建立基础信息资源库以及共享交换平台

首先，应整合信息资源，建立人口、法人单位、空间地理和自然资源、宏观经济数据库等基础信息资源库。其次，要建立资源共享交换平台，政务信息资源目录体系与交换体系是国家电子政务总体框架中的重要组成部分，是电子政务的基础设施之一。政务信息资源目录体系与交换体系在支持电子政务应用时是一个有机整体，都是以政务信息资源为基础，依托国家统一的电子政务网络，采用不同的技术架构分别实现不同的服务功能，提供目录服务和信息交换服务，实现部门间信息共享和业务协同的支撑，作为基础设施与电子政务的业务应用相对独立。

3. 研究保障电子政务安全的关键技术

在当前复杂的国内外环境中，研究保障电子政务安全的关键技术尤为重要，应从物理安全、网络安全、应用安全、运行安全等多方面、全方位研究相关技术，保障电子政务内网、外网相对安全。

4. 成为推动政府机构深化改革的技术力量

电子政务发展的高级阶段应该是技术与业务融为一体。由于业务应用不断深化,推动业务流程整合和重塑,改变原有政府办文、办事流程,从而带来相关机构的改革。

8.7 办公自动化

本节介绍传统办公模式,现代化办公模式,办公自动化的发展趋势、组织实施以及维护等内容。

8.7.1 传统办公模式

传统办公模式是指计算机还没有应用于办公领域,办公模式还处于纸质的形式;工作者之间各自独立工作,相互之间的协作极少,通信主要以电话形式,通信成本较高;管理者分身乏术,对各个部门的工作情况和进度不能及时了解和控制;文件数据的记录都采取手工记录方式,效率极低,而且容易出错;文件和数据等都是以纸质形式保存,文件和文档占据了办公场所面积相当大的一部分;大量文件文档查询起来相当困难,常需要花费大量时间查找文件和文档;数据的修改也相当困难,很容易造成相关数据得不到相应的更新而造成数据的不一致,再加上纸质文件极易发霉变质,保存时间不长,容易造成数据丢失,对一些重要数据的保存每年开支相当大。

8.7.2 现代办公模式

随着科学技术的不断发展,在全球一体化的影响下,人们的联系日益紧密,同时工业自动化技术影响日益渗透到人们工作和生活的方方面面,传统的办公模式已经不能适应自动化时代的办公要求,新一代的办公模式呼之欲出。办公自动化是伴随着计算机的出现而出现的。从出现第一台计算机到现在,办公自动化的发展主要经历了以下三个阶段。

1. 单机办公自动化阶段

第一个阶段办公方式主要是以复印机、个人计算机的出现和单独使用为主,还没有进入联网年代,电子文档代替了堆积如山的文件纸和报表,结合复印机的使用,大大提高了工作效率,也节省了大量的办公场所和开支。依托数字技术,实现了包括对数字、文字、图像、声音和动画的综合处理。但此时的办公自动化系统还是比较简单的,国外办公自动化系统以微软公司的 Microsoft Office 和 IBM 公司的办公套件 Louts 1-2-3 为代表,国内的办公自动化系统以金山公司的 WPS、CCED 为代表。当时,这些办公自动化系统的文档处理能力较差,协作型工作处理能力和企业级信息集成能力较差。由于计算机以个人办公为主,各部门的计算机之间缺乏信息沟通和共享的渠道,因此信息处于高度孤立状态。

2. 联机办公自动化阶段

第二个阶段以个人计算机的大量普及和联网技术的成熟为依托,企业建立了 Intranet

内部网络,以一些基于C/S结构的公司内部信息管理软件为代表,但没有功能良好的应用系统支持协同工作,仍然以个人办公为主,信息依旧比较孤立。

3. 联机高度办公自动化阶段

第三个阶段网络互联网技术和协同办公技术趋于成熟,以网络为中心、以工作流为主要存储和处理对象,实现了工作流程自动化,让群体协同工作成为可能,打破了第一代办公自动化系统中的信息孤立状态。除个人办公软件外,IBM公司的Lotus Domino和微软公司的Exchange群件技术逐步被引入,以开通企业网站、实施ERP和CRM为主。该阶段难以实现异地办公,企业资源无法延展,系统开发和使用复杂,投资昂贵,推广困难。

8.7.3 办公自动化的发展趋势

随着全球一体化的影响日益深入,企业、单位的业务也迅速增加,办公的对象已不仅仅局限某一企业或单位内部的员工,业务的关联对象扩大到全球任一企业、单位,甚至个人,再加上人员的流动频繁,第三代的办公模式已逐渐不能满足形势的发展需要,需要有一种更先进的技术来弥补这种不足。5G技术广泛应用和人工智能的发展为这种设想提供了可能。

1. 移动办公自动化

目前,5G移动办公技术在我国已经开始普及。办公自动化系统与计算机网络、通信网络、互联网技术等终端设备结合,形成了无处不在的移动办公自动化系统。员工在家中、公司、出差旅途中都可以轻松接入企业的移动办公自动化系统进行网络办公,大大节约了时间,提高了工作效率。移动办公自动化系统也开始积极利用手机上网技术,使移动办公自动化系统发挥最大的作用。

2. 办公智能化

由于业务繁多,企业、单位在进行业务处理时,往往会出现有心无力的情况。未来的办公自动化系统将强调更高的人工智能化。办公自动化系统智能化帮助企业、单位员工解决日常烦琐和复杂的数据处理。例如,智能语音服务、自动邮件回复、智能微信回复、自动数据库备份、自动还原等,将在未来的办公自动化发展中纷纷得到实现和应用。现在的办公自动化系统已经朝着这个趋势发展,办公自动化系统也会在以后发挥越来越重要的作用。

8.7.4 办公自动化的组织实施

万丈高楼平地起。再复杂的系统也是由简单的子系统一个一个组合形成的。子系统的功能划分及完善程度决定了整个系统的性能及效率,其对办公自动化的组织实施尤为重要,是整个系统的基础,决定了整个系统的"高度"。

1. 实施原则

(1) 实用性原则系统。本身能够产生积极的效果,并能提高生产效率。
(2) 先进性及成熟性原则。一般来说,越先进的技术,越能提高工作效率,智能化程度越高。但先进的技术往往具有不成熟的特性,一味采用先进的技术,在出现问题或漏洞时,往往会造成灾难性的后果,因此在采用新技术时,要考虑它的成熟性,在这两者之间找到平衡点。

(3) 可靠性原则。必须保证系统能够在较长时间内安全运行,在出现故障时能及时恢复。

(4) 开放性及安全性原则。能够容纳一定数的用户同时在线操作,并能保证数据的安全、有效,不被外泄和破坏。

(5) 标准化原则。文件格式、数据格式等应以特定的标准固定下来,既方便其他部门的数据共享又方便对其进行修改和查阅。

(6) 可扩充性原则。事物总是处于发展之中,一个良好的系统是能够随着技术发展而不断扩展、完善的。因此,在设计系统时应充分考虑其可扩展性。

(7) 可维护性、可管理性原则。在系统出现故障或需要更新时,能在不影响业务的情况下迅速恢复或更新系统。

(8) 节约性原则。节约成本和开支,与传统办公方式相比,能够简化操作程序。

2. 实施步骤

(1) 以企业、单位的各个部门作为划分子系统的依据,每个部门设一个子系统。

(2) 每个子系统的功能以企业、单位的各个部门职能作为划分依据。每个部门针对自己的日常业务写出一份日常业务流程处理报告,作为本部门子系统功能划分标准。

(3) 有业务交叉的子系统应设立公共接口,每个部门的所有对外的业务均可通过公共接口进行处理。

(4) 有业务交叉的部门对公共数据进行协商,确定公共数据的格式、存储方式、文件格式等,以方便各个部门间数据共享和查询。

(5) 选择技术。目前,办公自动化的构建技术主要有两大主流技术,分别是基于 J2EE 标准和基于 Microsoft.NET 框架的开发技术。J2EE 以出色的执行效率和跨平台兼容性好著称,Microsoft.NET 则以高效的开发效率和稳定性,以及与 Windows 的兼容性好而著称。在开发时可根据实际需要选择。

(6) 人员的培训。办公自动化平台构建起来后,可组织员工进行正式使用前的培训,一是可以发现平台存在的漏洞,以便及时修改;二是可以让员工熟悉平台的使用;三是可以锻炼各个部门网络办公的协调能力。

至此,网络办公自动化建设基本完成。

8.7.5 办公自动化的维护

日常维护是办公自动化系统正常运行的重要保证。办公自动化的日常维护一般包括几方面。

1. 权限的指派

办公自动化系统涉及的人员极多,不同的人有不同的职能,执行不同的业务,而且这些业务只能由特定的人员完成,其他人是不能执行的,因此,有必要对不同部门、不同职能的人分配不同的权限。例如在公文子系统中,领导可以查询、修改、对下发文、批复等操作,而对于一般职员来说,则只能进行查询、对上申请批复,这不但有利于系统的维护,也有利于业务的管理。

2. 权限的修改和收回

当人员的职位发生调动时,其权限也相应发生变化,需要对原有权限进行修改,以适应新业务的需要。当有人员离退时,需对相应的用户进行注销,即权限收回。这是保证系统数据安全的重要环节。

3. 数据的备份和恢复

对于重要数据需要定时进行数据备份,防止系统出现操作失误或系统故障而导致数据丢失。数据恢复则是进行数据备份的逆过程,当数据遭到破坏时利用原有的正确数据代替被破坏的错误数据。

4. 网络安全管理

网络安全是办公自动化系统管理中最重要而又相当复杂的一个环节。目前,网络的安全技术主要有防火墙技术、网络加密技术、身份认证技术、多层次多级别的防病毒系统、入侵检测技术等,这些安全技术构成网络安全的防御系统。尽管如此,管理在网络安全工程中的作用是关键的,任何先进的网络安全技术或系统,如果缺乏有效的管理,也无法发挥它应有的作用。在实际的工程中,人们往往重视技术上的网络安全漏洞,而忽略安全管理上的漏洞,技术上的漏洞可以采用技术方法加以检测发现,而安全管理上的漏洞往往无法用实体去测量,因此需要制定出一套管理制度,通过人员安全使用网络来保证网络的安全。

8.8 战略信息系统

战略信息系统是计算机和通信技术发展到一定阶段的产物,建立在信息技术的成熟和信息搜集、处理和传输成本不断下降的基础之上。人们对战略信息系统的认识是在信息技术的应用实践中产生的。从企业发展战略的高度来认识信息技术,并在应用中赢得竞争优势,应该说是社会经济发展的必然趋势。

8.8.1 战略信息系统的战略意义

把信息技术看作辅助或服务性的工具已经成为过时的观念。管理者应该认识到信息技术的广泛影响和深刻含义,以及怎样利用信息技术来创造有力而持久的竞争优势。无疑,信息技术正在改变着我们习以为常的经营之道,一场关系到企业生死存亡的技术革命已经到来。信息技术已不再仅仅是企业信息部门的事情,越来越多的企业家和企业领导正把越来越多的时间和资金投入信息技术之中。

信息技术已不再仅仅具有提供辅助或服务的参谋功能,它已经具有能够左右企业竞争战略和计划的作战功能。现代信息技术正改变着产品(服务)和生产过程,改变着企业和产业,甚至企业竞争本身。

以计算机和通信技术为基础的信息技术是企业获得竞争优势的有力手段。现代企业的发展使我们看到信息技术的潜力和信息技术战略应用的意义。进入20世纪80年代以来,发达国家的企业界和学术界一直在高度重视和研究信息技术的战略应用问题。日本的全面质量管理模式也在向战略信息系统模式转移。将信息技术运用于成本、差别化、发展、创新和联合等,创造企业竞争优势已经成为发达国家企业的有力竞争武器。信息技术的战略应用已经突破了传统的管理学理论和实践,造就了一个全新的多学科领域——战略信息系统。

8.8.2 战略信息系统的开发特点

1. 战略阶段划分具有模糊性

在企业实践中,上述各阶段的工作并不总是能在时间上和内容上明确区分开的。因为企业活动具有连续性。所以,企业战略也势必具有连续性,新战略往往是对原有战略的调整和补充,完全抛开原有战略而从头开始一个战略管理过程的情况是不常见的。

2. 战略的制定和实施具有整体性

虽然战略和战略管理对企业的成功具有极其重要的作用,但战略的制定和实施工作是不可能与企业的其他工作完全分开的。

3. 战略的调整应坚持渐变性

企业经营环境变化的时间和内容往往是不可预料的,人们不可能事先确定战略调整的时间。因此,虽然战略决策的时期一般在五年以内,但在环境发生突然的重大变化时,即使刚刚开始执行某项战略,也需要停止现有战略,转而确定和执行新的战略。而且,由于企业经营环境总是在变化,因此企业战略也会发生变化,这就使战略的制定和实施工作具有很强的渐变性和动态性。

8.8.3 战略信息系统开发过程中的信息分析

1. 环境信息分析

环境信息是各类企业赖以生存的共同空间,其影响着代表企业必须注视和做出反应的不可控的因素。所以通过对企业经济活动产生影响的环境信息分析,能够发现和确定战略信息系统的机会和威胁,从而确定企业的战略目标,并适时修正不合时宜的战略。环境信息一般包括外部环境信息和内部环境信息。外部环境信息包括政治环境、经济环境、技术环境、社会文化环境、人口、环境保护等信息。对企业的外部环境进行分析的方法称为PEST分析法。

1) 政治环境

政治环境是指一个国家或地区的政治制度、体制、政治形势、方针政策、法律法规等方面。政治环境的变化,对企业战略信息系统的实施有很大的影响。

2) 经济环境

经济环境是指企业经营过程中所面临的各种经济条件、经济特征、经济联系等客观因素。经济信息更是战略信息系统中要重点分析的一项内容,在众多衡量宏观经济的指标中,国民生产总值是最常用的指标之一。人均收入(自变量)与消费品购买力是正相关的经济指标,价格是经济环境中的一个敏感因素。对经济环境的不确定性,企业可以求助于专业机构以获取经济信息服务。

3) 技术环境

技术环境是指一个国家和地区的技术水平、技术政策、新产品开发能力,以及技术发展的动向等。对于一个企业来讲,当然要特别关注所在行业的技术发展动态和竞争者技术开发、新产品开发方面的动向。

4) 社会文化环境

社会文化环境的变化对战略信息系统有着潜移默化的影响。社会文化随时间的推移而可能发生变化,这就给每个时代的流行创造了机会,如 20 世纪 80 年代以来的读书热、旅游热、出国热等。不同群体有共同的社会态度、爱好和行为,从而表现出不同的市场需求和不同的消费行为。

对外部环境信息的有效信息分析,能大大减少因环境变化给企业带来的不确定性,使企业准确把握自己与环境的关系,可靠地估计未来的环境变化,保证决策的正确性,永远处于有利的竞争地位。所以企业在对其外部环境分析之后,可以编制企业外部环境分析表,以便进一步分析外部环境对企业产生的影响。构成企业一般内部环境的信息可分成两大类:一类是资源信息;另一类是能力信息。资源信息包括有形资源和无形资源,例如,企业的形象、企业与外部某些关键人物的关系等。对现有资源进行分析是为了确定企业目前拥有的资源量,或者有可能获得的资源数量。对内部环境信息的分析,企业可以进一步进行资源评价,为战略的制定提供可靠性依据。

2. 供应商信息分析

供应商是向企业及竞争对手提供所需的各种资源的组织机构或个人。供应商对企业的生产经营有很大的影响力,特别是当企业所需资源的供应来源十分专有和稀少时,或当企业没有替代资源可以选择时,或企业所处行业对于供应商来讲并不重要、供应商对该行业所提供的未来商业机会不感兴趣,或供应商提供的资源对于企业成败至关重要,或企业所需供应品差别化很大,或更换供应商的成本很高、企业对供应商依赖性较强,在这些情况下,供应商就能以提价、限制供应、降低供货质量等条件来向企业施加压力,所以企业既要设法与一些主要供应商建立长期合同关系,以获得稳定的供应渠道及某些优惠条件,同时也要避免对某个供应商的过分依赖。企业通过供应商信息的分析判断,发现供应商的强弱对比和信息技术战略机会。

3. 顾客信息分析

所有的顾客在购买企业产品的过程中都有可能拥有一种很强的限制力量,这是因为顾客的采购份额可能占了企业出产的很大一部分;或者因为采购成本占顾客再生产成本比例很高,使顾客倾向于多方询价;或者同类产品判别很小,顾客可以随意选择供货商;再或者顾客购买力有限,对价格十分敏感等。于是顾客会对价格、服务、质量等方面提出更高的要求。企业是为满足顾客的需要而从事生产经营的,或者说企业依赖于顾客的存在而存在,所以企业必须认真研究顾客需要的特征、需要的差异,以及需要的变化趋势,从而面对压力而应付自如。信息技术的应用可以在许多方面大显身手,如计算机订货系统、计算机辅助设计系统等,利用这些先进的信息技术创造和维护企业竞争优势,不断发现和利用出现的市场机会。

4. 竞争对手分析

在激烈的市场竞争中,企业会面临许多竞争和挑战,因而分析竞争来自何方、出于何种动机、哪个威胁最大、其随时间变化的趋势如何等,对于帮助企业在战略上做出相应反应是十分重要的。

知道了哪些方面构成了对企业的竞争后,要进一步判断谁对企业构成的威胁最大,则需从竞争对手的规模、增长能力、盈利能力、经营目标等方面入手,来认识和评价竞争者的优势与劣势。在这个过程中,结合竞争者对其自身业绩的评价以及是否由此决定调整其战略的考虑显然是极其重要的。

企业战略信息系统还必须收集竞争对手的信息技术应用情报,如竞争对手使用的信息系统、性能、型号、数据库能力、网络通信能力等。供应商、顾客、竞争对手等因素,也可构成竞争环境。

8.8.4 战略信息系统中战略的制定与实施

1. 战略制定

1) 目标整合

在对企业的外部环境和内部条件进行分析之后,就要根据分析结果和企业的经营宗旨确定或调整企业的战略目标。企业的战略目标,根据其作用期限和意义大小,可分为长期目标和短期目标。长期目标是指企业在追求其宗旨的过程中希望达到的结果,而其时间跨度一般要超出企业的当前财务年度之外。短期目标是管理者用来达到长期目标的绩效目标,其时间跨度常常不到一年。不管是长期目标还是短期目标,其作用都是为战略信息系统实现其任务指明方向。它们应当是动态的,若环境条件发生变化,它们也需被重新评价。任何企业的战略目标都不可能是单一的,企业的战略目标应该是企业宗旨和战略分析结果确定的、由长期目标和短期目标组成的目标体系。

2) 战略抉择

战略抉择是指做出选择某一特定战略方案的决策。要选择最富有吸引力的战略方案。在战略信息系统中,战略抉择是群体协作与决策的过程,需要计算机技术来支持,也就是需要 CSCW 技术来支持。在战略抉择时,经常产生一些战略误区,如利润误区、规模误区、购并误区、多样化经营误区,应引起企业战略决策者的注意。

2. 战略实施

战略信息系统实施过程是将战略方针、目标、内外环境因素和竞争条件等要素融为一体的过程,并用以指导企业在一定时期内合理分配有限资源,以期达到目标的具体管理活动。战略实施强调企业组织各方面的整体性和协调性。

3. 战略控制与反馈

战略控制是指监督战略实施进程、及时纠正偏差、确保战略有效实施、确保战略信息系统基本上符合预期计划的必要手段。在战略信息系统的战略控制过程中,反馈是一个重要的环节。反馈对加强绩效责任制十分必要。当环境变化重复发生时,反馈可以根据对绩效的评价,指出创新的需要。如果要进一步保证反馈的效果,则需要有一个学习的过程。企业管理人员认真分析不同组合的输入所产生的结果,把握输入与结果的关系。这是一个比较复杂的反馈系统。管理人员如果很好地掌握了输入与结果的关系,他们的着眼点就会从绩效控制系统转向具体活动控制系统,从而有效地发挥整个控制系统的作用。

8.9 信息系统集成与演化

在经济全球一体化、现代信息技术快速发展的知识管理时代背景下,企业信息系统经过几十年的发展,已取得了一系列成果。大部分企业都有专门的信息中心,不少企业上线了信息管理系统,主要有管理信息系统、决策支持系统、知识管理系统、企业资源规划、供应链管理系统、客户关系管理系统等,使企业人员素质、经营管理和运作水平不断提高,企业竞争优势得到不断增强。

但是在肯定成绩的同时,必须清楚地认识到,目前我国企业信息系统建设也存在明显的问题,突出地表现为:一是企业信息文化建设滞后;二是企业"信息孤岛"现象严重;三是信息系统应用的效益并不明显;四是信息系统的实施过程缺乏规范;五是企业信息分类编码标准化水平较低;六是企业信息资源共享性较差等。这几方面的问题已成为企业信息系统建设中的普遍现象,它严重制约着企业信息化的进程,使企业决策者实现信息化的积极性受挫。这不能不引起人们的关注并对企业信息系统建设进行深层次的思考。

8.9.1 企业信息系统的阶段划分及其特点

1. 企业信息系统的阶段划分

信息系统在企业中的应用是逐步深入的,国内外有许多学者对其发展阶段进行了划分,主要有六阶段、五阶段和三阶段模型。比较著名的六阶段模型即诺兰模型,它将信息系统的发展分为起始、传播、控制、集成、数据管理和成熟六个阶段;美国 IT 战略家 B. H. Boar 提出了 IT 与企业业务结合的五阶段模型,即局部开发、内部集成、业务过程再设计、业务网络再设计、业务范围再定义五个阶段。提出三阶段模型的主要有斯科特、莫顿和肖夏纳·朱波夫等,他们将其分为工作自动化、信息管理和经营转型三个阶段。世界银行发表的《信息技术的扩散:工业化国家的经验及其对发展中国家的教训》中则认为信息技术基本按照替代、强化和变革三个阶段扩散。

不论是诺兰的六阶段模型,还是 B. H. Boar 的五阶段模型以及其他学者的三阶段模型,都是对企业信息系统由低级到高级发展过程的一种归纳,从划分结果可以看到信息系统在企业中应用的固定的变化模式。需要指出的是,这些模型虽各有侧重,但是都没有明确提出信息系统应用的各个阶段对企业组织结构和业务流程可能产生的影响以及与企业战略的关系。

2. 企业信息系统的特点

1) 信息系统涉及的企业部门越来越多

随着信息系统本身复杂性和在企业中应用复杂程度的提高,信息系统的开发应用已从部门级上升至企业级,系统建设也几乎涉及企业的所有部门。在这种情况下,一方面,信息系统的应用不可避免地会对企业的其他系统产生一定的影响;另一方面,系统功能的发挥又会对其他系统的规范、协调具有相当大的依赖性,并涉及各个部门的利益。

2) 信息系统融合了先进的管理思想和管理方法

企业信息系统建设不仅仅是为提高企业经营管理效率而上一套软件的简单过程,更重要的是能否在系统建设中为企业注入先进的管理理念,能否利用系统丰富的管理内涵,规范企业管理,提升企业竞争力,这是一个管理创新的过程。

有人说在管理信息系统软件的实施过程中,技术创新是载体,管理创新是灵魂。另外,新的技术、新的管理思想、新的理论和方法不断出现,企业技术创新、管理创新对信息系统的建设提出了更高的要求,要求系统根据企业发展的要求,注入新的管理思想和理念。

3) 对企业组织结构和业务流程的影响越来越大

信息系统的应用和流程重组是相辅相成的。随着信息系统在企业中应用复杂程度的提高,从业务自动化到综合信息管理直至流程重组和经营转型,信息系统对企业战略、组织结构和企业流程的影响也在逐渐增加,对企业变革作用的力度加大。自动化阶段基本上不用考虑信息系统对企业组织结构和流程的影响,但是到了业务流程重组和经营转型阶段,就不得不考虑其对企业的各方面的影响,甚至必须从信息系统以外的其他方面包括业务流程、组织结构甚至企业文化等方面做相应的变革。

4) 信息战略在企业中发挥越来越重要的作用

20世纪80年代之后,由于信息技术在发达国家部分企业中逐渐成为核心技术,信息资源管理更多地介入企业战略管理层面,成为与财务战略、人力资源战略、组织战略、研究与开发战略、生产战略和市场营销战略等同样重要的职能战略。信息战略是关于信息功能的目标及其实现的总体谋划。

5) 信息系统战略已成为企业战略的重要组成部分

信息系统对企业的影响已经由作业层上升至管理层乃至战略层,作为信息资源的一种便捷而高效的载体,信息系统的应用也从作业层上升至战术层乃至战略层,信息系统战略已逐渐成为企业战略的一个重要组成部分,也成为影响企业核心竞争力最重要的因素之一。

6) 信息系统建设的投入和风险加大

风险和投入体现在两个方面:一方面,系统要求企业组织整合、重组,信息资源统一规划,对企业管理基础提出了综合性要求,能否适应这一转变,是主要风险所在;另一方面,由于软件本身复杂性增加,软件开发或购买的费用上升,且实施牵涉的企业范围广、实施周期长,带来的人员和资金投入巨大,机会成本高。

总之,随着信息系统复杂程度的提高,企业信息系统的建设已不仅仅是开发或实施单一软件那么简单,它已成为一个投入高、风险大,与企业的组织结构、业务流程等紧密相关的管理创新过程,已成为一个复杂的系统工程,且随着信息战略重要性的增加,信息系统战略已成为企业战略的一个重要组成部分。

8.9.2 现代企业信息系统集成模式

在现代信息技术,尤其是网络技术快速发展的时代背景下,集成化、一体化、智能化已经成为现代企业信息系统发展的重要方向。现代企业信息系统需要解决如下关键问题:一是企业内外部信息资源的集成管理;二是各部门的信息(知识)资源的共享;三是数据挖掘和知识发现;四是战略决策的支持。具体解决方案就是建立与企业扁平组织结构相适应的集成化信息系统。企业集成化信息系统应该是在企业现有的规模基础上,采用先进的管理思想、管理模式、管理方法与信息技术进行改造,既有实用性,又具有一定的超前性。

企业集成化信息系统以用户(尤其是战略层用户)为主导,信息(知识)资源管理为基础,应用系统为核心,互联网为纽带,是一种网络化、集成化、基于对象的异构分布模式。

1. 用户

企业集成信息系统的用户以信息技术的应用方式可分为两类:Web Browser 用户,通过互联网存取各类信息(知识);基于 C/S 结构的应用系统用户,根据业务要求访问不同的应用系统,并为系统采集信息。

2. 应用服务系统

应用服务系统是完成企业集成管理信息化的主体,直接实现企业自动化经营管理和生产管理的各项功能,执行各类业务信息的处理,进行数据挖掘和实现知识发现。因此,应用服务系统应体现先进的管理思想、管理方法和管理技术,强调企业运行在最佳状态。

3. 信息(知识)资源管理

信息(知识)资源管理是集成化信息系统的基础,应综合采用面向对象技术、多媒体技术、数据挖掘和数据仓库、人工智能技术,实现分布式信息(知识)资源的高效管理、集成、重构、共享和知识创新,为用户和企业提供优质的信息服务。

4. 互联网络

从企业信息系统模式的演变来看,网络结构从局域网到企业内联网,再发展到企业外联网,功能也从实现企业内部信息的共享到实现企业内外信息的高度共享,联系所有合作伙伴,形成伙伴企业间的虚拟专用网,实现分布式管理和协作。互联网络以 Web 模型为标准平台,使用超文本传送协议、对象通信协议等多种协议,结合开放式的应用系统,不仅能实现各类信息和对象的批处理通信方式,还提供联机事务处理和数据库访问的实时信息服务。企业网络与互联网的联通,使企业的经营管理活动融合于全球信息化的环境中,将企业的市场拓展到全球,不仅加强了与上、下游合作企业的交流,而且借助 WWW 快速有效地获取企业所需的各种信息,加强了企业的竞争力。

8.9.3 企业信息系统集成的实现

企业信息系统集成的实现是一项需要投入大量人、财、物资源且复杂的系统工程,除了需要塑造现代企业信息化、建立现代企业制度、规范企业基础管理、重视开发和应用队伍建设、加强对企业员工的培训、加快企业信息基础设施、选择合适的信息系统实施方式和注重对系统集成水平的评价以外,还要着重解决好以下几方面的问题。

1. 企业信息系统集成的周密规划

企业信息系统集成涉及的范围广、层次多、专业跨度大,因此需要综合考虑、统筹安排、科学规划。要在充分调查企业现有信息系统、网络基础设施、业务流程等情况的基础上,进行充分论证和可行性分析,成立具体的规划领导小组,收集相关信息,进行战略分析,定义约束条件,明确战略目标,提出集成信息系统的框架,选择科学的开发方案,确定具体的实施进度,并对影响规划的信息技术发展进行预测,确保集成信息系统规划方案的科学性、合理性和先进性。

2. 优化网络基础设施

网络基础设施是企业信息孤岛和流程孤岛集成的物理基础。可以采用数据总线技术实现自动化设备的互联,而通过工业以太网实现信息设备的互联。为了使网络基础设施具有良好的性能,网络要有足够的带宽;服务器、交换机要有强大的处理能力,预留能力扩展的余地。为避免网络瓶颈,网络布线必须精心选型。开放的环境下网络安全至关重要,建议建立"防卫为辅,主动为主"的一体化系统安全体系,也就是在以防火墙技术为代表的防卫型安全方案的基础上,实施以数据加密、用户授权认证为中心的主动型安全方案。主动型安全方案可以直接对源数据进行保护,而且只有指定的用户或网络设备才能解译加密的数据,保证端到端的安全。当然,在进行网络性基础设施建设的过程中,也必须考虑方案的先进性、资源继承性和实施成本,尽可能避免浪费。

3. 实现数据共享、访问和备份

采用分布式数据库或中央数据库解决企业数据分散在各部门的问题;采用数据库中间件技术消除数据库异构、数据结构异构、数据格式差异和访问协议差异。为预防数据库崩溃、服务器毁坏,避免信息丢失,可以采用硬件和软件的容灾机制实现数据远程实时复制、本地应用服务和数据复制服务的切换保护、应用的远程容灾切换,保证信息通道的安全、可靠,从而保证生产系统运行的高效性。通过适当的数据采集和存储策略实现数据有序化。不同业务类型数据量和数据使用方式也不同,数据所反映的业务角度不同,对应的信息层次也不同。为了既保持企业运营历史轨迹,又保证及时、高效的事务处理,需进行数据存储分工的规划,用实时数据库管理生产现场数据,用业务数据库管理业务数据,用数据仓库管理历史数据。

4. 加强信息分类编码等规范化工作

信息分类编码的规范是实现企业信息系统集成的基础,合理的编码结构是信息系统是否具有生命力的一个重要因素。因此,在企业集成信息系统的建设过程中,必须要重视和做好信息分类编码工作,需要为有关物料、设备、人员以及各种票据、报表制定一套完整、简练的数据格式规范和信息分类编码系统。在制定规范和标准时,除了按照信息分类编码的规则进行操作外,还必须要考虑遵循国际标准、国家标准和行业标准,以便与国家、国际接轨。

5. 进行有效的企业流程重组

企业流程重组是企业信息系统集成过程中的一项非常重要的工作。集成化信息系统的数据共享高效、存储能力和处理能力强大,因此,企业的业务流程必然需要做适应性调整,以便充分发挥信息系统的效率。调整的主要技术是参照企业价值链,以并行和集成为指导原则,对逻辑关系尚可而执行迟缓、烦琐的流程实施流程优化;对本身逻辑混乱、环节繁杂而又不创造什么价值的流程实施流程重组。

6. 严格集成信息系统实施过程的管理

建立由企业、软件供应商、咨询公司、信息监理机构参加的信息系统实施机构是集成化信息系统成功实施的前提。企业是参与方,软件供应商主要为实施过程提供技术支持,主要的工作应由企业配合咨询公司和监理公司完成。咨询公司的任务是帮助用户进行可行性分析、软件选型、业务流程重组、理顺和规范企业、标准化编码、软件客户化、初始化、对用户进行培训等,规范整个实施过程的进行。所谓信息项目监理是指在整个项目实施过程中,包括前期的可行性分析、项目软件选型和后期的项目评价,对项目实施中所涉及的各种资源和所达到的目标进行监督和控制。

在集成信息系统建设中,信息监理的主要作用是监督、评价咨询公司的咨询质量。从这个意义上说咨询与监理的关系犹如建筑业中的建筑与监理的关系。是执行与监督的关系。目前信息监理机制也将逐渐引入我国 ERP 项目实施中。信息系统战略管理不同于传统的信息系统建设过程,它除了信息系统建设的功能和过程外,更强调对整个建设过程的控制,其中包括系统实施前的可行性分析和论证、实施过程中的战略评价和战略调控以及实施后对实施效果的评价等。在信息系统战略管理中引入信息监理机制,由信息监理来执行战略管理中的上述任务,其实就是前述普通意义上监理工作的外延和细化。也就是说,监理一方面能起到监督咨询公司咨询质量的作用;另一方面站在公正的角度对整个项目的实施过程进行战略评价和控制,可以最大限度地降低咨询公司由其利益驱动和企业由于经验不足而导致的风险。

8.9.4 信息系统演化

1. 演化的理论

生物学中的进化表示物质从无序到有序、从同质到异质、从简单到复杂的有向的变化过程。演化关注于事物随时间而变化的形态,可以是进化,也可以是退化。系统演化的时间性,环境无时不变,系统无时不变,随着时间的变化,组织时刻发生着演化;系统演化的多面性,与系统相关的任何方面(如环境、组织及技术等)发生变化,均可视为系统进行了演化。同时,现有的研究表明,异源的基因的交流作用是推动生物进化的核心动力,异源细胞之间的基因交流导致了群体中遗传、变异的频率及变异后代数量的增加,产生了进化的可能。

TRIZ(Theory of Inventive Problem Solving,发明问题的解决理论)由苏联发明家阿利赫舒列尔(G. S. Altshuler)在 1946 年创立。当时 Altshuler 发现,任何领域的产品改进、技术的变革、创新和生物系统一样,都存在产生、生长、成熟、衰老、灭亡的过程,是有规律可循的。

随后,有些专家借助 TRIZ 理论研究企业的信息系统,认为技术系统是持续演化和持续进步的,技术系统演化是一个动态的过程,是各种动力因素相互作用的结果。技术系统的进步满足了人类社会的各种需求,而需求的演化又对技术提出更高的要求,从而以外力的形式推动技术的进步。需求也有自己的演化规律,主要是满足已有需求和创造新的需求两个方向。

2. 信息系统演化概念与方式

信息系统演化研究主要是利用系统论的方法,来研究信息系统这个类生命系统的演化规律及其内部机制,揭示其内在规律。信息系统的演化表现为系统在创立产生以后,由小到大、由弱到强、由简单到复杂直到消亡的发展变化过程,是从系统角度探索信息系统作为一个人机系统的发展变化规律,强调系统单元之间以及它们与系统环境之间的关系,研究其发展变化的过程,寻求管理及推动其朝进化方向发展的途径,促使其朝着人们期望的方向前进。现代系统理论所揭示的复杂系统演化的规律和特性,为信息系统研究提供了新的视角或启示。

信息系统的演化过程表现为其随时间的变化过程,开发阶段信息系统以被组织的方式建立起来,是从无序到静态有序的演化过程。当信息系统建设完成,即处于静态有序的平衡结构状态。该静态结构的形成和存在需要特定的外界环境,如既定的技术、组织以及业务需求环境等。如果信息系统与环境发生交换,环境变化信息通过交换传递进入组织,必然要求系统发生变化以匹配环境,就会破坏系统现有的静态结构。因此,只有保证环境与信息系统不发生任何交换时,信息系统现有的静态有序结构才能保持下去。然而,现实中该静态结构很难持续保持,原因在于信息系统一旦投入使用,与环境的交换便无法阻止,必然会将环境变化信息引入系统,对信息系统现有的静态结构产生影响。因此,在信息系统运行阶段,静态有序的平衡结构无法满足信息系统适应环境变化的要求,需要信息系统建立起耗散结构,处于动态有序状态,才可解决上述问题。传统观点认为组织所需的信息系统是静态的,通过精确合理设计,可以一劳永逸地服务。复杂系统的观点正视信息系统动态演化特性,提出既要合理地设计系统结构,又要创造系统自主演化机制,通过健全内部机制提高系统自适应能力。在系统内部引入异源的基因,使系统获得新鲜血液,提高了自身的适应性,从而推动系统进化。

习题

一、名称解释

1. 决策支持系统
2. ERP

3. 客户关系管理
4. 供应链管理
5. 电子商务
6. 电子政务

二、简答题

1. 简述 ERP 的功能。
2. 简述 CRM 的功能。
3. 简述供应链管理的营运机制。
4. 简述电子商务的主要分类。

三、论述题

如何搞好一个企业的信息系统集成。

第9章 管理信息系统与管理创新

本章主要包括信息系统对企业的影响、企业信息化组织、管理信息系统与组织结构调整、管理信息系统与业务流程重组、管理信息系统与管理模式变革等内容。

9.1 管理信息系统对企业的影响

管理信息系统已经成为集成的、在线的、交互的工具,与各大公司的每分钟的运行和决策紧密相关。信息技术,可以减少获取和分析信息的成本,使组织减少代理成本,因为它使经理容易观察更多数量的雇员。在过去的几十年里,信息系统从根本上改变了组织的经济效益,大大增加了组织工作的可能性。经济学和社会学的理论与概念有助于我们理解 IT 所带来的变化。

9.1.1 对企业经济的影响

根据经济学的观点,IT 改变了资本成本和信息成本。信息系统技术可以看作一个生产要素,可以替代传统的资本和劳力。随着信息技术成本的降低,信息技术被用来代替历史上一直是上升的劳力成本。因此,信息技术将会导致中层管理者和文职工作者的减少。

随着 IT 成本的降低,它同样也可以代替其他资本,如成本仍然相对较高的建筑物和机器。因此,可以预测经理会增加 IT 的投资,因为它的成本相对较低。

IT 同样影响信息的成本和质量,并改变信息经济学。IT 可以帮助企业扩大交易,因为它可以降低交易成本。根据交易成本理论,公司和个人均像他们对生产成本那样寻求降低交易成本的途径。根据交易成本理论,使用市场是很贵的,包括位置、通信、监视合同投诉、买保险、获得产品信息等。传统上,公司企图减少成本,通过垂直集成、应用较大数量、雇用较多雇员、建立自己的供应商管理和分销商,像通用和福特所做的那样。

信息技术,尤其是应用网络,可以帮助公司降低市场参与的成本(交易成本),使公司和外部供应商签订加工和服务合同,比用内部资源生产更划算。例如,克莱斯勒公司通过系统连接外部供应商,供应了零件的 70%。信息系统使 Cisco 和 Dell 公司外包它们的生产成为可能。当交易成本降低时,公司规模会(雇员人数)缩小,因为公司在市场上没有产品和服务,不用再自己制造。当公司收入增加时,规模可以保持不变,也可能缩小。

IT 也可以减少内部管理成本。根据代理理论,公司可以被看作一个利己性(Self-

Interested)的个人间的合同网络,而不是统一的利益最大化的实体。一个雇主"代理"雇员去执行工作,无论如何,代理人需要经常地指导和管理,否则他们将会追求他们自己的兴趣而不是雇主的兴趣。一个公司规模和经营范围增大,代理成本会上升,因为雇主要花更多的努力用于指导和管理。

9.1.2 对组织行为的影响

基于复杂组织的社会学的理论也提供了一些新的关于 IT 应用的实现为何引起公司变革和如何变革的理解。

1. IT 扁平化组织

大的官僚组织,其发展是先于计算机时代,比起新创造的组织常是低效率的、变化慢的和缺少竞争的。某些这样的大组织已缩小规模、减少雇员和组织层次。

组织行为学研究者有理论认为,IT 技术容易扁平化组织层次,通过扩大对雇员信息的传播,增加底层雇员的权力,并提高管理效率。IT 推动组织中的权力下放,因为底层的雇员接收了无须通过上级的决策所需要的信息。首先,这种权力下放也归因于员工的教育水平提高,使他们能做出理智的决策。其次,经理能收到较及时准确的信息,使他们能较快地做出决策,因而需要的经理就少了。管理成本降低,管理集团效率更高。

这个变化意味着管理的幅度扩大,使高层管理者可以管理和控制更多的雇员,管理内容扩展到更大的范围。作为这个变化的结果,许多大公司已省掉了数以千计的中层经理。

2. 后工业组织和虚拟企业

后工业理论主要根据历史学和社会学甚至于经济学,也支持 IT 扁平化组织层次。在后工业社会,权威不仅是正式的职位,而是依赖于他具有的知识和竞争力。因而,组织的形状趋于扁平化,因为专家型工作者喜欢自己管理自己,当知识和信息在组织中遍及时,决策应更分散。信息技术可能鼓励项目专家组成的网络组织,缩短一个项目的完成时间(如设计一个新汽车),一旦任务完成,其成员就加入其他组织。

一些公司可能运行于虚拟组织(Virtual Organization),其工作不再绑扎于物理位置。虚拟组织用网络连接人员、资产和思想。他们可以联合供应商、顾客,有时还与竞争者去创造和分销新产品和服务,不必限于传统的组织边界和物理位置。例如 Calyx&Corolla 是一个网络虚拟组织,直接销售鲜花给顾客,越过了传统的花商。这个公司通过电话和网站接收订单,并将它们传至花农,花农直接通过联邦快递送给顾客。

谁能确保自我管理的组织不会走向错误的方向?谁来决定哪个人参加哪项工作?多长时间?当某人经常转换工作组织时,管理者如何考核他的绩效?虚拟组织要求要有新的方法来评价、组织和通知员工,并非所有公司均能有效地实现虚拟工作。

3. 增加组织的灵活性

IT 帮助公司灵活组织工作,增加它们的能力去感知和响应市场变化并获取机会优势。信息系统对或大或小的公司均可给予附加的灵活性,用以克服对它们规模的限制。

小公司可以获取一些"手臂",达到和大公司一样的功能。它们可以执行一些协调活动,如处理投标、跟踪库存和许多制造任务,只用很少的经理、员工和生产工人。

大组织可以利用IT达到像小组织一样的敏捷和响应。这个现象的一个形式就是大量顾客化生产(Mass Customization Production)。它是应用大批量同样的生产资源提供个人剪裁的产品和服务的能力。信息系统可以使生产过程更灵活,所以产品可能被剪裁,满足个别顾客独特的一组需求。协同软件和计算机网络被用来联系工厂车间和订货、设计、采购和控制生产机器等,产品可以生产多种变种,并容易在无附加成本的情况下实现小批量的顾客化。

例如,Land's End网站让顾客可以订购牛仔裤、西装裤、宽松裤和衬衣,按照顾客的规格剪裁。顾客在网站的表格填入自己的尺寸,然后,将顾客的说明通过网络传到一台计算机,它将尺寸转换为顾客的式样,这个式样传到加工厂,用它驱动纺织机。这里几乎没有附加的成本,因为这个过程不要求附加仓库、生产加班和库存的费用,对顾客的成本只比传统大批量生产的服装稍高。

相关的趋势是微市场,在微市场中信息系统可以帮助公司精确定位于完全顾客化的细分市场目标,最终细化到个人。

4. 了解组织对变化的阻力

组织中存在大量对信息供应链管理系统应用的阻力,并且当组织变化很快时经理会遇到很多问题。我们讨论企业过程假设了一个强有力的理由,为什么应用IT有阻力:因为许多IT投资要求人员、个别办事程序改变,卷入的部分雇员需要再培训和额外的努力,而没有得到补偿。

另一种行为方法把信息系统看作是组织内各群体关于政治、办事程序和资源问题的矛盾竞争的输出。信息系统由于它影响存取关键资源信息,就不可避免的引起政治问题。信息系统能影响到一个组织中谁对谁做什么、何时、何地和为什么。因为信息系统潜在地改变了组织的结构、文化、政治和工作方式,当它引入时,将遭受巨大的阻力。

由于组织阻力如此的强大,以至于许多信息技术投资挣扎着,但并未提高生产率。确实,项目失败的研究显示,大项目失败的共同原因不是技术的失败,而是组织和政治对变化的阻力。作为一名介入将来IT投资的经理,对人和组织工作的能力和对技术的敏悟和知识一样重要,因为技术和组织是相互影响的。

5. 因特网对组织的影响

因特网,尤其是WWW,对企业和外部实体的关系具有重要的影响。因特网增加组织信息和知识的存取性、存储量和传播性。在本质上,因特网对大多数组织能大大降低业务和代理成本。例如,在纽约的经纪人公司和银行可以将它们的内部运行程序手册通过公司网站送给它们远方的顾客,省去几百万美元的分发成本。全球销售队伍可以通过网站或管理者用电子邮件接收及时的产品价格信息。某些大零售商的供应商可由零售商的内部网站提取到一分钟的销售信息,并及时启动补充订货。

基于因特网,企业可以很快地重建一些关键企业过程,并把这项电子商务技术做成它们的IT基础设施。其结果就是相对于过去精简了企业过程,减少了人员,扁平化了组织。

9.1.3 对决策的影响

决策信息是对决策过程发生作用的消息、情报和知识的总称,包括从信息源收集到的原始信息以及经过分析加工和提炼的直接用于制定决策的信息。

信息与决策具有相互支持和相互依赖的关系,决策者只有快速准确地获得信息,有效地利用信息,适时把握决策时机,才能获得较好的决策效益。所以,提高对决策信息的认识,准确及时地对信息加以处理和利用,对提高决策质量具有重要的意义。

1. 决策信息的类型

按信息来源分,决策信息分为如下两类。

1) 外部信息

外部信息是来源于组织外部环境的信息。例如,市场预测销售情况的信息、需求复杂化的信息等。这类信息的特点是量大而零散,变化较快,并有一定的随机性。

2) 内部信息

内部信息是反映一个组织内部经济活动的信息。它又可分为固定信息和加工信息。前者是在事务处理过程中直接记录下来的信息,后者是通过一定数学方法和加工处理所获得的信息。

各级管理人员所需要的信息是有区别的。高层领导需要综合的信息,中层人员需要按事务处理的不同目的的汇总信息,基层人员主要需要日常数据的统计方面的信息。

按信息对决策功能的适用程度划分,有两类信息:描述性信息和控制性信息。这类信息依组织目标而异,对决策十分重要,是决策的价值前提。

2. 决策对信息质量的要求

决策是依靠信息来制定的,信息是决策的基础,信息的质量决定决策的质量。及时地掌握充足而可靠的适用信息,是进行科学决策的前提。科学决策活动对信息的质量有三方面的要求。

1) 可信度要求

可信度也称可靠度,是指信息的真实性和准确性。信息的可信度包括两方面:一是信息人员收集到的原始信息是真实的、准确的;二是信息人员为决策者所提供的经过加工的信息是真实的和准确的。所以,确定信息的可信度,要考察信息源的性质,并鉴别获取信息的手段。通常从自然事物中获取的信息比较真实可靠,而社会信息就具有较多的不确定性;从原始信息源直接获取的信息比经过多次转换的信息可靠性高等。

2) 完整度要求

完整度要求指决策信息应包含决策所需的全部信息,有范围、种类、时间等多方面的含义。为了做出科学决策,不仅要有反映成绩、经验的正面信息,还要有反映问题、教训的负面信息;不仅要有局部信息,还要有总体信息;不仅要有历史数据,还要有预测数据等。所以必须拓宽思路,多源头、多渠道地收集信息。

3) 精确度要求

信息的完整度主要是从面上来说的,暂不涉及个别对象的具体情况。而精确度要求则是指决策信息应准确反映决策对象的细微特征,要根据决策的要求来确定信息的精确度要求。一般地,战略决策需要的信息内容比较概要,精确度要求不高;而执行决策则需要具体详尽的、精确度较高的信息。

此外,在现实生活中,由于受到种种条件的限制,人们要想获取绝对准确的信息是不可能的,总要允许一定误差的存在。哪些信息可靠,哪些信息不可靠,决策者应做到心中有数,在决策考虑时留有余地。

3. 决策过程中的信息流动和处理

在西蒙的决策过程中,信息的高效流动是科学决策的前提条件。图 9-1 表示决策过程中的信息流动过程。

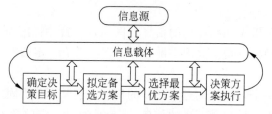

图 9-1 决策过程中的信息流动过程

信息源是信息的出处。常见信息源包括各种类型的出版物、档案资料、会议记录、传媒工具以及重要人物的讲话等。在信息时代,各种类型的计算机情报检索数据库的建立,使得远距离快速获取信息成为可能。

信息载体包括人脑、语言、文献资料和实物等。信息附着在信息载体上,并通过信息载体发挥作用。

在决策的各个阶段,信息在信息源(通过信息载体)和决策者之间交互,将知识、数据、方法等传递给决策者,影响决策的制定;同时,决策形成过程中产生的新知识、新数据、新方法又回流到信息源,经过信息载体的整理加工生成新的信息记录下来,并同时完成信息载体中错误的、陈旧的信息的修改更新工作。信息对决策的影响还体现在决策实施过程中,信息流可以随时把出现的情况和问题反馈给信息载体,经过信息再生过程后记录下来,用以指导新的决策工作。

显然,信息的流动过程就是一个信息处理和再生的过程,信息处理是决策的基础。

4. 决策过程中的信息分析方法

信息分析对于决策的重要作用显而易见,信息分析的内容非常广泛,分析方法也很多,对方法的合理使用是决定信息分析水平、分析质量、分析效率和效益的重要因素,对于科学决策非常重要。

信息分析方法一般可以分为定性方法、定量方法以及定性与定量相结合的方法三大类。

1) 定性方法

定性方法针对那些不需要或不可能应用定量手段来进行分析的决策任务,通过定性的比较、分类、类比、分析和综合、归纳和演绎等,以获得关于研究对象的质的规定性知识,而不涉及其微观的数量关系。该类方法直观性强,容易学习和掌握,推理严密,有说服力。

对比法是较为常用的一种定性方法，也是研究事物的最为普遍的一种方法。通过比较，可以确定事物间的水平差距，揭示事物的发展过程，分析事物的异同和优劣，发现问题和规律。比较法的基本原则是可比性原则，包括时间、空间和范畴的可比性。在比较时，要抓住事物的主要方面，不失之偏颇，同时也注意多项指标的比较，避免认识的局限性。

头脑风暴法也是较为常用的一种定性方法。它是一种典型的创造性思维方法，指无拘无束、自由奔放的思考问题的方法。在一个偶然的场合，个人由于受到外界事物的启发而突然萌发出一个富有创见的想法，或是找到了解决某个问题的办法，这是个人头脑风暴。很多专家学者集中在一起，就某个问题面对面展开讨论，多提方案建议，少争论，相互启发，相互补充，往往可以产生许多有创见的思想火花和大胆的设想，这是集体头脑风暴。当然，无论哪种方法，都只能用来诱导和捕捉思维的灵光，要想得到最终的决策，还需运用逻辑和数学的方法进行严密论证。

2）定量方法

定量方法是一种高度抽象的方法，借助数和数量关系，强调对数据的分析，通过建立数学模型等可重复检验的手段来表达数据的内涵，获得关于研究对象的量的特征，其结论更为直观、精确，有较高的可信度。

预测分析法是较为常用的一种定量分析方法，它以概率论作为主要理论基础，根据事物过去和现在的发展规律，科学地估计未来的发展趋势。此外，还有系统分析、模型模拟、多元分析、模糊数学等多种常用的定量方法。

3）定性与定量相结合的方法

对于复杂的决策任务，一方面，靠经验总结来进行定性分析的活动很难保证分析结果的准确性和重复性；另一方面，单纯使用定量方法难以应付复杂多变的客观现实，其对"精确性、严密性"的刻板要求常常拖延，甚至阻碍任务的完成。因此，必须将定性方法与定量方法结合起来使用，才能满足决策的需要。定性方法把握信息分析的重心和方向，侧重于建立对事物的宏观认识体系；定量方法为信息分析提供数量依据，侧重于建立对事物的微观分析模型，并进行模型的求解。

德尔菲法是一种常用的以定性为主的、定性与定量相结合的分析方法，具有匿名性、反馈性和统计性的特点。德尔菲法一般采用匿名的形式以规范的程序向专家进行多轮次（经典的情况要进行四轮次）的函询调查。对调查的专家意见要进行统计评定和定量统计。采用德尔菲法时，专家人数一般以20~50人为宜。德尔菲法特别适宜在不确定因素较多以及数据不够充分难以建立定量模型的情况下，进行探索性的预测和决策。

9.2 企业信息化组织

本节介绍企业信息化管理的内容、组织机构以及企业信息资源管理的人员。

9.2.1 企业信息化管理的内容

1. 信息资源

信息资源是现代社会组织的战略资源。科学地开发、合理地配置和有效地利用信息资源,是一个组织,特别是企业提高自身素质和市场竞争能力的战略措施。企业的信息资源主要有:①计算机和通信设备;②计算机系统软件与应用软件;③数据及其存储介质;④非计算机信息处理存储装置;⑤技术、规章、制度、法律;⑥从事信息活动的人员。这六项资源构成了企业的信息基础设施。企业信息系统就是这些信息资源为实现某类目标的有序组合,因此信息系统的建设与管理就成了企业内信息资源配置与运用的主要手段。

2. 企业信息化

信息化是指人们信息活动的规模不断增长以致在国民经济中占主导地位的过程。企业信息化管理的主要内容有:①信息系统的管理,包括信息系统开发项目的管理、信息系统运行与维护的管理、信息系统的评价等;②信息资源开发、利用的标准、规范、法律、制度的制定与实施;③信息产品与服务的管理;④信息资源的安全管理;⑤信息资源管理中的人力资源管理。

9.2.2 企业信息化管理的组织机构

由于信息资源是企业的战略资源,信息资源管理(或称为企业信息化管理)已成为企业管理的重要支柱。一般的大中型企业均设有专门的组织机构和专职人员从事信息资源管理工作。这些专门组织机构如信息中心(或计算中心)、图书资料室、企业档案室等。另外,企业中还有一些组织机构也兼有重要的信息资源管理任务,如计划部门、统计部门、产品技术的研究与开发部门、市场营销部门、生产与物资部门、标准化与质量管理部门、人力资源管理部门、项目管理部门、政策研究与法律咨询部门等。信息资源是企业各项活动的支柱,维系企业的生存与发展。企业各级组织及其人员都要深刻认识信息资源的战略意义,在各自岗位上自觉地、有效地开发、利用信息资源。

在有关信息资源管理的各类组织中,企业信息中心是基于现代信息技术的信息资源管理机构,其管理手段与管理对象多与现代计算机技术、通信与网络技术有关。现代信息技术本身是信息资源的重要组成部分。利用现代信息技术开发、利用信息资源是现代信息资源管理的主要内容。

一般来说,企业信息中心的主要职能包括:①在企业主要负责人的主持下制定企业信息资源开发、利用、管理的总体规划,其中包括信息系统建设规划;②企业管理信息系统的开发、维护与运行管理;③信息资源管理的标准、规范、规章制度的制定、修订和执行;④信息资源开发与管理专业人员的专业技能培训,企业广大职工信息管理与信息技术知识的教育培训,新开发的信息系统用户培训;⑤企业内部和外部的宣传与信息服务;⑥为企业信息技术推广应用其他项目(如计算机辅助设计、计算机辅助制造等)提供技术支持。

企业信息中心所属各部门可根据工作任务需要进行分组,分组的原则可以是业务职能范围,也可以按任务的阶段或按项目分组,如系统开发部就可按项目分组。

9.2.3 企业信息资源管理的人员

不同公司配置IT角色的方法也不同。在典型的公司中,负责信息技术服务的正式部门是信息系统部门（Information Systems Department）。信息系统部门负责硬件、OA 软件、数据存储和网络，这些构成了企业的信息技术基础设施（IT Infrastructure）。

信息系统部门由专家组成，如程序员、系统分析员、项目主管和信息系统经理，如图 9-2 所示。程序员是经过严格培训的技术专家，负责为计算机编写工作流软件程序。系统分析员充当信息系统部门和组织其他部门之间的联系人角色，将企业问题和要求转换为信息系统的要求是系统分析员的责任。信息系统经理是程序员、系统分析员、项目经理、物理设备经理、通信经理以及办公室主任的领导者，还是计算机运行和数据录入人员的领导者。此外，外部的专家，如硬件厂商和制造商、软件公司以及顾问常常参与信息系统的日常运行与长期计划。

组织	
高层管理	
主要终端用户（各部门）	
信息系统部门	
IT 基础设施	信息系统专家
硬件	信息主管
软件	经理
数据存储	系统分析员
网络	系统设计员
	程序员
	网络专家
	数据库管理员
	办事员

图 9-2　信息技术服务

许多公司信息系统部门是由一个 CIO 领导的。CIO 是一个高级管理职位，他要负责信息系统在企业中的长远和战略应用。CIO 和 CEO（首席执行官）、CFO（Chief Financial Officer，首席财务官）一起组成企业运营的最高领导核心。

终端用户是信息系统部门以外的其他部门的代表，应用程序是为他们开发的。这些用户在信息系统设计和开发中将起到越来越大的作用。

在信息系统发展的初期，信息系统部门主要由程序员组成，他们做得很专业，但技术功能有限。今天，系统分析员和网络专家在工作人员中所占比例的上升，使信息系统部门成了强大的变革力量。信息系统部门建议新的企业战略与信息为基础的产品和服务，并协调组织中的技术发展和计划变革。

过去，企业通常开发自己的协同软件和管理自己的计算设备。今天，许多公司都转向由外部供应商管理来提供服务，并由信息系统部门来管理这些服务供应商。

1. 信息主管

由于信息资源管理在组织中的重要作用和战略地位，企业主要高层管理人员必须从企业的全局和整体需要出发，直接领导与主持整个企业的信息资源管理工作。担负这一职责的企业高层领导人就是企业的信息主管。

信息主管的主要职责是：①在企业主管（总经理、总裁）的领导下，主持制定、修订企业信息资源开发、利用和管理的全面规划;②在企业主管(总经理、总裁)的领导下,主持企业管理信息系统的开发;③直接领导企业内信息资源管理职能部门,如信息中心、图书资料室、企业档案室的工作,统一领导与协调企业其他部门信息资源的开发、利用与管理工作,主持信息资源开发、利用与管理的对外交流与合作;④审批企业信息资源管理有关规章制度、标准、规范并监督实施;⑤负责信息管理与信息技术人才的招聘、选拔与培养;⑥负责企业信息资源开发、利用与管理所需资金的预算与筹措;⑦参与企业高层决策。

显然,信息主管对企业的信息资源管理负有全面责任。由于信息资源管理关系企业全局,信息主管一般应由相当于企业副总经理或副总裁的高层管理人员担任。

2. 中、基层管理人员和专业技术人员

企业信息资源管理的中、基层管理人员包括:信息中心(或计算中心)、图书资料室、企业档案室等组织机构的负责人以及这些机构的分支机构的负责人;企业中兼有重要的信息资源管理任务组织机构,如计划、统计、产品与技术的研究与开发、市场研究与销售、生产与物资管理、标准化与质量管理、人力资源管理、宣传与教育、政策研究与法律咨询等部门分管信息资源(含信息系统与信息技术)的负责人。

企业管理信息系统的专业技术人员主要有:①系统分析员;②系统设计人员;③程序员;④系统文档管理人员;⑤数据采集人员;⑥数据录入人员;⑦计算机硬件操作与维护人员;⑧数据库管理人员;⑨网络管理人员;⑩通信技术人员;⑪结构化布线与系统安装技术人员;⑫承担培训任务的教师及教学辅助人员;⑬图书资料与档案管理人员;⑭网站的编辑与美工人员;⑮从事标准化管理、质量管理、安全管理、技术管理、计划、统计等的人员。

9.3 管理信息系统与组织结构调整

管理信息系统与组织结构调整主要是针对信息系统对企业组织内部结构的影响来做的分析。

9.3.1 组织结构

许多关于组织的讨论都集中在组织结构上。一般来说,组织结构分为三类:职能型、项目型和矩阵型。三种组织结构各有优劣,选择何种组织结构也没有对错之分,只有适应与否之分。企业只有根据自身的发展状况和外部市场发展环境选择合适的组织结构,才会起到应起的作用。当前多数的公司在组织中包含所有这三种结构,但是通常只有一种是最常用的。

1. 职能型组织结构

它是一个层次结构(见图9-3),一提到组织结构图时,大多数人都会想到这种组织结构。各个方面的职能经理或者副总裁都直接向CEO负责,包括工程、制造、信息技术(IT)和人力资源(HR)等方面。各部门的人员在相应的专业方面都有专门的技能。例如,多数

学院和大学是非常强的职能型组织,即只有商业系的教师讲授商业课程、历史系的教师讲授历史课程、艺术系的老师讲授艺术课程等。

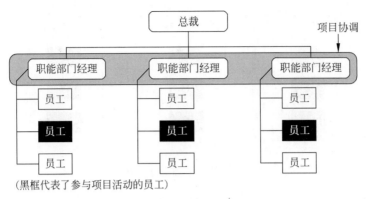

(黑框代表了参与项目活动的员工)

图 9-3　职能型组织结构

职能型组织结构是当今世界上最为普遍的组织形式。这是一个标准的金字塔形的结构,高层管理者位于金字塔的顶部,中层和低层管理者则沿着塔顶向下分布。企业的生产要素按诸如设计、生产、营销、财务等职能划分为部门。

职能型组织结构的主要优点在于它使职能部门作为承担项目任务的主体,由职能部门主管调集下属的资源来完成项目任务,可充分发挥职能部门类似资源相对集中的优势,资源个体间便于相互交流或相互支援,有利于保障项目所需资源及项目任务完成的质量。

职能型组织结构的主要缺点则表现为:①当项目需由多个部门共同完成,而一个职能部门内部又涉及多个项目时,这些项目在资源使用的优先权上可能会产生冲突,职能部门主管通常难以把握项目间平衡;②当项目需由多个部门共同完成时,各职能部门往往会更注重本部门的工作领域,而忽略了整个项目的目标,并且跨部门之间的沟通也比较困难。

职能型组织结构通常适宜于规模较小的、以技术为重点的项目,不适宜时间限制性强或要求对变化快速响应的项目。

2．项目型组织结构

项目型组织结构具有层次结构,但并不是职能经理或者副总裁向 CEO 负责,而是项目经理直接向 CEO 负责,如图 9-4 所示。员工需要具有多种技能,从而能够按照计划完成任务。使用该结构的组织主要以合同的形式替其他团体执行项目来获得收入。例如,许多国防、建筑、工程和咨询公司使用项目型组织结构。这些公司通常雇用熟悉特定项目的专业人才。

项目型组织结构系统中的部门全部是按照项目进行设置的,是一种单目标的垂直组织方式。在项目型组织结构中,为达到某一特定目标所必需的所有资源按确定的功能结构进行划分(项目型组织的内部结构仍然是功能化的),并建立以项目经理为首的自控单元。项目经理可以调动组织内部或外部的资源。项目型组织结构的优点是:目标单一,命令的协调、决策速度快,结构简单灵活,易于操作。项目型组织结构的缺点是:由于资源独占,可能

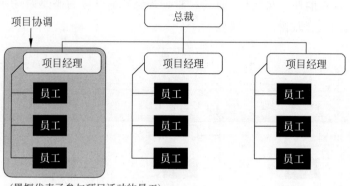

（黑框代表了参与项目活动的员工）

图 9-4　项目型组织结构

造成资源浪费；临时项目结束时的工作保障问题；各部门之间的横向联系少。

项目型组织结构适用于包含多个相似项目的单位或组织，以及长期的、大型的、重要的和复杂的项目。

3．矩阵型组织结构

它是职能型和项目型结构的中间形式。员工通常由职能经理和一两个项目经理负责。例如，在许多公司中，信息技术方面的员工通常参与两个或者更多的项目，但是只对信息技术部的经理负责。在矩阵型组织结构中，项目经理的下属职工来自各自项目的不同职能领域。基于项目经理所能运用的控制力，矩阵型结构可以很强、很弱或者平衡。这几种矩阵型组织结构如图 9-5 所示。

矩阵型组织结构是各取项目的职能组织结构和项目的线性组织结构的特征，将各自的特点混合而成的一种项目的组织结构，是一种多元化结构，力求最大限度地发挥项目化和职能化结构的优点并尽量避免其弱点。它在职能型组织的垂直层次结构上，叠加了项目型组织的水平结构。矩阵中又分为弱矩阵型、平衡矩阵型和强矩阵型。弱矩阵型组织保持着很多职能型组织的特征，项目经理的角色与其说是管理者，更不如说是协调人和发布文件的人。同理，强矩阵型组织保持着很多项目型组织的特征，具有拥有很大职权的全职项目经理和全职项目行政管理人员。而平衡矩阵型组织承认设置项目经理的必要性，但项目经理对于项目和项目资金不能全权支配。对项目管理而言，弱矩阵组织结构优于项目的职能组织结构，但其项目协调还是比较困难；和弱矩阵相比，平衡矩阵在项目管理上优于弱矩阵，但项目协调还不能充分和完全顺利地进行。

矩阵型组织结构的优点是通过项目协调员或项目经理使各项目目标平衡、各个功能部门条块之间协调以及项目目标可见；能够避免资源的重置。矩阵型组织结构的缺点是中层管理人员为两个以上的主管工作，当有冲突时，可能处于两难困境；处理不好会出现责任不明确、争抢功劳的现象。采用矩阵型组织结构的前提是面临外界压力，要实现多重目标；不得不提高信息处理能力；不得不分享资源。矩阵型组织结构适用于需要利用多个职能部门的资源而且技术相对复杂，但又不需要技术人员全职为项目工作的项目，特别是当几个项目需要同时共享某些技术人员时。

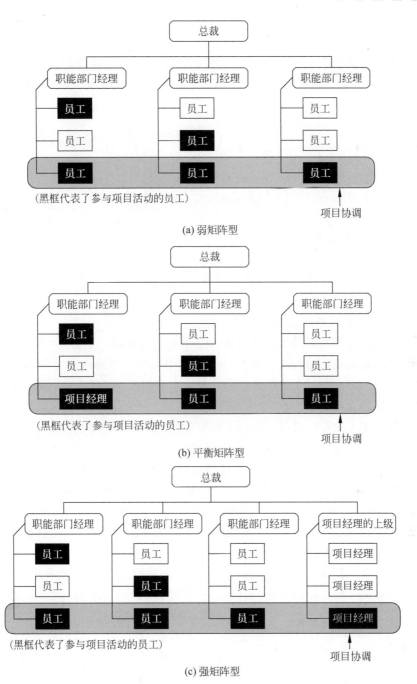

图 9-5 矩阵型组织结构

9.3.2 信息系统对企业组织内部结构的影响

1. 组织和信息系统

1)信息系统和组织相互影响

信息系统是管理者们负责建造的,服务于企业的利益。同时,组织必须认识到新技术的好处,以积极的态度面对信息系统的影响。信息技术和组织的交互是复杂的,还受许多中介因素的影响,如组织结构、标准作业程序、政治、文化、周围环境和管理决策等,如图 9-6 所示。

图 9-7 显示了信息系统辅助组织响应环境的变化,同时还协助组织反作用于环境。信息系统是扫描环境的重要手段,帮助经理识别外部变化,可能要求组织做出响应。

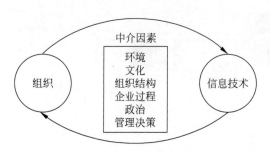

图 9-6　组织和信息技术的相互关系　　　　图 9-7　环境和组织之间的互动关系

2) 环境的变化往往快于组织的发展

组织失败的主要原因就是无力适应快速变化的环境和缺乏资源,尤其是年轻的公司在困难时期只能维持很短的时间。新技术、新产品和变化的大众偏好与价值(这些会引起新的政府法规的产生)触动了组织文化、政治和人员。大多数组织不能响应大环境的变化。建立于组织中的标准作业程序的惯性、改变现存秩序的政治矛盾以及固守文化价值的威胁通常会妨碍组织做出重大变革。这就不奇怪了,1919 年的《财富》500 强企业现在只剩下 10%。

3) 组织具有不同的形式和结构的其他原因

它们有不同的最终目标和用于实现这些目标的激励方式。有些组织具有强制性目标(如监狱),有些具有功利主义的目标(如企业),还有一些具有规范化的目标(如大学、宗教组织)。组织还服务于不同人群或者有不同的顾客,有的先要受益于自己的成员,有的则为顾客或股东或大众谋利。一个组织领导的性格和另一个组织也很不相同,有的组织与其他组织相比,可能较民主或者较独裁。组织差别的另一种表现是它们执行的任务及所使用的技术。某些组织主要执行标准作业程序任务,可以简化为正式的规则,需要很少的判断(如制造汽车零件),而另一些组织(如顾问公司)的工作则主要是非标准的。表 9-1 列出了影响组织结构的组织特性。

由表 9-1 可以看出,组织的独有特性要多于共同特性,其原因在于信息系统对不同的组织将有不同的影响。不同的环境中的组织从同样的技术中将会获得不同的结果。只有仔细地分析具体的组织,一个经理才能有效地设计和管理信息系统。

2. 信息系统对企业组织内部结构的影响

1) 企业组织结构向菱形结构发展

(1) 信息资源的开发与利用成为企业的一项

表 9-1　组织特性一览表

共 同 特 性	独 有 特 性
正式结构	组织类型
标准作业程序	环境
政治	目标
文化	权力
	顾客
	职能
	领导
	任务
	技术

战略任务。

(2) 越来越多的企业设立了信息管理机构,而且规模不断扩大,地位逐步提高。

(3) 信息管理成为企业中不可缺少的职业,信息管理职业不仅集中在信息管理机构,其他管理与技术部门也都开始设立信息管理与应用的职位或工作。

(4) 不少发达国家的大企业还设置了作为企业核心人物之一的首席信息经理的职位。

2) 信息与决策支持功能的开发与利用,使企业组织结构向扁平化方向发展

(1) 今天的信息系统已能向企业各类管理人员提供越来越多的企业内外部信息和各种经营分析与管理决策功能,丰富全面的决策信息与方便灵活的决策功能将使企业的管理决策工作不再局限于少数专门人员或高层人员。

(2) 外部环境的要求、信息系统提供的可能已使企业中许多不同职能、不同技能的各类管理与技术人员参与决策工作。

(3) 决策工作必将成为企业每一位管理与技术人员的工作内容之一,相应地,许多决策问题也不必再由上层或专人解决。这种趋势导致了企业决策权力向下层转移并逐步分散化,企业组织结构由原来立式的集权结构向卧式的扁平化分权结构发展。

3) 基于信息网络的信息交流与共享,提高了企业组织结构的灵活性与有效性

组织中各项活动表现为物流、资金流、事务流和信息流的流动。信息流伴随着以上各种流的流动而流动,它既是其他各种流的表现和描述,又是用于掌握、指挥和控制其他流运行的软资源。

信息是管理上的一项极为重要的资源,管理工作的成败取决于能否做出有效的决策,而决策的正确程度则取决于信息的质和量。一定的管理方法和管理手段是一定社会生产力发展水平的产物。现代社会的特点是分工越来越细,对各种问题的影响因素越来越错综复杂,对情况的反映和做出决定越来越要求迅速及时,管理效能和生产、经营效能越来越取决于信息系统的完善程度,因此对信息的需要不仅在数量上大幅增加,而且在质量方面也要求其正确性、精确性和时效性等不断提高。

4) 信息系统对企业变革的使能器作用,增加了企业过程重组及组织结构优化的成功率

(1) 信息系统促进了 BPR 的发展与成功。

(2) 信息系统与 BPR 的目标是一致的,信息系统是 BPR 的技术基础,也是 BPR 成功的保证,信息系统的建设与 BPR 同步或交错开展可明显地提高 BPR 的成功率。信息系统的使能器作用同时也促使企业组织结构朝适合全新运作方式和管理过程的方向发展。

9.4 管理信息系统与业务流程重组

本节介绍 BPR 的概念、特征、实施技术、应用等内容。

9.4.1 BPR 的概念

1993 年,Michael Hammer 和 James Champy 在 *reengineering the corporation* 一书中正式对 BPR(Business Process Reengineering/Business Process Re-engineering,业务流程重组)做了如下定义:企业流程重组工程是对企业的业务流程做根本性的思考和彻底重建,

其目的是在成本、质量、服务和速度等方面取得显著的改善,使得企业能最大限度地适应以顾客(Customer)、竞争(Competition)、变化(Change)为特征的现代企业经营环境。

BPR 的实施对企业经营过程——即企业的人、经营过程、技术、组织结构和企业文化等各方面进行重新架构。按照重构方式,BPR 可以分为人的重构、观念的重构、技术的重构、组织结构的重构、企业文化的重构。

9.4.2　BPR 的特征

在 BPR 的定义中,"根本性""彻底性""巨大改善""流程"是四个核心基本特征。

1. "根本性"思考

通过对根本性的问题的仔细思考,企业可能发现自己赖以存在或运转的商业假设是过时的,甚至是错误的。

2. "彻底性"再设计

"彻底性"再设计意味着对事物追根溯源,对既定的现存事物不是进行肤浅的改变或调整修补,而是抛弃所有的陈规陋习及忽视一切规定的结构与过程,创造发明全新的完成工作的方法。它是对企业进行重新构造,而不是对企业进行改良、增强或调整。

3. 业绩"巨大改善"

巨大改善表明业务流程重组追求的不是一般意义上的业绩提升或略有改善、稍有好转等,而是要使企业业绩有显著增长、极大飞跃和产生巨大变化,这也是流程重组工作的特点和取得成功的标志。

4. "流程"再造和优化

这意味着业务流程重组追求的不是局部的部门效益的提升,而是横贯企业各个部门的整体的流程再造和全面优化。

9.4.3　BPR 的实施技术

下面介绍的这些技术并不是流程重组的专用技术,许多方法由来已久,只是根据流程重组的要求进行整合应用而已。

1. 头脑风暴法

头脑风暴法又称智力激励法、BS 法、自由思考法,是由美国创造学家奥斯本于 1939 年首次提出、1953 年正式发表的一种激发性思维的方法。该方法用于 BPR 的步骤如下:①做好准备工作;②组织小组讨论;③整理问题;④再次开会讨论;⑤选择最好的解决方案,指定某一个人负责实施;⑥评估实施结果,修正解决方案,重新实施;⑦进行下一问题的解决;⑧进行新一轮的流程分析。

2. 标杆管理

1) 标杆管理的由来

标杆管理(Benchmarking)，国内也有用标杆管理、基准管理的。通常包括标准标杆管理(Standard Benchmarking)、流程标杆管理(Process Benchmarking)、结果标杆管理(Result Benchmarking)。

2) 标杆管理的概念

美国生产力与质量中心对标杆管理的定义是：标杆管理是一个系统的、持续性的评估过程，通过不断地将企业流程与世界上居领先地位的企业相比较，以获得帮助企业改善经营绩效的信息。通俗地说，标杆管理就是一个确立具体先进榜样，解剖其各个指标，不断向其学习、发现并解决企业自身的问题，最终赶上和超过它的这样一个持续渐进的学习、变革和创新过程。

3) 标杆管理在流程重组中的应用步骤

(1) 确定"标杆企业"。

(2) 确定"标杆值"。

(3) 设计流程。

(4) 构造团队。

(5) 持续改进。

(6) 评价与提高。

9.4.4　BPR 的应用

流程自动化是将流程中的部分工作用信息技术加以自动地读取信息、传递、处理，最终可以极大地提高工作效率。下面是一个例子。

20世纪80年代初，福特汽车公司跟美国的其他许多公司一样，想方设法紧缩人员，减少行政管理费用。福特汽车公司认为能够减少费用的地方之一是应付账款部门。向福特汽车公司供货的供应厂商提交的账单，由该部门付款。当时，福特汽车公司的北美应付账款部门雇用了500多名人员。该公司的管理层认为通过使用计算机使某些职能自动化，能够使该部门工作人员的人数减少到400名，即减少20%。根据我们给重组所下的定义，使原有的手工操作实现自动化而取得的改进仍属于渐进，算不上是企业重组。福特汽车公司的管理层认为减少20%人员的成绩已经很不错，直至他们参观了日本马自达汽车公司。福特汽车公司的管理人员注意到马自达汽车公司的规模虽然较小，但它雇用的办理应付账款事务的人员只有5名，而福特汽车公司却雇用了500名，两者对比，相差过于悬殊，其原因不是能用规模大小、企业精神、提倡唱公司之歌、做早操等说明得了的。福特汽车公司通过自动化使其人员减少20%，但制造汽车的成本显然仍不能同马自达相匹敌。于是，福特汽车公司的主管人员不得不对包括应付账款部门在内的全部工作流程进行反思。

这个决定标志着福特汽车公司的观点发生了重大的变化，因为公司的再造只能从业务流程着手，而不是从与完成这种流程有关的行政组织机构着手。"应付账款"不是一种工作流程，因此，不是再造的问题。它是一个部门，是组织机构上的一种产物，是从某种特定的流程设计所派生出来的。应付账款部门是由一群办事人员组成的，他们坐在办公室内，把有关的凭证传来递去。人员也不是再造的目标,但是他们所做的工作是能够再造的,流程再造后,为了完成新的工作流程,人员终将得到调整。至于怎样调整,则要根据再造后的流程本身的需要而定。

福特汽车公司再造的流程并不是"应付账款",而是"采购工作"。采购流程是从提出购货订单开始,也就是说,从根据下属工厂所需要的原材料、零部件而提出购货订单开始,一直到购到货后付款,将货供应给下属工厂(该工厂也就是采购流程的客户)为止。采购流程包括应付账款职能,但它还包括购货和收货。

福特汽车公司原先的原材料、零部件采购流程显然是按常规办事的。流程一开始,由采购部门向供应商发出购货订单,并将一份副本送交应付账款部门。供应商发货,货物运到福特汽车公司的收货点后,收货点的办事人员填写一份表格,说明收到货物的情况,并将表格交给应付账款部门。与此同时,供应商向福特汽车公司的应付账款部门送去发票。

福特北美公司发现财务会计的大量工作都花在审核来自供应商的发票和来自采购部的订单副本、验收部的验收单这三份单据是否相符。只有三份单据吻合时,财务部才会付款,如图 9-8 所示。

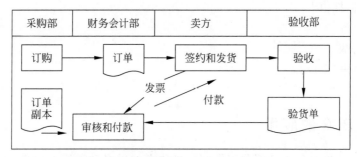

图 9-8　福特北美公司财务部的旧流程

福特汽车公司新的应付账款流程一看便知,跟原先的流程大相径庭,迥然不同。主要是由于新的流程完全取消了发票,办理应付账款的办事人员也就不再需要将购货订单、收货凭证同发票进行核对。结果表明,情况大不相同。现在,福特汽车公司雇用办理向卖方付款等事项的人员的人数不再是 500 名,而仅仅是 125 名,如图 9-9 所示。

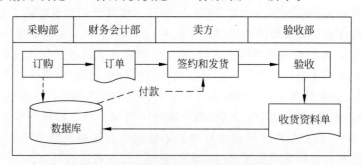

图 9-9　福特北美公司财务部的新流程

福特汽车公司新的采购流程是:采购部门的一名采购员向供应商发出购货订单,与此同时,将订单上的有关内容输入联机数据库。供应商跟以往一样,将货物发往买方的收货点。货物运到后,收货点的工作人员通过计算机终端机进行核对,看看已经运到的货物同数据库中存储的已经发出的购货订单的内容记录两者是否相符。只有两种可能性:相符或不相符。如果相符,收货点的工作人员接收这批货物,并按计算机终端的键,告诉数据库,这批货物已经运到。数据库现在已记录这批货物,而且计算机会自动地签发一张支票并在适当时候把它发往供应商。另外,如果这批货物与数据库中已经发出的购货订单的内容记录不相符,那么收货点的工作人员拒绝在运货单上签收,让它退还给供应商。

福特汽车公司这次再造的基本概念是简单明了的。审定支付贷款一事,以往由应付账款部门负责,现在改在收货点上办理。这项工作的原有流程有着迷宫般的复杂性,如查找材料、暂缓执行、记入备忘录等,足以使500名办事人员或多或少地为此忙忙碌碌。新的流程却不是这样。实际上,新的流程实施后,整个应付账款部门就几乎没有继续存在的必要。在福特汽车公司的某些部门,如发动机部,办理应付账款的人员减少到只有过去的5%。原有的人员中只有极少数人留下来,继续做应付账款方面的工作,处理出现的特殊情况。

福特汽车公司应付账款部门的一项规定是,只有收到了发票才能付款。尽管这条规定难得明确表达出来,但它已成为一种框架,原先的采购流程就是遵循这种框架形成的。福特汽车公司的管理层在着手调整采购流程时,曾认真地提出问题:是否仍想按照这条规定办事?答案是否定的。破除这项规定的办法就是取消发票。于是,福特汽车公司不再实行"发票收到后才能付款",改为实行新的规定"货物收到后才能付款"。仅仅改一个词,就为企业的一项重大的变革奠定了基础。在福特汽车公司原有的规定中,做这种一词改变的,另外还有几起。它们至今仍在发挥类似的作用。

9.4.5 企业信息化与企业业务流程重组之间的关系

企业业务流程重组的中心思想就是以企业流程为中心,以客户需求为导向,利用现代的信息技术打破传统的组织分工理论,建立新型的适合现代竞争环境的业务流程,企业业务流程重组会给实施成功的企业带来巨大的收益。企业信息化和企业业务流程重组首先是一种相互依存、相互促进的关系。

1. 企业信息化和企业业务流程重组的区别

企业信息化和企业业务流程重组是两个不同概念,二者的区别表现在:出发点不同及实现方式不同。

1) 出发点不同

企业信息化的出发点是信息技术的采用和对企业信息资源的开发和利用,强调的是企业的各个部门在信息收集、加工处理和综合利用的各个方面对现代信息技术的应用。企业信息化重点要解决的问题是企业中信息传递的失真、信息出自多个部门、不能共享、信息传递不及时,以及对信息加工处理的手段、方法落后等。实现企业信息化可以利用先进的计算机等信息技术,提高这些环节的正确性和效率,从而提高企业的决策水平。

业务流程重组则是针对企业中不合理的业务流程进行改造,提出重新的思考和设计。业务流程的不合理可能是原来固有的,也可能是随着外部环境和内部条件的改变而出现的。随着信息时代的到来,企业外部环境发生了根本性变化,企业处于以顾客、竞争和环境变化为主要特征的新格局中,市场由卖方市场向买方市场转移,技术更新速度加快,产品生命周期缩短,这使得传统的管理模式已不能适应发展的需要。这正是业务流程重组产生的基础。业务流程重组是一项战略性的进行企业重组的系统工程。企业实施业务流程重组并成功的根本动力是企业长期可持续发展的战略需要,这种需要源于激烈的市场竞争下,顾客资源有限的事实给企业带来的强烈市场竞争意识和危机感,来源于对企业产品生命周期缩短,投入产出比提高的竞争要求的压力和紧迫感,来源于企业对流程改进的必要性、方向和具体措施所达成的共识。此外,业务流程重组是根据企业未来发展的战略规划,对企业各项工作活动及其细节进行重组、设定与阐述的系统工程。它借助于工业工程技术、运筹学方法、管理科学、信息技术等多项现代社会人文科技手段,从业务流程组织结构和企业文化等方面对企业进行系统重组。

2)实现方式不同

二者的出发点不同,因此二者在实现方式上有很大的不同。

企业信息化的实现方式主要表现在企业中信息技术的采用,包括各种自动化技术和各类信息系统的建设。当前代表企业信息化水平的是信息技术装备和各类企业信息系统的使用及使用的效果,如基础性管理系统(OA等系统)、综合性信息系统(包括CIMS、ERP)、供应链管理、电子商务等,而对于大多数企业来说,企业信息化的实现主要是引进先进的信息技术和信息系统软件。

业务流程重组则更多的是依赖于企业内部对自身生产经营过程的重新思考和设计,而这一思考和设计是建立在对企业的内外部经营环境综合分析的基础之上的。外部环境中的竞争、需求变化、重大的科学技术变革等都会对企业的业务流程产生重大的影响。因此,业务流程重组首先要分析企业的外部环境,包括宏观环境和行业结构的变化,这些变化通常会导致企业战略的改变,而企业战略的改变,必然会导致业务流程的改变。业务流程重组的结果必然是形成一套新的适合新的环境和企业自身条件的业务流程。它的表现形式是企业业务流程的变革,使得业务流程更合理、更加适合企业竞争的需要。

2. 信息化与企业业务流程重组的相互促进

企业要实施业务流程重组,必须以信息化为基础。信息化改变了人们工作和处理问题的方法和能力,为业务流程重组创造了条件。同样,缺少BPR思想,信息技术难以发挥潜在的威力,企业信息化也难以达到预期效果。因此,二者相互促进,互为条件。

1)信息化对业务流程重组的促进作用

业务流程重组是建立在信息集成原则和信息化手段的基础上的,随着信息技术的不断发展,企业流程重组开始随之由低层次向高层次转变。美国波士顿大学管理学院教授芬卡特拉曼把信息技术促成企业转变分为五个层次,信息技术在企业中被运用的层次越高,改造就越彻底,流程的效率就越高。如果企业没有信息技术手段,它就无法进入业务流程重组的真实过程。

信息技术的发展与应用为业务流程重组提供了强有力的支持,具体而言,信息技术对BPR的产生与推广的意义有以下几点。

(1)信息技术为BPR提供强大的技术手段。信息技术能够有效地帮助企业实施BPR。例如,利用建模仿真工具可以重新设计经营过程;采用计算机网络、数据库和多媒体等技术建立企业级、地区级乃至全球级网络,能够加快信息传递,实现信息共享,其结果是将传统的串行工作方式变为并行工作方式,将企业组织结构的层次由垂直变为水平,使企业成为协同工作的组织;利用专家系统和决策支持系统,可以使原来只能由专业技术人员和领导担当的工作转为由一般员工也可以胜任。同时,信息技术的现有功能和成本也对 BPR 的实施有所制约,BPR 必须保证新流程在技术上具有可行性,否则就难以有效实施。因此,信息技术对企业实施 BPR 既是机会也是挑战,只有处理好 BPR 与信息技术的相互关系,BPR 的成功才能成为可能。

(2) 信息系统解决了企业组织结构扁平化带来的信息沟通和员工自我管理、决策问题。信息技术使最高层管理者可与低层员工直接进行信息传递,避免传统垂直式沟通带来的信息传递延滞和信息失真、过滤问题;同时,也大大提高了员工获取和处理信息的能力。

(3) 信息技术创造了商业机会和压力。信息技术特别是近年来互联网相关技术的发展,给各行各业带来了巨大冲击,同时也带来了巨大的市场机会,如互联网上巨大的虚拟市场,地域限制的解除,竞争的加剧。亚马逊网上书店仅用 5 年时间,就超过了巴恩斯与诺布尔书店成为世界上最大的书店;Dell 计算机公司仅用 15 年时间,就超过了康柏公司成为世界最大个人计算机制造商。这些机会与压力都促使组织必须对这些新的信息技术进行学习与思考,不论是生产销售或是运营服务,都存在着这些新技术应用的机会,这些都为 BPR 带来巨大的机会。

(4) 信息技术的发展扩大了 BPR 的需求,BPR 的成功离不开信息技术。很多企业在实施 BPR 后将原来的流程合并、压缩,甚至让一个专门人员来负责整个流程,这在以前肯定行不通,但借助信息技术却成为可行。

(5) 管理信息系统可为企业提供辅助决策。业务流程重组后,企业为更好地满足顾客的需求,必须有效地开展市场研究,进行市场预测,需要借助一些模型和方法(如统计分析和预测方法运筹学等)来辅助决策。这就有赖于管理信息系统的支持。

(6) 信息技术的应用,使企业流程重组的范围不再局限于企业组织内部,扩展到企业与顾客、供应商及合作伙伴之间,建立起以利益共享为目标的动态组织联盟。

2) 业务流程重组对信息化的促进作用

业务流程重组对信息化的促进作用主要体现在两个方面:一是业务流程重组为企业信息化充分发挥效用提供条件;二是可以弥补信息化的缺陷。

(1) 为信息化发挥效用提供条件。哈默认为,在没有将流程理顺的条件下去应用信息技术就是误入歧途。企业的信息化通过信息技术为企业应用新的方法和创新提供了契机,但是在信息技术方面的投入产出却很不尽如人意。在国内很多企业中,由于缺乏现代企业制度,企业内部对利用信息技术进行管理创新的动力不足,大量的机构和流程保留在原有状态下,不适应信息化的要求。很多企业只是简单地把原来的工作流程搬到了计算机上,甚至是手工与计算机处理并行,导致高效的管理手段服务于低效的工作流程,根本起不到提高效率的作用。这就出现了很多企业在信息技术上面投入很大,但是收益很少,陷入了所谓的"信息化的陷阱"。这种仅仅追求用自动化去处理原有流程,而没有着眼于提高整体效益来实现企业信息化的做法是导致企业中信息化没能发挥其潜力的重要原因之一。而流程重组是结合新的信息技术的使用对原有企业流程的重新设计。这种新的设计使得新的流程固化在信息基础设施上,可以充分发挥企业中信息技术的效率,更重要的是它可以使企业摆脱信息化的巨额资金陷阱,使企业可以以较少的资金达到较高的效率水平。企业信息化的核心在于促进创新,提高企业素质,增强其竞争力。因此,企业信息化建设就不应仅仅着眼于信息技术本身,而应该面向企业流程重组来展开研究与实施。

(2) 弥补信息化的缺陷。创造性地应用信息技术的目的,在于利用信息技术寻找增值的机会。业务流程重组并不是进行局部修补,而是要从根本上优化业务流程。面对复杂的业务流程,首先需要分解流程、描述和评估流程,分析确认流程缺陷。在流程缺陷分析过程中,主要就是寻找影响价值增值的关键点。根据流程中各个环节重要程度的大小,从大到小地进行重组,并及时评估重组后的流程。明确了流程缺陷,还需要进一步寻找弥补缺陷的技术。信息技术作为业务流程重组技术发展的外在动力,不仅使业务流程构造的价值链获得了增值的空间,而且也不断暴露出信息技术自身的缺陷。可以认为,业务流程重组的过程就是弥补信息技术缺陷的过程。

3) 流程重组和信息化二者互为前提

流程重组和信息化二者互为前提,相辅相成,这可以从两方面来看。一方面,企业信息系统的设计应当定位于面向客户的、不断变化的流程。随着企业流程重组的不断深入,对企业信息系统不断提出集成化、智能化、网络化等新的要求,促使企业信息化不断登上新的高度。所以,企业信息化必须要以流程重组为其前提,并始终以业务流程为其主线。信息化建设成败的关键一环,就在于信息技术能否与业务流程取得高效融合。

另一方面,通过面向流程的信息系统设计也驱动了企业的业务流程重组。信息技术的应用使得信息的收集、存储、处理、利用以及共享等更为方便、迅捷,从而打破了企业传统专业化的分工,使企业有可能根据其战略来重新设计业务流程或改造原有的流程,并借助信息技术来设计和实现业务流程。

从上面的论述可以看出,企业的信息化和业务流程重组是一对不可分割的孪生兄弟,信息技术的出现,形成和促进了业务流程重组,业务流程重组离不开信息化的支持。业务流程重组是企业适应环境变化、提高企业竞争力、促进企业发展壮大的途径,企业信息化可以说是企业业务流程重组中的一个不可缺少的工具和手段。二者的结合是当前企业生存发展的必经之路。

9.5 管理信息系统与管理模式变革

管理信息系统与管理模式变革主要产生于电子商务的影响、企业资源计划的影响以及供应链管理的变革。

9.5.1 电子商务的影响

电子商务包括的业务活动很多,所以管理者很难决定如何在企业中使用电子商务以及用在何处。集中对某些业务流程实施电子商务的一种方法是把这项业务分解成一系列的增值活动,这些活动结合在一起可以产生利润并满足企业的其他目标。下面将介绍这种流行的方法,即把企业的业务活动分解成一系列为企业创造价值的活动。

任何规模的企业都要开展商务活动。小企业可能只关注一种产品、一个分销渠道或一类顾客。大企业经常通过多个分销渠道把很多不同的产品或服务销售给不同类型的顾客。在这些大企业里,管理者围绕战略业务单位的活动组织他们的工作。战略业务单位也称为业务单位,是产品、分销渠道和顾客类型的一种特定组合。多个股东拥有的多个业务单位组成企业,多个向同样顾客销售同样产品的企业形成行业。

1. 战略业务单位的价值链

迈克尔·波特(Michael Porter)在1985年出版的《竞争优势》(*Competitive Advantage*)一书中提出了价值链的思想。价值链是一种对企业业务活动进行组织的方法,每个战略业务单位实施这些活动对其销售的产品或服务进行设计、生产、促销、销售、运输和售后服务。除了这些关键活动,迈克尔·波特认为价值链还应包括一些支持活动,如人力资源管理和原材料采购。图9-10给出了制造一种产品的战略业务单位价值链,其中既包括关键活动,也包括支持活动。在图9-10中,从左到右的流动方向并不严格表示这些业务流程的时间顺序。

图9-10 一个战略业务单位的价值链

每种关键活动的重要性取决于业务单位提供的是什么样的产品或服务,以及购买产品或服务的顾客是什么人。如果战略业务单位向顾客提供的是服务,那么图9-10中的价值链包含的就不是制造活动,而是提供服务的活动。价值链中的其他活动则与产品制造业务单位的活动一样。每个业务单位还要开展一些支持活动,这些支持活动是关键活动的基础。图9-10描述了这些支持活动,它们包括以下内容。

(1) 财务和管理。企业的基础活动,包括会计、付款、借款、向政府部门提供财务报表、确保企业的合法经营。

（2）人力资源。协调雇员管理的活动,包括人员招聘、录用、训练、发放工资和奖励。

（3）技术开发。改进企业销售的产品或服务,以及改善每个关键活动业务流程的活动,包括基础研究、应用研究和开发、业务流程改进研究、维护工作的现场测试。

2. 行业价值链

迈克尔·波特在书中也强调了考察战略业务单位在行业内的位置的重要性。他用价值系统这个术语来描述一个特定的业务单位价值链所从属的更大的业务流。而在他之后的一些研究者和企业咨询人员用行业价值链来代替价值系统这个术语。当一个业务单位向顾客销售一种产品时,顾客可能把这种产品作为其价值链的原材料。通过了解行业价值链中的其他业务单位是如何开展活动的,管理者可以找到新的机会来降低成本、改进产品和重组渠道。图 9-11 给出了行业价值链的一个例子。这是一把木头椅子的价值链,它跟踪了这件产品生命的全过程,从森林中的树木到垃圾或碎木屑。

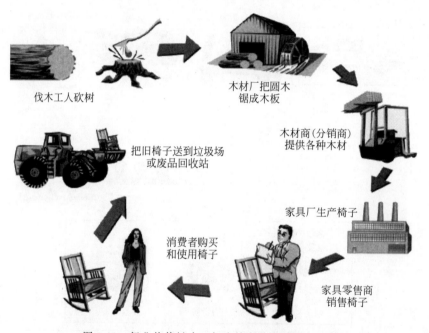

图 9-11　行业价值链中一把木椅所涉及的业务单位

图 9-11 中的每个业务单位都有自己的价值链。例如,木材厂从伐木场购买圆木后对它们进行加工,加工过程还需要劳动力和锯刀。木材厂的顾客包括家具厂和使用木材的其他用户。分析这个行业价值链对准备进入伐木业的木材厂是很有用的,另外这种分析对准备与货运企业合作的家具零售商也非常有用。行业价值链可以帮助企业找到沿产品生命周期向前或向后发展的机会,从而提高企业的效率,改进产品的质量。

3. 电子商务的作用

对于很多企业来说,分析行业价值链的一个好处是：企业会发现电子商务可以帮助降低成本、改进产品质量、找到新的顾客或供应商、开发销售现有产品的新渠道。例如,一家每年更新一次产品的软件开发商可能在更新软件的分销渠道中放弃软件零售商。这种做法将改变企业的行业价值链,并可能增加企业的销售收入,但这种调整不会出现在软件开发商的业务单位价值链中。通过分析某一业务单位之外的价值链组成要素,管理者可以找到很多的业务机会,包括那些可以应用电子通信技术(即电子商务)的机会。

价值链的概念是从总体上考虑企业战略的有效途径。如果企业准备实施电子商务,价值链分析可以帮助企业有效地考察业务单位内部和产品生命周期其他部分的业务流程。价值链的使用会强化企业的这样一种观念,即电子商务应该是一种业务解决方案,而不仅仅是一项为了实施而实施的技术。

9.5.2 企业资源计划的影响

Gartner Group 把从 MRP Ⅱ 发展到 ERP 称为是一场革命,其革命性表现在:由层级文件到关系数据库系统(RDBMS);由字符界面到图形用户界面;由主机系统到 C/S;由刚性结构到弹性结构(指模块功能配置方面);由反应式功能到能动式功能。

由 MRP 经过 LMRP(闭环 MRP)直到 MRP Ⅱ,其发展基本上是沿着两个方向延伸:一是资源概念内涵的不断扩大;二是计划闭环的形成。但其发展都没有突破限于企业内部资源和结构化策略的局限。而 ERP 的发展突破了这两个局限,把供应链内的供应商等外部资源也看作受控对象集成进来。

ERP 是面向供应链管理的。另外,时间被作为资源计划的一部分和最关键的资源。基于时间是 ERP 的重要特点之一。ERP 以顾客驱动、基于时间、面向整个供应链为三个主要特征,以资金、货物、人员和信息为四大元素。

本质上,ERP 仍以 MRP Ⅱ 为核心,但在功能和技术上却有重大超越。ERP 是在 MRP Ⅱ 销售/分销、制造、财务三大功能基础上扩展延伸,其基本构架、基础逻辑和需求运算仍然遵循 MRP/MRP Ⅱ,并无本质上的变化与改进,只是在内容范围上包含更广,如质量信息管理、产品配置(配方)、仓库管理、运输管理、项目管理、电子数据交换业务流程优化、在线分析和决策支持等。因此,也有人将 ERP 定义为 MRP Ⅱ 带有相关数据库管理、图形用户界面、客户服务结构的升级版。

ERP 的环境是基于一个面向 C/S、分布式网络体系结构、一体化关系数据库、图形化界面、第四代语言和面向对象技术的开放式计算机系统。

ERP 中的企业资源包括了厂房、仓库、物资、设备、工具、资金、人力、技术、信誉等全部可供企业调配使用的有形和无形的东西。ERP 集成了质量管理、全员质量控制(TQM)、准时制生产(JIT)、约束理论、精益生产、敏捷制造、实验室管理、电子数据交换、C/S 计算机技术、项目管理、运输管理、设备维护、供应商管理、客户管理等丰富内容,同时也能够适应混合模式的生产方式、多货币、多语言、多税种、在线实时分析监控销售、生产、采购等各作业环节,及时提供决策信息。ERP 系统框架示意图如图 9-12 所示。

ERP 强调的是人、财、物、供、产、销全面结合、全面受控,实时反馈,动态协调,以销定产、以产求供,效益最佳,成本最低,流程式管理、扁平化结构,真正体现了先进的管理思想和理念。

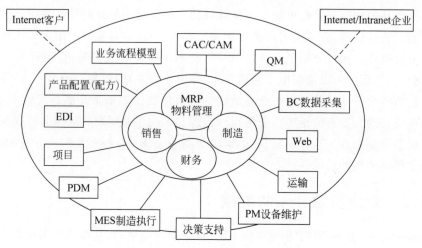

图 9-12 ERP 系统框架示意图

9.5.3 供应链管理

供应链管理是企业通过一个完整的、集成的信息系统将自己的供应商、采购活动、库存管理及必要的财务活动统一管理起来,从而大大提高供应商优化选择的效率,提高企业的采购效率和透明度,节约采购费用和采购资金,降低企业库存,提高资金周转率。供应链管理的目标是要将顾客所需的正确的产品(Right Product)能够在正确的时间(Right Time)、按照正确的数量(Right Quantity)、正确的质量(Right Quality)和正确的状态(Right Status)送到正确的地点(Right Place)——即 6R,并使总成本最小。

供应链管理主要涉及四个主要领域:供应(Supply)、生产计划(Schedule Plan)、物流(Logistics)、需求(Demand)。供应链管理的目标在于提高用户服务水平和降低总的交易成本,并且寻求两个目标之间的平衡。归纳起来,供应链管理包括五大基本内容:计划、采购、制造、配送、退货。

供应链联盟(SCC)提出的供应链参考模型(SCOR)为供应链管理提供了基础;在供应链管理方面处于领先地位的公司则定义了供应链计划中的五项基本活动:采购、制造、运输、存储和销售。

习题

一、名称解释

1. 决策支持系统
2. BPR
3. 价值链

二、简答

1. 简述企业的信息中心的主要职能。
2. 简述决策过程中的信息分析方法。
3. 简述企业信息化与企业业务流程重组之间的关系。

第 10 章 经济管理信息系统

经济管理信息系统包括人力资源管理信息系统、财务管理信息系统、商业企业管理信息系统、商业银行管理信息系统、税收管理信息系统、国家经济信息系统这些分支,下面将逐一介绍。

10.1 人力资源管理信息系统

本节包括人力资源管理系统概述和系统功能模块。

10.1.1 人力资源管理系统概述

人力资源管理系统(Human Resources Management System,HRMS)包括人事日常事务、薪酬、招聘、培训、考核以及人力资源的管理,也指组织或社会团体运用系统学理论方法,对企业的人力资源管理方方面面进行分析、规划、实施、调整,提高企业人力资源管理水平,使人力资源更有效地服务于组织或团体目标。

(1) 第一代人力资源管理系统出现于20世纪60年代末,除了能自动计算人员薪酬外,几乎没有更多如报表生成和数据分析等功能,也不保留任何历史信息。

(2) 第二代人力资源管理系统出现于20世纪70年代末,对非财务人力资源信息和薪资的历史信息都进行设计,也有了初级的报表生成和数据分析功能。

(3) 第三代人力资源管理系统出现于20世纪90年代末,这一代人力资源管理系统的数据库将几乎所有与人力资源相关的数据都进行了收集与管理,更有强力报表生成工具、数据分析工具和信息共享的实现。

企业采用人力资源管理系统最主要的原因是希望借人力资源管理系统,将人力资源运用到最佳经济效益。由于知识经济的来临,人力资本的观念已经形成,人力资本的重要性更不亚于土地、厂房、设备和资金等,甚至超越它们。除此之外,人是知识的载体,为了有效运用知识,将知识的效用发挥至最大,便需要妥善的人力资源管理,这样才能够充分发挥人力资源的作用。

10.1.2 人力资源管理系统的功能模块

以用友T6-人力资源管理软件为例进行介绍,用友T6-人力资源管理系统涵盖了企业人力资源管理中的组织管理、人员管理、薪资管理、考勤管理、招聘管理、培训管理、绩效管理、劳动合同管理、计件工资管理、报表管理等业务应用,适应于企业对人力资源管理不同层级的管理要求,同时提供了满足生产制造类型企业的计件工资管理。其中,经理自助和员工自助管理功能丰富了人力资源管理的应用,使得企业全员参与到人力资源的管理当中来,使企业人力资源管理更加人性化。系统层次结构如图10-1所示。

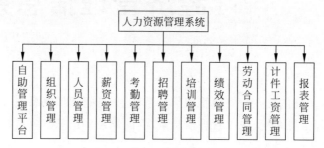

图 10-1　用友 T6-人力资源管理系统层次结构图

具体功能如下。

1. 自助管理平台

按照企业中职能和权限不同提供员工自助平台和经理自助平台,使企业全员参与到人力资源管理中,建立起企业管理人员与员工之间的管理通道。

员工无须安装客户端软件,经过授权,可采用 Web 浏览器在企业内部网范围内实时访问人力资源信息或参与到人力资源管理流程中;允许员工在线查看企业规章制度、组织结构、重要人员信息、内部招聘信息、个人当月薪资及薪资历史情况、个人福利累计情况、个人考勤休假情况等;员工可利用系统平台,与 HR 部门进行电子方式的沟通,如提交个人培训需求、提交休假申请、更改个人基本信息、进行个人绩效管理等。

2. 组织管理

支持单组织单地点、单组织多地点等组织体系,并建立企业职位体系,展现行政关系。实现职位编制分析与控制,提供人力规划、职位分析等统计报表。

3. 人员管理

提供第二代身份证信息快速读取并检验真伪,对员工信息档案进行全生命周期管理,并可进行灵活的信息查询和统计分析。

可分类或在同一界面查看员工在企业工作期间的所有信息(包括各类基本信息,如姓名、年龄、联系方式、员工照片等,以及记录员工的教育培训经历、奖惩、合同、休假、绩效考核、薪资福利、家庭情况等其他信息);可根据企业实际需要自定义员工档案项目;试用期员工转正提示;跟踪管理员工从进入企业到离职全过程的历史记录,包括薪资变动、职位变动、奖惩情况等;可挂接与员工相关的各类文档,如 Word 文件、WPS 文件、Excel 文件、扫描文件等;提供多种不同形式的员工信息报表;系统自动提示员工生日、试用期满、合同期满,灵活处理人员的转正、离职、退休、返聘等;强大的定位查询及模糊查询功能,能快速方便地从众多数据中定位某一员工。

4．薪资管理

提供方便全面的薪资计算，多样的薪资报表呈现。实现财务人事一体化管理，打通人事与财务的数据通道，可以通过邮件、短信进行薪资发放通知，方便快捷。

灵活设置不同类型员工的各类薪资项目及其计算方式；可自定义工资计算参数，分别计算每月工资表的每个项目；支持不同地区定义不同的计税方法，灵活管理缴税方式；薪资调整批处理或指定个别计算员工薪资；能基于上月数据进行下月薪资计算，只需对变化部分进行调整；可对计算有误的薪资计算进行重算、纠错，薪资发放有误的可进行重设置并执行相应处理；与考勤系统链接，根据员工考勤情况调整员工的薪资福利；设置不同的员工和领导查询功能；员工网上查询个人当月薪资及薪资历史情况、个人福利累计情况等；与 Word、Excel、txt 格式文件实现数据完全互换；生成不同格式的薪资福利明细报表和统计报表；数据以与银行自动转账系统相容的数据格式输出，并存储于磁盘，方便向银行报盘；提供完善的薪资统计分析功能，为制定薪资制度与调整薪资结构提供依据。

5．考勤管理

提供完整的考勤流程管理，实时掌握员工考勤情况；支持多种考勤规则和多班次的倒班设置，并出具多样化的考勤统计报表。

自定义上下班时间、休息日，设置倒班类型与加班类型；可单独或批量设置每个部门或每位员工的考勤方案；提供对不同考勤机的数据导入、读取接口；记录每位员工的出勤状况，根据方案设定自动判断迟到、早退或旷工；统计每位员工的月出勤结果与薪资系统链接进行计算；提供特定时间内个人、部门、公司的出勤数据统计图表，并进行分析比较。

6．招聘管理

支持招聘计划制订、计划审核、面试、人员甄选、人员录用到人事档案归集的全过程管理；提供人才库的导入，减少重复工作，提高人事招聘的效率和质量。

根据企业年度人力资源计划与部门人力资源需求计划，制订招聘计划；随时显示职位空缺信息，针对不同的职位空缺，提供基本信息、职位说明、对职位的具体要求、申请该职位必备条件等的管理；可根据不同的职位空缺查看应聘者的所有详细简历，匹配职位与应聘者；分类建立应聘人员档案库，便于查询检索；可根据自定义规则批量安排面试时间，并在必要时自动进行时间调整；面试流程可通过网络自助服务的方式自动化处理，相关人员的评价自动存储并汇总到人力资源部门；可批量发送电子邮件或打印通知单将结果通知应聘人员；录用人员数据自动转入员工信息库，减少重复录入；未录用人员转入企业后备人才库，以备今后查询。

7．培训管理

可以针对不同岗位设置不同的培训课程和培训计划，加强培训的考勤管理和培训效果考核，使培训达到预期的效果。

进行培训需求的管理和评估，根据经营发展战略确定培训需求，从绩效管理系统导入培训需求，提供部门或个人培训需求的申请管理；根据培训需求制订培训规划与相应的培实施计划,可对计划进行查询、统计;对实施的培训项目进行记录管理,对已实施培训项目情况进行查询和统计;可对内外师资、培训机构、培训课程、教材资料等进行管理;可对特殊类型的培训如学历教育、境外培训等进行特殊的管理;提供培训签到和培训协议管理,将培训与合同管理模块链接;可对培训课程、培训师资进行全面的评估,对培训效果进行跟踪管理,形成反馈结果;对培训费用进行控制管理,可根据费用预算自动预警;对培训结果进行各种统计分析,如成本、效果分析。

8. 绩效管理

提供考核指标管理、考核模板管理、考核任务管理、人员考核、统计分析等功能。企业可以根据自身的管理需要自由设定考核指标和考核任务,构造出个性化的考核机制。

9. 劳动合同管理

员工合同全生命周期管理,与法律条款相结合。预置各地标准的劳动合同范本,可以进行特殊的合同签订提醒。

建立劳动合同及岗位协议、保密协议、培训协议模板,确定各类合同的基本属性及内容;各类合同的签订管理,记录签订情况并对合同的变更、续签进行跟踪管理;记录员工解除或终止合同的情况;试用期到期、劳动合同到期自动提醒,提前天数自动定义;解除劳动合同经济补偿金及违约金的计算;提供各种劳动合同文书并可随意增删、打印;可批量打印一批员工的各类合同;提供合同台账管理,随合同情况变化自动更新,便于查询统计合同签订总体状况。

10. 计件工资管理

适应于生产制造型企业的计件工资管理,支持基础信息设置、快速提取和计算。提高生产型企业对复杂的计件工资计算的效率和准确度。

11. 报表管理

提供人事管理常用的报表,也可根据企业实际需要进行自定义报表。

灵活自定义各种查询和报表,所有报表的数据范围和查询条件可自由控制;可灵活定义报表显示格式,生成多种分析图表;提供报表自动校验功能;灵活输出报表并设置打印功能;包含树状查询、条件查询、统计报表等功能。树状查询可满足所有员工在工作中对于组织结构及相关工作人员信息的查询需求,条件查询可根据管理者的权限范围按其需要对员工所有信息进行查询;统计报表对企业人事信息进行汇总;本系统提供给用户自定义查询的功能可使用户根据自己的需要进行查询方案设定,并可保存查询方案。

10.2 财务管理信息系统

本节介绍财务管理信息系统的发展历程和财务管理系统的功能模块。

10.2.1 财务管理系统的发展历程

传统的财务管理系统主要是以会计业务为基础,在此基础上扩充其他的一些财务操作,如总账管理、产生财务报表等。

现代的财务管理系统是在传统的财务管理系统基础之上,扩充了其他一些财务操作。大部分是关于理财方面的,如个人所得税计算器、财政预算。因为在这个经济蓬勃发展的社会,理财是必不可少的一个生活细节。

现代财务管理系统的特点:功能齐全;涉及的领域多;是公司企业运行的核心部件。

目前市面上有很多现代财务管理系统软件,主要有 Oracle 电子商务套件、金蝶、用友、易飞 ERP 系列等。

10.2.2 财务管理系统的功能模块

财务部门是企业重要的管理部门,它的主要职能是处理和分析各类财务数据,管理和监控财务活动并与投资方进行沟通,从而全面了解企业的运营效果和效率,促进企业经济活动的良性循环,并由此实现企业经济发展速度与效益相结合。财务部门与采购部门、生产部门、销售部门和库存部门有着密切的业务联系。

随着企业外部经营环境和内部管理模式的不断变化,企业不仅需要合理规划和运用自身各项资源,还需将经营环境的各方面,如客户、供应商、分销商和代理网络、各地制造工厂和库存等的经营资源紧密结合起来,形成供应链,准确及时地反映各方动态信息,监控经营成本和资金流向,提高企业对市场反应的灵活性和财务效率。财务管理系统的设计目的在于帮助企业财务管理人员快速反馈全球市场信息,在降低各类经营成本和缩短产品进入市场的周期间寻求平衡,提高对企业内部其他部门和外部组织的财务管理水平,提供更丰富的战略性财务信息、更强的财务分析和决策支持能力。

1. 用友 ERP-U8 普及版概述

用友 ERP-U8 财务产品包括总账、应收款管理、应付款管理、工资管理、固定资产管理、UFO 报表,供应链产品包括采购管理、销售管理、库存管理、存货管理,如图 10-2 所示。

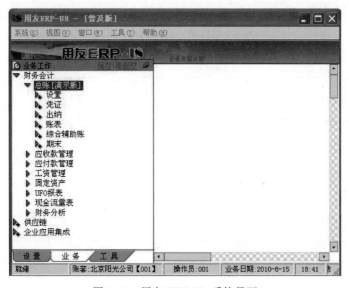

图 10-2 用友 ERP-U8 系统界面

2．用友 ERP-U8 普及版财务系统功能模块

用友 ERP-U8 普及版财务系统功能模块如图 10-3 所示。

1）总账管理

（1）基本核算功能。

① 凭证管理。

- 通过严密的制单控制保证制单的正确性。提供资金及往来赤字控制、支票控制、预算控制、外币折算误差控制及查看最新余额等功能，加强对发生业务的及时管理和控制。

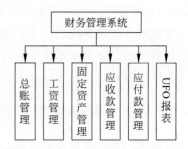

图 10-3　ERP-U8 财务系统功能模块

- 可随时调用常用凭证、常用摘要，自动生成红字冲销凭证，方便用户更加快速准确地录入凭证。
- 增加凭证及科目的自定义项定义及录入，提高凭证录入内容的自由度。
- 可完成凭证审核及记账，并可随时查询及打印记账凭证、凭证汇总表。
- 凭证填制权限可控制到科目，凭证审核权限可控制到操作员。
- 标准凭证格式的引入、引出和复制，可完成不同机器中总账系统凭证的传递。引入是指按规定格式引入其他系统或其他机器上的总账系统中的凭证；引出是指按规定格式引出总账系统中的凭证；复制是指按规定格式将相同版本账套中的凭证复制到其他账套中。

记账凭证是登记账簿的依据，在实行计算机处理账务后，电子账簿的准确与完整完全依赖于记账凭证，因而使用者要确保记账凭证输入准确完整。图 10-4 为填制凭证界面。

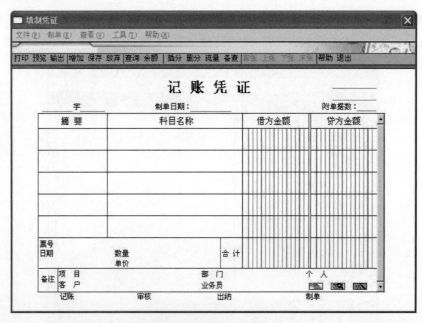

图 10-4　填制凭证界面

② 标准账表。
- 可随时提供总账、余额表、序时账、明细账、多栏账、日记账、日报表等多种标准账表，并可查询包含未记账凭证的最新数据，同时能够查询上级科目总账数据及末级科目明细数据的月份综合明细账。
- 提供"我的账簿"功能，为用户保存常用的查询条件，加快查询速度。
- 任意设置多栏栏目，能够实现各种输出格式。自由定义各栏目的输出方式与内容，能够满足不同层次的管理需要。
- 提供总账↔明细账↔凭证↔原始单据相互联查、溯源功能。
- 明细账的查询权限可以控制到科目。
- 灵活的打印输出。提供栏目打印宽度、账页每页打印行数等参数的设置，以及明细账可按总账科目打印账本的功能，各类正式账簿提供套打功能。

③ 出纳管理。
- 提供出纳签字功能，加强出纳凭证的管理。
- 提供银行对账单引入、录入、查询功能。
- 为出纳人员提供一个集成办公环境，加强对现金及银行存款的管理。完成银行日记账、现金日记账，提供银行对账功能，随时查询银行余额调剂表。

④ 外币核算。
- 用户可选择采用固定汇率方式还是浮动汇率方式计算本币金额。
- 可由用户选用直接标价法和间接标价法折算本位币。
- 月末可自动调整汇兑损益。

⑤ 月末处理。
- 自动完成月末分摊、计提、转账、销售成本、汇兑损益、期间损益结转等业务。
- 可进行试算平衡、对账、结账等工作。
- 灵活的自定义转账功能、各种取数公式可满足各类业务的转账工作。

(2) 辅助管理功能。

① 个人借款管理。
- 主要进行个人借款、还款管理工作，及时地控制个人借款，完成清欠工作。
- 提供个人借款明细账、催款单、余额表、账龄分析报告及自动清理核销已清账等功能。

② 部门核算。
- 主要为了考核部门费用收支情况，及时控制各部门费用的支出，为部门考核提供依据。
- 提供各级部门总账、明细账的查询功能，进行部门收支分析。

③ 项目管理。
- 用于生产成本、在建工程等业务的核算，以项目为中心为使用者提供各项目的成本、费用、收入等汇总与明细情况及项目计划执行报告等，也可用于核算科研课题、专项工程、产成品成本、旅游团队、合同、订单等。
- 提供项目总账、明细账及项目统计表的查询。

④ 往来管理。
- 主要进行客户和供应商往来款项的发生、清欠管理工作，及时掌握往来款项的最新

情况。
- 提供往来款的总账、明细账、催款单、往来账清理、账龄分析报告等功能。

2) 工资管理

工资管理系统适用于各类企业、行政事业单位进行工资核算、工资发放、工资费用分摊、工资统计分析和个人所得税核算等。与总账系统联合使用，可以将工资凭证传输到总账系统中。

(1) 初始设置。

① 可设置代发工资的银行名称。

② 可自定义工资项目及计算公式。

③ 提供计件工资标准设置和计件工资方案设置。

④ 可设置人员附加信息、人员类别、部门选择设置、人员档案等基础档案。

⑤ 提供多工资类别核算、工资核算币种、扣零处理、个人所得税扣税处理、是否核算计件工资等账套参数设置。

(2) 业务处理。

① 工资数据变动。进行工资数据的变动、汇总处理，支持多套工资数据的汇总。

② 工资分钱清单。提供部门分钱清单、人员分钱清单、工资发放取款单。

③ 工资分摊。月末自动完成工资分摊、计提、转账业务，并将生成的凭证传递到总账系统，实现各部门资源共享。

④ 银行代发。灵活的银行代发功能，预置银行代发模板，适用于由银行发放工资的企业。可实现在同一工资账中的人员由不同的银行代发工资，以及多种文件格式的输出。

⑤ 扣缴所得税。提供个人所得税自动计算与申报功能。

⑥ 计件工资统计。支持"计件工资"核算模式，输入计件工资计件数量和计件单价，自动计算人员计件工资，并完成计件工资统计汇总。

工资分钱清单是按单位计算的工资发放分钱票面额清单，会计人员根据此表从银行取款并发给各部门，执行此功能必须在个人数据输入调整完之后，业务处理的工资分钱清单如图10-5所示。

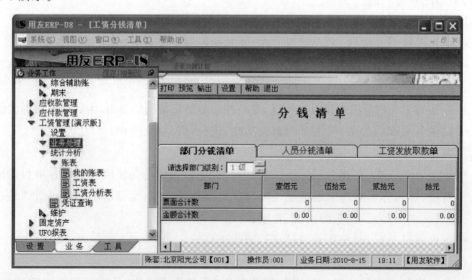

图10-5 工资分钱清单操作界面

(3) 统计分析报表业务处理。

① 提供自定义报表查询功能。

② 提供按月查询凭证的功能。

③ 提供工资表。工资发放签名表、工资发放条、工资卡、部门工资汇总表、人员类别汇总表、条件汇总表、条件明细表、条件统计表等。

④ 提供工资分析表。工资项目分析表、工资增长分析、员工工资汇总表、按月分类统计表、部门分类统计表、按项目分类统计表、员工工资项目统计表、分部门各月工资构成分析表、部门工资项目构成分析表等。

3) 固定资产管理

(1) 初始设置。

① 支持用户根据需要选择外币(非人民币)管理资产设备。

② 支持用户自定义资产分类编码方式和资产类别,同时定义该类别级次的使用年限、残值率。

③ 用户自定义部门核算的科目,转账时自动生成凭证。

④ 用户可自定义使用状况,并增加折旧属性,使用更灵活。

⑤ 恢复月末结账前状态,又称"反结账",是本系统提供的一个纠错功能。

⑥ 为适应行政事业单位固定资产管理的需要,提供整套账不提折旧功能。

(2) 业务处理。

① 用户可自由设置卡片项目。

② 提供固定资产卡片批量打印的功能。

③ 提供资产附属设备和辅助信息的管理。

④ 提供按类别定义卡片样式,适用不同企业定制样式的需要。

⑤ 提供固定资产卡片批量复制、批量变动及从其他账套引入的功能,极大地提高了卡片录入效率。

⑥ 可处理各种资产变动业务,包括原值变动、部门转移、使用状况变动、使用年限调整、折旧方法调整、净残值(率)调整、工作总量调整、累计折旧调整、资产类别调整等。

⑦ 提供对固定资产的评估功能,包括对原值、使用年限、净残值率、折旧方法等进行评估。

(3) 计提折旧。

① 自定义折旧分配周期,满足不同行业的需要。

② 提供折旧公式自定义功能,并按分配表自动生产记账凭证。

③ 提供两种平均年限法(计算公式不同)计提折旧。

④ 提供平均年限法、工作量法、年数总和法、双倍余额递减法计提折旧。

⑤ 折旧分配表更加灵活全面,包括部门折旧分配表和类别折旧分配表,各表均按辅助核算项目汇总。

⑥ 考虑原值、累计折旧、使用年限、净残值和净残值率、折旧方法的变动对折旧计提的影响,系统自动更改折旧计算,计提折旧,生成折旧分配表,并按分配表自动制作记账凭证。

折旧分配表是编制记账凭证,把计提折旧额分配到成本和费用的依据。折旧分配表有两种类型:部门折旧分配表和类别折旧分配表,只能选择一个制作记账凭证,如图10-6所示。

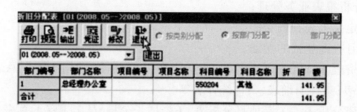

图 10-6　折旧分配表操作界面

（4）输出账表。

固定资产系统提供以下报表。

① 固定资产分析表。
- 部门构成分析表。
- 使用状况分析表。
- 价值结构分析表。
- 类别构成分析表。

② 账簿。
- 固定资产总账。
- 固定资产登记簿。
- 部门、类别明细账。
- 单个固定资产明细账。

③ 固定资产统计表。
- 评估汇总表。
- 评估变动表。
- 固定资产统计表。
- 逾龄资产统计表。
- 盘盈盘亏报告表。
- 役龄资产统计表。
- 固定资产原值一览表。
- 固定资产到期提示表。

④ 固定资产折旧表。
- 部门折旧计提汇总表。
- 固定资产折旧清单表。
- 固定资产折旧计算明细表。
- 固定资产及累计折旧表（一）。
- 固定资产及累计折旧表（二）。

⑤ 固定资产减值准备表。
- 减值准备明细表。
- 减值准备余额表。
- 减值准备总账。

4）应收款管理

应收款管理系统主要提供了设置、日常处理、单据查询、账表管理、其他处理等功能。

（1）设置。

① 提供系统参数的定义，用户结合企业管理要求进行的参数设置，是整个系统运行的基础。

② 提供单据类型设置、账龄区间的设置和坏账初始设置，为各种应收款业务的日常处理及统计分析做准备。

③ 提供期初余额的录入，保证数据的完整性与连续性。

（2）日常处理。

提供应收单据、收款单据的录入、处理、核销、转账、汇总损益、制单等处理。

（3）单据查询。

提供各类单据、详细核销信息、报警信息、凭证等内容的查询。

（4）账表管理。

① 提供总账表、余额表、明细表等多种账表查询功能。

② 提供应收账款分析、收款账龄分析、欠款分析等丰富的统计分析功能。

应收账龄分析界面如图 10-7 所示。

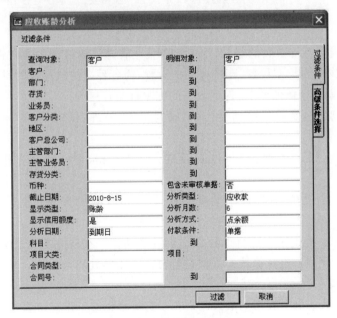

图 10-7　应收账龄分析界面

（5）其他处理。

① 提供用户进行远程数据传递的功能。

② 提供用户对核销、转账等处理进行恢复的功能，以便用户进行修改。

③ 提供用户进行月末结账等处理。

5）应付款管理

应付款管理系统主要提供了设置、日常处理、单据查询、账表管理、其他处理等功能，如

图 10-8 所示。

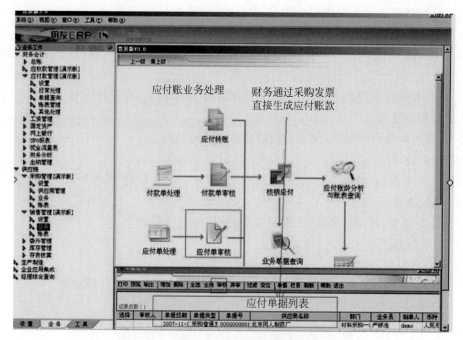

图 10-8　应付款管理

（1）设置：提供系统参数的定义，用户结合企业管理要求进行的参数设置，是整个系统运行的基础。提供单据类型设置、账龄区间的设置，为各种应付款业务的日常处理及统计分析做准备。提供期初余额的录入，保证数据的完整性与连续性。

（2）日常处理：提供应付单据、付款单据的录入、处理、核销、转账、汇兑损益、制单等处理。

（3）单据查询：提供查阅各类单据的功能。各类单据、详细核销信息、报警信息、凭证等内容的查询。

（4）账表管理：提供总账表、余额表、明细账等多种账表查询功能。提供应付账龄分析、付款账龄分析、欠款分析等丰富的统计分析功能。

（5）其他处理：提供用户进行远程数据传递的功能。提供用户对核销、转账等处理进行恢复的功能，以便用户进行修改。提供进行月末结账等处理。

6）UFO 报表

UFO 报表与其他电子表格的最大区别在于它是真正的三维立体表，在此基础上提供了丰富的使用功能，完全实现了三维立体表的四维处理能力。

UFO 报表的主要功能有：

（1）文件管理功能。

（2）格式管理功能。

（3）数据处理功能。

（4）图形功能。

（5）丰富的打印功能。

（6）强大的二次开发功能。

(7) 支持多窗口操作。

(8) 操作更加灵活。

(9) 易学易用。

(10) 更加强大的数据处理功能。

(11) 提供数据接口。

(12) 便捷的应用程序间信息交流功能。

(13) 提供应用查询服务。

(14) 图文混排。

(15) 注册管理。

(16) 提供行业报表模板。

(17) 提供联查明细账功能。

在 UFO 报表中,一个表文件其实就是一个特殊的文件夹,在这个文件夹中,有一个样板专门用来存放表的格式,这个样板建立后,就可以根据它做出众多格式相同但内容不同的报表。UFO 报表示例如图 10-9 所示。

	A	B	C	D	E	F
1		UFO演示报表				
2		市场中心		开发中心		
3		市场一部	市场二部	账务部	报表部	管理中心
4	上半年	10000.00	12000.00	8000.00	9000.00	5000.00
5	下半年	13000.00	15000.00	10000.00	10000.00	6000.00
6	合计	23000.00	25000.00	18000.00	19000.00	11000.00

图 10-9 UFO 报表示例

10.3 商业企业管理信息系统

本节内容包括商业企业管理信息系统概述和商业信息管理系统的结构。

10.3.1 商业企业管理信息系统概述

商业作为国民经济的重要组成部分,是商品、消费、配送、运输等信息的集散地,其信息化建设程度的高低,在整个国民经济信息化建设中具有举足轻重、不可替代的地位和作用。

我国的商业正在从传统商业转向现代化商业,规模化、集团化、连锁化、现代化已初具雏形,大型百货、连锁超市、仓储商场、配送中心、电话购物、网上营销、电子商务等新的经营模式不断涌现。外资零售抢滩登陆,挺进国内市场争夺份额,市场上的消费者需求日益多样化,以消费个性化导向为主的市场已经形成,商业企业经营与服务的竞争不断加剧。科技兴商、实施现代化经营管理刻不容缓,必须实现前台数据采集、后台实时处理、刷卡、网上快速传递、电子划账结算、信息及时的加工与存储、时段性的跟踪分析与决策支持等功能。要提高商业企业竞争力,就必须提高企业的现代化经营管理水平,就必须加强企业的 MIS 和 POS 建设,就必须实现企业的动态差别化经营,就必须满足个性化消费的需要。传统的手工业方式、条块分割的管理体制与经验型管理方式根本无法适应现代商业的竞争。只有依靠商业企业的全面信息化,国内商业企业才能与外资抗争,才能在市场生存,也才能取得发展。

商业管理信息系统是指商业企业的管理信息系统,它包括为实现商品的销售,在企业内部商品的计划、合同、进、销、调、存、核算、财务、统计分析、辅助决策的整体循环处理过程,以数据信息为轴心的全面自动化管理控制。它承担为商业企业决策收集信息、加工处理信息、存储和检索信息,并把信息及时传输到企业管理决策层和外部关联目标的科学组织体系。

1. 商业信息管理系统的基本内容

就商业零售企业来讲,一个大体上完整的管理信息系统,应包括以下几方面。

1) 外部商业信息系统

它建立在公用数据网基础之上,跨接多个社会商业信息系统,其目的是向有关主管单位呈报数据,向生产厂商、批发商订购商品,与银行进行账目往来,与下属单位进行数据交换,向公共数据中心提供有关信息等。社会商业信息系统的建立是社会信息化发展的必然趋势,它是建立 EDI(电子数据交换)、EOS(电子订货系统)、VAN(增值网络)及完整的 DSS(决策支持系统)的基础。

2) 前台收款系统

前台收款系统除了要完成前台商品销售的收款之外,更重要的任务是完成一定范围内的信息采集,为高层经营分析与决策奠定数据信息基础。当前,一般采用 POS(Point of Sail,销售实点系统)进行处理。

POS 是采用条码技术和收款机进行销售数据的实时输入,能够实时地跟踪处理销售的情况,并根据这些数据对销售进行详细、正确、迅速的分析,为商品的补货和管理提供依据的信息管理系统。它的主要任务是对商品交易提供服务和实时管理。具体内容包括以不同的处理方式(零售、批发、折让、折扣、调价、减价等),不同的结算方式(现金、支票、信用卡等)完成商品交易并产生所需的收据;对商品销售信息进行统计和实时管理,如统计交易次数、时段销售金额、时段各类商品的销售量、自动更新库存量、提供可靠的存货信息;控制各类商品的库存量并管理商品的订货等。

3) 后台管理信息系统

主要用于商业销售企业经营过程中商品的进、销、调、存全过程信息的管理与控制,以及以财务管理为核心的建立在商业零售企业信息基础之上的综合管理和其他部分的自动化系统,如办公自动化系统。

4) 辅助决策支持系统

商业自动化系统中的决策支持系统就是充分利用商业企业内部的信息网和与企业内部网络相连的外部社会信息网,建立起商业企业的管理信息综合数据库,在此基础上利用各种可行的预测和分析技术,形成符合商业企业管理习惯的模型库,并根据企业各领导层的不同管理习惯,生成满足他们日常决策的方法库,为企业辅助经营决策提供基础。

5) 其他辅助系统

主要包括电子监控与防盗系统、消防安全系统、大屏幕广告、多媒体导购、电话购物系统、虚拟商城、网上购物、盘点、储运、展示设备等。它们作为商业自动化的辅助系统,目前越来越成为商业自动化系统中必不可少的部分。

商业企业管理信息系统按照其业态、结构等不同,可以划分为多种类型。

（1）按照商业企业管理信息系统的应用类型，可以分为购物中心管理信息系统、商场（百货店）管理信息系统、批发企业管理信息系统、超级市场管理信息系统、配送中心管理信息系统、仓储商场管理信息系统、专卖店管理信息系统等。

（2）按照商业企业管理信息系统在企业内部的结构，可分为分散型、集中型和综合型三种。

分散型是我国传统的信息组织机构，一般分散在各科室进行。各科室人员都在从事信息的收集、加工、分析、编写、传输等工作，没有一个专门机构集中统一从事信息工作。集中型指的是企业内部设有专门机构，集中统一从事企业信息的收集、加工、处理、储存、检索、传输等工作。综合型是分散和集中的结合，企业既建立专门的信息组织机构，各部门也负担一部分信息采集的工作。当前一般采用综合型的方式进行。专门的信息部门进行系统的日常管理和维护，其他各部门负担自身相关信息的采集工作。

2．商业管理信息系统的特点

商业企业管理信息系统是管理信息系统的一种特定类型，它具有一切管理信息系统的共性，由于它特定的组成部门和应用环境，又使它拥有自身的特殊性。概括起来，主要有以下几个主要特点。

1) 用系统的方法去解决信息管理问题

它从系统的角度，解决企业信息管理问题，并把系统放在整体中处理，力求达到整个系统的最优化。作为系统至少是由两个以上的可以相互区别的要素(分系统)组成。系统是一个不可分割的整体，必须作为一个完整的而不是作为一个系统的集合去看它的功能。从它的作用和功能看，整体要比它的所有分系统的功能大。商业企业信息管理部门，有计划科、统计科、财务科、会计科、业务科、情报信息科、秘书科等职能部门，它们是企业内部各种数据、资料、文件、商情通信等信息的使用者和管理者。信息管理系统的产生将由专业人员(市场研究人员、信息技术人员、信息管理人员)和机器设备(如电子计算机通信工具等)，以及程序等诸要素，形成企业综合的信息实现人机系统的结合，对企业商情信息、数据信息和科研信息等，实行统一管理，从而实现企业信息管理整体最优化。

2) 以计算机等现代化的信息工具为基础

充分地运用现代化管理方法和电子计算机等手段及现代信息传递技术，实现信息的收集、处理、传递的系列化。现代企业信息管理系统包括传统的手工机械管理信息系统和计算机信息系统两种。对大多数企业来讲，应当是充分利用计算机进行信息处理的优点，对现行的人工信息处理流程加以整顿和疏通，尽量将数据采集自动化，建立市场研究的专门机构和内部数据信息处理的专门机构，实行统一科学的管理。

商业企业管理信息系统要由人来确定其目标，选用其经济模型来安排系统内信息及其他处理流程。只有在保证系统输入正确的数据信息的条件下，系统才能输出正确信息，作为商业企业管理人员的决策依据。

商业企业管理信息系统的用户是指那些负责操作机器(如收款员)、输入数据(如录入员)、指挥系统(如管理员)或者使用系统输出结果(如各级管理人员)的人。对于许多问题来说，用户和计算机共同构成一个综合系统，而问题的具体答案是通过计算机与用户之间的一系列交互活动获得的。例如，商场的总经理可以通过对计算机的查询等一系列的操作来了解商品销售信息、库存信息，并可通过运用决策支持子系统来分析商品信息，做出决策。

商业企业管理信息系统能使企业管理人员摆脱事务性的复杂工作，改革管理决策过程，减轻管理人员日常业务性工作，从而使他们将时间和精力用在分析和设计有关经营政策及其如何执行上。

3）集成化系统

商业企业管理信息系统通常为企业组织结构的集成化信息处理工作提供基础。实现商业企业管理信息系统的各种应用集成化的第一步是要有一个总体的信息系统规划。即使各应用系统的实施是逐个进行的，但它们的设计工作应当在总体规划的指导下进行。

商业企业管理信息系统设计的发展趋势是应用处理系统将与支持系统的数据相分离。独立式的数据库结构能使各项应用中的数据项成为一个整体，并对各种用户都能做到一致性。由于商业企业管理信息系统是由多种软件、多种平台共同组成的一个综合系统，因此，它的集成化程度更高。

4）联机事务处理系统

商业企业管理信息系统的基本任务就是对商业企业进、销、存业务的统一处理，在前台完成及时收款的同时，要把采集到的数据及时传送到后台，后台经过一定的加工处理后，又要把相应的信息传送到财务，形成财务账，出具统计报表。这一系列任务的完成都要在联机的情况下进行，任何一个环节出现故障，都会使系统无法正常运行。因此，商业企业管理信息系统要求必须要有很高的实时性、可靠性，能及时响应各方面的信息，并且要有完整的故障恢复处理措施，保证系统某一点的故障不会影响到整个系统的运行。特别是网络应用日益广泛、系统安全威胁日益严重的今天，保证信息系统的安全，是保证系统正常应用的前提条件。

5）数据处理量大

每一个大中型商场，都有上万甚至几十万的商品品种。这样的商场每天都要接待几万个顾客，需要处理几万条商品交易信息，在每一时点的数据吞吐量和存储量都很大。所以要有效地保证日常业务的正常进行，需要解决的问题就是系统要有足够快的处理速度和足够大的系统存储容量。特别是采用了网络支付和网上购物的系统，需要系统性能更加稳定、可靠。

6）应用环境复杂

商业企业管理信息系统作为一个集成很强的系统，它面对的是多层次、多数量的工作人员，从前台的收款员到后台的系统管理员、业务人员，每个环节都要有不同的用户对象完成不同工作任务；另外，商业企业管理信息系统还分布在商场的各个地方，覆盖企业的各个部门，对于连锁企业来说这种分布的特点就更加明显，它通常要管辖全国甚至全球不同地区的分店。

7）适应环境及管理模式的多变性

系统处于环境之中，系统必然要与外部环境产生物质、能量和信息的交换，所以必须适应外部环境的变化。环境也是系统，是一个复杂的难以控制的系统。商业企业可以看成是开放的信息系统，从外部市场和营销输入各种变化的信息，经过企业信息系统转换加工、升华了的预测、决策计划等信息，必须适应环境因素变化，具有适应能力和应变能力。

商业企业作为商品流通领域，充分体现了商品流通过程中的多变性。商业企业为了适应顾客的需求,往往不断地采取新的管理方式,力争用最短的时间、最少的环节把商品送到消费者手中。因此,商业本身的管理方式是在不断变化的,同时会发生一定经营模式基础上的企业机制的调整和变化,商业企业的这种变化,表现在要求管理信息系统有充分的柔性和可扩充性,能适应商业企业在一段时间内的业务调整。

8) 能够对企业的管理生产流程进行优化,提高商业企业的管理效率

通过对信息系统的实施,可以提高企业的管理水平,加快企业的资金周转,改变企业不合理的管理方式和管理方法,甚至可以对企业的管理流程进行再造。如当前普遍运用于企业的 ERP 系统,对提高企业的管理效率,具有很大的帮助。

9) 能够促进企业开发新的销售方式和营销手段,促进企业快速发展

利用现代信息技术,提高了商业企业的管理效率,促进了企业的发展。在我国加入 WTO 以后,国外大型商业企业迅速进入我国。它们利用现代化的信息手段对全球资源进行统一管理,统一采购,以降低成本,提高利润。连锁超市、大型购物商场的出现,对我国的商业企业的生存提出了严峻的挑战。另外,由于网络的迅速普及,新的采购、销售方式层出不穷,网上购物,网络营销,新的直销模式等的出现也在侵蚀着传统商业企业的市场。如果我们的商业企业不能利用新技术来改变现状,就只能在激烈的竞争中淘汰。

10.3.2 商业企业管理信息系统的结构

商业管理信息系统的结构可以按照层次和职能两方面进行划分。

1. 层次结构

管理信息系统的层次结构是一种塔形结构,分为作业层、管理层和决策层,如图 10-10 所示。

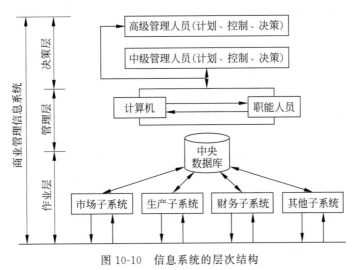

图 10-10 信息系统的层次结构

1) 作业层

作业层的任务是有效地使用企业现有的人力、物力资源,在预算的范围内执行各项活动。它包括事务处理、报表处理和查询处理。各项处理所需的数据主要来自企业内部,处理

的数据量很大,它的处理是企业管理信息系统的基础。

目前,我国商业流通企业所建的计算机系统主要完成这一层次的任务。它们保存有本企业商品进、销、调、存数据,供各部门查询和输出各种报表使用。

主要功能包括如下几方面。

(1) 原始数据采集与处理。文件文字、声音、图像的录入与修改,各种事务的原始记录等。

(2) 业务管理。业务管理主要包括商品流转计划管理、合同管理、商品购进管理、商品编码、商品仓储管理、商品销售管理、前台 ECR 与 POS 管理等。

(3) 财会管理。财会管理主要包括成本核算、会计核算、固定资产管理、综合财务计划管理、财务部报表管理、内部银行管理、费用管理、会计档案管理等。

(4) 人事管理。人事管理主要包括员工档案管理、工资奖金管理、劳动纪律考核管理、劳动用工调配管理等。

(5) 物业管理。物业管理主要包括低值易耗品管理、固定资产管理、能源耗费管理等。

(6) 办公管理。办公管理主要包括会议管理、文字处理、公文档案管理等。

(7) 考核管理。考核管理主要包括经济指标考核管理、员工劳动绩效考核管理等。

(8) 综合查询管理。综合查询管理主要包括综合计划指标完成查询,商品购、销、存查询,商品价格查询,商品实时销售查询,员工状况查询等。

(9) 统计分析与决策支持管理。统计分析与决策支持管理主要包括购进统计与分析、库存统计与分析、劳效统计与分析、销售统计与分析、顾客统计与分析、财务统计与分析等。

随着计算机及信息技术的进一步发展,这些功能都会不断地发生变化。但是,这些变化都会围绕着满足企业经营管理需要这一中心任务进行,并始终不会改变。

2) 管理层

管理层的任务是保证企业经营所需要的人、财、物的调用,综合衡量企业的生产经营情况,检查企业的主要经济技术指标完成情况,将它们与计划值比较,从中观察其发展趋势,找出偏差的原因,提出解决方案。

处理包括:根据有关部门的计划或使用预算模型来编制企业的计划和预算,定期提供企业经营情况的综合报告,运用数学方法分析执行计划的偏差,为管理人员提供满意的行动方案。处理所需要来自作业层产生的信息或数据,如各种计划、标准、预算和成本指标等。

3) 决策层

决策层的任务是确定企业的目标,制订达到该目标应采用的战略计划。

处理包括:建立数学模型,用模拟和试凑法来探索企业的目标和达到该目标的途径。如探索企业的经营发展方向,开发什么样的新产品。处理所需要的数据除了企业内部管理层产生的信息之外,还需要来源广泛的外部环境数据,如企业当前的和未来活动领域内的经济形势、政治环境、科技发展、市场预测、竞争对手的实力和市场占有率、备选战略方案及其所用资源等。

由于决策环境的不确定性和管理模式的不同,因此要解决的决策问题多数是半结构化的。对这种问题的处理是系统给决策者提供一个分析问题、构造模型、模拟决策过程及其效果的环境,通过人机对话的方式去探询决策目标和实现途径的解答。决策层的目的是提高整个企业的经济效益,同时在广度和深度方面扩大决策者的视野。

在实际企业运作中，一般一个企业的管理活动至少包括三个层次：战略管理层、战术管理层和作业管理层。

（1）战略管理层也叫最高管理层。它主要负责有关企业全局和重大性问题的决策，具有战略性。如企业经营目标和经营方向的选择、企业产品结构的调整、市场营销策略的制定等。

（2）战术管理层主要负责企业的中层管理。它所做出的决策多用于企业的小、短期计划方案，也可以说是一些局部问题解决方案。如生产经营计划、供销计划、财务计划的制订等。

（3）作业管理层又称事务处理层。它主要负责企业的基层管理和一些经常性的事务操作。如经营中的商品销售计划的制订、班组营销管理等。

管理活动的三个层次对应着三种类型的管理决策：结构化决策、半结构化决策和非结构化决策。

（1）结构化决策通常针对确定型的管理问题，依据一定的决策规则和决策模型可以实现决策过程的自动化。一般来说，它主要负责处理作业管理层出现的问题。

（2）半结构化决策通常指企业职能部门的计划、控制、管理等决策活动，多属局部的、短期的决策。通过相关的科学方法如运筹学、计量经济学、模糊数学等将半结构化问题转换为结构化问题来决策。

（3）非结构化决策带有战略性、全面性和复杂性。它所需要的信息大多来自于企业外部环境，很难用确定的决策模型来求解，它主要强调决策者的主观意志和经验判断。

2．职能结构

管理信息系统的结构也可以按照企业内部职能的不同进行划分，目前尚没有标准的结构，但是在商业企业中一般均包括市场营销部、后勤保障部、行政管理部、财务管理部和总经理办公室等部门。每种职能部门具有单独的信息需求，并且有自己的信息处理任务。它们形成整个系统的各个子系统。这些职能子系统和公共使用的数据库、模型库、服务程序通过集成就构成了企业的管理信息系统。

1）市场营销部

市场营销部的职能通常包括有关商品的市场预测、销售、服务的全部活动。它的作业处理包括销售订单、销售数据、制订日销售计划及定期按商品、顾客等因素分析销售量、培训销售人员等。管理处理是根据收集的顾客、竞争者、竞争商品和需要的销售力量等数据，以市场为背景进行效益分析比较。决策处理是根据顾客分析、竞争者分析、调查用户信息、用户预测、技术预测等数据来制定新的营销策略和开拓新市场。

2）后勤保障部

后勤保障部的职能包括购货、收货、存货控制和分发等活动。它的作业处理包括处理购货需求、购物单、提货单、发货单、库存报表等，并从中得到脱销商品、积压商品、库存周转率、卖主经销情况及商品性能等信息。管理处理包括商品库存量的计划值和实际值的比较，商品成本、脱销商品及库存周转率等。决策处理主要是确定新的存货和分发策略，对卖方的新政策。

3）行政管理部

行政管理部的职能包括对企业职工的培训、选拔、聘用、解雇、管理人事档案、企业宣传、工资奖金标准制定等。其作业处理包括管理职工档案、提出雇用需求、制订培训计划、改变工资额和发放福利的规程等。管理处理主要是对计划指标和实际情况进行分析比较,分析的内容有职工数、员工技能、培训费用、支付的工资、工资额的分配等。决策处理主要是根据教育、本国不同地区的工资率、职业转换模型分析等数据来制定招工工资、培训、福利和企业的地理位置等的策略,以确保得到和聘用实现企业目标必需的员工。

4) 财务管理部

财务与会计可以说是独立的职能部门,但它们之间有着紧密的联系。财务的职能是保证企业的资金并使企业的费用尽可能降低。处理包括资金安排(借款、存货销售)、现金管理、收账处理、顾客赊欠。会计的职能是负责执行财务的各项活动,如记账、分类财务事务并概括成标准的财务报表(收入财务报表、资金平衡表)、编制预算、分析成本。财会的作业处理是根据赊欠申请、销售单、支付凭证、支票等分类账,控制每天的差错,处理推迟的记录、未处理的事务和例外报表。它的管理层处理是根据财务的实际成本、会计处理数据的成本、差错率与预算进行对比。它的决策处理包括制订长远的战略计划,保证企业所需的资金。

5) 总经理办公室

总经理办公室是企业的高层管理决策中心。它的作业处理主要是查询系统内存储的各种信息,以辅助决策;管理处理是根据各职能部门提供的综合信息来评估它们执行计划的情况;决策处理是依据系统内部的概括性数据、外部数据,通过特定的数据检索、分析来制订企业的战略计划,同时给各职能部门的战略计划规定框架及协调各种计划的实施。

管理信息系统实际上是各职能子系统的集成,在系统中各职能子系统为完成其任务配合专用的软件,配有为整个系统服务的公用软件、数据库管理系统、模型库等。

10.4 商业银行管理信息系统

现代化商业银行经营管理系统是由人、资金、物及信息在一定条件下组成的有机经济综合体。商业银行现代化管理就是通过各种不同形态的信息促使系统的人流、物流、资金流、信息流进行合理的流动,使它们各自流动的方向、速度、效益、准确性都得到最佳配合和达到最佳效果。所以,信息在商业银行现代化管理中起着举足轻重的作用。特别是进入21世纪后,信息技术的飞速发展、计算机网络的迅速普及,使得世界各国的信息化建设得以迅猛发展。信息化是21世纪国家现代化的基本标志,也是一个国家综合国力的集中体现。金融信息化是国民经济和社会发展信息化的重要组成部分,也是金融现代化的重要手段,是实现国家现代化的必由之路。我国银行业的信息化和国外相比是一个起步较晚但奋起直追的过程,从无到有、从单项业务到综合业务、从机器仿人工到推出各种人性化的服务、从单机布点到数据大集中,我们不仅在技术上紧跟信息化的前沿,在认识上也从肤浅的工具论到现在的信息化战略论。现实中,银行信息化的发展,正在配合、推动或者触发金融业产业结构的调整和升级,从根本上改变着传统的金融业务处理模式。下面从银行信息的基本概念开始,逐步介绍银行信息系统,最后介绍银行信息化方面的内容。

10.4.1 商业银行管理信息系统概述

现代化商业银行是一个复杂的大系统,同时,它又具备着信息系统的功能。在整个商业银行的经营管理活动过程中,自始至终贯穿着两种流动:一是资金、人力的流动;二是随之产生的大量的表现为数据、资料、指令、指标、条例、图纸、报表等形式的信息的流动。为使商业银行经营管理活动达到最佳的效果,就必须对人流、资金流加以科学的组织、调节和控制,使其按照符合盈利目的的轨道流动。而资金流、人流的前提条件就是信息流。没有信息流,就没有资金流或人流。资金流、人流畅通的前提条件是信息流的畅通。信息流的任何阻塞都会给资金流、人流造成混乱,而有损于银行的经营效果。因此,商业银行经营管理的过程同时又是信息流动的过程;商业银行经营管理系统同时又是商业银行信息系统。于是,我们可以这样来界定商业银行信息系统的概念:商业银行信息系统是为满足商业银行经营管理的需要而建立的搜集、整理、存储、加工、传递商业银行信息的人工系统。

商业银行信息系统是一个发展的概念。最初的商业银行,经营规模较小,组织机构比较单纯,信息流量比较小,银行内部各管理部门一般可以通过直接的信息交流来实现商业银行内部的信息流动。信息的这种流动只是一种自发的信息交换过程,还远没有达到系统化程度。随着商业银行经营规模的不断扩大,信息流动日趋大量化、多样化、复杂化,信息系统的功能特点也就变得越来越显著。现代化商业银行一般都设有专门的信息管理部门,商业银行信息系统已发展成为综合性、多因素、多功能的复杂系统。

对人工的信息系统而言,其系统构成要素除信源、信道、信宿三个要素外,还多了一个信息管理机构的要素(见图10-11)。

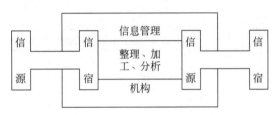

图 10-11 系统示意图

从图10-10人工的信息系统中可以看出,信息管理机构具有双重地位,对最初的信源来说,它是信宿;对最终的信宿来说,它又是信源。原始信息经过信息管理机构的加工处理,转换为最终信宿可以接受的形式,然后通过信道传递给最终的信宿。

商业银行信息系统则是一种构成要素更为复杂的人工信息系统,它的开放性、服务性及多重性,决定其信源、信道及信宿的多样性和复杂性。因而,系统结构是比较复杂的。由于观察的角度不同,所获得的系统结构的特点也不相同。下面从满足经营管理信息需要的角度来对商业银行信息加以描述(见图10-12)。

对商业银行信息系统来说,外部环境与日常实际的经营管理活动是最初的原始信源,信息管理部门、各业务和职能部门、银行最高管理机构则同时具有信宿和信源双重地位。信息管理部门与银行最高管理机构、外部环境、内部各业务和职能部门之间,银行最高管理机构与各业务和职能部门、外部环境之间,以及各业务和职能部门相互之间普遍存在着信息通道和信息交流。但其中银行日常实际经营管理活动信源与信息管理部门之间、外部信源与信息管理部门之间、信息管理部门与银行最高管理机构之间是商业银行信息系统中基本的信息通道。信息管理部门在整个信息系统中处于中心地位,负责管理和组织商业银行信息的搜集、整理、加工、存储、传递等各业务活动。

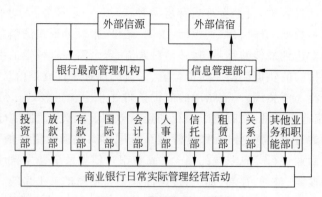

图 10-12　信息系统示意图

银行信息系统包括银行管理信息系统和银行业务信息系统。银行管理信息系统离不开银行业务信息系统的支持,银行业务信息系统以银行管理信息系统为最终目标,两者结合起来形成了银行信息系统的关系,如图 10-13 所示。

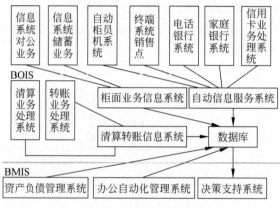

图 10-13　与 BMIS 的关系

10.4.2　商业银行管理信息系统的功能

1. 信息反馈功能

从信息系统与银行最高经营管理机构的系统关系上看,商业银行信息系统具有信息反馈功能。商业银行经营管理系统是一种闭环的控制系统。银行最高经营管理机构通过编制和下达决策管理指令的方式实现其对整个银行经营活动的控制。下级各业务和职能部门对各项指令执行情况如何,都集中地体现在银行日常经营活动的实际过程之中。一般情况下,决策的实际执行情况与既定的决策目标之间,总是存在一定的差距。信息系统要对有关的输出信息进行全面的搜集和处理,找出决策实际执行情况与既定决策目标之间的差距,并及时传递给银行最高经营管理机构,银行最高经营管理机构据此调整和修正有关的决策方案,重新下达下一轮的决策管理指令,以保证决策目标的充分实现。在此过程中,银行信息系统表现出具有信息反馈的功能(见图 10-14)。

2. 信息输入功能

信息系统的输入功能体现在信息系统与银行内部信源与外部信源的关系上。商业银行信息是一个开放系统，来自内部与外部信源的信息内容是复杂多变的，不同来源、不同性质的信息，其可获得性也是互不相同的。因此，系统输入功能主要表现为能否在适应内部和外部环境变化的同时，做到及时、全面、准确地搜集来自各方面的信息资料。

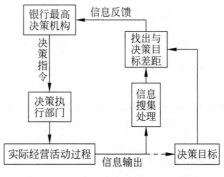

图 10-14 信息系统反馈功能示意图

3. 信息存储功能

信息系统的存储功能与其输入功能是密切相关的。所谓存储功能指的是信息系统存储数据、文件等信息资料的能力。任何一个信息系统其存储容量总是有一定的限度的，在"信息爆炸"环境下，信息系统的存储能力不仅仅体现在系统本身存储容量的大小，更重要的是体现在系统的选择存储信息的能力。在存储容量一定的条件下，系统存储功能的强弱则主要体现在系统本身是否拥有一个科学合理的信息取向。

4. 信息处理功能

大量的输入信息被系统存储之后，必须及时得到处理。信息处理的过程就是信息的整理、分析、加工、提炼的过程。系统处理信息的能力取决于信息处理设备和技术手段的精度高低、速度快慢，以及所采用的信息处理的方法是否科学，但更重要的是信息处理人员素质的高低。因为设备和手段是由人操纵的，方法是由人来选择的。信息处理过程是一个原始信息条理化、系统化的过程，而同时却又是新的非原始信息的产生和创造过程。这是一项目的性很强的工作。经信息系统加工处理过的信息能否满足银行各方面经营管理活动和决策的需要，根本上取决于人而不是机器和设备。

5. 信息检索功能

对存储的信息进行检索即查找，是对银行信息再利用的过程。这一工作实质上是信息的再搜集过程，但这一搜集是在一定范围内、一定条件下的行为，比初始阶段的信息搜集目的性、针对性、秩序性更强。

6. 信息输出功能

建立和完善商业银行信息系统的目的，旨在满足银行经营管理和决策活动的需要。有关方面对信息系统所进行的评价集中体现在对系统输出功能的评价上。人们总是希望能够方便、迅速地通过信息系统来获得符合于自身需要的、准确、全面的信息资料。系统输出功能的建立和完善应立足于满足用户、方便用户、服务于决策和管理的观念之上。与此相关，系统内部的输入功能、存储功能、处理功能也都应根据系统的输出功能来确定，并随之不断地调整和完善。

7. 信息管理功能

对类似于商业银行信息系统这样复杂的系统来说,除应具备上述各项基本功能之外,还应具备自身的信息管理的功能,以保证系统中的输入、存储、处理、输出等环节能够均衡地、连续地、高效地运行。信息系统的管理功能表现在两方面:一方面是对先进的信息处理、信息存储、信息传递设备进行技术上和使用方法上的管理和控制;另一方面是对信息系统中各个功能环节的组织协调和管理控制。

8. 信息传递功能

商业银行信息不传递给信息使用者,就没有什么价值。上述信息反馈、输入、处理及输出等系统功能,都是建立在传递功能基础之上的。没有传递功能,其他功能则无法发挥。信息传递有自然传递和人工传递两种形式。无论何种形式都需要有一个信息传递网,特别是人工传递,要想实现传递准确、及时的目标,就必须要有先进的传递技术、工具和固定的网络组织。

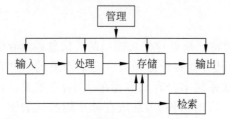

图 10-15 信息系统输入、处理、存储、检索、输出和管理功能关系示意图

图 10-15 为信息系统输入、处理、存储、检索、输出和管理功能关系示意图。

10.5 税收管理信息系统

本节包括电子缴税入库建设目标和电子缴税入库系统功能模块这两部分。

10.5.1 电子缴税入库建设目标

电子缴税入库系统(Electronic Treasury System,ETS)是建立在人民银行分行和市财政局、国家税务局、地方税务局及商业银行计算机联网基础上之税款扣缴、入库的一个应用系统。

ETS 采用"征收机关—人民银行(国库)—商业银行—财政部门"联网模式,它是以国库业务系统和资金清算系统作为联网系统的中心,一方面是与财、税部门的联网,另一方面是与商业银行的联网,从而实现财、税、库、行横向联网,网络的拓扑结构为星型,各联网单位面向系统中心,接口单一,业务环节少。在这一模式下,纳税人与开户银行、税务机关签订委托代扣税款的协议后,税务机关将纳税人的纳税申报信息转换为扣税信息,通过联网系统发送国库经收处(纳税人开户银行),由后者主动从经纳税人授权的指定账户即时扣款后,将税款划转待结算财政款项账户;日终清算时,人民银行按扣款交易成功的金额从商业银行的结算账户扣款并划缴国库。

建立 ETS 的目标是为纳税人提供优质服务、方便纳税人缴纳税款,实现实时扣缴、当天入库、信息共享、业务传递过程无纸化、税款缴纳入库一体化、收入对账电子化,提高征管质量和效能,实现税收征收入库和国库服务监管一体化。

10.5.2 电子缴税入库系统功能模块

ETS 由实时交易处理系统、国库前置机系统和国库外挂系统三大模块共同构成。

1．实时交易处理系统

1）主要功能描述

（1）作为征收机关、商业银行之间电子税票信息转发传送通道（包括异常业务的处理，例如冲正）。

（2）向征收机关、商业银行等提供联网业务查询、对数查询等功能。

（3）进行国库、商业银行的资金清算。

（4）与征收机关、商业银行的业务对数。将业务数据打包成文件发送给各征收机关和商业银行，以便业务逐笔勾对。将入库信息打包发送给中心支库（国库前置机系统），以进行入库等后续操作。

2）层次结构

（1）接口层。包括征收机关接口、商业银行接口、国库接口等。

（2）交换处理层。包括实时交易信息交换处理、安全文件传输转发处理等。

（3）应用处理层。包括资金清算处理、电子联机查询查复处理、对数处理、交易系统的审计登记等。

2．国库前置机系统

国库前置机的主要功能如下。

（1）连接实时交易处理中心系统，接收批量入库信息。

（2）按国库业务要求，对入库信息进行检查和代码转换等相应处理。

（3）将处理后的入库信息，按收款国库清分并打包成批量入库文件，供各收款国库收取。

3．国库外挂系统

为了适应总行统一下发的国库会计核算业务系统（TBS 2.0）的横向联网接口要求，我们开发了国库外挂系统，其主要具有以下功能。

（1）从国库前置机系统接收该收款国库的批量入库文件。

（2）对入库信息进行检查和转换处理。

（3）将入库信息导入国库会计核算业务系统，完成税款入库。

（4）接收国库会计核算业务系统的信息，生成报表文件，提供给各征收机关进行入库核销。

（5）接收国库会计核算业务系统的信息，生成预算收入报表文件，提供给财政机关（税款入库后的分成报解等由国库会计核算业务系统完成）。

4．电子缴税入库管理系统的功能构成

电子缴税入库管理系统的功能构成如图 10-16 所示。

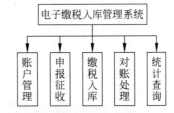

图 10-16　电子缴税入库管理系统的功能构成

10.6 国家经济信息系统

本节对国家经济信息系统进行了概述,通过对国库预算管理系统的实例分析来说明国家经济信息系统的功能和作用。

10.6.1 国家经济信息系统概述

1986年,国务院批准建设国家经济信息系统并组建国家经济信息中心。1987年1月24日,国家经济信息中心正式成立,国家经济信息系统开始着手建设。

国家经济信息系统是由国家、省、地、县四级政府部门信息中心构成的完整体系。按照国务院批准的"国家经济信息自动化管理系统一期工程总体方案",国家经济信息系统是运用现代信息技术、数量经济学和管理科学,对经济和有关社会信息进行收集、加工、存储、分析和传递的人机结合的系统。其目标是辅助宏观经济决策,即及时而准确地为中央和地方各级政府及宏观经济管理部门提供各种信息服务和辅助决策手段;引导微观经济运行,即充分利用系统拥有的信息资源和现代化技术手段,及时提供、发布指导性经济信息,引导企业的经营方向和行为;提供信息咨询服务,即利用系统拥有的信息资源,为社会公众提供广泛的经济信息咨询和服务。

国家经济信息系统是一个跨地区、跨部门的综合性经济信息系统,由国家信息中心同全国省级、副省级、地市级和县级信息中心构成。目前,在全国32个省(区、市)、15个副省级省会城市、计划单列市、地级市和1200多个县成立了信息中心。国家经济信息系统界面如图10-17所示。

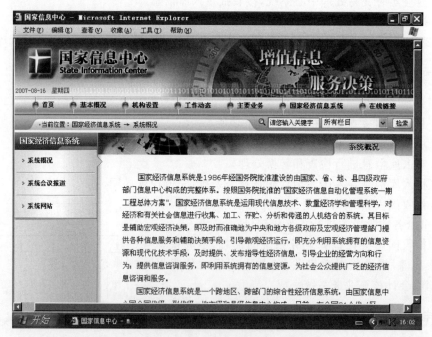

图10-17 国家经济信息系统界面

经过几十年的努力,国家经济信息系统建设取得了很大进展,积累了雄厚的设备与技术基础。近 1600 家信息中心、13000 多人的专业化技术人才队伍在各级政府推进信息化建设过程中发挥了主力军作用,并日益成为我国现代化、信息化建设的资源宝库和重要力量。

国家经济信息系统的主要作用是:

(1) 收集、处理、存储和分析与国民经济有关的各类经济信息,及时、准确地掌握国民经济运行状况,为国家经济部门、各级决策部门及企业提供经济信息。

(2) 为统计工作现代化服务,完成社会经济统计和重大国情国力调查的数据处理任务,进行各种统计分析和经济预测。

(3) 为中央和地方各级政府部门制订社会、经济发展计划提供辅助决策手段。

(4) 为中央和地方各级的经济管理部门进行生产调度、控制经济运行提供信息依据和先进手段,为各级政府部门的办公事务处理提供现代化的技术。

10.6.2 国库预算管理系统

1. 系统概述

国家财政预算管理主要包括部门预算编制、财政收支管理、账务管理等内容,是财政业务最为重要的组成部分。为了实现财政预算管理,目前预算管理系统主要包括部门预算编制系统、预算管理系统、国库集中支付系统(单位版)、财税行联网系统(电子支付系统)、政府采购系统等,如图 10-18 所示。

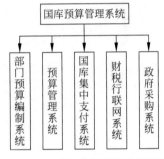

图 10-18 国库预算管理系统层次结构图

1) 部门预算编制系统

作为财政部门的预算编制软件系统,预算单位可以通过网络提交数据,并直接汇总生成各种报表,从而大大减少了各环节的工作量;此外系统可以事先设定好公用经费定额标准和车辆经费定额标准等,使预算单位录入时不会超出控制。为了进一步细化部门预算编制工作,使预算更准确科学,财政部门还需引入部门预算基础数据库和项目库软件,经常性经费可通过基础数据库进行核对和计算,预算单位一定时期的项目(包括当前项目和长远项目)将进入项目库进行汇总,按照项目的轻重缓急、是否经过评估、项目费用等属性进行分类,这样财政部门在编制部门预算、安排资金时有科学合理的依据,而且也规范了预算单位对申报专项的工作。

2) 预算管理系统

随着财政改革的不断深入,财政预算管理系统不断优化与完善,逐渐形成了以部门预算执行及集中收付为主的、涵盖财政资金收入管理、支出管理、账务处理等功能、综合统一的业务处理平台,有效保障财政改革的顺利进行。

预算管理系统以保证部门预算的刚性执行为核心,以指标管理、资金管理为主线,形成了包含预算内外资金的收入业务、以集中支付为主体形式、涵盖传统支付模式的综合业务处理平台。

3) 政府采购系统

作为财政改革最为重点和紧迫的工作之一,政府采购成为财政管理领域的热点。财政部门确立了采购评审专家管理为核心的政府采购管理模式,并围绕此项工作展开调研,充分利用了政务公开的现有硬件和网络资源,在较短的时间内开发和实施了政府采购网络管理系统。该系统有计划管理、信息管理、项目管理、专家管理、供应商管理和数据管理六大功能,实现了对采购活动的全程电子化管理,实现了采购计划等远程电子申报等业务;系统还通过物理隔离网闸技术将在外网上进行的政府采购网络管理系统的内容实时传输到内网的办公自动化系统中,以便领导和有关处室查询;为了保障信息的安全,系统采用了 CA 认证技术对系统进行了改造,除增加了身份认证功能外,还对其中的专家名单抽取结果进行了加密,有效地保证了政府采购"公平、公开、公正"。

2. 部门预算编制系统架构

按照部门预算的运行模式,部门预算管理系统分为财政版和单位版两个版本。预算编制部分主要由基础信息管理系统、专项管理系统、部门预算系统组成,三个系统既可相互独立、自成体系,又可信息共享。各预算单位与财政部门是通过业务专网交换数据的。而部门预算编制系统三个模块之间需要数据同步。部门预算编制系统由系统管理、基础数据、支出控制、收入预算、预算报表、审核预算、批复预算、数据传送、报表查询等功能模块构成,如图 10-19 所示。

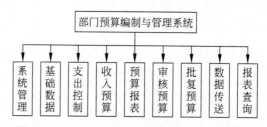

图 10-19 部门预算编制与管理系统功能结构图

3. 预算管理系统架构

根据财政局有关国库集中收付制度的业务特点和信息化建设要求,按照业务一体化处理的原则,预算管理系统主要由三个子系统构成:收入管理系统、支出管理系统和账务管理系统,其中支出管理系统包含财政版和预算单位版两个分系统。

作为财政业务核心系统的预算管理系统,以保证部门预算的刚性执行为核心,逐渐形成了以集中收付为主,涵盖财政资金收入管理、支出管理、账务处理等业务的综合统一的业务处理平台,它以指标管理、资金管理为主线,为财政预算执行的各项业务提供了有力支持。预算管理系统的功能构成如图 10-20 所示。

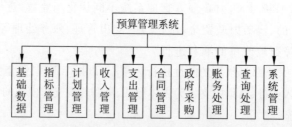

图 10-20 预算管理系统的功能构成

4. 国库集中支付管理系统(单位版)架构

国库集中支付单位版的功能构成如图 10-21 所示。

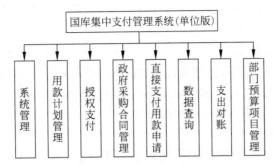

图 10-21 国库集中支付管理系统(单位版)的功能构成

1) 系统管理

系统管理是基于财政信息门户的基础上建立的,需要与门户平台进行无缝集成,对该系统涉及的用户、角色、权限、业务流程以及操作日志等进行管理。

2) 用款计划管理

在实施了国库集中支付改革后,所有财政性资金都按预算计划安排和项目进度进行拨付。因此,预算单位应根据财政部门批复的部门预算编报季度用款计划,用款计划是办理财政性资金集中支付的依据。

各级预算单位按规定的时间和格式,编制本单位的用款计划并逐级上报,一级预算单位审核汇总后报市财政局相关业务处室。市财政局业务处室审核用款计划,并于每季度最后月份的 20 日前批复下达一级预算单位下一季度用款计划,再由一级预算单位通知各基层预算单位。

5. 电子拨款系统

电子拨款系统(财政部分)是财政支付业务系统在清算银行和代理银行的延伸,是财政资金收付业务总体流程中的重要环节,主要解决了财政支付业务在银行流转环节的电子化需求。它是一个跨单位信息交换和交易处理系统,涉及的单位包括市财政局、人民银行、电子结算中心(ETS 中心)、预算单位、商业银行(含信用社)等,系统功能如下。

1) 安全电子信息传送平台

人行 ETS 中心系统作为交换平台,实现市财政、财政拨款代理银行、市人行中心支库之间跨机构电子交易信息(例如支付额度、支付令、支付交易等)的实时交换,以及批量业务(例如对账)的交换;通过信息安全加密技术,并结合系统接入控制技术(如用户检查、地址校验等访问控制手段,以及审计跟踪等),可确保业务信息的完整性、保密性和不可抵赖性。人行 ETS 中心系统采取基于消息触发机制,并且在 ETS 系统的建设基础上,进一步完善安全、快速、易维护管理信息通道的建设,其中包括预留财局与商业银行(包括代理银行、收款人开户银行)自由信息交换通道。

2) 市本级的财政拨款业务处理

包括财政拨款业务的信息交换与支付处理,包括直接支付、授权支付、实拨业务和资金转账,并完成支付额度、支付令的业务处理、划款和退款业务的处理、资金拨付到预算单位或收款人。预算外财政专户的拨付业务的处理,同样也包括直接支付、授权支付和实拨业务,包括的处理同上述预算内拨款业务。同时,系统也具备拨款退票业务处理流程,以实现代理银行在将资金拨付给收款人时因收款银行拒收等原因(例如收款人账号不存在)导致的退票处理(可进行跨日或当日的退票)。

3) 财政拨款检查审核处理

除了在市财政局、代理银行内部进行财政拨款业务检查,人行国库可以通过本系统对划款申请信息进行检查审核。人行国库对划款申请的检查审核,有自动和人工两种实现方式,兼顾了财政资金的安全和提高工作效率的要求。

4) 建立资金拨付渠道

通过在ETS内自建资金拨付渠道,实现财政代理银行给收款单位(人)开户银行的支付、清算银行(国库和专户银行)给代理银行的划款和退款。将拨款业务处理和资金拨付整合在一起,进行连贯的处理。

5) 资金清算

日终人民银行与商业银行之间的资金清算。每天日终,ETS中心会对根据当日的业务处理结果(国库返回的记账结果),进行资金轧差清算。其中代理银行、人行国库的资金清算通过在人民银行的准备金账户或财政资金专户进行,资金的清算处理清晰、准确可靠,且可在当日完成。

6) 财政、清算银行和商业银行之间的对账

根据ETS的资金清算原则,各单位间的对账处理以ETS中心的清算结果为准。而对于拨款业务,清算的依据是人行国库对划款申请的审核、记账结果。由于各单位都以中心为准进行对账,且中心返回给各单位的拨款对账信息也可以包含明细,因此对账结果明确、清晰,并可根据中心的对账信息进行各自的入账处理。

7) 财政、清算银行和商业银行之间的电子报表传送

通过ETS的安全电子信息传送平台进行交换(如人行国库完成拨款记账业务处理后,返回给财政的纸张报表转化成电子报表进行传送)。通过人行国库会计核算系统的横向接口,ETS可以取得在国库核算系统上生成的电子报表,并安全传送到财政局或相关的单位,减少了纸张报表的交换工作。

8) 业务查询和报表功能

在ETS上进行实时业务交易情况查询,及时发现和解决业务处理中出现的问题(如接入单位登录异常等)。

9) 历史数据查询和报表功能

查询一定时期内个别业务的历史数据明细,并进行业务统计,打印相关的清单、统计报表,可满足业务备查和分析统计的要求。

一、名称解释

1. 人力资源

2. 商业信息

3. 商业银行信息

4. 商业管理信息系统

二、判断改错题

1. 外部商业信息系统主要用于商业销售企业经营过程中商品的进、销、调、存全过程信息的管理与控制。

2. 商业银行信息既包括商业银行自身日常业务活动中所产生和输出的信息，也包括商业银行管理和决策所需的金融市场信息，不包括与此相关的社会经济活动的有关信息。

3. MRP 是美国在 20 世纪 70 年代末、80 年代初提出的一种现代企业生产管理模式和组织生产的方式。

三、简答题

1. 简述用友 T6-人力资源管理系统的功能模块。

2. 商业管理信息系统有哪些特点？

3. 简述信息在现代商业银行经营管理中的作用。

4. 简述银行信息化的主要内容。

5. 简述预算管理系统的功能构成。

四、论述题

1. 论述人力资源管理系统在现代企业中的重要性。

2. 商业管理信息系统包括哪些基本内容？

3. 商业银行信息系统的功能有哪些？

期末考试模拟题

试题一

一、单项选择题(10分,共10小题,每小题1分,每题只有一个正确选项,多选、漏选均不得分)

1. 信息和数据的关系为( )。
   A. 信息是数据的载体
   B. 信息是数据的表现形式
   C. 信息和数据的含义是相同的
   D. 信息是经过加工处理后的数据

2. 计算机网络的最基本功能是相互传输数据,达到资源共享。资源主要包括( )。
   A. 数据、软件、硬件
   B. 硬盘、显示器、软件
   C. 操作系统、硬件、CPU
   D. 主存、辅存和缓存

3. 在数据流程图中,"实体"是指( )。
   A. 本系统的单位或人员
   B. 本系统之外的单位或人员
   C. 本系统的数据处理
   D. 本系统的数据存储

4. 在工资系统中,水电费扣款一项属于( )。
   A. 固定值属性
   B. 固定个体变动属性
   C. 随机变动属性
   D. 可计算属性

5. 现代管理信息系统是( )。
   A. 计算机系统
   B. 手工管理系统
   C. 人和计算机等组成的系统
   D. 通信网络系统

6. 系统软件和应用软件总称计算机的( )。
   A. 软件系统
   B. 操作系统
   C. 数据库管理系统
   D. 语言编译系统

7. 校验位不可能发现的错误是( )。
   A. 抄写错误
   B. 易位错误
   C. 包括 A、B 的综合性错误
   D. 原始数据的错误

8. 将 1996 年 6 月 15 日表示为 19960615,这种编码类型属于( )。
   A. 顺序码
   B. 多位码
   C. 上下关联区间码
   D. 助忆码

9. 下列工作都属于管理信息系统实施阶段的内容的是( )。
   A. 模块划分、程序设计、人员培训
   B. 选择计算机设备、输出设计、程序调试
   C. 可行性分析、系统评价、系统转换
   D. 程序设计、设备购买、数据准备与录入

10. 下面工作不属于系统设计阶段内容的是（　　）。
    A. 程序设计　　　　　　　　　　B. 文件设计
    C. 处理过程设计　　　　　　　　D. 编写程序设计说明书

二、填空题（15 分，共 15 个空，每空 1 分）

1. 系统的特性包括_____、_____、_____和_____等。
2. 企业班组中每天的产量、考勤等基层业务信息称为_____级信息。
3. 对于管理信息系统来说，其环境就是_____。
4. 数据流程图是描述_____的主要工具，它有两个特性：_____和_____。
5. 建立数据字典的目的是对数据流程图各个元素进行_____的说明，这样便从文字和图形两个方面对系统的_____进行描述。
6. 确定一个 MIS 项目是否应该开发的工作阶段称为_____，其形成的文件必须经过评审才能进入系统分析阶段。
7. 在结构化程序设计中，任何程序均可由且只能由三种基本逻辑结构组成，即_____、_____和_____。

三、名词解释（20 分，共 4 小题，每小题 5 分）

1. 信息
2. 管理信息系统
3. 企业流程重组
4. 系统设计

四、简答题（30 分，共 2 小题，每小题 15 分）

1. 怎样编写分析报告？
2. 怎样编写逻辑方案？

五、应用题（25 分，共 1 小题，每小题 25 分）

请根据以下设计思想画出部分合同管理子系统的信息系统流程图。该子系统共有三个功能模块，首先是"建立订货合同台账"模块，从订货合同、材料检验单和客户文件输入数据，输出形成合同台账文件；然后是"分类合并"模块，从合同台账文件输入数据，排序合并后形成合同分类文件；最后是"打印"模块，从合同分类文件打印出合同分类表。

试题二

一、名词解释（16 分，共 4 小题，每小题 4 分）

1. 管理信息系统
2. 企业资源计划
3. 企业系统计划法
4. BPR

二、填空题（10 分，共 10 个空，每空 1 分）

1. 系统切换的方法有直接切换法、_____和_____。
2. 数据字典的内容包括以下六方面：数据项、_____、数据流、_____、数据存储和外部实体。

3. 数据流程图是描述系统逻辑模型的主要工具,它有两个特性:_____和概括性。
4. 在 E-R 模型中,两个实体间的联系分为一对一的联系、_____和_____。
5. 以培训管理和操作人员作为准备工作之一的系统开发阶段是_____。
6. 诺兰阶段模型对于管理信息系统的建设具有一定的指导意义,它将信息系统的发展划分为六个阶段:初始阶段、传播阶段、控制阶段、_____、_____、成熟阶段。

三、单项选择题(14 分,共 7 小题,每小题 2 分,每小题只有一个正确答案)

1. 信息和数据的关系为( )。
   A. 信息是数据的载体 B. 信息是数据的表现形式
   C. 信息和数据的含义是相同的 D. 信息是经过加工处理后的数据
2. 外包策略的优点是( )。
   A. 降低成本 B. 对技术人员数量要求少
   C. 培养自己的技术人才 D. 降低系统建设风险
3. 在数据流程图中,"实体"是指( )。
   A. 本系统的单位或人员 B. 本系统之外的单位或人员
   C. 本系统的数据处理 D. 本系统的数据存储
4. 下列选项中不属于系统实施阶段工作内容的是( )。
   A. 程序设计 B. 代码设计
   C. 系统切换 D. 编写用户使用说明书
5. 数据资料中所含信息量的大小,是由( )。
   A. 数据资料中数据的多少来确定的 B. 数据资料的多少来确定的
   C. 消除不确定程度来确定的 D. 数据资料的可靠程度来确定的
6. 下述关于决策支持系统的描述正确的是( )。
   A. 所处理的问题主要是结构化问题
   B. 所处理的问题只能是非结构化问题
   C. 所处理的问题大部分属于半结构或非结构化问题
   D. 所处理的信息主要是作业事务信息
7. U/C 矩阵的主要作用是( )。
   A. 划分子系统 B. 描述系统功能
   C. 描述系统业务之间的关系 D. 描述系统功能、数据之间的关系

四、简答题(24 分,共 4 小题,每小题 6 分)

1. 简述系统维护的目的和类型。
2. 简述信息处理的过程。
3. 信息安全的目标有哪些?
4. 简述不同管理层次的信息特征。

五、设计题(10 分,共 1 小题,每小题 10 分)

某公司加班申报及核对流程描述如下:班组长每天在加班前填写本组人员加班申报表,由部门主管签字批准后提交给行政助理修改加班记录;班组长填报前日加班异常表,由部门主管签字批准后提交给行政助理调整前日加班记录。行政助理在每周三上报上周加班情况,并填写加班汇总表提交给人力资源部,人力资源部根据汇总表核对员工考勤记录情

况,导出异常加班情况表交行政助理核对,并修改加班记录。

根据以上描述,绘制出"加班申报及核对"的业务流程图。

六、分析题(26 分,共 2 小题,第 1 小题 10 分,第 2 小题 16 分)

1. 试比较生命周期法和原型法的优缺点。
2. 企业为什么开发管理信息系统?企业开发并成功应用管理信息系统需要具备哪些基本条件?如何在今后的工作中参与企业信息化建设和管理信息系统应用?

试题三

一、判断改错题,正确填 T,错误填 F,并改正其中的错误(20 分,共 10 小题,每小题 2 分)

1. 消息出现的概率越小,则信息量越大。( )
2. MRP Ⅱ 中的 MRP 是 Manufacturing Resources Planning 的简称,它是一个闭环系统。( )
3. 在调查或建 U/C 矩阵过程中漏掉了它们之间的数据联系可能会导致 U/C 矩阵中出现空行或空列。( )
4. 结构化系统开发方法、原型法、面向对象开发方法和 CASE 方法是 MIS 开发最重要的四种方法,其中结构化系统开发方法是最优的方法。( )
5. 数据量小、单机运行的小型软件最好使用 SQL Server 数据库管理系统。( )
6. 模块化的程序设计要尽量增加模块间的耦合,减小模块内聚。( )
7. 利用网络计划对项目进度进行控制,要确定关键路线,每个网络图的关键路线有且仅有一条。( )
8. 进行代码设计时,要注意编码结构,例如"字母-字母-数字"的结构比"字母-数字-字母"的结构发生错误的机会要少一些。( )
9. 数据结构可以由数据结构和数据项组成。( )
10. 对于需要频繁进行随机查找操作的数据,最好使用顺序查找文件来存储。( )

二、名词解释(20 分,共 4 小题,每小题 5 分)

1. 信息
2. 诺兰模型
3. 系统设计
4. 数据库系统

三、简答题(20 分,共 4 小题,每小题 5 分)

1. 简述综合形成的管理信息系统概念结构。
2. 结构化程序设计的基本原则是什么?
3. 试述代码设计的原则与任务。
4. 试述可行性分析中"可行"的含义及可行性分析的主要内容。

四、应用题(20 分,共 2 小题,每小题 10 分)

1. 请根据以下调查结果绘制计划部门的部分计划管理数据流程图:计划部门根据各用料单位送来的物资领料单进行领用计划汇总和编写成材料领用计划,保存起来,再根据此材料领用计划上的数据和材料消耗定额本上的数据计算和编写出限额发料文件,保存起来。

最后是根据限额发料文件打印出限额发料单交给保管员。

2. 请根据以下设计思想画出部分合同管理子系统的信息系统流程图。该子系统共有三个功能模块：首先是"建立订货合同台账"模块，从订货合同、材料检验单和客户文件输入数据，输出形成合同台账文件；然后是"分类合并"模块，从合同台账文件输入数据，排序合并后形成合同分类文件；最后是"打印"模块，从合同分类文件打印出合同分类表。

五、案例分析题（20分，阅读案例，分析并回答问题）

每年夏季，某公司都雇用一些来自各大学的实习生在其会计、市场信息系统和人事部门工作。A是人事部主管，他要求人事部职员开发数据库系统来跟踪这些实习生。系统将产生这些实习生的报告，包括他们的责任、资格和评价。A希望系统能按职责和专业产生总结报告。他的职员B学过微软Access，并在夏季结束时完成这套实习生跟踪系统。然后，B离开了公司去读研究生。几个月后，A让他的秘书使用这套系统生成上个夏季实习生的报告。秘书找到了程序和数据磁盘，却不会应用。B没有留下任何文档，也找不到系统设计和实施阶段用到的样本输出或逻辑关系的副本。最后A只好重新雇用一名程序员来编制报表。采用什么方法和步骤能够杜绝此类事情发生？试列举出有助于用户理解系统目标、程序逻辑关系和数据需求的文档。

问题：

1. 管理信息系统有哪些文档？（6分）
2. 结合以上材料，分析文档在管理信息系统中的作用。（9分）
3. 如果你是人事部主管，你应该怎么做？（5分）

试题四

一、**填空题**（20分，共20个空，每空1分，请在每小题的空格中填上正确答案。错填、不填均不得分）。

1. 管理信息系统的结构中，基于管理任务的系统层次结构可分为_____、_____、_____三层次结构。
2. 计算机网络系统是由_____和_____组成的。
3. 信息管理系统的维护类型主要有完善性维护、_____、_____和_____。
4. 计算机数据管理分为三个阶段，即_____、_____和_____。
5. 系统按产生方式分可分为_____和_____。
6. 管理信息系统的切换主要有_____、_____、_____。
7. 决策按作用分为_____、_____、_____。
8. 准时制生产追求的目标是_____。

二、**单项选择**（15分，共10小题，每小题1.5分，在每小题列出的四个备选项中一个是符合题目要求的，请将其代码填写在题前的括号内。错选、多选或未选均不得分）

1. C/S是一种重要的网络计算机模式，其含义是（　　）。
   A. 客户-服务器模式　　　　　　　　B. 文件-服务器模式
   C. 分时-共享模式　　　　　　　　　D. 浏览器-服务器模式

2. 如果在一个数据模型中有一个节点,它有多于一个的父节点,那么这个模型是(　　)。
   A. 网状模型　　　　B. 树状模型　　　　C. 层次模型　　　　D. 关系模型
3. TCP/IP 是指(　　)。
   A. 传输控制协议　　　　　　　　　B. 传输控制协议和网间协议
   C. 网间协议　　　　　　　　　　　D. 系统网络结构和数字网络体系结构
4. 系统可行性研究不包括(　　)。
   A. 经济可行性分析　　　　　　　　B. 操作可行性分析
   C. 社会可行性分析　　　　　　　　D. 技术可行性分析
5. 外包策略的优点有(　　)。
   A. 降低成本　　　　　　　　　　　B. 对技术人员数量要求少
   C. 培养自己的技术人才　　　　　　D. 降低系统建设风险
6. 关于管理信息系统开发项目管理描述正确的是(　　)。
   A. 任务分解可以按照开发阶段划分　B. 对无风险项目无须进行风险管理
   C. 项目组成员内部沟通比用户沟通更重要　D. 不要采纳存在风险的建议
7. 信息系统监理师审查承建单位提交的技术方案时侧重于(　　)。
   A. 该方案是否符合预定的质量标准
   B. 技术经济的分析和比较
   C. 使用功能和质量要求是否得到满足
   D. 所采用的技术路线是否满足总体方案的要求
8. 下列叙述中正确的是(　　)。
   A. 荷兰式拍卖是从低价往高价拍,英格兰式拍卖是从高价往低价拍
   B. 反向拍卖也叫拍买,常用于政府采购、工程采购等
   C. 在任何拍卖中,若升高叫价无应价后,都不可再依次降低叫价
   D. 荷兰式拍卖成交价要明显低于英格兰式拍卖
9. 计算机网络的最基本功能是相互传输数据,达到资源共享。资源主要包括(　　)。
   A. 数据、软件、硬件　　　　　　　B. 硬盘、显示器、软件
   C. 操作系统、硬件、CPU　　　　　D. 主存、辅存和缓存
10. 在数据流程图中,"实体"是指(　　)。
    A. 本系统的单位或人员　　　　　　B. 本系统之外的单位或人员
    C. 本系统的数据处理　　　　　　　D. 本系统的数据存储

三、名词解释(20分,共4小题,每小题5分)

1. 管理信息系统
2. 企业流程重组
3. 信息系统工程监理
4. 信息系统审计

四、简答题(24分,共4小题,每小题6分)

1. 简述信息的功能。
2. 简述综合形成的管理信息系统概念结构。
3. 可行性研究包括哪些内容?

4. 系统评价的主要内容是什么?

五、应用题(21分,共2小题,第1小题9分,第2小题12分)

1. 根据下列描述画出领料的业务流程图:车间填写领料单给仓库要求领料,库长根据用料计划审批领料单,未批准的退回车间,已批准的领料单送到仓库保管员处,由他查阅库存账。若账上有货则通知车间前来领料,否则将通知采购人员缺货。

2. 销售部门接到用户的订货单后,根据库存情况单,如果满足订货,则向用户发货,否则填写暂存订货单,并向采购部门订货。画出其数据流程图。

试题五

一、单项选择题(10分,共10小题,每小题1分,每题只有一个正确选项,多选、漏选均不得分)

1. 不属于联机实时处理方式的情况是(   )。
   A. 需要反应迅速的数据处理　　B. 负荷易产生波动的数据处理
   C. 数据收集费用较高的数据处理　　D. 固定周期的数据处理

2. 系统分析报告的主要作用是(   )。
   A. 系统规划的依据　　B. 系统实施的依据
   C. 系统设计的依据　　D. 系统评价的依据

3. 数据字典的内容不包括(   )。
   A. 数据流　　B. 处理逻辑　　C. 数据管理机构　　D. 数据存储

4. 购置计算机系统的原则是能够满足管理信息系统设计的要求,并且(   )。
   A. 选择最先进的配置　　B. 具有一定扩充余地
   C. 价格低廉　　D. 操作方便

5. 电子商务系统的基础是(   )。
   A. 决策支持系统　　B. 电子数据交换
   C. 商业信息系统　　D. 财务信息系统

6. 在管理系统中,产品品种的决定属于(   )。
   A. 战略管理　　B. 战术管理　　C. 作业管理　　D. 计划管理

7. 系统分析的主要任务之一是(   )。
   A. 完成新系统的逻辑设计
   B. 完成新系统的物理设计
   C. 完成新系统的总体设计
   D. 完成新系统的逻辑设计与物理设计

8. 管理信息系统是一些功能子系统的联合,为不同管理层次服务。例如,在销售市场子系统中,进行销售和摊销的日常调度,按区域、按产品、按顾客的销售数量进行定期分析等,是属于(   )。
   A. 业务处理　　B. 运行控制　　C. 管理控制　　D. 战略计划

9. 组建计算机网络的目的是能够相互共享资源,这里的计算机资源主要是指硬件、软件与(   )。
   A. 大型机　　B. 通信系统　　C. 服务器　　D. 数据

10. 企业信息系统的开发有几种方式可供选择,以下关于这些方式的正确叙述是(　　　)。
   A. 自主开发方式在需求明确、用户适应性方面较优,但风险较大
   B. 委托开发方式在用户适应性方面较优,需求满足较好,但不利于推动变革
   C. 购置商品软件方式在项目控制方面较好,有利于推动变革,但用户适应性一般
   D. 委托开发和购置商品软件方式有利于本企业信息人才的培养

二、填空题(15分,共15个空,每空1分)

1. 按决策的问题分类,可把决策分为_____、_____、_____。
2. 信息系统就是从系统的观点出发,以_____为手段,运用数学的方法,为_____提供服务的计算机系统。
3. 业务流程是现行系统中各项活动的_____。在业务流程图上能够拟出由计算机实现的部分,以明确_____。
4. 常用的信息系统规划策略有_____和_____。
5. 因特网、万维网和互联网三者的关系是_____、_____。
6. 多媒体一般理解为多种媒体的综合,是_____和_____的结合。
7. 按系统的产生方式不同,可把系统分为_____与_____。

三、名词解释(15分,共5小题,每小题3分)

1. 信息
2. 信息安全
3. BPR
4. 信息资源
5. 企业信息化

四、简答题(20分,共5小题,每小题4分)

1. 简述管理信息系统概念结构的综合。
2. 简述管理信息系统规划的内容。
3. 系统分析阶段的目的和内容是什么?
4. 诺兰模型有何实用意义?它把信息系统成长过程划分为哪几个阶段?
5. 试分析 CSF、SST 和 BSP 的特点。

五、应用分析题(20分,共2小题,每小题10分)

1. 根据下述业务工作过程,画出业务流程图。

某企业物资供应管理流程如下:供应商发出货物,将发货单提交给供应科进行收货处理,供应科查询合同文件,将不合格的发货单退回给供应商,将合格的发货单提交给库管员。库管员对货物进行质量检验处理,若货物检验不合格,则向供应商开具退货单,进行退货处理;若货物检查合格则填写入库单,提交给记账员进行产品入库处理,记账员登记库存台账,并向财务科发出付款通知单。

2. 请根据以下提供的信息绘出数据流程图。

供应商送来发货单及货物,供应科做如下处理。

(1)审核发货单。经核对合同文件,将不合格的发货单及货物退回给供应商。

(2)处理到货。对货物进行质量检验,将不合格货物和发货单退给供应商;检查合格的货物开入库单,将入库单及货物存档和入库,并向财务科发出付款通知,发货单存档。

六、综合题(20 分,共 2 小题,每小题 10 分)

1. 如何做好一个企业的信息系统集成?
2. 案例分析。

某国有大型制造企业 A 计划建立适合其业务特点的 ERP 系统。为了保证 ERP 系统的成功实施,A 公司选择了一家较知名的监理单位,帮助选择供应商并协助策划 ERP 的方案。

在监理单位的协助下,A 公司编制了招标文件,并于 5 月 6 日发出招标公告,规定投标截止时间为 5 月 21 日 17 时。A 公司共收到甲、乙、丙三家公司的投标书,丙公司 5 月 21 日 18 时提交了投标保证金,其中甲公司为一家外资企业。A 公司觉得该项目涉及公司的业务秘密,不适合由外资企业来承担。因此,在随后制定评标标准时,特意增加了关于企业性质的评分条件:国有企业可加 2 分,民营企业可加 1 分,外资企业不加分。在评标会议上,评标委员会选择了乙公司作为中标单位。

在发布中标公告后,A 公司与乙公司开始准备签订合同。但此时乙公司提出,虽然招标文件中规定了合同格式并对付款条件进行了详细的要求,但这种付款方式只适用于硬件占主体的系统集成项目,对于 ERP 系统这种软件占主体的项目来说并不适用,因此要求 A 公司修改付款方式。A 公司坚决不同意乙公司的要求,乙公司多次沟通未达到目的只好做出妥协,A 公司才与乙公司最终签订了 ERP 项目合同。

(1) 请简要回答什么是招标人、投标人、招标投标代理机构。(6 分)
(2) 请指出在该项目的招投标过程中存在哪些问题,并说明原因。(2 分)
(3) 乙公司要求 A 公司修改付款方式是否合理?为什么?为此,乙公司应如何应对?(2 分)

试题六

一、单项选择题(10 分,共 10 小题,每小题 1 分,每题只有一个正确选项,多选、漏选均不得分)

1. 管理信息系统的特点是(   )。
   A. 数据集中统一,应用数学模型,有预测和控制能力,面向操作人员
   B. 数据集中统一,应用人工智能,有预测和决策能力,面向高层管理人员
   C. 数据集中统一,应用数学模型,有预测和控制能力,面向管理和决策
   D. 应用数学模型,有预测和决策能力,应用人工智能,面向管理人员
2. 系统分析报告的主要作用是(   )。
   A. 系统规划的依据   B. 系统实施的依据
   C. 系统设计的依据   D. 系统评价的依据
3. 不属于诺兰模型中的阶段的是(   )。
   A. 初始阶段   B. 控制阶段   C. 集成阶段   D. 维护阶段
4. 风险最高的系统切换方式是(   )。
   A. 直接切换   B. 分时切换   C. 并行切换   D. 分段切换
5. 数据字典的主要内容有(   )。
   A. 数据流、外部实体、处理逻辑、数据项、数据结构和数据存储
   B. 数据流、数据元素、数据处理、加工、外部实体、数据项

C. 数据流、数据元素、加工、处理
　　D. 数据流、数据存储、数据项、处理逻辑、数据元素
6. 在生命周期法中，处于系统分析和系统实施中间的阶段是（　　）。
　　A. 详细设计　　　B. 系统设计　　　C. 需求分析　　　D. 编程调试
7. 信息系统发展阶段中，属于管理信息系统雏形的阶段是（　　）。
　　A. 决策支持系统　　　　　　　　B. 电子数据处理系统
　　C. 办公自动化系统　　　　　　　D. 战略信息系统
8. 在数据库系统的组成中不包括（　　）。
　　A. 计算机系统　　　　　　　　　B. 数据库
　　C. 数据库管理系统　　　　　　　D. 软件系统
9. 下列决策问题中，属于非结构化问题的是（　　）。
　　A. 奖金分配　　　B. 选择销售对象　　C. 厂址选择　　D. 作业计划
10. 下列应用中，不属于业务处理系统的是（　　）。
　　A. 工资处理系统　　　　　　　　B. 北大方正排版系统
　　C. 人事档案管理系统　　　　　　D. 财务管理系统

二、填空题（15分，共15个空，每空1分）

1. 信息处理的过程包括信息采集、_____、_____和信息服务等。
2. 管理信息系统的战略规划过程是把_____转换为_____的过程。
3. 最基本的数据组成单位是_____。
4. 一般来说，组织结构分为三类：_____、_____和_____。
5. 人类社会的三大资源是_____、_____、_____。
6. 管理信息系统开发方式有_____、_____和应用软件包策略。
7. 一般而言，招标投标作为当事人之间达成协议的一种交易方式，必然包括两方主体，即_____和_____。

三、名词解释（20分，共5小题，每小题4分）

1. 管理信息系统
2. 组织机构
3. 数据库
4. 项目管理
5. 价值链

四、简答题（25分，共5小题，每小题5分）

1. 简述企业系统规划法的基本思想。
2. 什么是信息系统工程监理？
3. 什么是信息系统审计？
4. 简述可行性研究的主要内容。
5. 系统评价的主要内容是什么？

五、应用分析题（20分，共2小题，每小题10分）

1. 根据下述业务工作过程，画出物资订货的业务流程图。
采购员从库房收到缺货通知单后，查阅订货合同，若已订货，向供货单位发出催货请求，

否则填写订货单交给供货单位。供货单位发出货物后,立即向采购员发出取货通知单。采购员取货后,发出入库单给库房。库房进行验货入库处理,如发现有不合格货品,发出验收不合格通知单给采购员,采购员据此填写退货单给供货单位。

2. 请根据以下提供的信息绘出数据流程图。

某企业物资供应管理流程如下：供应商发出货物,将发货单提交给供应科进行收货处理,供应科查询合同文件,将不合格的发货单退回给供应商,将合格的发货单提交给库管员。库管员对货物进行质量检验处理,若货物检验不合格,则向供应商开具退货单,进行退货处理；若货物检查合格则填写入库单,提交给记账员进行产品入库处理；记账员登记库存台账,并向财务科发出付款通知单。

六、综合题(10 分,共 1 小题,每小题 10 分)

一个大中型国有企业,有一整套富有特色的管理制度和管理方法,但传统观念较重,也较保守,变革不力,呈现出竞争不利的预兆,经济效益逐年下滑。近来企业领导层开始有危机感,想通过建设新的信息系统来推动变革,最近也招聘了一些管理信息系统专业的人才。现在请你为该企业在信息系统的自行开发、委托开发、购置商品软件、自行开发与购置并举等开发方式中做出选择,并说明你的选择依据。也可以选择两种开发方式,供企业领导做最后决策,但要说明这两种开发方式的适应情况。

习题参考答案

第1章

一、名称解释

1. 信息

国际标准化组织(ISO)对信息的定义：信息是对人有用的数据，这些数据将可能影响到人们的行为与决策。

2. 知识工程

知识工程是一门以知识为研究对象的新兴学科，它将具体智能系统研究中那些共同的基本问题抽出来，作为知识工程的核心内容，使之成为指导研制各类具体智能系统的一般方法和基本工具，成为一门具有方法论意义的科学。

3. 系统

系统是由一些部件组成的，这些部件间存在着密切的联系，通过这些联系达到某种目的。从数学的角度讲，系统可以说是为了达到某种目的相互联系的事物的集合。从生物的角度讲，系统是一些部件为了某种目标而有机地结合的一个整体。从机电的角度讲，系统可以看成设备单元有规律地连接在一起的整体。从软件的角度讲，系统可以看成计算机软硬件各个子系统有机组合的整体。

4. 决策

决策是指组织或个人为了实现某种目标而对未来一定时期内有关活动的方向、内容及方式的选择或调整过程。主体可以是组织也可以是个人。

5. 信息存储

信息存储是指将经过科学加工处理后的信息资源（包括文件、图像、数据、报表、档案等），按照一定的规定记录在相应的信息载体上，并将这些载体按照一定特征和内容性质组织成系统化的检索体系。

6. 信息系统

信息系统就是从系统的观点出发，以计算机和通信技术为手段，运用数学的方法，为管理决策提供服务的计算机系统。

二、判断改错题

1. 信息的特性有普遍性、时效性、绝对性、与物质不可分性、可传递与干扰性、可加工性和可共享性。

错。信息的特性有普遍性、时效性、相对性、与物质不可分割性、可传递与干扰性、可加工性和可共享性等。

2. 系统是由较小的部件组成的,且各部件处于不断变化和运动状态中。

对。

3. 系统按产生方式可分为实体系统、概念系统和逻辑系统。

错。系统按产生方式可分为自然系统、人造系统。

4. 三次信息是指在原始信息的基础上加工整理而成的供检索用的信息,如文摘、书目、索引等。

错。三次信息是指根据二次信息提供的线索,查找和使用一次信息以及其他材料,进行浓缩、整合后产生的信息,如研究报告、综述、述评等。

5. 信息系统是一门综合了管理科学、系统科学、运筹学、统计学、计算机科学和现代通信技术研究成果而形成的综合性、系统性、边缘性的学科。

对。

三、简答题

1. 简述信息的功能。

答：根据信息在社会经济中的利用过程和发挥作用的特点,可以把信息的主要功能归纳如下。

(1) 经济功能。信息作为重要的经济资源,本身就具有经济功能。主要表现在它对社会生产力的作用功能。除此之外,信息还具有直接创造财富、实现经济效益放大的功能。

(2) 管理与协调功能。协调和控制企业的五种基本资源(人、财、物、设备和管理方法),以实现企业的目标。

(3) 选择与决策功能。该功能作用于人类选择与决策活动的各个环节,并优化其选择与决策行为,实现预期目标。

2. 什么是知识工程？

答：知识工程是一门以知识为研究对象的新兴学科,它将具体智能系统研究中那些共同的基本问题抽出来,作为知识工程的核心内容,使之成为指导研制各类具体智能系统的一般方法和基本工具,成为一门具有方法论意义的科学。知识工程可以看成人工智能在知识信息处理方面的发展,研究如何由计算机表示知识,进行问题的自动求解。知识工程的研究使人工智能的研究从理论转向应用,从基于推理的模型转向基于知识的模型。

3. 简述软件系统复杂性分类。

答：按复杂程度分为物理系统、生物系统和人类社会。按产生的方式分为自然系统与人造系统。按抽象程度分为实体系统、概念系统和逻辑系统。按环境的关系分为开放系统与封闭系统。

4. 简述管理的基本原则和目的。

答：管理的基本原则是"用力少,见效多",以较少的资源投入、耗费,取得较大的业绩、效果,为企业谋取长期的、稳定的、增长的利润。管理的目的就是使所有的工作都能制度化、系统化,所有部门(员工)都能按照"低支出、高收入"的原则进行运作,进而为企业创造更多的经济效益、更多的利润空间。

5. 决策按作用分为哪几类？各自的含义是什么？

答：(1) 战略决策。是指有关企业的发展方向的重大全局决策,由高层管理人员做出。

(2) 管理决策。为保证企业总体战略目标的实现而解决局部问题的重要决策，由中层管理人员做出。

(3) 业务决策。是指基层管理人员为解决日常工作和作业任务中的问题所做的决策。

6. 信息处理的过程有哪些？

答：信息处理的过程包括信息采集、信息组织加工、信息存储与检索、信息服务等。

7. 信息采集过程有哪些步骤？

答：信息采集的过程一般可以分为以下几个步骤：需求分析、确定采集途径和策略、采集实施、结果评价、整理数据和编写报告等。这几个步骤不是一成不变的，在实际生活中，根据实际情况可以有所取舍。

8. 简述信息存储的意义与作用。

答：信息存储的意义：有利于增大信息资源的拥有量；有利于集中管理信息资源；有利于开发高层次的信息资源；有利于充分利用信息资源，提高管理工作效率。

信息存储的作用：

(1) 方便检索。将加工处理后的信息资源存储起来，形成信息资源库，为用户从中检索所需信息提供了极大的方便。

(2) 利于共享。将信息资源集中存储到信息资源库中，为用户共享使用其中的信息内容提供了便利，人们还可以反复使用，提高了信息资源的利用率。

(3) 延长寿命。信息资源存储还可以有效地延长信息资源的使用寿命，提高信息资源的使用效益。

(4) 方便管理。将信息资源集中存储到信息资源库中，就可以采用先进的数据库管理技术定期对其中的信息内容进行更新和删除，剔除其中已经失效老化的信息内容。

四、论述题

1. 试述软件系统复杂性的特性。

答：进入20世纪，随着生物进化、热寂说、耗散结构、自组织结构、协同学、突变论、超循环理论、混沌分形理论等非线性科学的发展，使经典科学受到很大冲击。人们认识到，非线性是一切动力学复杂性之源，自然界和现实生活中所有系统都是非线性的。正是由于非线性作用，人们所面临的是一个复杂的、不可逆的、随机性的、千变万化的现实世界。

软件复杂性问题的讨论很自然提上了桌面。软件系统的复杂性、软件过程的复杂性、开发管理的复杂性、软件缺陷系统的复杂性等都将是人们关注的内容。

多体理论在经济学、进化生物学和统计物理学方面已经得到了广泛的应用，现在，人们把它用于软件领域，特别是软件质量方面，希望在这个领域内找到多体系统，并对它们进行研究。如一个开发团队，如果把每个成员作为个体看待，那么，它就形成一个多体系统；再如，一个软件系统，如果把每个模块或子系统作为个体看待，那么，它也形成一个多体系统。

将相同类型的组分通过相同类型关系耦合在一起的多体系统，并不意味着所有的组分都是一样的，相互关系也是一样的。正如同样都是人，但每个人都是独特的，以独特的方式与其他人发生关联。组分有其个体特征和关系，这些特征和关系可以很强烈地变化。进化取决于某一软件开发团队中个体的变异，用户需要软件的繁荣与多样化，个体的偏差和变异是满足用户多样化的源泉。组分的变异对系统构形的多样性有很大的贡献，更多的多样性来自于个体关系中的变异。

2. 试述管理信息系统的特点。

答：（1）目标性。管理信息系统的建立及发挥作用，都是围绕企业目标进行的。没有目标的管理信息系统是毫无意义的。

（2）系统性。它是应用系统的理论与方法，从系统的角度去解决管理问题与信息问题，并注意把局部问题放在整体中处理，力求达到系统整体的最优化与信息化。

（3）先进性。它充分利用计算机及数学方法等现代工具的科学成就，尽量发挥它们的长处，去解决复杂的经营问题与管理问题，使企业的经营管理能达到不断提高质量、提高水平、提高经济效益的目的。

（4）科学性。人机系统的建立，使人和计算机的特点都能发挥最佳作用。机器作为辅助工具，使人从繁重的日常事务中解脱出来，这样人就可以集中精力，将其聪明才智用于解决企业的各种决策性问题，并实行科学管理，使经营管理现代化。

第 2 章

一、名词解释

管理信息系统

管理信息系统是一个由人、计算机等组成的能进行管理信息收集、传递、存储、加工、维护和使用的系统。管理信息系统能实测企业的各种运行情况，利用过去的数据预测未来，从全局出发辅助企业进行决策，利用信息控制企业的行为，帮助企业实现其规划目标。不仅仅把信息系统看作一个能对管理者提供帮助的基于计算机的人机系统，而且把它看作一个社会技术系统，将信息系统放在组织与社会这个大背景去考察，并把考察的重点，从科学理论转向社会实践，从技术方法转向使用这些技术的组织与人，从系统本身转向系统与组织、环境的交互作用。

二、填空题

1. 战略管理　管理控制　运行控制　业务处理
2. 采掘业　冶炼业　制造业
3. 国家经济信息系统　企业管理信息系统　事务型管理信息系统　行政机关办公型管理信息系统　专业型管理信息系统

三、简答题

1. 简述综合形成的管理信息系统概念结构。

答：管理信息系统是由各功能子系统组成的，每一个子系统又可以分为四个主要信息处理部分，即业务处理、运行控制、管理控制和战略管理。信息系统的每个功能子系统都有自己的文件，还有为各子系统公用的数据组成的数据库，由数据库系统进行管理。在系统中，除了为每个子系统专门设计的应用程序外，也有为多个职能部门服务的公用程序，有关的子系统都与这些公用程序连接。此外，还有为多个应用程序共用的分析与决策模型，这些公用软件构成了信息系统的模型库。

2. 管理信息系统的层次结构是什么？

答：由于一般的组织管理均是分层次的，如战略管理、管理控制、作业管理等，为其服务的处理与决策支持相应地分为四个层次,构成管理信息系统的纵向结构。从横向来看,任何企业都可按照各个管理组织或机构的职能,组成管理信息系统的横向结构,如销售与市场、生产管理、物资管理、财务与会计、人事管理等。从处理的内容及决策的层次来看,信息处理所需资源的数量随管理层次而变化。一般基层管理的业务信息处理量大,层次越高,信息量越小,形成如图2-2所示的金字塔形管理信息系统结构。管理信息系统按照自下而上的层次结构,可以分为战略管理、管理控制(战术管理)、运行控制和业务处理四个层次。

3. 管理信息系统的学科特点是什么?

答:管理信息系统是一门综合管理科学、信息科学、系统科学、行为科学、计算机科学和通信技术的新兴学科,是一门多学科融合和交叉的学科体系。但对管理信息系统影响最大的学科还是系统科学、数学和计算机科学。可以认为,管理信息系统学科的三要素是系统的观点、数学的方法和计算机的应用。信息论、控制论和系统论是MIS的理论基础。

4. 简述管理信息系统的分类。

答:管理信息系统是一个广泛的概念,从不同的角度有不同的分类方法。从系统的功能和应用上可以分如下五类:国家经济信息系统、企业管理信息系统、事务型管理信息系统、行政机关办公型管理信息系统、专业型管理信息系统。

5. 简述管理信息系统和信息系统的区别。

答:信息系统是一组相互关联、相互作用、相互配合的部件,是一个为完成数据的收集、处理、存储和提供完成特定任务所需信息的部件构成的整体。管理信息系统是一个以人为主导,利用计算机硬件、软件、网络通信设备以及其他办公设备,进行信息的收集、传输、加工、存储、更新和维护,以企业战略竞优、提高效益和效率为目的,支持企业高层决策、中层控制、基层运作的集成化人机系统。管理信息系统也可以理解为一个以计算机为工具,具有数据处理、预测、控制和辅助决策功能的信息系统。管理信息系统首先是一个信息系统,应当具备信息系统的基本功能,同时,管理信息系统又具备它特有的预测、计划、控制和辅助决策功能。从学科范围的本质看,信息系统包含的范围要大于管理信息系统,管理信息系统服务的对象为中层管理监督和控制业务活动,其面对的任务也是结构化的。

第3章

一、选择题

1. A   2. A   3. B

二、填空题

1. 人工管理阶段   文件管理阶段   数据库管理阶段
2. 资源子网   通信子网

三、名称解释

1. 计算机网络

计算机网络是指将地理位置不同的具有独立功能的多台计算机及其外部设备,通过通信线路连接起来,在网络操作系统、网络管理软件及网络通信协议的管理和协调下,实现资源共享和信息传递的计算机系统。

2. 数据库

数据库是一个长期存储在计算机内的、有组织的、有共享的、统一管理的数据集合。

3. 多媒体

多媒体一般理解为多种媒体的综合,是计算机和视频技术的结合。可以理解为直接作用于人感官的文字、图形、图像、动画、声音和视频等各种媒体的统称,即多种信息载体的表现形式和传递方式。

4. 信息安全

信息安全是指信息网络的硬件、软件及其系统中的数据受到保护,不受偶然的或者恶意的原因而遭到破坏、更改、泄露,系统连续可靠正常地运行,信息服务不中断。信息安全的实质就是要保护信息系统或信息网络中的信息资源免受各种类型的威胁、干扰和破坏,即保证信息的安全性。

四、简答题

1. 数据库管理阶段在管理数据方面有哪些特点?

答:(1) 采用复杂的数据模型表示数据结构。数据库中数据模型不仅描述了数据自身的特征,还描述了数据之间的关系。

(2) 数据冗余度小,能够实现数据共享,易于扩充。

(3) 具有较高的数据独立性。

(4) 为用户提供了方便的用户接口。

(5) 提供统一的数据控制功能,包括并发控制、数据恢复、数据完整性和数据安全性。

2. 什么是网络协议?它的作用是什么?

答:计算机网络的资源子网中的多台计算机之间要通信,各个节点之间就需要不断地交换数据。要保证各节点之间交换数据的有序性和正确性,就必须制定一个网络数据交换的规则、约定与标准,这种规则、约定与标准称为网络协议(Protocol),其作用是控制并指导通信双方的对话过程,发现对话过程中出现的差错并确定处理策略。

第4章

一、名词解释

1. 可行性研究

可行性研究必须从系统总体出发,对技术、经济、财务、商业以至环境保护、法律等多个方面进行分析和论证,以确定建设项目是否可行,为正确进行投资决策提供科学依据。

2. 信息系统规划

信息系统规划(Information System Planning, ISP)就是从全局角度出发,合理地确定信息系统的建设目标和设计达到这些目标的一系列措施、方法和步骤。也可以说,信息系统规划是组织预测将来信息系统在组织中的角色和应用目标的描述。是信息系统开发需要遵循的纲领性文件。

二、简答题

1. 什么是管理信息系统的规划？管理信息系统规划的内容是什么？

答：信息系统规划是从全局角度出发，合理地确定信息系统的建设目标和设计达到这些目标的一系列措施、方法和步骤。信息系统规划主要包括以下五方面内容。

（1）信息系统的总目标、发展战略与总体结构的确定。根据企业的战略目标、外部环境、内部环境、内外约束条件，确定信息系统的总目标和总体结构，使管理信息系统的战略与整个企业的战略目标协调一致。

（2）企业现有的信息系统状况分析。包括对计算机软硬件、当前信息系统的功能、应用环境和应用现状等情况，进行充分的了解和评价。

（3）可行性研究。在现状分析的基础上，从技术、经济和管理等方面研究并且论证系统开发的可行性。

（4）对业务流程现状、存在的问题和不足进行分析，使流程在新的技术条件下重组。企业流程重组是根据信息技术的特点，对手工方式下形成的业务流程进行根本性的重新考虑和重新设计。

（5）对影响规划的信息技术发展方向的预测。对规划中涉及的软硬件技术、网络技术、数据处理技术的发展变化及其对信息系统的影响做出预测。

2. 管理信息系统规划的过程是什么？

答：进行管理信息系统的规划一般应包括以下步骤。

（1）确定规划性质。检查企业的战略规划，确定信息系统战略规划的年限和规划方法。

（2）收集相关信息。收集来自企业内部和环境中的与战略规划有关的各种信息。

（3）进行战略分析。对信息系统的战略目标、开发方法、功能结构、计划活动、信息部门情况、财务状况、所担的风险程度和政策等多方面进行分析。

（4）定义约束条件。根据财务资源、人力资源、信息设备资源等方面的限制，定义信息系统的约束条件和政策。

（5）明确信息系统规划的目标。根据分析结果与约束条件，确定信息系统规划的目标，即信息系统应具有怎样的能力，包括服务的范围、质量等。

（6）提出信息系统框架。选择信息系统发展的蓝图，勾画出信息系统的框图，产生子系统划分表等。

（7）选择开发方案。对信息系统进行分析，根据资源的限制，选择一些适宜的项目优先开发，制定出总体开发顺序。

（8）提出实施进度。在确定每个项目的优先权后，估计项目成本、人员要求等，然后估计项目的成本费用，编制项目的实施进度计划表。

（9）通过战略规划。将战略规划书写成文，书写过程中不断征求用户、信息系统工作者的意见。战略规划经企业领导批准后生效，并将它合并到组织战略规划中。

3. 系统调查的内容是什么？

答：系统调查的内容是：

（1）系统界限和运行状态。现行系统的发展历史、目前规模、经营效果、业务范围及与外界联系等。

（2）组织机构调查。现行系统的组织机构设置、人员分工和岗位职责情况等。

(3) 管理功能的调查。管理功能要以组织机构为背景识别和分析,因为每个组织都是一个功能机构,都具有各自不同的功能。

(4) 业务流程调查。不同系统进行不同的业务处理。系统分析员要尽快熟悉业务,全面细致地了解整个系统的业务流程,以及物流和信息流的情况。

(5) 数据流程的调查。在业务流程调查的基础上舍去具体的物质形式,对收集的数据和数据处理过程进行分析和整理,绘制数据流程图。

(6) 约束条件与薄弱环节。现行系统在人员、资金、设备、处理时间和方式等各方面的限制条件和规定。现行系统中的各个薄弱环节是新系统中要解决和改进的主要问题,往往也是新系统目标的重要组成部分。

4. 可行性研究包括哪些内容?

答:可行性研究的内容包括以下几方面。

(1) 管理上的可行性。管理上的可行性指管理人员对开发应用项目的态度和管理方面的条件,在当前管理环境下能否很好地运行新信息系统。

(2) 技术上的可行性。技术上的可行性是指根据现有的技术条件,系统的功能目标能否实现,开发管理信息系统所需要的物理资源是否具备、能否得到,在规定的期限内,本系统的开发能否完成。

(3) 经济上的可行性。经济上的可行性是指从经济角度研究信息系统开发的可行性,它也称为投资收益分析,是信息系统项目所需要的总成本和项目带来的总收益相互比较的结果,当总收益大于总成本时,信息系统项目值得开发。

5. 什么是关键成功因素?应用关键成功因素的步骤是什么?

答:关键成功因素是指在一个组织中的若干能决定组织在竞争中能否获胜的因素,它们是企业最需要得到的决策信息,是值得管理者重点关注的活动因素。关键成功因素的重要性置于企业其他所有目标、策略之上,寻求管理决策阶层所需的信息层级。企业管理者如果能掌握少数几项重要因素,便能确保相当的竞争力,它是一组能力的组合。

关键成功因素的实施包括如下四个步骤。

(1) 了解组织目标。每个组织都会有自己的目标,在不同时期又会有不同的重点。组织的目标应根据组织内外的客观环境条件制定。

(2) 识别关键成功因素。了解组织的发展战略后,再识别达成该战略的所有成功因素。可以采用逐层分解的方法找出影响战略目标的各种因素。

(3) 识别性能的指标和标准。

(4) 识别测量性能的数据。

6. U/C 矩阵有何作用?

答:U/C 矩阵的作用有:

(1) 通过对 U/C 矩阵的正确性检验,发现调研工作的疏漏和错误。

(2) 通过对 U/C 矩阵的正确性检验来分析数据的正确性和完整性。

(3) 通过对 U/C 矩阵的求解过程,得到子系统的划分。

(4) 通过子系统之间的联系,可以确定子系统之间的共享数据。

7. 诺兰模型有何实用意义?它把信息系统的成长过程划分为哪几个阶段?

答:诺兰模型总结了管理信息系统发展的经验和规律,其基本思想对于管理信息系统的建设具有指导意义。诺兰模型的意义在于它在一定程度上较为简明地描述了信息技术作为组织的一种变革力量的发展路线以及企业在信息技术环境中的演变过程。对于企业的信息化管理人员来说,无论是确定开发管理信息系统的策略,还是制定管理信息系统的规划,都应该首先正确地理解和辨识信息技术的发展状况以及本企业在信息技术潮流中所达到的阶段,进而根据该阶段特征来指导管理信息系统的建设。

诺兰模型的六个阶段是:

(1) 初始阶段。组织购置了第一台计算机并初步开发或购买了管理应用程序。通过初步应用,人们开始认识到计算机在管理中的作用,组织中的个别人或个别组织具有了初步使用计算机的能力。

(2) 传播阶段。随着计算机在组织中的应用初见成效,管理信息系统从少数部门扩散到多数部门,在组织中开发了大量的应用程序,使组织的事务处理效率有了提高。

(3) 控制阶段。该阶段是实现从以计算机管理为主到以数据管理为主转换的关键,管理层对计算机在组织管理中的应用进行深层次思考,这意味着计算机管理时代的结束。

(4) 集成阶段。为了使各个子系统集成得以顺利实现,建立集中式的数据库及能够充分利用和管理各种信息的系统,组织要做好集成计划,准备大量资金,重新装备设备,组织有经验信息技术人员来做好这项工作,预算费用又一次迅速增长。

(5) 数据管理阶段。在系统集成基本完成后,信息管理提高到一个新的、以计算机为主要技术手段的水平上。计算机成为日常管理工作中不可缺少的工具。信息系统开始从支持单项应用发展到逻辑数据库支持下的综合应用。

(6) 成熟阶段。组织各个业务部门都充分利用信息技术设备及软件系统来提高本部门的效益,各个业务部门之间的业务也主要通过信息化设备和软件系统来完成。信息资源成为企业的一个核心竞争要素。

第 5 章

一、选择题

1. B   2. C   3. A

二、名称解释

1. 生命周期法

生命周期法是假设一个管理信息系统像任何生命机体一样,具有周期性,即有开始、成长、成熟、衰退、结束的过程。

2. 原型法

原型法的基本做法是根据用户的需求,快速生成原型,然后把原型交给用户使用,让用户评价,在此基础上,再修改原型,逐渐达到用户要求。定义需求、设计原型、交给用户使用并评价,这个过程是不断反复的循环过程,直到用户满意为止。

3. 外包

外包是把组织的计算中心操作、远程通信网络或者应用开发转给外部供应商的过程。

4. 组件

组件是软件系统中具有相对独立功能、接口由契约指定、和语境有明显依赖关系、可独立部署、可组装的软件实体。

5．CASE

计算机辅助软件工程（Computer Aided Software Engineering,CASE)方法是系统开发的自动化方法,是借助于软件开发工具完成系统开发过程中的系统分析和设计的。

三、简答题

1．原型法有什么优缺点？

答：优点：对系统需求的认识取得突破,确保用户的要求得到较好的满足；改进了用户和系统开发人员的交流方式；开发的系统更加贴近实际,提高了用户的满意程度；降低了系统开发风险,一定程度上减少了开发费用。缺点：开发工具要求高；解决复杂系统和大型系统很困难；需要用户有完备的数据准备。

2．简述系统分析的目的。

答：系统分析的目的是解决"做什么"的问题,它是在可行性分析的基础上,针对现行系统进行全面的调查,分析企业的业务流程,分析数据和数据流程,分析功能与数据之间的关系,并通过使用一系列的图表工具,构造出新系统的逻辑模型。

3．什么是项目管理？

答：项目管理是指在一定资源如时间、资金、人力、设备、材料、能源、动力等约束条件下,为了高效率地实现项目的既定目标(即到项目竣工时计划达到的质量、投资、进度),按照项目的内在规律和程序,对项目的全过程进行有效的计划、组织、协调、领导和控制的系统管理活动。项目是具有明确目标的一次性任务,具有明显的生命周期,阶段性强。项目管理是面向所有工程项目的管理,是运用系统科学的原理对工程项目进行计划、组织与控制的系统管理方法。项目管理要解决的基本问题就是如何按所选择的研制方法,对开发项目进行有效的计划、组织、协调、领导、控制。

4．生命周期有哪几个阶段？

答：信息系统的生命周期划分为五个阶段：系统规划、系统分析、系统设计、系统实施、系统评价与运行管理。

第 6 章

一、名词解释

1．直接切换

直接切换是指在指定时刻,旧的信息系统停止使用,同时新的信息系统立即开始运行,没有过渡阶段。

2．并行切换

并行切换是指在一段时间内,新旧系统各自独立运行,完成相应的工作,并可以在两个系统间比对、审核,以发现新系统问题进行纠正,直到新系统运行平稳了,再抛弃旧系统。

3．分段切换

分段切换是指分阶段、分系统地逐步实现新旧系统的交替。

4．完善性维护

完善性维护就是在应用软件系统使用期间为不断改善和加强系统的功能和性能,以满足用户日益增长的需求所进行的维护工作。在整个维护工作量中,完善性维护居第一位。

5. 适应性维护

适应性维护是指为了让应用软件系统适应运行环境的变化而进行的维护活动。

二、填空题

1. 终端操作用户　系统操作与维护人员　企业各个层次的管理决策人员
2. 完善性维护　适应性维护　纠错性维护　预防性维护
3. 建设运行维护　用户　对外部影响

三、简答题

1. 如何选择管理信息系统的切换方式?

答:管理信息系统的切换主要有直接切换、并行切换和分段切换。对于一个大系统,可以根据各个系统的不同情况,采取不同的切换方法。

直接切换是在指定时刻,旧的信息系统停止使用,同时新的信息系统立即开始运行,没有过渡阶段。这种方案的优点是转换简便,节约人力、物力、时间。但是,这种方案是三种切换方案中风险最大的。为了降低直接切换的风险,除了充分做足准备工作之外,还应采取加强维护和数据备份等措施,必须做好应急预案,以保证在新系统切换不成功时可迅速切换回老系统。这种方式一般适用于一些处理过程不太复杂、数据不很重要的情况。

并行切换是在一段时间内,新旧系统各自独立运行,完成相应的工作,并可以在两个系统间比对、审核,以发现新系统问题进行纠正,直到新系统运行平稳了,再抛弃旧系统。并行切换的优点是转换安全,系统运行的可靠性最高,切换风险最小。但是该方式需要投入双倍的人力、设备,转换费用相应增加。另外,对于不愿抛弃旧系统的人来说,使用新系统的积极性、责任心不足,会延长新旧系统并行的时间,从而加大系统切换代价。这种方式比较适用于银行、财务和一些企业的核心系统。

分段切换是指分阶段、分系统地逐步实现新旧系统的交替。这样做既可避免直接方式的风险,又可避免并行运行的双倍代价,但这种逐步转换对系统的设计和实现都有一定的要求,否则是无法实现这种逐步转换的。同时,这种方式接口多,数据的保存也总是被分为两部分。

2. 系统维护要进行哪些方面的工作?

答:系统维护包括以下五方面的工作。

(1) 程序的维护。是指修改一部分或全部程序。在系统维护阶段,会有部分程序需要改动。根据运行记录,发现程序的错误,这时需要改正;或者是随着用户对系统的熟悉,用户有更高的要求,部分程序需要修改;或者是由于环境的变化,部分程序需要修改。

(2) 数据文件的维护。数据是系统中最重要的资源,系统提供的数据全面、准确、及时程度是评价系统优劣的决定性指标。因此,要对系统中的数据进行不断更新和补充,如业务发生了变化,从而需要建立新文件,或者对现有文件的结构进行修改。

(3) 代码的维护。随着系统环境的变化,旧的代码不能适应新的要求,必须进行改造,制定新的代码或修改旧的代码体系。代码维护困难不在代码本身的变更,而在于新代码的贯彻使用。当有必要变更代码时,应由代码管理部门讨论新的代码方案。确定之后用书面形式写出,交由相关部门专人负责实施。

(4) 机器、设备的维护。系统正常运行的基本条件之一,就是保持计算机及其外部设备的良好运行状态,这是系统运行的物质基础。机器、设备的维护包括机器、设备的日常维护与管理。一旦机器发生故障,要有专门人员进行修理,保证系统的正常运行。有时根据业务需要,还需对硬件设备进行改进或开发。同时,应该做好检修记录和故障登记的工作。

(5) 机构和人员的变动。信息系统是人机系统,人工处理也占有重要地位,为了使信息系统的流程更加合理,有时有必要对机构和人员进行重组和调整。

3. 系统评价的主要内容是什么？系统评价的指标体系如何建立？系统评价的方法有哪些？

答：(1) 系统评价是对一个信息系统的功能、性能和使用效果进行全面估计、检查、测试、分析和评审,包括：检查系统的目标、功能及各项指标是否达到了设计要求,满足程度如何,差距如何；检查系统中各种资源的利用程度,包括人、财、物,以及硬件、软件资源的利用情况。

(2) 从不同的角度可以建立不同的指标体系。下面列出了以建设与运行维护、用户和对外部影响三个角度建立的指标体系。

① 从信息系统建设、运行维护角度评价的指标。评价指标有人员情况、领导支持、先进性、管理科学性、可维护性、资源利用情况、开发效率、投资情况、效益性、安全可靠。

② 从信息系统用户角度考虑的指标。评价指标有重要性、经济性、及时性、友好性、准确性、实用性、安全可靠性、信息量、效益性、服务程度。

③ 从信息系统对外部影响考虑的指标。评价指标有共享性、引导性、重要性、效益性、信息量、服务程度。

(3) 系统评价的方法有多因素加权平均法、层次分析法(AHP)、经济效果评价方法等。

4. 什么是管理信息系统审计？审计的主要内容是什么？

答：信息系统审计是指根据公认的标准和指导规范,对信息系统从规划、实施到运行维护各个环节进行审查评价,对信息系统及其业务应用的完整性、有效性、效率性、安全性等进行监测、评估和控制的过程,以确认预定的业务目标得以实现,并提出一系列改进建议的管理活动。

信息系统审计业务的主要组成部分有以下几类。

(1) 硬件及环境审计。包括硬件安全、电源供应、空气调节装置和其他环境因素。

(2) 系统管理审计。包括对操作系统、数据库管理系统,所有系统过程及协调性的审计。

(3) 应用软件审计。商业应用软件可能是工资单、发票、基于网络的客户订单处理系统等。对这些软件的审计包括访问控制、授权、确认、错误和特例处理,应用软件中的商业处理流程和补充手册的控制与过程。另外,还要完成对系统开发生命周期的审计。

(4) 网络安全审计。内部和外部与系统的连接审计、周边安全审计、防火墙审计、路由访问控制列表、端口扫描及指令检测是一些典型的检测内容。

(5) 商业连续性审计。包括容错和冗余硬件、备份程序和存储、存档并测试过的灾难恢复/商业连续计划的存在和维护。

(6) 数据完整性审计。目的是详细检查有效数据去核实对系统弱点的适当控制和效果,这些大量的测试可以通过通用的审计软件来完成。

四、论述题

试述信息系统设计过程中存在哪些风险,如何规避这些风险。

答:在信息系统审计条件下,审计面临着新的风险,主要有以下几方面。

(1) 篡改数据,不留审计线索。在网络环境中,数据的电子化并以磁介质为主要存储载体,这使舞弊者对原始数据进行非法修改和删除,且不留篡改痕迹成为可能,这将无法保证数据的完整性和真实性,给审计监督带来了风险。

(2) 信息丢失。主要有三种原因:一是运行间的断电和死机等故障;二是计算机病毒破坏;三是人为的毁损。

(3) 黑客侵入和数据失窃。计算机黑客为了获取重要的商业秘密、数据资源,经常用 IP 地址欺骗攻击网络系统。黑客伪装为源自内部主机的一个外部站点,利用一定的技术进入目标系统窃取或破坏数据。

(4) 职责分离不恰当引起内控失灵。在网络环境下,如果对数据维护、系统管理和数据输入、数据核对确认等岗位不做适当的分离,就会有人利用网络的弱点故意修改数据、舞弊或窃取秘密信息从中捞取利益。

为了有效地降低网络审计风险,就必须采取相应的防范和控制措施,具体如下。

(1) 加强审计软件的开发。对信息系统审计,如果仍然采用常规的手工系统的那一套审计技术与方法,很难达到审计的目的。由于审计的范围已经扩大到会计信息系统及其他计算机信息处理系统,迫使审计人员在采用传统的各种审计技术的同时,采用计算机辅助审计技术,用日益先进的计算机审计软件去对付单机、网络、多用户等各种工作平台下的会计软件。

(2) 提高审计风险的防范能力。随着网络系统的运用,信息的载体已经由纸介质过渡到磁性介质。磁性介质的保存有较高的要求,易受到高温、磁性物质、剧烈震动的影响。因此,档案保存的风险还很大,而且这种存储媒体是易变的,通过信息技术容易被访问和滥用,犯罪人员可以通过获取口令或非法访问数据库中的所有数据,使存储的信息数据易受舞弊犯罪人员(黑客)的攻击。这些都增加了审计风险。因此必须采取积极措施进行风险防范,如建立一个在监管部门严格监控下的网络财务信息强制存档制度,可以牵制网上财务信息的披露,这样既可以提高工作效率,又可以降低审计风险。制定各种严格的风险防范规章制度进行规范,包括网络管理规定、系统运行中的安全保密规定、会计核算软件运行管理规定、计算机软件开发的规定等。此外还可以通过加强企业的内部控制保护企业的安全,保证会计信息的准确性和可维护性。完善的内部控制可有效地降低审计风险。

(3) 加强审计专业人员的培养。审计人员应对审计系统的计算机硬件、软件和处理系统有充分的了解,以进一步对委托审计的条件做出计划,并了解电子数据处理对内部控制的研究与评估的影响和需采用的审计程序,包括计算机辅助审计软件的应用。因此,审计机构从现在开始就应注重多渠道对现有审计人员进行培训,加快审计人员的知识更新,以适应会计信息化审计的要求。不断增加审计队伍的新生力量,克服当前人员结构的不利局面,及早改变审计队伍的知识结构,培养复合型人才才能使审计工作顺利开展。

(4) 加强对网络系统的安全性和保密性进行审计。在网络中,信息的安全性即可靠性和保密性构成了审计的风险防范和控制的重点。首先对网络系统职责分离情况进行审查,遵循的原则仍为不相容职责必须分离,但侧重对数据的输入输出、软件开发和维护及系统程序修改或管理等之间的关系处理进行审查;其次对被审计单位网络结构进行分析与评价,以确认防范黑客侵入的能力;最后对被审计单位的系统容错处理机制、安全管理体制和安全保密技术等做深入的了解,以评价其系统安全性的等级,从而有效地控制审计风险。

(5) 建立审计服务信息库。审计人员可将被审计单位的有关信息,通过网络建立一个完整的大容量的信息库,这些信息包括被审计单位的背景资料、最新动态和一些以前审计的档案信息,以便以后开展审计时查阅和运用,这将大大减少工作时间,提高工作效率,同时也相应地降低了审计的风险。

(6) 合理保证审计的独立性。在会计信息化环境下,当评价审计风险、估计重要性水平,并对企业内部控制制度或报表发表意见时,独立性仍可认为是审计程序和最终审计结果的客观性的至关重要的保证。因此,对该环境下有损审计独立性的因素应充分关注和重视,并采取相应的超前对策,以便最大限度地保证审计的独立性。

第 7 章

一、选择题

1. C   2. B

二、名词解释

1. 信息系统工程监理

据信息产业部《信息系统工程监理暂行规定》,信息系统工程监理是指依法设立且具备相应资质的信息系统工程监理单位,受业主单位委托,依据国家有关法律法规、技术标准和信息系统工程监理合同,对信息系统工程项目实施的监督管理。

2. 投资回收期

投资回报期为通过新增效益、逐步收回投入资金所需要的时间,是反映信息系统效益好坏的重要指标。投资回收期可以用一些标准的财务计算公式得来。例如,可以预计管理信息系统各周期(一般以年为单位)的支出和收益,然后进行折现,从而得出在多长时间内可以收回投资。

3. 英格兰式拍卖

英格兰式拍卖也称增价拍卖或低估价拍卖,是指在拍卖过程中,拍卖人宣布拍卖标的的起叫价及最低增幅,竞买人以起叫价为起点,由低至高竞相应价,最后以最高竞价者以三次报价无人应价后,响槌成交,但成交价不得低于保留价。

4. 荷兰式拍卖

荷兰式拍卖也称降价拍卖或高估价拍卖,是指在拍卖过程中,拍卖人宣布拍卖标的的起叫价及降幅,并依次叫价,第一位应价人响槌成交,但成交价不得低于保留价。

5. 拍买

拍买也称反向拍卖,常用于政府采购、工程采购等。由采购方提供希望得到的产品的信息、需要服务的要求和可以承受的价格定位,由卖家之间以竞争方式决定最终产品提供商和服务供应商,从而使采购方以最优的性能价格比实现购买。

三 简答题

1. 试回答信息系统为何难以进行效益评价。

答：信息化项目的投资效益分析有很多理论、原则和方法，例如总体拥有成本（TCO）、经济增加值（EVA）、总体经济影响（TEI）、平衡记分卡（BSC）等。但是，这些方法经常让企业感到无从下手，不能真正计算出信息化项目的投资效益。这主要是由于这些方法存在以下问题。

（1）缺乏可操作性。这些方法都没有给出可以运用的具体步骤和工具。

（2）没有统计数据。这些方法基本上是源自国外，其中使用的指标和数据不能直接应用。

（3）缺乏针对性。这些方法的通用性强，但针对性弱，它们既可以应用到 CRM、ERP，也可以应用在 PLM 或者 EIP，在实际应用中缺乏说服力。

2．信息系统的评价方法有哪些？

答：信息化项目的投资效益分析有很多理论、原则和方法，例如总体拥有成本（TCO）、经济增加值（EVA）、总体经济影响（TEI）、平衡记分卡（BSC）等。也有人开始采用经济效益分析模型来进行计算与评估。

3．拍卖方式有哪几种？管理信息系统的招标是一种什么形式的竞价交易？

答：招标投标的理论基础可借鉴拍卖。拍卖方式有英格兰式拍卖、荷兰式拍卖、英格兰式与荷兰式相结合的拍卖方式。除了上述按竞价方式来分外，还有一些按其他属性来标示的拍卖或招投标形式，如密封递价招投标、标准增量式拍卖、速胜式拍卖、反向拍卖、定向拍卖等。

4．试说明供应商选择对于管理信息系统采购的重要性。

答：在采购时，有众多的系统及供应商可选择，甚至也可以自行开发。这时，不但要衡量效益，还要对这些效益进行比较，以取得利益最大化。

企业对选中的管理信息系统进行采购时，可以采取招投标方式。首先要考察供应商情况。只有好的生产过程才能生产出好的产品。在考察供应商时，要进行多次走访，到供应商那里看一看，转一转，尤其是不打招呼地转一转。

供应商的信息很重要，收集起来也很费劲，所以企业建立供应商信息库是非常必要的。

5．分析 CASE 的采用过程和选择过程。

答：为了规范 CASE 工具的采用工作，指导软件组织成功地选择适用的工具，国际标准化组织和国际电工委员会于 1999 年发布了一项针对 CASE 工具采用的技术报告《信息技术 CASE 工具的采用指南》（ISO/IECTR 14471—1999），就上述问题给出了一个推荐的采用过程。它全面、综合地研究了采用工作可能会遇到的各方面问题，考查了 CASE 工具的各种特性，将采用工作划分为四个主要过程、四个子过程和 13 个活动。

早在 1995 年，国际标准化组织和国际电工委员会就发布了一项国际标准，即《信息技术 CASE 工具的评价与选择指南》（ISO/IEC 14012）。它指出：软件组织若想在开发工作开始时选择一个最适当的 CASE 工具，有必要建立一组评价与选择 CASE 工具的过程和活动。评价和选择 CASE 工具的过程，实际上是一个根据组织的要求，按照《信息技术软件产品评价质量特性及其使用指南》（ISO/IEC 9126）中描述的软件产品评价模型所提供的软件产品的质量特性和子特性，以及 CASE 工具的特性进行技术评价与测量，以便从中选择最适合的 CASE 工具的过程。

四、案例分析题

略。

第 8 章

一、名称解释

1. 决策支持系统

决策支持系统(Decision Support System,DSS)是指能起到决策支持作用的计算机应用系统。

2. ERP

ERP 是一个面向供需链管理的管理信息集成系统。

3. 客户关系管理

企业管理者认为,所谓的客户关系管理就是要赋予企业更充分的客户交流能力,使得客户收益率达到最大化;从商业经营角度来看,CRM 就是改善与市场销售、客户服务和支持等领域的客户关系有关的商业流程;而从信息技术角度看,CRM 系统的定义是利用最新的信息技术,针对企业销售、服务与营销三个客户交互业务领域的 CRM 需求而设计出的各种软件功能模块的组合。

4. 供应链管理

供应链管理就是指对整个供应链系统进行计划、协调、操作、控制和优化的各种活动过程,其目标是要将顾客所需的正确的产品能够在正确的时间、按照正确的数量、正确的质量和正确的状态送到正确的地点,即 6R,并使总成本最小。

5. 电子商务

从狭义上看,电子商务也就是电子交易。主要指利用 Web 提供的通信手段在网上进行交易活动,包括通过 Internet 买卖产品和提供服务。产品可以是实体化的,如汽车、电视,也可以是数字化的,如新闻、录像、软件等。此外,还可以提供各类服务,如安排旅游、远程教育等。从广义上讲,电子商务还包括企业内部商务活动,如生产、管理、财务以及企业间的商务活动等。

6. 电子政务

电子政务通常是指政府机构在其管理和服务职能中运用现代信息技术,实现政府组织结构和业务流程的重组优化,超越时间、空间和部门分隔的制约,建成一个精简、高效、廉洁、公平的政府运作模式。

二、简答题

1. 简述 ERP 的功能。

答:ERP 的主要功能包括以下四方面。

(1) 财务管理。ERP 中的财务模块与一般的财务软件不同,作为 ERP 系统中的一部分,它和系统的其他模块有相应的接口,能够相互集成。

(2) 生产控制管理。这一部分是 ERP 系统的核心所在,它将企业的整个生产过程有机地结合在一起,使得企业能够有效地降低库存,提高效率。一般包括主生产计划、物料需求计划、能力需求计划、车间控制、制造标准等管理功能。

(3) 物流管理。物流管理一般包括分销管理、库存控制和采购销售管理。分销是从产品的销售计划开始,对其销售产品、销售地区、销售客户各种信息的管理和统计,并可对销售数量、金额、利润、绩效、客户服务做出全面的分析。库存控制用来控制存储物料的数量，以保证稳定的物流支持正常的生产，但又最小限度地占用资本。采购管理用来确定合理的定货量、优秀的供应商和保持最佳的安全储备。

(4) 人力资源管理。人力资源管理作为一个独立的功能，被加入 ERP 系统中来，和 ERP 中的财务、生产系统组成了一个高效的、具有高度集成性的企业资源系统。它与传统方式下的人事管理有着根本的不同，一般包括人力资源规划的辅助决策、招聘管理、工资核算、工时管理、差旅核算等。

2. 简述 CRM 的功能。

答：CRM 是通过对客户关系的有效管理，从而鉴别、获得、留住和发展能为企业带来利润的客户。主要有以下功能。

(1) CRM 理念为企业提供了一种"以客户的需求为中心"的经营哲学和价值观，引导企业充分重视客户资源，并努力为客户创造价值。

(2) CRM 系统通过改善企业与客户交流、沟通以及服务客户的方式，在降低营销、市场销售成本的同时，有效地获得并保持了有价值的客户。

(3) CRM 战略的实施可以优化企业的运营价值链并提升企业核心竞争力。

3. 简述供应链管理的营运机制。

答：供应链成长过程体现于企业在市场竞争中的成熟与发展之中，通过供应链管理的合作机制、决策机制、激励机制和自律机制等来实现满足顾客需求，使顾客满意以及留住顾客等功能目标，从而实现供应链管理的最终目标：社会目标（满足社会就业需求）、经济目标（创造最佳效益）和环境目标（保持生态与环境平衡）的合一，这可以说是对供应链管理思想的哲学概括。

4. 简述电子商务的主要分类。

答：按电子商务应用服务的领域范围可分为四类：企业对消费者（Business-to-Consumer）的电子商务、企业对企业（Business-to-Business）的电子商务、企业对政府机构（Business-to-Administration）的电子商务、消费者对政府机构（Consumer-to-Administration）的电子商务。

三、论述题

如何搞好一个企业的信息系统集成。

答：现代企业信息系统需要解决的关键问题：一是企业内外部信息资源的集成管理；二是各部门的信息（知识）资源的共享；三是数据挖掘和知识发现；四是战略决策的支持。具体解决方案就是建立与企业扁平组织结构相适应的集成化信息系统。企业集成化信息系统应该是在企业现有的规模基础上，采用先进的管理思想、管理模式、管理方法与信息技术进行改造、完美与创新的结晶，既有实用性，又具有一定的超前性。企业集成化信息系统以用户（尤其是战略层用户）为主导、信息（知识）资源管理为基础、应用系统为核心、互联网为纽带，是一种网络化、集成化、基于对象的异构分布模式。

企业信息系统集成的实现是一项需要投入大量人、财、物资源且复杂的系统工程，除了需要塑造现代企业信息化、建立现代企业制度、规范企业基础管理、重视开发和应用队伍建设、加强对企业员工的培训、加快企业信息基础设施、选择合适的信息系统实施方式和注重对系统集成水平的评价以外，还要着重解决好以下几方面的问题：企业信息系统集成的周密规划；优化网络基础设施；实现数据共享、访问和备份；加强信息分类编码等规范化工作；进行有效的企业流程重组；严格集成信息系统实施过程的管理。

第9章

一、名称解释

1. 决策支持系统

决策支持系统主要是以模型库系统为主体，通过定量分析进行辅助决策。其模型库中的模型已经由数学模型扩大到数据处理模型、图形模型等多种形式，可以概括为广义模型。决策支持系统的本质是将多个广义模型有机组合起来，对数据库中的数据进行处理而形成决策问题大模型。决策支持系统的辅助决策能力从运筹学、管理科学的单模型辅助决策发展到多模型综合决策，使辅助决策能力上了一个新台阶。

2. BPR

BPR（业务流程重组，或称企业流程重组）是对企业的业务流程做根本性的思考和彻底重建，其目的是在成本、质量、服务和速度等方面取得显著的改善，使得企业能最大限度地适应以顾客（Customer）、竞争（Competition）、变化（Change）为特征的现代企业经营环境。

3. 价值链

企业的价值创造是通过一系列活动构成的，这些活动可分为基本活动和辅助活动两类。基本活动包括内部后勤、生产作业、外部后勤、市场和销售、服务等；而辅助活动则包括采购、技术开发、人力资源管理和企业基础设施等。这些互不相同但又相互关联的生产经营活动，构成了一个创造价值的动态过程，即价值链。

二、简答题

1. 简述企业的信息中心的主要职能。

答：企业的信息中心主要职能如下。

（1）在企业主要负责人的主持下制定企业信息资源开发、利用、管理的总体规划，其中包括信息系统建设规划。

（2）企业管理信息系统的开发、维护与运行管理。

（3）信息资源管理的标准、规范、规章制度的制定、修订和执行。

（4）信息资源开发与管理专业人员的专业技能培训、企业广大职工信息管理与信息技术知识的教育培训和新开发的信息系统用户培训。

（5）企业内部和外部的宣传与信息服务。

（6）为企业信息技术推广应用其他项目，如计算机辅助设计（CAD）、计算机辅助制造（CAM）等提供技术支持。

2. 简述决策过程中的信息分析方法。

答：信息分析对于决策的重要作用显而易见，信息分析的内容非常广泛，分析方法也很多，对方法的合理使用是决定信息分析水平和效率以及信息分析质量和效益的重要因素，对于科学决策非常重要。信息分析方法一般可以分为定性方法、定量方法以及定性与定量相结合的方法三大类。

3. 简述企业信息化与企业业务流程重组之间的关系。

答：企业要实施业务流程重组，必须以信息化为基础。信息化改变了人们工作和处理问题的方法和能力，为业务流程重组创造了条件。同样，缺少 BPR 思想，信息技术难以发挥潜在的威力，企业信息化也难以达到预期效果。因此两者相互促进，互为条件。

第 10 章

一、名称解释

1. 人力资源

人力资源（Human Resource，HR）是指一定时期内组织中的人所拥有的能够被企业所用，且对价值创造起贡献作用的教育、能力、技能、经验、体力等的总称。

2. 商业信息

从广义的角度上讲，商业信息是指能够反映商业经济活动情况，同商品交换和管理有关的各种消息、数据、情报和资料的统称。从狭义的角度看，商业信息是指直接反映商品买卖活动的特征、变化等情况的各种消息、情报、资料的统称。

3. 商业银行信息

从狭义上讲，商业银行信息是指商业银行业务活动过程中所产生的各种输入信息。从广义上讲，商业银行信息既包括上述商业银行自身日常业务活动中所产生和输出的信息，也包括商业银行管理和决策所需的金融市场以及与此相关的社会经济活动的有关信息。

4. 商业管理信息系统

商业管理信息系统是指商业企业的管理信息系统，它包括为实现商品的销售在企业内部商品的计划、合同、进、销、调、存、核算、财务、统计分析、辅助决策的整体循环处理过程，以数据信息为轴心的全面自动化管理控制。

二、判断改错题

1. 外部商业信息系统主要用于商业销售企业经营过程中商品的进、销、调、存全过程信息的管理与控制。

错。后台管理信息系统主要用于商业销售企业经营过程中商品的进、销、调、存全过程信息的管理与控制。

2. 商业银行信息既包括商业银行自身日常业务活动中所产生和输出的信息，也包括商业银行管理和决策所需的金融市场信息，不包括与此相关的社会经济活动的有关信息。

错。商业银行信息既包括商业银行自身日常业务活动中所产生和输出的信息，也包括商业银行管理和决策所需的金融市场以及与此相关的社会经济活动的有关信息。

3. MRP 是美国在 20 世纪 70 年代末、80 年代初提出的一种现代企业生产管理模式和组织生产的方式。

对。

三、简答题

1. 简述用友 T6-人力资源管理系统的功能模块。

答：包括自助管理平台、组织管理、人员管理、薪资管理、考勤管理、招聘管理、培训管理、绩效管理、劳动合同管理、计件工资管理、报表管理等。

2. 商业管理信息系统有哪些特点？

答：商业管理信息系统有如下特点。

（1）用系统的角度去解决信息管理问题。

（2）以计算机等现代化的信息工具为基础。

（3）集成化系统。

（4）联机事务处理系统。

（5）数据处理量大。

（6）应用环境复杂。

（7）适应环境及管理模式的多变性。

（8）能够对企业的管理生产流程进行优化，提高商业企业的管理效率。

（9）能够促进企业开发新的销售方式和营销手段，促进企业快速发展。

3. 简述信息在现代商业银行经营管理中的作用。

答：信息在现代商业银行经营管理中有如下作用。

（1）信息是商业银行经营决策和制订计划的依据。

（2）信息是商业银行控制、监督资金调配与融通的依据和手段。

（3）信息是商业银行改善经营管理，建立合理、高效、协调、正常的经营秩序的保证。

（4）信息是商业银行内部各部门之间以及与其他社会经济机构联系的纽带。

（5）信息是银行拓展新业务，实施金融创新的基础。

4. 简述银行信息化的主要内容。

答：银行信息化的主要内容如下。

（1）银行支付事务处理系统。

（2）银行经营管理信息系统。

（3）银行信息咨询服务系统。

（4）外汇国际服务系统。

（5）办公自动化系统。

5. 简述预算管理系统的功能构成。

答：作为财政业务核心系统的预算管理系统以保证部门预算的刚性执行为核心，逐渐形成了以集中收付为主的、涵盖财政资金收入管理、支出管理、账务处理等业务的综合统一的业务处理平台。它包括系统管理、基础数据、支出控制、收入预算、预算报表、审核预算、批复预算、数据传送、报表查询等。

四、论述题

1. 论述人力资源管理系统在现代企业中的重要性。

答：人力资源管理系统是一个企业单位不可缺少的部分，是适应现代企业制度，推动企业人力资源管理走向科学化、规范化、自动化的必要条件；是应对挑战、适应环境变化、提高企业管理效率、提升核心竞争力的关键措施。

企业采用人力资源管理系统最主要的原因是，希望借人力资源管理系统，将人力资源运用到最佳经济效益。由于知识经济的来临，人力资本的观念已经形成，人力资本的重要性更不亚于土地、厂房、设备和资金等,甚至超越。除此之外,人是知识的载体,为了有效运用知识,将知识的效用发挥至最大,便需要妥善的人力资源管理,这样才能够充分发挥人力资源的作用。

2. 商业管理信息系统包括哪些基本内容?

答:就商业零售企业来讲,一个大体上完整的管理信息系统,该包括以下几方面:①外部商业信息系统;②前台收款系统;③后台管理信息系统;④辅助决策支持系统;⑤其他辅助系统。

3. 商业银行信息系统的功能有哪些?

答:有信息反馈功能、信息输入功能、信息存储功能、信息处理功能、信息检索功能、信息输出功能、信息管理功能、信息传递功能。

期末考试模拟题参考答案

试题一

一、单项选择题（10分，共10小题，每小题1分，每题只有一个正确选项，多选、漏选均不得分）

1. D 2. A 3. B 4. B 5. C 6. A 7. D 8. D 9. D 10. A

二、填空题（15分，共15个空，每空1分）

1. 整体性　目的性　相关性　环境适应性
2. 作业
3. 有关组织内外部各种因素的综合
4. 信息系统逻辑模型　抽象性　概括性
5. 详细　逻辑模型
6. 系统规划
7. 顺序结构　选择结构　循环结构

三、名词解释（20分，共4小题，每小题5分）

1. 信息

信息是关于客观事实的可通信的知识。

2. 管理信息系统

管理信息系统是一个由人、计算机等组成的能进行管理信息收集、传递、存储、加工、维护和使用的系统。管理信息系统能实测企业的各种运行情况，利用过去的数据预测未来，从全局出发辅助企业进行决策，利用信息控制企业的行为，帮助企业实现其规划目标。不仅仅把信息系统看作一个能对管理者提供帮助的基于计算机的人机系统，而且把它看作一个社会技术系统，将信息系统放在组织与社会这个大背景去考察，并把考察的重点，从科学理论转向社会实践，从技术方法转向使用这些技术的组织与人，从系统本身转向系统与组织、环境的交互作用。

3. 企业流程重组

按现代化信息处理的特点，对现有的企业流程进行重新设计。企业流程重组的本质就在于根据新技术条件信息处理的特点，以事物发生的自然过程寻找解决问题的途径。

4. 系统设计

系统设计也称为系统的逻辑设计。这一阶段的任务是在前一阶段系统分析的基础上，进一步明确新系统如何满足管理系统的要求。

四、简答题（30分，共2小题，每题15分）

1. 怎样编写分析报告？

答：①可行性分析报告；②详细分析报告；③系统化分析报告；④逻辑方案。

2. 怎样编写逻辑方案？

答：①新系统的业务流程；②新系统的数据流程；③新系统的逻辑结构；④新系统中数据资源的分布；⑤新系统中的管理模型。

五、应用题(25 分，共 1 小题，每小题 25 分)

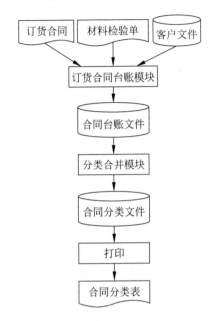

试题二

一、名词解释(16 分，共 4 小题，每小题 4 分)

1. 管理信息系统

一个以人为主导，利用计算机软硬件、网络通信设备以及其他办公设备，进行信息的收集、传输、加工、存储、更新和维护，以企业战略竞优、提高效益和效率为目的，支持企业高层决策、中层控制、基层运作的集成化的人机系统。

2. 企业资源计划

企业资源计划(Enterprise Resource Planning, ERP)首先由美国的 Gartner 公司提出，是建立在信息技术基础上，以系统化的管理思想，为企业决策层及员工提供决策运行手段的管理平台。作为企业管理思想，它是一种新型的管理模式；而作为一种管理工具，同时又是一套先进的计算机管理系统。

3. 企业系统计划法

企业系统规划法(Business System Planning, BSP)是由 IBM 公司于 20 世纪 70 年代提出的一种结构化规划方法。企业系统规划法是从企业目标入手，逐步将企业目标转换为管理信息系统的目标和结构，从而更好地支持企业目标的实现。它帮助企业做出信息系统的战略规划，来满足企业近期和长期的信息需求。

4. BPR

BPR(Business Process Reengineering/Business Process Re-engineering, 业务流程重组)。企业流程重组工程是对企业的业务流程做根本性的思考和彻底重建，其目的是在成本、质量、服务和速度等方面取得显著的改善，使得企业能最大限度地适应以顾客(Customer)、竞争(Competition)、变化(Change)为特征的现代企业经营环境。

二、填空题(10分，共10个空，每空1分)

1. 并行切换法　分段切换法
2. 数据结构　处理逻辑
3. 抽象性
4. 一对多的联系　多对多的联系
5. 系统实施阶段
6. 集成阶段　数据管理阶段

三、选择题(14分，共7小题，每小题2分，每小题只有一个正确答案)

1. D　2. A　3. B　4. B　5. C　6. C　7. A

四、简答题(本题共4个小题，每小题6分，共计24分)

1. 简述系统维护的目的和类型。

答：系统维护的目的是保证管理信息系统正常而可靠地运行，并能使系统不断地得到改善和提高，以充分发挥作用。系统维护的类型有完善性维护、适应性维护、纠错性维护、预防性维护。

2. 简述信息处理的过程。

答：信息处理的过程包括信息采集、信息组织加工、信息存储与检索以及信息服务。

3. 信息安全的目标有哪些？

答：信息安全的核心目标包括保密性、完整性、可用性、可控性、不可否认性。

4. 简述不同管理层次的信息特征。

答：运行控制层：信息主要来源于系统内部，有确定的范围，精确性要求高。管理控制层：需要历史、现在的综合信息，信息会定期变化。战略管理层：信息具有概括性，要求精确性低，主要来源于系统外部。

五、设计题(10分，共1小题，每小题10分)

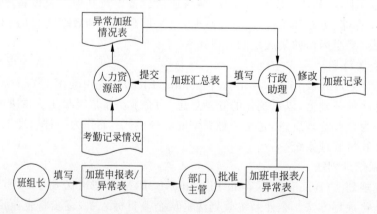

六、分析题(26分，共2小题，第1小题10分，第2小题16分)

1. 试比较生命周期法和原型法的优缺点。

答：

1) 生命周期法的优缺点分析。

这种方法强调将系统开发项目划分成不同的阶段。每个阶段都有明确的起始和完成的进度安排,对开发周期的各个阶段进行管理控制。在每个阶段的末期,要对该阶段的工作做出常规评价。对当前阶段的任务是否有需要修改和返工的部分,任务完成符合要求后,是否进入下一阶段继续开发等问题要及时做出决策。开发过程要及时建立诸如数据流程图、实体关系图以及编程技术要求等各种文档。这些文档对系统投入运行后的系统维护工作十分重要。由于它及时对各阶段的工作进行评价,从而能对各阶段的工作任务符合系统需求和符合组织标准提供有力的保证措施。总之,采用这种方法有利于系统结构的优化,设计出的系统比较容易实现而且具有较好的可维护性,因而得到了广泛的应用。

但是,这种方法开发过程过于烦琐,周期过长,工作量太大。在系统开发未结束前,用户不能使用系统,却要求系统开发人员在调查中充分掌握用户需求、管理状况以及可预见未来可能发生的变化,不符合人类的认识规律,在实际工作中难以实施。该方法的另一缺点是对用户需求的改变反映不灵活。尽管有这些局限性,生命周期法还是作为首选的方法应用在大型、复杂的影响企业整体运作的管理信息系统(MIS)的开发项目中。

总结:①生命周期法(结构化系统开发方法)严谨、周详、完善,适合于大中型或复杂的信息系统的开发。②开发过程复杂烦琐,周期长,费用高。

2)原型法优缺点分析。

由于原型法不需要对系统的需求进行完整的定义,而是根据用户的基本需求快速开发出系统原型,开发人员在与用户对原型的不断"使用—评价—修改"中,逐步完善对系统需求的认识和系统的设计,因而,它具有如下优点:

(1)原型法符合人类认识事物的规律,更容易使人接受。人们认识任何事物都不可能一次完全了解,认识和学习过程都需循序渐进,人们总是在环境的启发下不断完善对事物的描述。

(2)改进了开发人员与用户的信息交流方式。由于用户的直接参与,能及时发现问题,并进行修改,这样清除了歧义,改善了信息的沟通状况。它能提供良好的文档、项目说明和示范,增强了用户和开发人员的兴趣,从而大大减少设计错误,降低开发风险。

(3)开发周期短、费用低。原型法充分利用了最新的软件工具,丢弃了手工方法,使系统开发的时间、费用大大减少,效率和技术等大大提高。

(4)应变能力强。原型法开发周期短,使用灵活,对于管理体制和组织结构不稳定、有变化的系统比较适合。由于原型法需要快速形成原型和不断修改演绎,因此,系统的可变性好,易于修改。

(5)用户满意程度提高。由于原型法以用户为中心来开发系统,加强了用户的参与和决策,向用户和开发人员提供了一个活灵活现的原型系统,实现了早期的人-机结合测试,能在系统开发早期发现错误和遗漏,并及时予以修改,从而提高了用户的满意程度。

尽管原型法有上述优点,但是它的使用仍有一定的适用范围和局限性,主要表现在:

(1)不适合开发大型管理信息系统。对于大型系统,如果不经过系统分析来进行整体性划分,很难直接构造一个模型供人评价。而且这种易导致人们认为最终系统过快产生,开发人员忽略彻底的测试,文档不够健全。

(2)原型法建立的基础是最初的解决方案,以后的循环和重复都在以前的原型基础上进行,如果最初的原型不适合,则系统开发会遇到较大的困难。

(3) 对于原基础管理不善,信息处理过程混乱的组织,构造原型有一定的困难。而且没有科学合理的方法可依,系统开发容易走上机械地模拟原来手工系统的轨道。

(4) 没有正规的分阶段评价,因而对原型的功能范围的掌握有困难。由于用户的需求总在改变,系统开发永远不能结束。

(5) 由于原型法的系统开发不是很规范,系统的备份、恢复、性能和安全问题容易忽略。

总结:①用户针对原型提出修改意见,因此开发人员和用户的沟通更容易。②该方法开发周期短,费用低。但是如果用户合作不好、盲目纠错,就会拖延开发过程。③由于该方法在开发过程中缺乏对管理系统全面、系统的认识,因此,它不适用于开发大型的或复杂的管理信息系统。

结论:生命周期法常常应用于复杂的大型信息系统开发,而原型法适用于功能简单的小型系统开发或子系统的开发,也适合用于开发用户界面系统。

2. 企业为什么开发管理信息系统？企业开发并成功应用管理信息系统需要具备哪些基本条件？如何在今后的工作中参与企业信息化建设和管理信息系统应用？

答:

1) 企业开发管理信息系统。

(1) 大幅提升公司形象,建立现代化信息管理体制。

(2) 规范并优化企业内部各部门、各办事机构的业务流程,再造业务规范,对重点业务实行全面质量监控。

(3) 实现各部门间的协同工作、无纸办公。

(4) 达到公司内部各部门,使用权限明了,杜绝互相推诿现象。

(5) 开发决策支持系统为企业决策层提供图形化、报表化的市场分析数据,能够对未来的公司业务发展、客户需求发展、市场发展做出预测。

(6) 预留标准的 EDI 数据接口,可以方便地实现与关系部门的数据共享和交换。

(7) 建设企业 Intranet/Internet 网络平台。

(8) 通过 Internet 实现全天候实时服务,充分满足客户的各种需求,全面提升客户服务水平,大大加强与客户的紧密度,将应用企业塑造成国际化企业的首选品牌。

(9) 全面降低企业运作成本,提高公司的整体运作效率,大幅拓展业务,争取企业利润最大化,进一步提高企业的竞争力。

2) 成功开发应用管理信息系统应具备的基本条件。

(1) 企业领导高度重视,特别是一把手亲自参与和领导,也称"一把手"原则。

(2) 企业应具备开发管理信息系统的迫切需求。

(3) 具有一定的科学管理基础。

(4) 选择合理开发方式以及可靠的有足够经验和技术条件的信息系统开发团队。

(5) 必要的资金支持和资源条件。

(6) 做好信息系统的战略规划。

(7) 做好系统分析中的业务流程重组。

(8) 系统实施中选择合适的系统切换方式。

(9) 系统开发过程中做好项目管理、信息系统监理以及系统审计工作。

(10) 系统应用过程中做好系统维护工作。

3) 在今后的工作中参与信息化建设可以从以下几方面努力。
(1) 熟练掌握业务流程，按照要求实施系统操作。
(2) 提升自己计算机应用水平，能熟练运用管理信息系统。
(3) 加强自己的专业修为，从专业的角度对系统优化提出建设性的意见和建议。

试题三

一、判断改错题，正确填 T，错误填 F，并改正其中的错误（20 分，共 10 小题每小题 2 分）

1. T
2. T
3. T
4. F 结构化系统开发方法、原型法、面向对象开发方法和 CASE 方法是 MIS 开发最重要的四种方法，这四种方法各有其优缺点和针对性。
5. F 数据量小、单机运行的小型软件最好使用 Access 或者 FoxPro 数据库系统。
6. F 模块化的程序设计要尽量减少模块间的耦合。
7. F 利用网络计划对项目进度进行控制，要确定关键路线，每个网络图的关键路线可能存在多条。
8. T
9. T
10. F 对于需要频繁进行随机查找操作数据，最好使用直接存取文件来存储。

二、名词解释（20 分，共 4 小题，每小题 5 分）

1. 信息

信息是关于客观事实的可通信的知识。

2. 诺兰模型

该模型把信息系统的成长过程划分为六个阶段，即起始、传播、控制、集成、数据管理、成熟。

3. 系统设计

系统设计也称为系统的逻辑设计，这一阶段的主要任务是在前一阶段系统分析的基础上，进一步明确"怎么做"的问题。

4. 数据库系统

数据库系统是由计算机系统、数据、数据库管理系统以及有关人员组成的有高度组织的整体，是一个企业、组织或部门设计的全局数据及其管理系统的综合。

三、简答题（20 分，共 4 小题，每小题 5 分）

1. 简述综合形成的管理信息系统概念结构。

答：管理信息系统是由各功能子系统组成的，每一个子系统又可以分为四个主要信息处理部分，即业务处理、运行控制、管理控制和战略管理。信息系统的每个功能子系统都有自己的文件，还有为各子系统公用的数据组成的数据库，由数据库系统进行管理。在系统中，除了为每个子系统专门设计的应用程序外，也有为多个职能部门服务的公用程序，有关的子系统都与这些公用程序连接。此外，还有为多个应用程序共用的分析与决策模型，这些公用软件构成了信息系统的模型库。

2. 结构化程序设计的基本原则是什么？

答：在详细设计中，所有模块都使用单入口、单出口的顺序、选择、循环三种基本控制结构。

3. 试述代码设计的原则与义务。

答：包括唯一确定性、标准化与通用性、可扩充性与稳定性、便于识别与记忆、力求短小与格式统一、容易修改等原则。代码设计的任务包括确定代码化实体、代码结构设计、确定编码规则、实施编码以及建立计算机代码体系等。

4. 试述可行性分析中"可行"的含义及可行性分析的主要内容。

答：可行性包括可能性和必要性。可行性分析的主要内容为经济上的可行性、技术上的可行性以及管理上的可行性。

四、应用题（20 分，共 2 小题，每小题 10 分）

1.

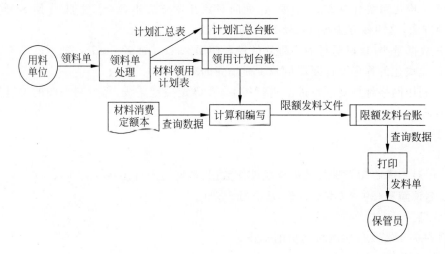

2.

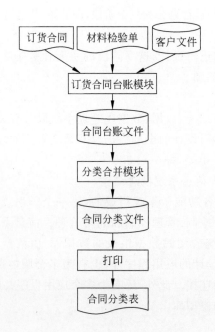

五、综合分析题(共 20 分,阅读案例,分析并回答问题)

1. 管理信息系统有哪些文档?(6 分)

答:用户文档(用户手册、操作手册、维护修改建议、软件需求(规格)说明书)、开发文档(数据要求说明书、概要设计说明书、详细设计说明书、可行性研究报告、项目开发计划)、管理文档(测试计划、测试报告、开发进度月报、开发总结报告)。

2. 结合以上材料,分析文档在管理信息系统中的作用。(9 分)

答:文档在系统开发人员、系统管理人员、维护人员、用户以及计算机之间起到桥梁作用,开发人员在各个阶段中以文档作为前阶段工作成果的体现和后阶段工作的依据。文档本身就是产品,没有文档的系统,不能称其为系统。文档的编制在各个阶段都占有突出的地位。高效率、高质量地开发、分发、管理和维护文档对于转让、变更、修正、扩充和使用文档,以及充分发挥管理信息系统的效益有着重要意义。

3. 如果你是人事部主管,你应该怎么做?(5 分)

答:重视文档;将文档作为离职的条件之一;文档与代码缺一不可。

试题四

一、填空题(20 分,共 20 个空,每空 1 分,请在每小题的空格中填上正确答案。错填、不填均不得分)。

1. 战略管理 管理控制 运行控制和业务处理
2. 资源子网 通信子网
3. 适应性维护 纠错性维护 预防性维护
4. 人工管理阶段 文件管理阶段 数据库管理阶段
5. 自然系统 人造系统
6. 直接切换 并行切换 分段切换
7. 战略决策 管理决策 业务决策
8. 零库存

二、单项选择(15 分,共 10 小题,每小题 1.5 分,在每小题列出的四个备选项中一个是符合题目要求的,请将其代码填写在题前的括号内。错选、多选或未选均不得分)。

1. A 2. A 3. B 4. B 5. C 6. A 7. C 8. B 9. A 10. B

三、名词解释(20 分,共 4 题,每小题 5 分)

1. 管理信息系统

管理信息系统是一个由人、计算机等组成的能进行管理信息收集、传递、存储、加工、维护和使用的系统。管理信息系统能实测企业的各种运行情况,利用过去的数据预测未来,从全局出发辅助企业进行决策,利用信息控制企业的行为,帮助企业实现其规划目标。不仅把信息系统看作一个能对管理者提供帮助的基于计算机的人机系统,而且把它看作一个社会技术系统,将信息系统放在组织与社会这个大背景去考察,并把考察的重点,从科学理论转向社会实践,从技术方法转向使用这些技术的组织与人,从系统本身转向系统与组织、环境的交互作用。

2. 企业流程重组

企业流程重组是对企业的业务流程做根本性的思考和彻底重建,其目的是在成本、质量、服务和速度等方面取得显著的改善,使得企业能最大限度地适应以顾客(Customer)、竞争(Competition)、变化(Change)为特征的现代企业经营环境。

3. 信息系统工程监理

据信息产业部《信息系统工程监理暂行规定》,信息系统工程监理是指依法设立且具备相应资质的信息系统工程监理单位,受业主单位委托,依据国家有关法律法规、技术标准和信息系统工程监理合同,对信息系统工程项目实施的监督管理。

4. 信息系统审计

信息系统审计是指根据公认的标准和指导规范,对信息系统从规划、实施到运行维护各个环节进行审查评价,对信息系统及其业务应用的完整性、有效性、效率性、安全性等进行监测、评估和控制的过程,以确认预定的业务目标得以实现,并提出一系列改进建议的管理活动。

四、简答题(24分,共4小题,每小题6分)

1. 简述信息的功能。

答:根据信息在社会经济中的利用过程和发挥作用的特点,可以把信息的主要功能归纳如下。

(1) 经济功能。信息作为重要的经济资源,本身就具有经济功能。主要表现在它对社会生产力的作用功能。除此之外,信息还具有直接创造财富、实现经济效益放大的功能。

(2) 管理与协调功能。协调和控制企业的五种基本资源(人、财、物、设备和管理方法),以实现企业的目标。

(3) 选择与决策功能。该功能作用于人类选择与决策活动的各个环节,并优化其选择与决策行为,实现预期目标。

2. 简述综合形成的管理信息系统概念结构。

答:管理信息系统是由各功能子系统组成的,每一个子系统又可以分为四个主要信息处理部分,即业务处理、运行控制、管理控制和战略管理。信息系统的每个功能子系统都有自己的文件,还有为各子系统公用的数据组成的数据库,由数据库系统进行管理。在系统中,除了为每个子系统专门设计的应用程序外,也有为多个职能部门服务的公用程序,有关的子系统都与这些公用程序连接。此外,还有为多个应用程序共用的分析与决策模型,这些公用软件构成了信息系统的模型库。

3. 可行性研究包括哪些内容?

答:可行性研究的内容包括以下这些方面。

(1) 管理上的可行性。管理上的可行性指管理人员对开发应用项目的态度和管理方面的条件,在当前管理环境下能否很好地运行新信息系统。

(2) 技术上的可行性。技术可行性是指根据现有的技术条件,系统的功能目标能否实现,开发管理信息系统所需要的物理资源是否具备、能否得到,在规定的期限内本系统的开发能否完成。

(3) 经济可行性。经济可行性是指从经济角度研究信息系统开发的可行性,它也称为投资收益分析,是信息系统项目所需要的总成本和项目带来的总收益相互比较的结果,当总收益大于总成本时,信息系统项目值得开发。

4. 系统评价的主要内容是什么?

答:系统评价是对一个信息系统的功能、性能和使用效果进行全面估计、检查、测试、分析和评审,包括检查系统的目标、功能及各项指标是否达到了设计要求,满足程度如何,差距如何;检查系统中各种资源的利用程度,包括人、财、物,以及硬件、软件资源的利用情况。

五、应用题(21分,共2小题,第1小题9分,第2小题12分)。

1.

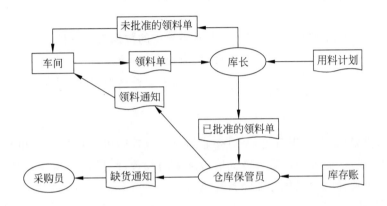

2.

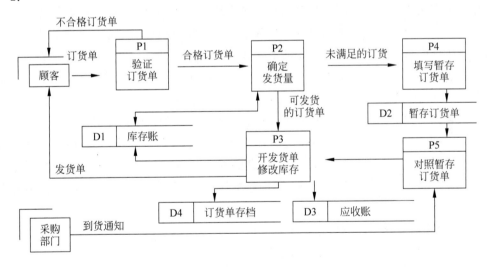

试题五

一、单项选择题(10分,共10小题,每小题1分,每题只有一个正确选项,多选、漏选均不得分)

1. D 2. C 3. C 4. B 5. B 6. A 7. A 8. B 9. D 10. C

二、填空题(15分,共15个空,每空1分)

1. 结构化决策 非结构化决策 半结构化决策

2. 计算机和通信技术　管理决策
3. 处理过程　系统的边界
4. 自顶向下策略　自底向上策略
5. 互联网包含因特网　因特网包含万维网
6. 计算机　视频技术
7. 自然系统　人造系统

三、名词解释(15 分，共 5 题，每小题 3 分)

1. 信息

信息是对人有用的数据，这些数据将可能影响到人们的行为与决策。

2. 信息安全

信息安全是指信息网络的硬件、软件及其系统中的数据受到保护，不受偶然的或者恶意的原因而遭受到破坏、更改、泄露，系统连续可靠正常地运行，信息服务不中断。信息安全的实质就是保护信息系统或信息网络中的信息资源免受各种类型的威胁、干扰和破坏，即保证信息的安全性。

3. BPR

业务流程重组(企业流程重组)是对企业的业务流程做根本性的思考和彻底性重建，其目的是在成本、质量、服务和速度等方面取得巨大的改善，使得企业能最大限度地适应以顾客、竞争、变化为特征的现代化企业经营环境。

4. 信息资源

信息资源是现代社会组织的战略资源。科学地开发、合理地配置和有效地利用信息资源，是一个组织、特别是企业提高自身素质和市场竞争能力的战略措施。企业的信息资源主要有：①计算机和通信设备；②计算机系统软件与应用软件；③数据及其存储介质；④非计算机信息处理存储装置；⑤技术、规章、制度、法律；⑥从事信息活动的人员。

5. 企业信息化

信息化是指人们信息活动的规模不断增长以致在国民经济中占主导地位的过程。企业信息化管理的主要内容有：①信息系统的管理，包括信息系统开发项目的管理、信息系统运行与维护的管理、信息系统的评价等；②信息资源开发、利用的标准、规范、法律、制度的制定与实施；③信息产品与服务的管理；④信息资源的安全管理；⑤信息资源管理中的人力资源管理。

四、简答题(20 分，共 5 题，每小题 4 分)

1. 简述管理信息系统概念结构的综合。

答：

(1) 横向综合。就是把同一管理层次的各种职能综合在一起，如运行控制层的人事、工资等子系统可以综合在一起，使基层的业务处理一体化。横向综合正向着资源综合的方向发展。

(2) 纵向综合。就是把不同层次的管理业务按职能综合起来。这种综合沟通了上下级之间的关系，便于决策者掌握情况，进行正确分析。

(3) 纵横综合。或称总的综合，这使一个完全一体化的系统得以形成，能够做到信息集中统一，程序模块共享，各子系统功能无缝集成。

2. 简述管理信息系统规划的内容。

答：

（1）信息系统的总目标、发展战略与总体结构的确定。

（2）企业现有的信息系统状况分析。

（3）可行性研究。

（4）企业流程重组。

（5）对影响规划的信息技术发展方向的预测。

3. 系统分析阶段的目的和内容是什么？

答：系统分析的目的是解决"做什么"的问题，它是在可行性分析的基础上，针对现行系统进行全面的调查，分析企业的业务流程，分析数据和数据流程，分析功能与数据之间的关系，并通过使用一系列的图表工具，构造出新系统的逻辑模型。

4. 诺兰模型有何实用意义？它把信息系统成长过程划分为哪几个阶段？

答：诺兰模型总结了管理信息系统发展的经验和规律，对于管理信息系统的建设具有指导意义。诺兰模型的意义在于它在一定程度上较为简明地描述了信息技术作为组织的一种变革力量的发展路线以及企业在信息技术环境中的演变过程。对于企业的信息化管理人员来说，无论在确定开发管理信息系统的策略，或者在制定管理信息系统规划时，都应首先明确本单位当前处于哪一生长阶段，进而根据该阶段特征来指导 MIS 建设。

诺兰阶段的六个阶段如下：初始阶段、传播阶段、控制阶段、集成阶段、数据管理阶段、成熟阶段。

5. 试分析 CSF、SST 和 BSP 的特点。

答：

（1）CSF 方法使目标的识别突出重点，适用于确定管理目标。

（2）SST 方法识别的企业战略集合，反映了与企业有联系的人们的要求，它能保证目标比较全面，疏漏较少。

（3）BSP 方法从企业的既定目标出发，识别并改进其业务过程，然后导出信息需求，通过过程/数据类矩阵的分析可以定义出支持其业务过程的 MIS 的总体结构。

把这三种方法结合起来使用，称为 CSB 法（CSF、SST 和 BSP 结合）。

五、应用分析题（20 分，共 2 小题，每小题 10 分）

1. 根据下述业务工作过程，画出业务流程图。

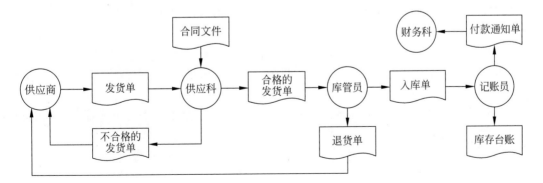

2. 请根据以下提供的信息绘出数据流程图。

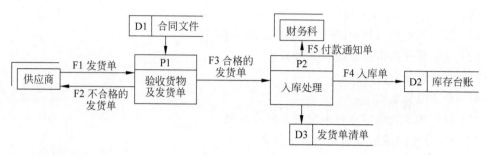

六、综合题（20 分，共 2 小题，每小题 10 分）

1. 如何做好一个企业的信息系统集成？

答：现代企业信息系统集成的关键：一是企业内外部信息资源的集成管理；二是各部门的信息资源共享；三是数据挖掘和知识发现；四是战略决策的支持。

具体解决方案就是建立与企业扁平组织结构相适应的集成化信息系统。企业集成化信息系统应该是在企业现有的规模基础上，采用先进的管理思想、管理模式、管理方法与信息技术改造、完美与创新的结晶，既有实用性，又具有一定的超前性。

企业信息系统集成以用户（尤其是战略层用户）为主导，以信息（知识）资源管理为基础，以企业信息应用系统为核心，以企业网络为纽带，构建集成化、一体化、智能化的现代企业信息系统。

企业信息系统集成的实现是一项需要投入大量人、财、物资且复杂的系统工程，除了需要塑造现代企业信息化、建立现代企业制度、规范企业基础管理、重视开发和应用队伍建设、加强对企业员工的培训、加快企业信息基础设施、选择合适的信息系统实施方式和注重对系统集成水平的评价以外，还要着重解决好以下几方面的问题：企业信息系统集成的周密规划；优化网络基础设施；实现数据共享、访问和备份；加强信息分类编码等规范化工作；进行有效的企业流程重组；严格集成信息系统实施过程的管理。

2. 案例分析。

（1）请简要回答什么是招标人、投标人、招标投标代理机构。（6 分）

答：招标人也叫招标采购人，是采用招标方式进行货物、工程或服务采购的法人和其他社会经济组织。

投标人是按照招标文件的规定参加投标竞争的自然人、法人或其他社会经济组织。

招标投标代理机构，在我国是独立核算、自负盈亏的从事招标代理业务的社会中介组织。

（2）请指出在该项目的招投标过程中存在哪些问题，并说明原因。（2 分）

答：对于民营企业和外资企业给予了歧视待遇。理由是公开招标应当平等对待所有投标人。

丙公司提交保证金晚于规定时间。理由是投标保证金是投标书的组成部分，应在投标截止日期前提交。

（3）乙公司要求 A 公司修改付款方式是否合理？为什么？为此，乙公司应如何应对？（2 分）

答：乙公司要求 A 公司修改付款方式是不合理的。因为招标文件中规定了合同格式并对付款条件进行了详细的要求。为了解决这个问题,乙公司可以在提交投标书之前加强与A公司的沟通,建议A公司修改付款条件。

试题六

一、**单项选择题**(10分,共10小题,每小题1分,每题只有一个正确选项,多选、漏选均不得分)

1. C 2. C 3. D 4. A 5. A 6. B 7. B 8. D 9. C 10. B

二、**填空题**(15分,共15个空,每空1分)

1. 信息组织加工　信息存储
2. 组织的战略目标　管理信息系统战略目标
3. 数据项或数据元素
4. 职能型　项目型　矩阵型
5. 信息　物质　能源
6. 联合开发策略　外包策略
7. 招标人　投标人

三、**名词解释**(20分,共5小题,每小题4分)

1. 管理信息系统

管理信息系统是一个由人、计算机等组成的能进行管理信息收集、传递、存储、加工、维护和使用的系统。管理信息系统能实测企业的各种运行情况,利用过去的数据预测未来,从全局出发辅助企业进行决策,利用信息控制企业的行为,帮助企业实现其规划目标。不仅把信息系统看作一个能对管理者提供帮助的基于计算机的人机系统,而且把它看作一个社会技术系统,将信息系统放在组织与社会这个大背景去考察,并把考察的重点,从科学理论转向社会实践,从技术方法转向使用这些技术的组织与人,从系统本身转向系统与组织、环境的交互作用。

2. 组织机构

组织机构是一个组织以及这些组成部分之间的隶属关系或管理与被管理的关系,通常可用组织机构图来表示。

3. 数据库

数据库是一个长期存储在计算机内的、有组织的、有共享的、统一管理的数据集合。

4. 项目管理

项目管理是指在一定资源约束条件下,为了高效率地实现项目的既定目标,按照项目的内在规律和程序,对项目的全过程进行有效的计划、组织、协调、领导和控制的系统管理活动。

5. 价值链

价值链企业的价值创造是通过一系列活动构成的,这些活动可分为基本活动和辅助活动两类,基本活动包括内部后勤、生产作业、外部后勤、市场和销售、服务等;而辅助活动则包括采购、技术开发、人力资源管理和企业基础设施等。这些互不相同但又相互关联的生产经营活动,构成了一个创造价值的动态过程,即价值链。

四、简答题(25分,共5题,每小题5分)

1. 简述企业系统规划法的基本思想。

答:信息支持企业运行。通过自上而下地识别系统目标、企业过程和数据,然后对数据进行分析,自下而上地设计管理信息系统。该管理信息系统支持企业目标的实现,表达所有管理层次的要求,向企业提供一致性信息,对组织机构的变动具有适应性。

2. 什么是信息系统工程监理?

答:信息系统工程监理是指依法设立且具备相应资质的信息系统工程监理单位,受业主单位委托,依据国家有关法律法规、技术标准和信息系统工程监理合同,对信息系统工程项目实施的监督管理。

3. 什么是信息系统审计?

答:信息系统审计是指根据公认的标准和指导规范,对信息系统从规划、实施到运行维护各个环节进行审查评价,对信息系统及其业务应用的完整性、有效性、效率性、安全性等进行监测、评估和控制的过程,以确认预定的业务目标得以实现,并提出一系列改进建议的管理活动。

4. 简述可行性研究的主要内容。

答:可行性研究的主要内容如下。

(1) 管理上的可行性。法律法规的因素;用户使用的可行性;项目实施管理上的可行性;外部环境方面的条件。

(2) 技术上的可行性。对系统的简要描述;处理流程和数据流程;与现有系统比较的优越性;采用建议系统可能带来的影响;技术可行性评价。

(3) 经济上的可行性。支出;效益;收益-投资比;投资回收期;敏感性分析。

5. 系统评价的主要内容是什么?

答:系统评价是对一个信息系统的功能、性能和使用效果进行全面估计、检查、测试、分析和评审,包括检查系统的目标、功能及各项指标是否达到了设计要求,满足程度如何,差距如何;检查系统中各种资源的利用程度,包括人、财、物,以及软硬件资源的利用情况。

五、应用分析题(20分,共2小题,每小题10分)

1. 根据下述业务工作过程,画出物资订货的业务流程图。

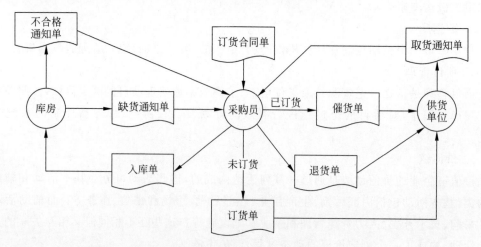

2. 请根据以下提供的信息绘出数据流程图。

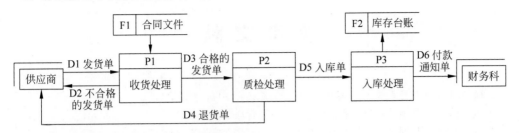

六、综合题(10 分,共 1 小题,每小题 10 分)

答：该国有企业宜采用自行开发信息系统的方式,或者选择自行开发与购置并举的开发方式。因为该企业有特色的管理制度和方法,有自己的开发力量,且资金也不富裕。再则该企业的传统观念难以全盘适用于新的管理模式,不宜全部采用购置商品软件的开发方式。在经费允许的条件下,考虑长远发展、一些相对稳定的管理业务,如财务管理和库存管理等也可购置商品软件,与其他系统模块集成。

参 考 文 献

[1] 王瑾昱玥.关于信息系统审计发展现状的研究综述[J].现代商业,2020(35):156-159.
[2] 黄伟.浅析新时代电子政务发展新趋势[J].中国管理信息化,2021,24(02):186-187.
[3] 李季."十四五"期间电子政务发展趋势展望[J].行政管理改革,2020(11):4-9.
[4] 丁艺.电子政务发展趋势分析[J].互联网经济,2019(Z2):32-37.
[5] 王洪杰,黄丹霞.浅析我国电子政务未来发展趋势[J].北京电子科技学院学报,2018,26(01):15-20.
[6] 施诚.医院信息系统教程[M].北京:中国中医药出版社.2007.
[7] 王强.教育复杂性研究进展[J].开放教育研究,2003,4:16-19.
[8] 欧阳莹之.复杂系统理论基础[M].田宝国,周亚,樊瑛,译.上海:上海科技教育出版社.2002.
[9] 哈罗德·孔茨,海因茨·韦里克.管理学[M].经济科学出版社.1998.
[10] 小詹姆斯·H.唐纳利,詹姆斯·L.吉布森,约翰·M.伊凡.管理学基础——职能/行为/模型[M].北京:中国人民大学出版社,1982.
[11] 彼得·德鲁克.国外经济管理名著丛书管理——任务、责任、实践(上)[M].北京:中国社会科学出版社,1987.
[12] 泰勒.科学管理原理[M].韩放,译.北京:团结出版社,1999.
[13] 约尔.工业管理和一般管理[M].曹永先,韩放,译.北京:团结出版社,1999.
[14] 郭冬强.现代管理信息系统[M].北京:清华大学出版社,2006.
[15] 刘仲英.管理信息系统[M].北京:高等教育出版社,2006.
[16] 陈国青,郭迅华.信息系统管理[M].北京:中国人民大学出版社,2005.
[17] 闪四清.管理信息系统教程[M].2版.北京:清华大学出版社,2007.
[18] 陈京民.管理信息系统[M].北京:中国人民大学出版社,2006.
[19] 周宏仁.信息化概论[M].北京:电子工业出版社,2009.
[20] 罗超里.管理信息系统原理与应用[M].2版.北京:清华大学出版社,2008.
[21] 步春媛,徐大华.基于ERP的企业管理信息系统设计[J].计算机工程与设计,2007(18):4485-4486,4490.
[22] JR R M,SCHELL G.管理信息系统[M].北京:北京大学出版社,2002.
[23] 陈晓萍等.组织与管理研究的实证方法[M].北京:北京大学出版社,2008.
[24] 娄策群.信息管理学基础[M].北京:科学出版社,2005.
[25] 苏仰娜.基于ERP的财务管理系统的研究与实现[J].电脑知识与技术(学术交流),2007(7):200+221.
[26] 孟秀转,孙强.信息系统审计与信息系统监理的比较[J].电子政务,2004(Z1):128-132.
[27] 张凯.信息资源管理[M].北京:清华大学出版社,2007.
[28] 斯蒂芬·哈格,等.信息时代的管理信息系统[M].北京:机械工业出版社,2007.
[29] 薛华成.管理信息系统[M].北京:清华大学出版社,2003.
[30] 黄梯云.管理信息系统[M].3版.北京:高等教育出版社,2005.
[31] 乔治·谢尔.管理信息系统[M].北京:电子工业出版社,2002.
[32] 李一军,卢涛.管理信息系统案例集[M].北京:高等教育出版社,2005.
[33] 黄梯云,冯玉强,孙华梅.管理信息系统习题集[M].北京:高等教育出版社,2005.
[34] LAUDON K C,LAUDON J P.管理信息系统——组织和技术的新途径(第五版,影印版)[M].北京:清华大学出版社,1998.

[35] LAUDON K C,LAUDON J P. 管理信息系统——网络化企业的组织与技术(第六版,影印版)[M]. 北京:高等教育出版社,2001.
[36] 纪娟. ERP中财务管理系统的扩展设计研究与实现[D]. 成都:成都理工大学,2009.
[37] 赵新玲. 积成电子公司企业管理信息系统的设计与实现[D]. 济南:山东大学,2006.
[38] 周光召. 复杂适应系统和社会发展[EB/OL]. https://blog.sciencenet.cn/blog-528739-1062441.html.
[39] http://baike.baidu.com/view/27046.htm?fr=ala0_1.
[40] http://baike.baidu.com/view/2302894.htm?fr=ala0_1.
[41] http://baike.baidu.com/view/18841.html?tp=0_11.
[42] http://baike.baidu.com/view/57813.htm.
[43] http://www.cbinews.com/solution/news/2717.html.

图书资源支持

感谢您一直以来对清华版图书的支持和爱护。为了配合本书的使用,本书提供配套的资源,有需求的读者请扫描下方的"书圈"微信公众号二维码,在图书专区下载,也可以拨打电话或发送电子邮件咨询。

如果您在使用本书的过程中遇到了什么问题,或者有相关图书出版计划,也请您发邮件告诉我们,以便我们更好地为您服务。

我们的联系方式:

地　　址: 北京市海淀区双清路学研大厦 A 座 714

邮　　编: 100084

电　　话: 010-83470236　010-83470237

客服邮箱: 2301891038@qq.com

QQ: 2301891038(请写明您的单位和姓名)

资源下载: 关注公众号"书圈"下载配套资源。

书圈

清华计算机学堂

观看课程直播